法律政策全书
系列

全新

法律政策全书

社会保险

2023版

全面准确收录

合理分类检索

含法律、法规、
司法解释及典型案例

中国法制出版社
CHINA LEGAL PUBLISHING HOUSE

导　读

2018年12月29日，第十三届全国人大常委会第七次会议修改了《中华人民共和国社会保险法》（以下简称社会保险法）。社会保险法是一部事关亿万劳动者切身利益和调节国民收入分配格局的极为重要的法律。在其出台之前，尽管各种社会保险制度已在中国实施多年，但很长时间一直没有一部专门的综合性法律加以规范。社会保险法的出台，对于健全和完善中国社会领域的立法具有重要意义，为中国目前的社会保险制度确立了一个明确的价值取向。以此为标志，我国社会保险制度历经多年探索发展，以立法为保障进入了规范发展的新阶段。

社会保险法规定，国家建立基本养老保险、基本医疗保险、工伤保险、失业保险、生育保险等社会保险制度，保障公民在年老、疾病、工伤、失业、生育等情况下有依法从国家和社会获得物质帮助的权利。社会保险制度坚持广覆盖、保基本、多层次、可持续的方针，社会保险水平应当与经济社会发展水平相适应。社会保险法的出台使我国的社会保险体系更加完备，这就涉及一系列与之配套的法律政策的出台和修订，对于广大读者来说，想要准确全面地查找和适用这些复杂文件，往往无从下手；则对于专业人士来说，一本有效、全面的社会保险法律工具书，也是在出色完成专业法律服务过程中所必不可少的帮手。本书的目的就在于对我国现行有效的社会保险法律、政策进行全面系统的梳理，通过合理明晰的分类，分专题予以收录，方便读者查考与应用。

本书分为以下几个部分：

一、综合

该部分主要收录了社会保险法以及与社会保险相关的重要法律法规，包括宪法、[①] 劳动法、劳动合同法、公司法、外商投资法、个人独资企业法、人口与计划生育法等文件。

二、养老保险

养老保险是社会保障制度的重要组成部分，是社会保险五大险种中最重要的险种之一。本部分正是对我国现有的养老保险制度进行梳理，辐射面广、涉及层面深，主要涵盖了城镇企业职工、与用人单位解除或终止劳动关系的职工、个体工商户等自谋职业者以及采取各种灵活方式就业的人员、参加养老保险的农民合同制职工、破产企业欠缴的养老保险费、对于因病、非因工致残经当地劳动能力鉴定机构认定完全丧失劳动能力人员、提前退休特殊工种人员、机关事业单位养老保险试点人员等群体的基本养老保险问题。

三、医疗保险

本部分涉及城镇居民、在校大学生、灵活就业人员、农民工等流动就业人员医疗保险相关规范，并收录了对医疗机构、零售药店的相关规范。

四、工伤保险

本部分除收录职业病防治法的内容外，主要涉及了一些社会保险法出台后新修订的内容，如工伤保险条例、工伤认定办法等，进一步确定工伤的认定、工伤赔偿程序等问题。

五、失业保险

该部分涉及国有企业下岗职工、事业单位、破产企业职工等群体失业保险的相关规范。

---

① 编者注：规范性文件的名称使用简称，以下不再标注。

六、社会保险费征缴

为了保障社会保险金的顺利发放，社会保险费征缴就显得尤为重要。本部分涉及社会保险费征缴、降低社会保险费率等相关法律文件。

七、社会保险基金

本部分内容重点涉及社保基金的管理规范，明确社会保险基金包括基本养老保险基金、基本医疗保险基金、工伤保险基金、失业保险基金和生育保险基金等。

八、社会保险监督

本部分主要涉及全面加强社会保险的监督检查工作相关的部门规章和司法解释等。

九、社会保险争议处理

这一部分主要收录了与解决社会保险相关争议的其他法律法规文件，以方便读者参考、维护自身权益。

目　　录

一、综　　合

① 本目录中的时间为法律文件的公布时间或最后一次修正、修订通过或公布时间。

二、养老保险

三、医疗保险

四、工伤保险

五、失业保险

六、社会保险费征缴

七、社会保险基金

八、社会保险监督

九、社会保险争议处理

附　录

典型案例

一 综　合

中华人民共和国宪法（节录）

（1982年12月4日第五届全国人民代表大会第五次会议通过　1982年12月4日全国人民代表大会公告公布施行　根据1988年4月12日第七届全国人民代表大会第一次会议通过的《中华人民共和国宪法修正案》、1993年3月29日第八届全国人民代表大会第一次会议通过的《中华人民共和国宪法修正案》、1999年3月15日第九届全国人民代表大会第二次会议通过的《中华人民共和国宪法修正案》、2004年3月14日第十届全国人民代表大会第二次会议通过的《中华人民共和国宪法修正案》和2018年3月11日第十三届全国人民代表大会第一次会议通过的《中华人民共和国宪法修正案》修正）

……

第一百一十一条　【居民委员会和村民委员会】[①] 城市和农村按居民居住地区设立的居民委员会或者村民委员会是基层群众性自治组织。居民委员会、村民委员会的主任、副主任和委员由居民选举。居民委员会、村民委员会同基层政权的相互关系由法律规定。

---

① 条文主旨为编者所加，下同。

居民委员会、村民委员会设人民调解、治安保卫、公共卫生等委员会，办理本居住地区的公共事务和公益事业，调解民间纠纷，协助维护社会治安，并且向人民政府反映群众的意见、要求和提出建议。

……

中华人民共和国保险法

（1995年6月30日第八届全国人民代表大会常务委员会第十四次会议通过　根据2002年10月28日第九届全国人民代表大会常务委员会第三十次会议《关于修改〈中华人民共和国保险法〉的决定》第一次修正　2009年2月28日第十一届全国人民代表大会常务委员会第七次会议修订　根据2014年8月31日第十二届全国人民代表大会常务委员会第十次会议《关于修改〈中华人民共和国保险法〉等五部法律的决定》第二次修正　根据2015年4月24日第十二届全国人民代表大会常务委员会第十四次会议《关于修改〈中华人民共和国计量法〉等五部法律的决定》第三次修正）

目　　录

第一章　总　　则

第一条　【立法目的】为了规范保险活动，保护保险活动当事人的合法权益，加强对保险业的监督管理，维护社会经济秩序和社会公共利益，促进保险事业的健康发展，制定本法。

第二条　【调整范围】本法所称保险，是指投保人根据合同约定，向保险人支付保险费，保险人对于合同约定的可能发生的事故因其发生所造成的财产损失承担赔偿保险金责任，或者当被保险人死亡、伤残、疾病或者达到合同约定的年龄、期限等条件时承担给付保险金责任的商业保险行为。

第三条　【适用范围】在中华人民共和国境内从事保险活动，适用本法。

第四条　【从事保险活动的基本原则】从事保险活动必须遵守法律、行政法规，尊重社会公德，不得损害社会公共利益。

第五条　【诚实信用原则】保险活动当事人行使权利、履行义务应当遵循诚实信用原则。

第六条　【保险业务经营主体】保险业务由依照本法设立的保险公司以及法律、行政法规规定的其他保险组织经营，其他单位和个人不得经营保险业务。

第七条　【境内投保原则】在中华人民共和国境内的法人和其他组织需要办理境内保险的，应当向中华人民共和国境内的保险公司投保。

第八条　【分业经营原则】保险业和银行业、证券业、信托业实行分业经营、分业管理，保险公司与银行、证券、信托业务机构分别设立。国家另有规定的除外。

第九条　【保险监督管理机构】国务院保险监督管理机构依法对保险业实施监督管理。

国务院保险监督管理机构根据履行职责的需要设立派出机构。派出机构按照国务院保险监督管理机构的授权履行监督管理职责。

第二章　保 险 合 同

第一节　一 般 规 定

第十条　【保险合同及其主体】保险合同是投保人与保险人约定保险权利义务关系的协议。

投保人是指与保险人订立保险合同，并按照合同约定负有支付保险费义务的人。

保险人是指与投保人订立保险合同，并按照合同约定承担赔偿或者给付保险金责任的保险公司。

第十一条　【保险合同订立原则】订立保险合同，应当协商一致，遵循公平原则确定各方的权利和义务。

除法律、行政法规规定必须保险的外，保险合同自愿订立。

第十二条　【保险利益、保险标的】人身保险的投保人在保险合同订立时，对被保险人应当具有保险利益。

财产保险的被保险人在保险事故发生时，对保险标的应当具有保险利益。

人身保险是以人的寿命和身体为保险标的的保险。

财产保险是以财产及其有关利益为保险标的的保险。

被保险人是指其财产或者人身受保险合同保障，享有保险金请求权的人。投保人可以为被保险人。

保险利益是指投保人或者被保险人对保险标的具有的法律上承认的利益。

第十三条 【保险合同成立与生效】投保人提出保险要求，经保险人同意承保，保险合同成立。保险人应当及时向投保人签发保险单或者其他保险凭证。

保险单或者其他保险凭证应当载明当事人双方约定的合同内容。当事人也可以约定采用其他书面形式载明合同内容。

依法成立的保险合同，自成立时生效。投保人和保险人可以对合同的效力约定附条件或者附期限。

第十四条 【保险合同效力】保险合同成立后，投保人按照约定交付保险费，保险人按照约定的时间开始承担保险责任。

第十五条 【保险合同解除】除本法另有规定或者保险合同另有约定外，保险合同成立后，投保人可以解除合同，保险人不得解除合同。

第十六条 【投保人如实告知义务】订立保险合同，保险人就保险标的或者被保险人的有关情况提出询问的，投保人应当如实告知。

投保人故意或者因重大过失未履行前款规定的如实告知义务，足以影响保险人决定是否同意承保或者提高保险费率的，保险人有权解除合同。

前款规定的合同解除权，自保险人知道有解除事由之日起，超过三十日不行使而消灭。自合同成立之日起超过二年的，保险人不得解除合同；发生保险事故的，保险人应当承担赔偿或者给付保险金的责任。

投保人故意不履行如实告知义务的，保险人对于合同解除前发生的保险事故，不承担赔偿或者给付保险金的责任，并不退还保险费。

投保人因重大过失未履行如实告知义务，对保险事故的发生有严重影响的，保险人对于合同解除前发生的保险事故，不承担赔偿或者给付保险金的责任，但应当退还保险费。

保险人在合同订立时已经知道投保人未如实告知的情况的，保险人不得解除合同；发生保险事故的，保险人应当承担赔偿或者给付保险金的责任。

保险事故是指保险合同约定的保险责任范围内的事故。

第十七条　【保险人说明义务】订立保险合同，采用保险人提供的格式条款的，保险人向投保人提供的投保单应当附格式条款，保险人应当向投保人说明合同的内容。

对保险合同中免除保险人责任的条款，保险人在订立合同时应当在投保单、保险单或者其他保险凭证上作出足以引起投保人注意的提示，并对该条款的内容以书面或者口头形式向投保人作出明确说明；未作提示或者明确说明的，该条款不产生效力。

第十八条　【保险合同内容】保险合同应当包括下列事项：

（一）保险人的名称和住所；

（二）投保人、被保险人的姓名或者名称、住所，以及人身保险的受益人的姓名或者名称、住所；

（三）保险标的；

（四）保险责任和责任免除；

（五）保险期间和保险责任开始时间；

（六）保险金额；

（七）保险费以及支付办法；

（八）保险金赔偿或者给付办法；

（九）违约责任和争议处理；

（十）订立合同的年、月、日。

投保人和保险人可以约定与保险有关的其他事项。

受益人是指人身保险合同中由被保险人或者投保人指定的享有保险金请求权的人。投保人、被保险人可以为受益人。

保险金额是指保险人承担赔偿或者给付保险金责任的最高限额。

第十九条 【无效格式条款】采用保险人提供的格式条款订立的保险合同中的下列条款无效：

（一）免除保险人依法应承担的义务或者加重投保人、被保险人责任的；

（二）排除投保人、被保险人或者受益人依法享有的权利的。

第二十条 【保险合同变更】投保人和保险人可以协商变更合同内容。

变更保险合同的，应当由保险人在保险单或者其他保险凭证上批注或者附贴批单，或者由投保人和保险人订立变更的书面协议。

第二十一条 【通知义务】投保人、被保险人或者受益人知道保险事故发生后，应当及时通知保险人。故意或者因重大过失未及时通知，致使保险事故的性质、原因、损失程度等难以确定的，保险人对无法确定的部分，不承担赔偿或者给付保险金的责任，但保险人通过其他途径已经及时知道或者应当及时知道保险事故发生的除外。

第二十二条 【协助义务】保险事故发生后，按照保险合同请求保险人赔偿或者给付保险金时，投保人、被保险人或者受益人应当向保险人提供其所能提供的与确认保险事故的性质、原因、损失程度等有关的证明和资料。

保险人按照合同的约定，认为有关的证明和资料不完整的，应当及时一次性通知投保人、被保险人或者受益人补充提供。

第二十三条 【理赔】保险人收到被保险人或者受益人的赔偿或者给付保险金的请求后，应当及时作出核定；情形复杂的，应当在三十日内作出核定，但合同另有约定的除外。保险人应当将核定结果通知被保险人或者受益人；对属于保险责任的，在与被保险人或者受益人达成赔偿或者给付保险金的协议后十日内，履行赔偿或者给付保险金义务。保险合同对赔偿或者给付保险金的期限有约定的，保险人应当按照约定履行赔偿或者给付保险金义务。

保险人未及时履行前款规定义务的，除支付保险金外，应当赔偿被保险人或者受益人因此受到的损失。

任何单位和个人不得非法干预保险人履行赔偿或者给付保险金的义务，也不得限制被保险人或者受益人取得保险金的权利。

第二十四条　【拒绝赔付通知】保险人依照本法第二十三条的规定作出核定后，对不属于保险责任的，应当自作出核定之日起三日内向被保险人或者受益人发出拒绝赔偿或者拒绝给付保险金通知书，并说明理由。

第二十五条　【先行赔付】保险人自收到赔偿或者给付保险金的请求和有关证明、资料之日起六十日内，对其赔偿或者给付保险金的数额不能确定的，应当根据已有证明和资料可以确定的数额先予支付；保险人最终确定赔偿或者给付保险金的数额后，应当支付相应的差额。

第二十六条　【诉讼时效】人寿保险以外的其他保险的被保险人或者受益人，向保险人请求赔偿或者给付保险金的诉讼时效期间为二年，自其知道或者应当知道保险事故发生之日起计算。

人寿保险的被保险人或者受益人向保险人请求给付保险金的诉讼时效期间为五年，自其知道或者应当知道保险事故发生之日起计算。

第二十七条　【保险欺诈】未发生保险事故，被保险人或者受益人谎称发生了保险事故，向保险人提出赔偿或者给付保险金请求的，保险人有权解除合同，并不退还保险费。

投保人、被保险人故意制造保险事故的，保险人有权解除合同，不承担赔偿或者给付保险金的责任；除本法第四十三条规定外，不退还保险费。

保险事故发生后，投保人、被保险人或者受益人以伪造、变造的有关证明、资料或者其他证据，编造虚假的事故原因或者夸大损失程度的，保险人对其虚报的部分不承担赔偿或者给付保险金的责任。

投保人、被保险人或者受益人有前三款规定行为之一，致使保险人支付保险金或者支出费用的，应当退回或者赔偿。

第二十八条　【再保险】保险人将其承担的保险业务，以分保形式部分转移给其他保险人的，为再保险。

应再保险接受人的要求，再保险分出人应当将其自负责任及原保险的有关情况书面告知再保险接受人。

第二十九条　【再保险的保费及赔付】再保险接受人不得向原保险的投保人要求支付保险费。

原保险的被保险人或者受益人不得向再保险接受人提出赔偿或者给付保险金的请求。

再保险分出人不得以再保险接受人未履行再保险责任为由，拒绝履行或者迟延履行其原保险责任。

第三十条　【争议条款解释】采用保险人提供的格式条款订立的保险合同，保险人与投保人、被保险人或者受益人对合同条款有争议的，应当按照通常理解予以解释。对合同条款有两种以上解释的，人民法院或者仲裁机构应当作出有利于被保险人和受益人的解释。

第二节　人身保险合同

第三十一条　【人身保险利益】投保人对下列人员具有保险利益：

（一）本人；

（二）配偶、子女、父母；

（三）前项以外与投保人有抚养、赡养或者扶养关系的家庭其他成员、近亲属；

（四）与投保人有劳动关系的劳动者。

除前款规定外，被保险人同意投保人为其订立合同的，视为投保人对被保险人具有保险利益。

订立合同时，投保人对被保险人不具有保险利益的，合同无效。

第三十二条　【申报年龄不真实的处理】投保人申报的被保险人年龄不真实，并且其真实年龄不符合合同约定的年龄限制的，保险人可以解除合同，并按照合同约定退还保险单的现金价值。保险人行使合同解除权，适用本法第十六条第三款、第六款的规定。

投保人申报的被保险人年龄不真实，致使投保人支付的保险费少于应付保险费的，保险人有权更正并要求投保人补交保险费，或者在给付保险金时按照实付保险费与应付保险费的比例支付。

投保人申报的被保险人年龄不真实，致使投保人支付的保险费多于应付保险费的，保险人应当将多收的保险费退还投保人。

第三十三条　【死亡保险的禁止】投保人不得为无民事行为能力人投保以死亡为给付保险金条件的人身保险，保险人也不得承保。

父母为其未成年子女投保的人身保险，不受前款规定限制。但是，因被保险人死亡给付的保险金总和不得超过国务院保险监督管理机构规定的限额。

第三十四条　【死亡保险合同的效力】以死亡为给付保险金条件的合同，未经被保险人同意并认可保险金额的，合同无效。

按照以死亡为给付保险金条件的合同所签发的保险单，未经被保险人书面同意，不得转让或者质押。

父母为其未成年子女投保的人身保险，不受本条第一款规定限制。

第三十五条　【保险费的支付】投保人可以按照合同约定向保险人一次支付全部保险费或者分期支付保险费。

第三十六条　【逾期支付保险费】合同约定分期支付保险费，投保人支付首期保险费后，除合同另有约定外，投保人自保险人催告之日起超过三十日未支付当期保险费，或者超过约定的期限六十日未支付当期保险费的，合同效力中止，或者由保险人按照合同约定的条件减少保险金额。

被保险人在前款规定期限内发生保险事故的，保险人应当按照合同约定给付保险金，但可以扣减欠交的保险费。

第三十七条　【合同效力的恢复】合同效力依照本法第三十六条规定中止的，经保险人与投保人协商并达成协议，在投保人补交保险费后，合同效力恢复。但是，自合同效力中止之日起满二年双方未达成协议的，保险人有权解除合同。

保险人依照前款规定解除合同的，应当按照合同约定退还保险单的现金价值。

第三十八条　【禁止通过诉讼要求支付保险费】保险人对人寿保险的保险费，不得用诉讼方式要求投保人支付。

第三十九条　【受益人的确定】人身保险的受益人由被保险人或者投保人指定。

投保人指定受益人时须经被保险人同意。投保人为与其有劳动关系的劳动者投保人身保险，不得指定被保险人及其近亲属以外的人为受益人。

被保险人为无民事行为能力人或者限制民事行为能力人的，可以由其监护人指定受益人。

第四十条　【受益顺序及份额】被保险人或者投保人可以指定一人或者数人为受益人。

受益人为数人的，被保险人或者投保人可以确定受益顺序和受益份额；未确定受益份额的，受益人按照相等份额享有受益权。

第四十一条　【受益人变更】被保险人或者投保人可以变更受益人并书面通知保险人。保险人收到变更受益人的书面通知后，应当在保险单或者其他保险凭证上批注或者附贴批单。

投保人变更受益人时须经被保险人同意。

第四十二条　【保险金作为遗产情形】被保险人死亡后，有下列情形之一的，保险金作为被保险人的遗产，由保险人依照《中华人民共和国继承法》的规定履行给付保险金的义务：

（一）没有指定受益人，或者受益人指定不明无法确定的；

（二）受益人先于被保险人死亡，没有其他受益人的；

（三）受益人依法丧失受益权或者放弃受益权，没有其他受益人的。

受益人与被保险人在同一事件中死亡，且不能确定死亡先后顺序的，推定受益人死亡在先。

第四十三条　【受益权丧失】投保人故意造成被保险人死亡、伤残或者疾病的，保险人不承担给付保险金的责任。投保人已交足二年以上保险费的，保险人应当按照合同约定向其他权利人退还保险单的现金价值。

受益人故意造成被保险人死亡、伤残、疾病的，或者故意杀害被保险人未遂的，该受益人丧失受益权。

第四十四条　【被保险人自杀处理】以被保险人死亡为给付保险金条件的合同，自合同成立或者合同效力恢复之日起二年内，被保险人自杀的，保险人不承担给付保险金的责任，但被保险人自杀时为无民事行为能力人的除外。

保险人依照前款规定不承担给付保险金责任的，应当按照合同约定退还保险单的现金价值。

第四十五条　【免于赔付情形】因被保险人故意犯罪或者抗拒依法采取的刑事强制措施导致其伤残或者死亡的，保险人不承担给付保险金的责任。投保人已交足二年以上保险费的，保险人应当按照合同约定退还保险单的现金价值。

第四十六条　【禁止追偿】被保险人因第三者的行为而发生死亡、伤残或者疾病等保险事故的，保险人向被保险人或者受益人给付保险金后，不享有向第三者追偿的权利，但被保险人或者受益人仍有权向第三者请求赔偿。

第四十七条　【人身保险合同解除】投保人解除合同的，保险人应当自收到解除合同通知之日起三十日内，按照合同约定退还保险单的现金价值。

第三节　财产保险合同

第四十八条　【财产保险利益】保险事故发生时，被保险人对保险标的不具有保险利益的，不得向保险人请求赔偿保险金。

第四十九条　【保险标的转让】保险标的转让的，保险标的的受让人承继被保险人的权利和义务。

保险标的转让的，被保险人或者受让人应当及时通知保险人，但货物运输保险合同和另有约定的合同除外。

因保险标的转让导致危险程度显著增加的，保险人自收到前款规定的通知之日起三十日内，可以按照合同约定增加保险费或者解除合同。保险人解除合同的，应当将已收取的保险费，按照合同约定扣除自保险责任开始之日起至合同解除之日止应收的部分后，退还投保人。

被保险人、受让人未履行本条第二款规定的通知义务的，因转让导致保险标的危险程度显著增加而发生的保险事故，保险人不承担赔偿保险金的责任。

第五十条　【禁止解除合同】货物运输保险合同和运输工具航程保险合同，保险责任开始后，合同当事人不得解除合同。

第五十一条　【安全义务】被保险人应当遵守国家有关消防、安全、生产操作、劳动保护等方面的规定，维护保险标的的安全。

保险人可以按照合同约定对保险标的的安全状况进行检查，及时向投保人、被保险人提出消除不安全因素和隐患的书面建议。

投保人、被保险人未按照约定履行其对保险标的的安全应尽责任的，保险人有权要求增加保险费或者解除合同。

保险人为维护保险标的的安全，经被保险人同意，可以采取安全预防措施。

第五十二条　【危险增加通知义务】 在合同有效期内，保险标的的危险程度显著增加的，被保险人应当按照合同约定及时通知保险人，保险人可以按照合同约定增加保险费或者解除合同。保险人解除合同的，应当将已收取的保险费，按照合同约定扣除自保险责任开始之日起至合同解除之日止应收的部分后，退还投保人。

被保险人未履行前款规定的通知义务的，因保险标的的危险程度显著增加而发生的保险事故，保险人不承担赔偿保险金的责任。

第五十三条　【降低保险费】 有下列情形之一的，除合同另有约定外，保险人应当降低保险费，并按日计算退还相应的保险费：

（一）据以确定保险费率的有关情况发生变化，保险标的的危险程度明显减少的；

（二）保险标的的保险价值明显减少的。

第五十四条　【保费退还】 保险责任开始前，投保人要求解除合同的，应当按照合同约定向保险人支付手续费，保险人应当退还保险费。保险责任开始后，投保人要求解除合同的，保险人应当将已收取的保险费，按照合同约定扣除自保险责任开始之日起至合同解除之日止应收的部分后，退还投保人。

第五十五条　【保险价值的确定】 投保人和保险人约定保险标的的保险价值并在合同中载明的，保险标的发生损失时，以约定的保险价值为赔偿计算标准。

投保人和保险人未约定保险标的的保险价值的，保险标的发生损失时，以保险事故发生时保险标的的实际价值为赔偿计算标准。

保险金额不得超过保险价值。超过保险价值的，超过部分无效，保险人应当退还相应的保险费。

保险金额低于保险价值的，除合同另有约定外，保险人按照保险金额与保险价值的比例承担赔偿保险金的责任。

第五十六条　【重复保险】 重复保险的投保人应当将重复保险

的有关情况通知各保险人。

重复保险的各保险人赔偿保险金的总和不得超过保险价值。除合同另有约定外，各保险人按照其保险金额与保险金额总和的比例承担赔偿保险金的责任。

重复保险的投保人可以就保险金额总和超过保险价值的部分，请求各保险人按比例返还保险费。

重复保险是指投保人对同一保险标的、同一保险利益、同一保险事故分别与两个以上保险人订立保险合同，且保险金额总和超过保险价值的保险。

第五十七条　【防止或减少损失责任】保险事故发生时，被保险人应当尽力采取必要的措施，防止或者减少损失。

保险事故发生后，被保险人为防止或者减少保险标的的损失所支付的必要的、合理的费用，由保险人承担；保险人所承担的费用数额在保险标的损失赔偿金额以外另行计算，最高不超过保险金额的数额。

第五十八条　【赔偿解除】保险标的发生部分损失的，自保险人赔偿之日起三十日内，投保人可以解除合同；除合同另有约定外，保险人也可以解除合同，但应当提前十五日通知投保人。

合同解除的，保险人应当将保险标的未受损失部分的保险费，按照合同约定扣除自保险责任开始之日起至合同解除之日止应收的部分后，退还投保人。

第五十九条　【保险标的残值权利归属】保险事故发生后，保险人已支付了全部保险金额，并且保险金额等于保险价值的，受损保险标的的全部权利归于保险人；保险金额低于保险价值的，保险人按照保险金额与保险价值的比例取得受损保险标的的部分权利。

第六十条　【代位求偿权】因第三者对保险标的的损害而造成保险事故的，保险人自向被保险人赔偿保险金之日起，在赔偿金额范围内代位行使被保险人对第三者请求赔偿的权利。

前款规定的保险事故发生后，被保险人已经从第三者取得损害赔偿的，保险人赔偿保险金时，可以相应扣减被保险人从第三者已取得的赔偿金额。

保险人依照本条第一款规定行使代位请求赔偿的权利，不影响被保险人就未取得赔偿的部分向第三者请求赔偿的权利。

第六十一条　【不能行使代位求偿权的法律后果】保险事故发生后，保险人未赔偿保险金之前，被保险人放弃对第三者请求赔偿的权利的，保险人不承担赔偿保险金的责任。

保险人向被保险人赔偿保险金后，被保险人未经保险人同意放弃对第三者请求赔偿的权利的，该行为无效。

被保险人故意或者因重大过失致使保险人不能行使代位请求赔偿的权利的，保险人可以扣减或者要求返还相应的保险金。

第六十二条　【代位求偿权行使限制】除被保险人的家庭成员或者其组成人员故意造成本法第六十条第一款规定的保险事故外，保险人不得对被保险人的家庭成员或者其组成人员行使代位请求赔偿的权利。

第六十三条　【协助行使代位求偿权】保险人向第三者行使代位请求赔偿的权利时，被保险人应当向保险人提供必要的文件和所知道的有关情况。

第六十四条　【勘险费用承担】保险人、被保险人为查明和确定保险事故的性质、原因和保险标的的损失程度所支付的必要的、合理的费用，由保险人承担。

第六十五条　【责任保险】保险人对责任保险的被保险人给第三者造成的损害，可以依照法律的规定或者合同的约定，直接向该第三者赔偿保险金。

责任保险的被保险人给第三者造成损害，被保险人对第三者应负的赔偿责任确定的，根据被保险人的请求，保险人应当直接向该第三者赔偿保险金。被保险人怠于请求的，第三者有权就其应获赔偿部分直接向保险人请求赔偿保险金。

责任保险的被保险人给第三者造成损害，被保险人未向该第三者赔偿的，保险人不得向被保险人赔偿保险金。

责任保险是指以被保险人对第三者依法应负的赔偿责任为保险标的的保险。

第六十六条　【责任保险相应费用承担】责任保险的被保险人因给第三者造成损害的保险事故而被提起仲裁或者诉讼的，被保险人支付的仲裁或者诉讼费用以及其他必要的、合理的费用，除合同另有约定外，由保险人承担。

第三章　保 险 公 司

第六十七条　【设立须经批准】设立保险公司应当经国务院保险监督管理机构批准。

国务院保险监督管理机构审查保险公司的设立申请时，应当考虑保险业的发展和公平竞争的需要。

第六十八条　【设立条件】设立保险公司应当具备下列条件：

（一）主要股东具有持续盈利能力，信誉良好，最近三年内无重大违法违规记录，净资产不低于人民币二亿元；

（二）有符合本法和《中华人民共和国公司法》规定的章程；

（三）有符合本法规定的注册资本；

（四）有具备任职专业知识和业务工作经验的董事、监事和高级管理人员；

（五）有健全的组织机构和管理制度；

（六）有符合要求的营业场所和与经营业务有关的其他设施；

（七）法律、行政法规和国务院保险监督管理机构规定的其他条件。

第六十九条　【注册资本】设立保险公司，其注册资本的最低限额为人民币二亿元。

国务院保险监督管理机构根据保险公司的业务范围、经营规模，可以调整其注册资本的最低限额，但不得低于本条第一款规定的限额。

保险公司的注册资本必须为实缴货币资本。

第七十条　【申请文件、资料】申请设立保险公司，应当向国务院保险监督管理机构提出书面申请，并提交下列材料：

（一）设立申请书，申请书应当载明拟设立的保险公司的名称、注册资本、业务范围等；

（二）可行性研究报告；

（三）筹建方案；

（四）投资人的营业执照或者其他背景资料，经会计师事务所审计的上一年度财务会计报告；

（五）投资人认可的筹备组负责人和拟任董事长、经理名单及本人认可证明；

（六）国务院保险监督管理机构规定的其他材料。

第七十一条　【批准决定】国务院保险监督管理机构应当对设立保险公司的申请进行审查，自受理之日起六个月内作出批准或者不批准筹建的决定，并书面通知申请人。决定不批准的，应当书面说明理由。

第七十二条　【筹建期限和要求】申请人应当自收到批准筹建通知之日起一年内完成筹建工作；筹建期间不得从事保险经营活动。

第七十三条　【保险监督管理机构批准开业申请的期限和决定】筹建工作完成后，申请人具备本法第六十八条规定的设立条件的，可以向国务院保险监督管理机构提出开业申请。

国务院保险监督管理机构应当自受理开业申请之日起六十日内，作出批准或者不批准开业的决定。决定批准的，颁发经营保险业务许可证；决定不批准的，应当书面通知申请人并说明理由。

第七十四条　【设立分支机构】保险公司在中华人民共和国境内设立分支机构，应当经保险监督管理机构批准。

保险公司分支机构不具有法人资格，其民事责任由保险公司承担。

第七十五条　【设立分支机构提交的材料】保险公司申请设立分支机构，应当向保险监督管理机构提出书面申请，并提交下列材料：

（一）设立申请书；

（二）拟设机构三年业务发展规划和市场分析材料；

（三）拟任高级管理人员的简历及相关证明材料；

（四）国务院保险监督管理机构规定的其他材料。

第七十六条　【审批保险公司设立分支机构申请的期限】保险监督管理机构应当对保险公司设立分支机构的申请进行审查，自受理之日起六十日内作出批准或者不批准的决定。决定批准的，颁发分支机构经营保险业务许可证；决定不批准的，应当书面通知申请人并说明理由。

第七十七条　【工商登记】经批准设立的保险公司及其分支机构，凭经营保险业务许可证向工商行政管理机关办理登记，领取营业执照。

第七十八条　【工商登记期限】保险公司及其分支机构自取得经营保险业务许可证之日起六个月内，无正当理由未向工商行政管理机关办理登记的，其经营保险业务许可证失效。

第七十九条　【境外机构设立规定】保险公司在中华人民共和国境外设立子公司、分支机构，应当经国务院保险监督管理机构批准。

第八十条　【外国保险机构驻华代表机构设立的批准】外国保险机构在中华人民共和国境内设立代表机构，应当经国务院保险监督管理机构批准。代表机构不得从事保险经营活动。

第八十一条　【董事、监事和高级管理人员任职规定】保险公司的董事、监事和高级管理人员，应当品行良好，熟悉与保险相关的法律、行政法规，具有履行职责所需的经营管理能力，并在任职前取得保险监督管理机构核准的任职资格。

保险公司高级管理人员的范围由国务院保险监督管理机构规定。

第八十二条　【董事、高级管理人员的任职禁止】有《中华人民共和国公司法》第一百四十六条规定的情形或者下列情形之一的，不得担任保险公司的董事、监事、高级管理人员：

（一）因违法行为或者违纪行为被金融监督管理机构取消任职资格的金融机构的董事、监事、高级管理人员，自被取消任职资格之日起未逾五年的；

（二）因违法行为或者违纪行为被吊销执业资格的律师、注册会计师或者资产评估机构、验证机构等机构的专业人员，自被吊销执业资格之日起未逾五年的。

第八十三条　【董事、监事、高级管理人员的责任】保险公司的董事、监事、高级管理人员执行公司职务时违反法律、行政法规或者公司章程的规定，给公司造成损失的，应当承担赔偿责任。

第八十四条　【变更事项批准】保险公司有下列情形之一的，应当经保险监督管理机构批准：

（一）变更名称；

（二）变更注册资本；

（三）变更公司或者分支机构的营业场所；

（四）撤销分支机构；

（五）公司分立或者合并；

（六）修改公司章程；

（七）变更出资额占有限责任公司资本总额百分之五以上的股东，或者变更持有股份有限公司股份百分之五以上的股东；

（八）国务院保险监督管理机构规定的其他情形。

第八十五条　【精算报告制度和合规报告制度】保险公司应当聘用专业人员，建立精算报告制度和合规报告制度。

第八十六条　【如实报送报告、报表、文件和资料】保险公司应当按照保险监督管理机构的规定，报送有关报告、报表、文件和资料。

保险公司的偿付能力报告、财务会计报告、精算报告、合规报告及其他有关报告、报表、文件和资料必须如实记录保险业务事项，不得有虚假记载、误导性陈述和重大遗漏。

第八十七条　【账簿、原始凭证和有关资料的保管】保险公司应当按照国务院保险监督管理机构的规定妥善保管业务经营活动的完整账簿、原始凭证和有关资料。

前款规定的账簿、原始凭证和有关资料的保管期限，自保险合同终止之日起计算，保险期间在一年以下的不得少于五年，保险期间超过一年的不得少于十年。

第八十八条　【聘请或解聘中介服务机构】保险公司聘请或者解聘会计师事务所、资产评估机构、资信评级机构等中介服务机构，应当向保险监督管理机构报告；解聘会计师事务所、资产评估机构、资信评级机构等中介服务机构，应当说明理由。

第八十九条　【解散和清算】保险公司因分立、合并需要解散，或者股东会、股东大会决议解散，或者公司章程规定的解散事由出现，经国务院保险监督管理机构批准后解散。

经营有人寿保险业务的保险公司，除因分立、合并或者被依法撤销外，不得解散。

保险公司解散，应当依法成立清算组进行清算。

第九十条　【重整、和解和破产清算】保险公司有《中华人民共和国企业破产法》第二条规定情形的，经国务院保险监督管理机构同意，保险公司或者其债权人可以依法向人民法院申请重整、和解或者破产清算；国务院保险监督管理机构也可以依法向人民法院申请对该保险公司进行重整或者破产清算。

第九十一条　【破产财产的清偿顺序】破产财产在优先清偿破产费用和共益债务后，按照下列顺序清偿：

（一）所欠职工工资和医疗、伤残补助、抚恤费用，所欠应当划入职工个人账户的基本养老保险、基本医疗保险费用，以及法律、行政法规规定应当支付给职工的补偿金；

（二）赔偿或者给付保险金；

（三）保险公司欠缴的除第（一）项规定以外的社会保险费用和所欠税款；

（四）普通破产债权。

破产财产不足以清偿同一顺序的清偿要求的，按照比例分配。

破产保险公司的董事、监事和高级管理人员的工资，按照该公司职工的平均工资计算。

第九十二条　【人寿保险合同及责任准备金转让】经营有人寿保险业务的保险公司被依法撤销或者被依法宣告破产的，其持有的人寿保险合同及责任准备金，必须转让给其他经营有人寿保险业务的保险公司；不能同其他保险公司达成转让协议的，由国务院保险监督管理机构指定经营有人寿保险业务的保险公司接受转让。

转让或者由国务院保险监督管理机构指定接受转让前款规定的人寿保险合同及责任准备金的，应当维护被保险人、受益人的合法权益。

第九十三条　【经营保险业务许可证的注销】保险公司依法终止其业务活动，应当注销其经营保险业务许可证。

第九十四条　【适用公司法的规定】保险公司，除本法另有规定外，适用《中华人民共和国公司法》的规定。

第四章　保险经营规则

第九十五条　【业务范围】保险公司的业务范围：

（一）人身保险业务，包括人寿保险、健康保险、意外伤害保险等保险业务；

（二）财产保险业务，包括财产损失保险、责任保险、信用保险、保证保险等保险业务；

（三）国务院保险监督管理机构批准的与保险有关的其他业务。

保险人不得兼营人身保险业务和财产保险业务。但是，经营财产保险业务的保险公司经国务院保险监督管理机构批准，可以经营短期健康保险业务和意外伤害保险业务。

保险公司应当在国务院保险监督管理机构依法批准的业务范围内从事保险经营活动。

第九十六条　【再保险业务】经国务院保险监督管理机构批准，保险公司可以经营本法第九十五条规定的保险业务的下列再保险业务：

（一）分出保险；

（二）分入保险。

第九十七条　【保证金】保险公司应当按照其注册资本总额的百分之二十提取保证金，存入国务院保险监督管理机构指定的银行，除公司清算时用于清偿债务外，不得动用。

第九十八条　【责任准备金】保险公司应当根据保障被保险人利益、保证偿付能力的原则，提取各项责任准备金。

保险公司提取和结转责任准备金的具体办法，由国务院保险监督管理机构制定。

第九十九条　【公积金】保险公司应当依法提取公积金。

第一百条　【保险保障基金】保险公司应当缴纳保险保障基金。

保险保障基金应当集中管理，并在下列情形下统筹使用：

（一）在保险公司被撤销或者被宣告破产时，向投保人、被保险人或者受益人提供救济；

（二）在保险公司被撤销或者被宣告破产时，向依法接受其人寿保险合同的保险公司提供救济；

（三）国务院规定的其他情形。

保险保障基金筹集、管理和使用的具体办法，由国务院制定。

第一百零一条　【最低偿付能力】保险公司应当具有与其业务规模和风险程度相适应的最低偿付能力。保险公司的认可资产减去认可负债的差额不得低于国务院保险监督管理机构规定的数额；低于规定数额的，应当按照国务院保险监督管理机构的要求采取相应措施达到规定的数额。

第一百零二条　【财产保险公司自留保险费】经营财产保险业务的保险公司当年自留保险费，不得超过其实有资本金加公积金总和的四倍。

第一百零三条　【最大损失责任的赔付要求】保险公司对每一危险单位，即对一次保险事故可能造成的最大损失范围所承担的责任，不得超过其实有资本金加公积金总和的百分之十；超过的部分应当办理再保险。

保险公司对危险单位的划分应当符合国务院保险监督管理机构的规定。

第一百零四条　【危险单位划分方法和巨灾风险安排方案】保险公司对危险单位的划分方法和巨灾风险安排方案，应当报国务院保险监督管理机构备案。

第一百零五条　【再保险】保险公司应当按照国务院保险监督管理机构的规定办理再保险，并审慎选择再保险接受人。

第一百零六条　【资金运用的原则和形式】保险公司的资金运用必须稳健，遵循安全性原则。

保险公司的资金运用限于下列形式：

（一）银行存款；

（二）买卖债券、股票、证券投资基金份额等有价证券；

（三）投资不动产；

（四）国务院规定的其他资金运用形式。

保险公司资金运用的具体管理办法，由国务院保险监督管理机构依照前两款的规定制定。

第一百零七条　【保险资产管理公司】经国务院保险监督管理机构会同国务院证券监督管理机构批准，保险公司可以设立保险资产管理公司。

保险资产管理公司从事证券投资活动，应当遵守《中华人民共和国证券法》等法律、行政法规的规定。

保险资产管理公司的管理办法，由国务院保险监督管理机构会同国务院有关部门制定。

第一百零八条　【关联交易管理和信息披露制度】保险公司应当按照国务院保险监督管理机构的规定，建立对关联交易的管理和信息披露制度。

第一百零九条　【关联交易的禁止】保险公司的控股股东、实际控制人、董事、监事、高级管理人员不得利用关联交易损害公司的利益。

第一百一十条　【重大事项披露】保险公司应当按照国务院保险监督管理机构的规定，真实、准确、完整地披露财务会计报告、风险管理状况、保险产品经营情况等重大事项。

第一百一十一条　【保险销售人员任职资格】保险公司从事保险销售的人员应当品行良好，具有保险销售所需的专业能力。保险销售人员的行为规范和管理办法，由国务院保险监督管理机构规定。

第一百一十二条　【保险代理人登记制度】保险公司应当建立保险代理人登记管理制度，加强对保险代理人的培训和管理，不得唆使、诱导保险代理人进行违背诚信义务的活动。

第一百一十三条　【依法使用经营保险业务许可证】保险公司及其分支机构应当依法使用经营保险业务许可证，不得转让、出租、出借经营保险业务许可证。

第一百一十四条　【公平合理拟订保险条款和保险费率并及时履行义务】保险公司应当按照国务院保险监督管理机构的规定，公平、合理拟订保险条款和保险费率，不得损害投保人、被保险人和受益人的合法权益。

保险公司应当按照合同约定和本法规定，及时履行赔偿或者给付保险金义务。

第一百一十五条　【公平竞争原则】保险公司开展业务，应当遵循公平竞争的原则，不得从事不正当竞争。

第一百一十六条　【保险业务行为禁止】保险公司及其工作人员在保险业务活动中不得有下列行为：

（一）欺骗投保人、被保险人或者受益人；

（二）对投保人隐瞒与保险合同有关的重要情况；

（三）阻碍投保人履行本法规定的如实告知义务，或者诱导其不履行本法规定的如实告知义务；

（四）给予或者承诺给予投保人、被保险人、受益人保险合同约定以外的保险费回扣或者其他利益；

（五）拒不依法履行保险合同约定的赔偿或者给付保险金义务；

（六）故意编造未曾发生的保险事故、虚构保险合同或者故意夸大已经发生的保险事故的损失程度进行虚假理赔，骗取保险金或者牟取其他不正当利益；

（七）挪用、截留、侵占保险费；

（八）委托未取得合法资格的机构从事保险销售活动；

（九）利用开展保险业务为其他机构或者个人牟取不正当利益；

（十）利用保险代理人、保险经纪人或者保险评估机构，从事以虚构保险中介业务或者编造退保等方式套取费用等违法活动；

（十一）以捏造、散布虚假事实等方式损害竞争对手的商业信誉，或者以其他不正当竞争行为扰乱保险市场秩序；

（十二）泄露在业务活动中知悉的投保人、被保险人的商业秘密；

（十三）违反法律、行政法规和国务院保险监督管理机构规定的其他行为。

第五章　保险代理人和保险经纪人

第一百一十七条　【保险代理人】保险代理人是根据保险人的委托，向保险人收取佣金，并在保险人授权的范围内代为办理保险业务的机构或者个人。

保险代理机构包括专门从事保险代理业务的保险专业代理机构和兼营保险代理业务的保险兼业代理机构。

第一百一十八条　【保险经纪人】保险经纪人是基于投保人的利益，为投保人与保险人订立保险合同提供中介服务，并依法收取佣金的机构。

第一百一十九条　【保险代理机构、保险经纪人的资格条件及业务许可管理】保险代理机构、保险经纪人应当具备国务院保险监督管理机构规定的条件，取得保险监督管理机构颁发的经营保险代理业务许可证、保险经纪业务许可证。

第一百二十条　【以公司形式设立的保险专业代理机构、保险经纪人的注册资本】以公司形式设立保险专业代理机构、保险经纪人，其注册资本最低限额适用《中华人民共和国公司法》的规定。

国务院保险监督管理机构根据保险专业代理机构、保险经纪人的业务范围和经营规模，可以调整其注册资本的最低限额，但不得低于《中华人民共和国公司法》规定的限额。

保险专业代理机构、保险经纪人的注册资本或者出资额必须为实缴货币资本。

第一百二十一条　【保险专业代理机构、保险经纪人的高级管理人员的经营管理能力与任职资格】保险专业代理机构、保险经纪人的高级管理人员，应当品行良好，熟悉保险法律、行政法规，具有履行职责所需的经营管理能力，并在任职前取得保险监督管理机构核准的任职资格。

第一百二十二条　【个人保险代理人、保险代理机构的代理从业人员、保险经纪人的经纪从业人员的任职资格】个人保险代理人、保险代理机构的代理从业人员、保险经纪人的经纪从业人员，应当品行良好，具有从事保险代理业务或者保险经纪业务所需的专业能力。

第一百二十三条　【经营场所与账簿记载】保险代理机构、保险经纪人应当有自己的经营场所，设立专门账簿记载保险代理业务、经纪业务的收支情况。

第一百二十四条　【保险代理机构、保险经纪人缴存保证金或者投保职业责任保险】保险代理机构、保险经纪人应当按照国务院保险监督管理机构的规定缴存保证金或者投保职业责任保险。

第一百二十五条　【个人保险代理人代为办理人寿保险业务接受委托的限制】个人保险代理人在代为办理人寿保险业务时，不得同时接受两个以上保险人的委托。

第一百二十六条　【保险业务委托代理协议】保险人委托保险代理人代为办理保险业务，应当与保险代理人签订委托代理协议，依法约定双方的权利和义务。

第一百二十七条　【保险代理责任承担】保险代理人根据保险人的授权代为办理保险业务的行为，由保险人承担责任。

保险代理人没有代理权、超越代理权或者代理权终止后以保险人名义订立合同，使投保人有理由相信其有代理权的，该代理行为有效。保险人可以依法追究越权的保险代理人的责任。

第一百二十八条　【保险经纪人的赔偿责任】保险经纪人因过错给投保人、被保险人造成损失的，依法承担赔偿责任。

第一百二十九条　【保险事故的评估和鉴定】保险活动当事人可以委托保险公估机构等依法设立的独立评估机构或者具有相关专

业知识的人员，对保险事故进行评估和鉴定。

接受委托对保险事故进行评估和鉴定的机构和人员，应当依法、独立、客观、公正地进行评估和鉴定，任何单位和个人不得干涉。

前款规定的机构和人员，因故意或者过失给保险人或者被保险人造成损失的，依法承担赔偿责任。

第一百三十条　【保险佣金的支付】保险佣金只限于向保险代理人、保险经纪人支付，不得向其他人支付。

第一百三十一条　【保险代理人、保险经纪人及其从业人员的禁止行为】保险代理人、保险经纪人及其从业人员在办理保险业务活动中不得有下列行为：

（一）欺骗保险人、投保人、被保险人或者受益人；

（二）隐瞒与保险合同有关的重要情况；

（三）阻碍投保人履行本法规定的如实告知义务，或者诱导其不履行本法规定的如实告知义务；

（四）给予或者承诺给予投保人、被保险人或者受益人保险合同约定以外的利益；

（五）利用行政权力、职务或者职业便利以及其他不正当手段强迫、引诱或者限制投保人订立保险合同；

（六）伪造、擅自变更保险合同，或者为保险合同当事人提供虚假证明材料；

（七）挪用、截留、侵占保险费或者保险金；

（八）利用业务便利为其他机构或者个人牟取不正当利益；

（九）串通投保人、被保险人或者受益人，骗取保险金；

（十）泄露在业务活动中知悉的保险人、投保人、被保险人的商业秘密。

第一百三十二条　【准用条款】本法第八十六条第一款、第一百一十三条的规定，适用于保险代理机构和保险经纪人。

第六章　保险业监督管理

第一百三十三条　【保险监督管理机构职责】保险监督管理机构依照本法和国务院规定的职责，遵循依法、公开、公正的原则，对保险业实施监督管理，维护保险市场秩序，保护投保人、被保险人和受益人的合法权益。

第一百三十四条　【国务院保险监督管理机构立法权限】国务院保险监督管理机构依照法律、行政法规制定并发布有关保险业监督管理的规章。

第一百三十五条　【保险条款与保险费率的审批与备案】关系社会公众利益的保险险种、依法实行强制保险的险种和新开发的人寿保险险种等的保险条款和保险费率，应当报国务院保险监督管理机构批准。国务院保险监督管理机构审批时，应当遵循保护社会公众利益和防止不正当竞争的原则。其他保险险种的保险条款和保险费率，应当报保险监督管理机构备案。

保险条款和保险费率审批、备案的具体办法，由国务院保险监督管理机构依照前款规定制定。

第一百三十六条　【对违法、违规保险条款和费率采取的措施】保险公司使用的保险条款和保险费率违反法律、行政法规或者国务院保险监督管理机构的有关规定的，由保险监督管理机构责令停止使用，限期修改；情节严重的，可以在一定期限内禁止申报新的保险条款和保险费率。

第一百三十七条　【对保险公司偿付能力的监控】国务院保险监督管理机构应当建立健全保险公司偿付能力监管体系，对保险公司的偿付能力实施监控。

第一百三十八条　【对偿付能力不足的保险公司采取的措施】对偿付能力不足的保险公司，国务院保险监督管理机构应当将其列为重点监管对象，并可以根据具体情况采取下列措施：

（一）责令增加资本金、办理再保险；

（二）限制业务范围；

（三）限制向股东分红；

（四）限制固定资产购置或者经营费用规模；

（五）限制资金运用的形式、比例；

（六）限制增设分支机构；

（七）责令拍卖不良资产、转让保险业务；

（八）限制董事、监事、高级管理人员的薪酬水平；

（九）限制商业性广告；

（十）责令停止接受新业务。

第一百三十九条　【责令保险公司改正违法行为】保险公司未依照本法规定提取或者结转各项责任准备金，或者未依照本法规定办理再保险，或者严重违反本法关于资金运用的规定的，由保险监督管理机构责令限期改正，并可以责令调整负责人及有关管理人员。

第一百四十条　【保险公司整顿】保险监督管理机构依照本法第一百三十九条的规定作出限期改正的决定后，保险公司逾期未改正的，国务院保险监督管理机构可以决定选派保险专业人员和指定该保险公司的有关人员组成整顿组，对公司进行整顿。

整顿决定应当载明被整顿公司的名称、整顿理由、整顿组成员和整顿期限，并予以公告。

第一百四十一条　【整顿组职权】整顿组有权监督被整顿保险公司的日常业务。被整顿公司的负责人及有关管理人员应当在整顿组的监督下行使职权。

第一百四十二条　【被整顿保险公司的业务运作】整顿过程中，被整顿保险公司的原有业务继续进行。但是，国务院保险监督管理机构可以责令被整顿公司停止部分原有业务、停止接受新业务，调整资金运用。

第一百四十三条　【保险公司结束整顿】被整顿保险公司经整

顿已纠正其违反本法规定的行为，恢复正常经营状况的，由整顿组提出报告，经国务院保险监督管理机构批准，结束整顿，并由国务院保险监督管理机构予以公告。

第一百四十四条　【保险公司接管】保险公司有下列情形之一的，国务院保险监督管理机构可以对其实行接管：

（一）公司的偿付能力严重不足的；

（二）违反本法规定，损害社会公共利益，可能严重危及或者已经严重危及公司的偿付能力的。

被接管的保险公司的债权债务关系不因接管而变化。

第一百四十五条　【国务院保险监管机构决定接管实施办法】接管组的组成和接管的实施办法，由国务院保险监督管理机构决定，并予以公告。

第一百四十六条　【接管保险公司期限】接管期限届满，国务院保险监督管理机构可以决定延长接管期限，但接管期限最长不得超过二年。

第一百四十七条　【终止接管】接管期限届满，被接管的保险公司已恢复正常经营能力的，由国务院保险监督管理机构决定终止接管，并予以公告。

第一百四十八条　【被整顿、被接管的保险公司的重整及破产清算】被整顿、被接管的保险公司有《中华人民共和国企业破产法》第二条规定情形的，国务院保险监督管理机构可以依法向人民法院申请对该保险公司进行重整或者破产清算。

第一百四十九条　【保险公司的撤销及清算】保险公司因违法经营被依法吊销经营保险业务许可证的，或者偿付能力低于国务院保险监督管理机构规定标准，不予撤销将严重危害保险市场秩序、损害公共利益的，由国务院保险监督管理机构予以撤销并公告，依法及时组织清算组进行清算。

第一百五十条　【提供信息资料】国务院保险监督管理机构有

权要求保险公司股东、实际控制人在指定的期限内提供有关信息和资料。

第一百五十一条 【股东利用关联交易严重损害公司利益，危及公司偿付能力的处理措施】保险公司的股东利用关联交易严重损害公司利益，危及公司偿付能力的，由国务院保险监督管理机构责令改正。在按照要求改正前，国务院保险监督管理机构可以限制其股东权利；拒不改正的，可以责令其转让所持的保险公司股权。

第一百五十二条 【保险公司业务活动和风险管理重大事项说明】保险监督管理机构根据履行监督管理职责的需要，可以与保险公司董事、监事和高级管理人员进行监督管理谈话，要求其就公司的业务活动和风险管理的重大事项作出说明。

第一百五十三条 【保险公司被整顿、接管、撤销清算期间及出现重大风险时对直接责任人员采取的措施】保险公司在整顿、接管、撤销清算期间，或者出现重大风险时，国务院保险监督管理机构可以对该公司直接负责的董事、监事、高级管理人员和其他直接责任人员采取以下措施：

（一）通知出境管理机关依法阻止其出境；

（二）申请司法机关禁止其转移、转让或者以其他方式处分财产，或者在财产上设定其他权利。

第一百五十四条 【保险监督管理机构的履职措施及程序】保险监督管理机构依法履行职责，可以采取下列措施：

（一）对保险公司、保险代理人、保险经纪人、保险资产管理公司、外国保险机构的代表机构进行现场检查；

（二）进入涉嫌违法行为发生场所调查取证；

（三）询问当事人及与被调查事件有关的单位和个人，要求其对与被调查事件有关的事项作出说明；

（四）查阅、复制与被调查事件有关的财产权登记等资料；

（五）查阅、复制保险公司、保险代理人、保险经纪人、保险资产管理公司、外国保险机构的代表机构以及与被调查事件有关的单位和个人的财务会计资料及其他相关文件和资料；对可能被转移、隐匿或者毁损的文件和资料予以封存；

（六）查询涉嫌违法经营的保险公司、保险代理人、保险经纪人、保险资产管理公司、外国保险机构的代表机构以及与涉嫌违法事项有关的单位和个人的银行账户；

（七）对有证据证明已经或者可能转移、隐匿违法资金等涉案财产或者隐匿、伪造、毁损重要证据的，经保险监督管理机构主要负责人批准，申请人民法院予以冻结或者查封。

保险监督管理机构采取前款第（一）项、第（二）项、第（五）项措施的，应当经保险监督管理机构负责人批准；采取第（六）项措施的，应当经国务院保险监督管理机构负责人批准。

保险监督管理机构依法进行监督检查或者调查，其监督检查、调查的人员不得少于二人，并应当出示合法证件和监督检查、调查通知书；监督检查、调查的人员少于二人或者未出示合法证件和监督检查、调查通知书的，被检查、调查的单位和个人有权拒绝。

第一百五十五条　【配合检查、调查】保险监督管理机构依法履行职责，被检查、调查的单位和个人应当配合。

第一百五十六条　【保险监督管理机构工作人员行为准则】保险监督管理机构工作人员应当忠于职守，依法办事，公正廉洁，不得利用职务便利牟取不正当利益，不得泄露所知悉的有关单位和个人的商业秘密。

第一百五十七条　【金融监督管理机构监督管理信息共享机制】国务院保险监督管理机构应当与中国人民银行、国务院其他金融监督管理机构建立监督管理信息共享机制。

保险监督管理机构依法履行职责，进行监督检查、调查时，有关部门应当予以配合。

第七章　法 律 责 任

第一百五十八条　【擅自设立保险公司、保险资产管理公司或非法经营商业保险业务的法律责任】违反本法规定，擅自设立保险公司、保险资产管理公司或者非法经营商业保险业务的，由保险监督管理机构予以取缔，没收违法所得，并处违法所得一倍以上五倍以下的罚款；没有违法所得或者违法所得不足二十万元的，处二十万元以上一百万元以下的罚款。

第一百五十九条　【擅自设立保险代理机构、保险经纪人或者未取得许可从事保险业务的法律责任】违反本法规定，擅自设立保险专业代理机构、保险经纪人，或者未取得经营保险代理业务许可证、保险经纪业务许可证从事保险代理业务、保险经纪业务的，由保险监督管理机构予以取缔，没收违法所得，并处违法所得一倍以上五倍以下的罚款；没有违法所得或者违法所得不足五万元的，处五万元以上三十万元以下的罚款。

第一百六十条　【保险公司超出业务范围经营的法律责任】保险公司违反本法规定，超出批准的业务范围经营的，由保险监督管理机构责令限期改正，没收违法所得，并处违法所得一倍以上五倍以下的罚款；没有违法所得或者违法所得不足十万元的，处十万元以上五十万元以下的罚款。逾期不改正或者造成严重后果的，责令停业整顿或者吊销业务许可证。

第一百六十一条　【保险公司在保险业务活动中从事禁止性行为的法律责任】保险公司有本法第一百一十六条规定行为之一的，由保险监督管理机构责令改正，处五万元以上三十万元以下的罚款；情节严重的，限制其业务范围、责令停止接受新业务或者吊销业务许可证。

第一百六十二条　【保险公司未经批准变更公司登记事项的法律责任】保险公司违反本法第八十四条规定的，由保险监督管理机构责令改正，处一万元以上十万元以下的罚款。

第一百六十三条　【超额承保及为无民事行为能力人承保以死亡为给付保险金条件的保险的法律责任】保险公司违反本法规定，有下列行为之一的，由保险监督管理机构责令改正，处五万元以上三十万元以下的罚款：

（一）超额承保，情节严重的；

（二）为无民事行为能力人承保以死亡为给付保险金条件的保险的。

第一百六十四条　【违反保险业务规则和保险组织机构管理规定的法律责任】违反本法规定，有下列行为之一的，由保险监督管理机构责令改正，处五万元以上三十万元以下的罚款；情节严重的，可以限制其业务范围、责令停止接受新业务或者吊销业务许可证：

（一）未按照规定提存保证金或者违反规定动用保证金的；

（二）未按照规定提取或者结转各项责任准备金的；

（三）未按照规定缴纳保险保障基金或者提取公积金的；

（四）未按照规定办理再保险的；

（五）未按照规定运用保险公司资金的；

（六）未经批准设立分支机构的；

（七）未按照规定申请批准保险条款、保险费率的。

第一百六十五条　【保险代理机构、保险经纪人违反诚信原则办理保险业务的法律责任】保险代理机构、保险经纪人有本法第一百三十一条规定行为之一的，由保险监督管理机构责令改正，处五万元以上三十万元以下的罚款；情节严重的，吊销业务许可证。

第一百六十六条　【不按规定缴存保证金或者投保职业责任保险、设立收支财簿的法律责任】保险代理机构、保险经纪人违反本法规定，有下列行为之一的，由保险监督管理机构责令改正，处二万元以上十万元以下的罚款；情节严重的，责令停业整顿或者吊销业务许可证：

（一）未按照规定缴存保证金或者投保职业责任保险的；

（二）未按照规定设立专门账簿记载业务收支情况的。

第一百六十七条　【违法聘任不具有任职资格的人员的法律责任】违反本法规定，聘任不具有任职资格的人员的，由保险监督管理机构责令改正，处二万元以上十万元以下的罚款。

第一百六十八条　【违法转让、出租、出借业务许可证的法律责任】违反本法规定，转让、出租、出借业务许可证的，由保险监督管理机构处一万元以上十万元以下的罚款；情节严重的，责令停业整顿或者吊销业务许可证。

第一百六十九条　【不按规定披露保险业务相关信息的法律责任】违反本法规定，有下列行为之一的，由保险监督管理机构责令限期改正；逾期不改正的，处一万元以上十万元以下的罚款：

（一）未按照规定报送或者保管报告、报表、文件、资料的，或者未按照规定提供有关信息、资料的；

（二）未按照规定报送保险条款、保险费率备案的；

（三）未按照规定披露信息的。

第一百七十条　【提供保险业务相关信息不实、拒绝或者妨碍监督检查、不按规定使用保险条款、保险费率的法律责任】违反本法规定，有下列行为之一的，由保险监督管理机构责令改正，处十万元以上五十万元以下的罚款；情节严重的，可以限制其业务范围、责令停止接受新业务或者吊销业务许可证：

（一）编制或者提供虚假的报告、报表、文件、资料的；

（二）拒绝或者妨碍依法监督检查的；

（三）未按照规定使用经批准或者备案的保险条款、保险费率的。

第一百七十一条　【董事、监事、高级管理人员的法律责任】保险公司、保险资产管理公司、保险专业代理机构、保险经纪人违反本法规定的，保险监督管理机构除分别依照本法第一百六十条至第一百七十条的规定对该单位给予处罚外，对其直接负责的主管人员和其他直接责任人员给予警告，并处一万元以上十万元以下的罚款；情节严重的，撤销任职资格。

第一百七十二条　【个人保险代理人的法律责任】个人保险代理人违反本法规定的，由保险监督管理机构给予警告，可以并处二万元以下的罚款；情节严重的，处二万元以上十万元以下的罚款。

第一百七十三条　【外国保险机构违法从事保险活动的法律责任】外国保险机构未经国务院保险监督管理机构批准，擅自在中华人民共和国境内设立代表机构的，由国务院保险监督管理机构予以取缔，处五万元以上三十万元以下的罚款。

外国保险机构在中华人民共和国境内设立的代表机构从事保险经营活动的，由保险监督管理机构责令改正，没收违法所得，并处违法所得一倍以上五倍以下的罚款；没有违法所得或者违法所得不足二十万元的，处二十万元以上一百万元以下的罚款；对其首席代表可以责令撤换；情节严重的，撤销其代表机构。

第一百七十四条　【投保人、被保险人或受益人进行保险诈骗活动的法律责任】投保人、被保险人或者受益人有下列行为之一，进行保险诈骗活动，尚不构成犯罪的，依法给予行政处罚：

（一）投保人故意虚构保险标的，骗取保险金的；

（二）编造未曾发生的保险事故，或者编造虚假的事故原因或者夸大损失程度，骗取保险金的；

（三）故意造成保险事故，骗取保险金的。

保险事故的鉴定人、评估人、证明人故意提供虚假的证明文件，为投保人、被保险人或者受益人进行保险诈骗提供条件的，依照前款规定给予处罚。

第一百七十五条　【侵权民事责任的规定】违反本法规定，给他人造成损害的，依法承担民事责任。

第一百七十六条　【拒绝、阻碍监督检查、调查职权的行政责任】拒绝、阻碍保险监督管理机构及其工作人员依法行使监督检查、调查职权，未使用暴力、威胁方法的，依法给予治安管理处罚。

第一百七十七条　【禁止从业的规定】违反法律、行政法规的规定，情节严重的，国务院保险监督管理机构可以禁止有关责任人员一定期限直至终身进入保险业。

第一百七十八条　【保险监督人员的法律责任】保险监督管理机构从事监督管理工作的人员有下列情形之一的，依法给予处分：

（一）违反规定批准机构的设立的；

（二）违反规定进行保险条款、保险费率审批的；

（三）违反规定进行现场检查的；

（四）违反规定查询账户或者冻结资金的；

（五）泄露其知悉的有关单位和个人的商业秘密的；

（六）违反规定实施行政处罚的；

（七）滥用职权、玩忽职守的其他行为。

第一百七十九条　【刑事责任的规定】违反本法规定，构成犯罪的，依法追究刑事责任。

第八章　附　　则

第一百八十条　【保险行业协会的规定】保险公司应当加入保险行业协会。保险代理人、保险经纪人、保险公估机构可以加入保险行业协会。

保险行业协会是保险业的自律性组织，是社会团体法人。

第一百八十一条　【其他保险组织的商业保险业务适用本法】保险公司以外的其他依法设立的保险组织经营的商业保险业务，适用本法。

第一百八十二条　【海上保险的法律适用】海上保险适用《中华人民共和国海商法》的有关规定；《中华人民共和国海商法》未规定的，适用本法的有关规定。

第一百八十三条　【合资保险公司、外资公司法律适用规定】

中外合资保险公司、外资独资保险公司、外国保险公司分公司适用本法规定；法律、行政法规另有规定的，适用其规定。

第一百八十四条　【农业保险的规定】国家支持发展为农业生产服务的保险事业。农业保险由法律、行政法规另行规定。

强制保险，法律、行政法规另有规定的，适用其规定。

第一百八十五条　【施行日期】本法自2009年10月1日起施行。

中华人民共和国社会保险法

（2010年10月28日第十一届全国人民代表大会常务委员会第十七次会议通过　根据2018年12月29日第十三届全国人民代表大会常务委员会第七次会议《关于修改〈中华人民共和国社会保险法〉的决定》修正）

目　　录

第一章 总 则

第一条 【立法宗旨】为了规范社会保险关系，维护公民参加社会保险和享受社会保险待遇的合法权益，使公民共享发展成果，促进社会和谐稳定，根据宪法，制定本法。

第二条 【建立社会保险制度】国家建立基本养老保险、基本医疗保险、工伤保险、失业保险、生育保险等社会保险制度，保障公民在年老、疾病、工伤、失业、生育等情况下依法从国家和社会获得物质帮助的权利。

第三条 【社会保险制度的方针和社会保险水平】社会保险制度坚持广覆盖、保基本、多层次、可持续的方针，社会保险水平应当与经济社会发展水平相适应。

第四条 【用人单位和个人的权利义务】中华人民共和国境内的用人单位和个人依法缴纳社会保险费，有权查询缴费记录、个人权益记录，要求社会保险经办机构提供社会保险咨询等相关服务。

个人依法享受社会保险待遇，有权监督本单位为其缴费情况。

第五条 【社会保险财政保障】县级以上人民政府将社会保险事业纳入国民经济和社会发展规划。

国家多渠道筹集社会保险资金。县级以上人民政府对社会保险事业给予必要的经费支持。

国家通过税收优惠政策支持社会保险事业。

第六条 【社会保险基金监督】国家对社会保险基金实行严格监管。

国务院和省、自治区、直辖市人民政府建立健全社会保险基金监督管理制度，保障社会保险基金安全、有效运行。

县级以上人民政府采取措施，鼓励和支持社会各方面参与社会保险基金的监督。

第七条 【社会保险行政管理职责分工】国务院社会保险行政

部门负责全国的社会保险管理工作，国务院其他有关部门在各自的职责范围内负责有关的社会保险工作。

县级以上地方人民政府社会保险行政部门负责本行政区域的社会保险管理工作，县级以上地方人民政府其他有关部门在各自的职责范围内负责有关的社会保险工作。

第八条　【社会保险经办机构职责】社会保险经办机构提供社会保险服务，负责社会保险登记、个人权益记录、社会保险待遇支付等工作。

第九条　【工会的职责】工会依法维护职工的合法权益，有权参与社会保险重大事项的研究，参加社会保险监督委员会，对与职工社会保险权益有关的事项进行监督。

第二章　基本养老保险

第十条　【覆盖范围】职工应当参加基本养老保险，由用人单位和职工共同缴纳基本养老保险费。

无雇工的个体工商户、未在用人单位参加基本养老保险的非全日制从业人员以及其他灵活就业人员可以参加基本养老保险，由个人缴纳基本养老保险费。

公务员和参照公务员法管理的工作人员养老保险的办法由国务院规定。

第十一条　【制度模式和基金筹资方式】基本养老保险实行社会统筹与个人账户相结合。

基本养老保险基金由用人单位和个人缴费以及政府补贴等组成。

第十二条　【缴费基数和缴费比例】用人单位应当按照国家规定的本单位职工工资总额的比例缴纳基本养老保险费，记入基本养老保险统筹基金。

职工应当按照国家规定的本人工资的比例缴纳基本养老保险费，记入个人账户。

无雇工的个体工商户、未在用人单位参加基本养老保险的非全日制从业人员以及其他灵活就业人员参加基本养老保险的，应当按照国家规定缴纳基本养老保险费，分别记入基本养老保险统筹基金和个人账户。

第十三条　【政府财政补贴】国有企业、事业单位职工参加基本养老保险前，视同缴费年限期间应当缴纳的基本养老保险费由政府承担。

基本养老保险基金出现支付不足时，政府给予补贴。

第十四条　【个人账户养老金】个人账户不得提前支取，记账利率不得低于银行定期存款利率，免征利息税。个人死亡的，个人账户余额可以继承。

第十五条　【基本养老金构成】基本养老金由统筹养老金和个人账户养老金组成。

基本养老金根据个人累计缴费年限、缴费工资、当地职工平均工资、个人账户金额、城镇人口平均预期寿命等因素确定。

第十六条　【享受基本养老保险待遇的条件】参加基本养老保险的个人，达到法定退休年龄时累计缴费满十五年的，按月领取基本养老金。

参加基本养老保险的个人，达到法定退休年龄时累计缴费不足十五年的，可以缴费至满十五年，按月领取基本养老金；也可以转入新型农村社会养老保险或者城镇居民社会养老保险，按照国务院规定享受相应的养老保险待遇。

第十七条　【参保个人因病或非因工致残、死亡待遇】参加基本养老保险的个人，因病或者非因工死亡的，其遗属可以领取丧葬补助金和抚恤金；在未达到法定退休年龄时因病或者非因工致残完全丧失劳动能力的，可以领取病残津贴。所需资金从基本养老保险基金中支付。

第十八条　【基本养老金调整机制】国家建立基本养老金正常

调整机制。根据职工平均工资增长、物价上涨情况，适时提高基本养老保险待遇水平。

第十九条　【基本养老保险关系转移接续制度】个人跨统筹地区就业的，其基本养老保险关系随本人转移，缴费年限累计计算。个人达到法定退休年龄时，基本养老金分段计算、统一支付。具体办法由国务院规定。

第二十条　【新型农村社会养老保险及其筹资方式】国家建立和完善新型农村社会养老保险制度。

新型农村社会养老保险实行个人缴费、集体补助和政府补贴相结合。

第二十一条　【新型农村社会养老保险待遇】新型农村社会养老保险待遇由基础养老金和个人账户养老金组成。

参加新型农村社会养老保险的农村居民，符合国家规定条件的，按月领取新型农村社会养老保险待遇。

第二十二条　【城镇居民社会养老保险】国家建立和完善城镇居民社会养老保险制度。

省、自治区、直辖市人民政府根据实际情况，可以将城镇居民社会养老保险和新型农村社会养老保险合并实施。

第三章　基本医疗保险

第二十三条　【职工基本医疗保险覆盖范围和缴费】职工应当参加职工基本医疗保险，由用人单位和职工按照国家规定共同缴纳基本医疗保险费。

无雇工的个体工商户、未在用人单位参加职工基本医疗保险的非全日制从业人员以及其他灵活就业人员可以参加职工基本医疗保险，由个人按照国家规定缴纳基本医疗保险费。

第二十四条　【新型农村合作医疗制度】国家建立和完善新型农村合作医疗制度。

新型农村合作医疗的管理办法，由国务院规定。

第二十五条　【城镇居民基本医疗保险制度】国家建立和完善城镇居民基本医疗保险制度。

城镇居民基本医疗保险实行个人缴费和政府补贴相结合。

享受最低生活保障的人、丧失劳动能力的残疾人、低收入家庭六十周岁以上的老年人和未成年人等所需个人缴费部分，由政府给予补贴。

第二十六条　【医疗保险待遇标准】职工基本医疗保险、新型农村合作医疗和城镇居民基本医疗保险的待遇标准按照国家规定执行。

第二十七条　【退休时享受基本医疗保险待遇】参加职工基本医疗保险的个人，达到法定退休年龄时累计缴费达到国家规定年限的，退休后不再缴纳基本医疗保险费，按照国家规定享受基本医疗保险待遇；未达到国家规定年限的，可以缴费至国家规定年限。

第二十八条　【基本医疗保险基金支付制度】符合基本医疗保险药品目录、诊疗项目、医疗服务设施标准以及急诊、抢救的医疗费用，按照国家规定从基本医疗保险基金中支付。

第二十九条　【基本医疗保险费用结算制度】参保人员医疗费用中应当由基本医疗保险基金支付的部分，由社会保险经办机构与医疗机构、药品经营单位直接结算。

社会保险行政部门和卫生行政部门应当建立异地就医医疗费用结算制度，方便参保人员享受基本医疗保险待遇。

第三十条　【不纳入基本医疗保险基金支付范围的医疗费用】下列医疗费用不纳入基本医疗保险基金支付范围：

（一）应当从工伤保险基金中支付的；

（二）应当由第三人负担的；

（三）应当由公共卫生负担的；

（四）在境外就医的。

医疗费用依法应当由第三人负担，第三人不支付或者无法确定第三人的，由基本医疗保险基金先行支付。基本医疗保险基金先行支付后，有权向第三人追偿。

第三十一条　【服务协议】社会保险经办机构根据管理服务的需要，可以与医疗机构、药品经营单位签订服务协议，规范医疗服务行为。

医疗机构应当为参保人员提供合理、必要的医疗服务。

第三十二条　【基本医疗保险关系转移接续制度】个人跨统筹地区就业的，其基本医疗保险关系随本人转移，缴费年限累计计算。

第四章　工伤保险

第三十三条　【参保范围和缴费】职工应当参加工伤保险，由用人单位缴纳工伤保险费，职工不缴纳工伤保险费。

第三十四条　【工伤保险费率】国家根据不同行业的工伤风险程度确定行业的差别费率，并根据使用工伤保险基金、工伤发生率等情况在每个行业内确定费率档次。行业差别费率和行业内费率档次由国务院社会保险行政部门制定，报国务院批准后公布施行。

社会保险经办机构根据用人单位使用工伤保险基金、工伤发生率和所属行业费率档次等情况，确定用人单位缴费费率。

第三十五条　【工伤保险费缴费基数和费率】用人单位应当按照本单位职工工资总额，根据社会保险经办机构确定的费率缴纳工伤保险费。

第三十六条　【享受工伤保险待遇的条件】职工因工作原因受到事故伤害或者患职业病，且经工伤认定的，享受工伤保险待遇；其中，经劳动能力鉴定丧失劳动能力的，享受伤残待遇。

工伤认定和劳动能力鉴定应当简捷、方便。

第三十七条　【不认定工伤的情形】职工因下列情形之一导致本人在工作中伤亡的，不认定为工伤：

（一）故意犯罪；

（二）醉酒或者吸毒；

（三）自残或者自杀；

（四）法律、行政法规规定的其他情形。

第三十八条　【工伤保险基金负担的工伤保险待遇】因工伤发生的下列费用，按照国家规定从工伤保险基金中支付：

（一）治疗工伤的医疗费用和康复费用；

（二）住院伙食补助费；

（三）到统筹地区以外就医的交通食宿费；

（四）安装配置伤残辅助器具所需费用；

（五）生活不能自理的，经劳动能力鉴定委员会确认的生活护理费；

（六）一次性伤残补助金和一至四级伤残职工按月领取的伤残津贴；

（七）终止或者解除劳动合同时，应当享受的一次性医疗补助金；

（八）因工死亡的，其遗属领取的丧葬补助金、供养亲属抚恤金和因工死亡补助金；

（九）劳动能力鉴定费。

第三十九条　【用人单位负担的工伤保险待遇】因工伤发生的下列费用，按照国家规定由用人单位支付：

（一）治疗工伤期间的工资福利；

（二）五级、六级伤残职工按月领取的伤残津贴；

（三）终止或者解除劳动合同时，应当享受的一次性伤残就业补助金。

第四十条　【伤残津贴和基本养老保险待遇的衔接】工伤职工符合领取基本养老金条件的，停发伤残津贴，享受基本养老保险待遇。基本养老保险待遇低于伤残津贴的，从工伤保险基金中补足差额。

第四十一条　【未参保单位职工发生工伤时的待遇】职工所在用人单位未依法缴纳工伤保险费，发生工伤事故的，由用人单位支付工伤保险待遇。用人单位不支付的，从工伤保险基金中先行支付。

从工伤保险基金中先行支付的工伤保险待遇应当由用人单位偿还。用人单位不偿还的，社会保险经办机构可以依照本法第六十三条的规定追偿。

第四十二条　【民事侵权责任和工伤保险责任竞合】由于第三人的原因造成工伤，第三人不支付工伤医疗费用或者无法确定第三人的，由工伤保险基金先行支付。工伤保险基金先行支付后，有权向第三人追偿。

第四十三条　【停止享受工伤保险待遇的情形】工伤职工有下列情形之一的，停止享受工伤保险待遇：

（一）丧失享受待遇条件的；

（二）拒不接受劳动能力鉴定的；

（三）拒绝治疗的。

第五章　失业保险

第四十四条　【参保范围和失业保险费负担】职工应当参加失业保险，由用人单位和职工按照国家规定共同缴纳失业保险费。

第四十五条　【领取失业保险金的条件】失业人员符合下列条件的，从失业保险基金中领取失业保险金：

（一）失业前用人单位和本人已经缴纳失业保险费满一年的；

（二）非因本人意愿中断就业的；

（三）已经进行失业登记，并有求职要求的。

第四十六条　【领取失业保险金的期限】失业人员失业前用人单位和本人累计缴费满一年不足五年的，领取失业保险金的期限最长为十二个月；累计缴费满五年不足十年的，领取失业保险金的期限最长为十八个月；累计缴费十年以上的，领取失业保险金的期限最长为二十四个月。重新就业后，再次失业的，缴费时间重新计算，领取失业保险金的期限与前次失业应当领取而尚未领取的失业保险金的期限合并计算，最长不超过二十四个月。

第四十七条　【失业保险金标准】失业保险金的标准，由省、自治区、直辖市人民政府确定，不得低于城市居民最低生活保障标准。

第四十八条　【享受基本医疗保险待遇】失业人员在领取失业保险金期间，参加职工基本医疗保险，享受基本医疗保险待遇。

失业人员应当缴纳的基本医疗保险费从失业保险基金中支付，个人不缴纳基本医疗保险费。

第四十九条　【在领取失业保险金期间死亡时的待遇】失业人员在领取失业保险金期间死亡的，参照当地对在职职工死亡的规定，向其遗属发给一次性丧葬补助金和抚恤金。所需资金从失业保险基金中支付。

个人死亡同时符合领取基本养老保险丧葬补助金、工伤保险丧葬补助金和失业保险丧葬补助金条件的，其遗属只能选择领取其中的一项。

第五十条　【领取失业保险金的程序】用人单位应当及时为失业人员出具终止或者解除劳动关系的证明，并将失业人员的名单自终止或者解除劳动关系之日起十五日内告知社会保险经办机构。

失业人员应当持本单位为其出具的终止或者解除劳动关系的证明，及时到指定的公共就业服务机构办理失业登记。

失业人员凭失业登记证明和个人身份证明，到社会保险经办机构办理领取失业保险金的手续。失业保险金领取期限自办理失业登记之日起计算。

第五十一条　【停止领取失业保险待遇的情形】失业人员在领取失业保险金期间有下列情形之一的，停止领取失业保险金，并同时停止享受其他失业保险待遇：

（一）重新就业的；

（二）应征服兵役的；

（三）移居境外的；

（四）享受基本养老保险待遇的；

（五）无正当理由，拒不接受当地人民政府指定部门或者机构介绍的适当工作或者提供的培训的。

第五十二条　【失业保险关系的转移接续】职工跨统筹地区就业的，其失业保险关系随本人转移，缴费年限累计计算。

第六章　生 育 保 险

第五十三条　【参保范围和缴费】职工应当参加生育保险，由用人单位按照国家规定缴纳生育保险费，职工不缴纳生育保险费。

第五十四条　【生育保险待遇】用人单位已经缴纳生育保险费的，其职工享受生育保险待遇；职工未就业配偶按照国家规定享受生育医疗费用待遇。所需资金从生育保险基金中支付。

生育保险待遇包括生育医疗费用和生育津贴。

第五十五条　【生育医疗费的项目】生育医疗费用包括下列各项：

（一）生育的医疗费用；

（二）计划生育的医疗费用；

（三）法律、法规规定的其他项目费用。

第五十六条　【享受生育津贴的情形】职工有下列情形之一的，可以按照国家规定享受生育津贴：

（一）女职工生育享受产假；

（二）享受计划生育手术休假；

（三）法律、法规规定的其他情形。

生育津贴按照职工所在用人单位上年度职工月平均工资计发。

第七章　社会保险费征缴

第五十七条　【用人单位社会保险登记】用人单位应当自成立之日起三十日内凭营业执照、登记证书或者单位印章，向当地社会保险经办机构申请办理社会保险登记。社会保险经办机构应当自收到申请之日起十五日内予以审核，发给社会保险登记证件。

用人单位的社会保险登记事项发生变更或者用人单位依法终止的，应当自变更或者终止之日起三十日内，到社会保险经办机构办理变更或者注销社会保险登记。

市场监督管理部门、民政部门和机构编制管理机关应当及时向社会保险经办机构通报用人单位的成立、终止情况，公安机关应当及时向社会保险经办机构通报个人的出生、死亡以及户口登记、迁移、注销等情况。

第五十八条　【个人社会保险登记】用人单位应当自用工之日起三十日内为其职工向社会保险经办机构申请办理社会保险登记。未办理社会保险登记的，由社会保险经办机构核定其应当缴纳的社会保险费。

自愿参加社会保险的无雇工的个体工商户、未在用人单位参加社会保险的非全日制从业人员以及其他灵活就业人员，应当向社会保险经办机构申请办理社会保险登记。

国家建立全国统一的个人社会保障号码。个人社会保障号码为公民身份号码。

第五十九条　【社会保险费征收】县级以上人民政府加强社会保险费的征收工作。

社会保险费实行统一征收，实施步骤和具体办法由国务院规定。

第六十条　【社会保险费的缴纳】用人单位应当自行申报、按时足额缴纳社会保险费，非因不可抗力等法定事由不得缓缴、减免。职工应当缴纳的社会保险费由用人单位代扣代缴，用人单位应当按月将缴纳社会保险费的明细情况告知本人。

无雇工的个体工商户、未在用人单位参加社会保险的非全日制从业人员以及其他灵活就业人员，可以直接向社会保险费征收机构缴纳社会保险费。

第六十一条　【社会保险费征收机构的义务】社会保险费征收机构应当依法按时足额征收社会保险费，并将缴费情况定期告知用人单位和个人。

第六十二条　【用人单位未按规定申报应缴数额】用人单位未按规定申报应当缴纳的社会保险费数额的，按照该单位上月缴费额的百分之一百一十确定应当缴纳数额；缴费单位补办申报手续后，由社会保险费征收机构按照规定结算。

第六十三条　【用人单位未按时足额缴费】用人单位未按时足额缴纳社会保险费的，由社会保险费征收机构责令其限期缴纳或者补足。

用人单位逾期仍未缴纳或者补足社会保险费的，社会保险费征收机构可以向银行和其他金融机构查询其存款账户；并可以申请县级以上有关行政部门作出划拨社会保险费的决定，书面通知其开户银行或者其他金融机构划拨社会保险费。用人单位账户余额少于应当缴纳的社会保险费的，社会保险费征收机构可以要求该用人单位提供担保，签订延期缴费协议。

用人单位未足额缴纳社会保险费且未提供担保的，社会保险费征收机构可以申请人民法院扣押、查封、拍卖其价值相当于应当缴纳社会保险费的财产，以拍卖所得抵缴社会保险费。

第八章　社会保险基金

第六十四条　【社会保险基金类别、管理原则和统筹层次】社会保险基金包括基本养老保险基金、基本医疗保险基金、工伤保险基金、失业保险基金和生育保险基金。除基本医疗保险基金与生育保险基金合并建账及核算外，其他各项社会保险基金按照社会保险险种分别建账，分账核算。社会保险基金执行国家统一的会计制度。

社会保险基金专款专用，任何组织和个人不得侵占或者挪用。

基本养老保险基金逐步实行全国统筹，其他社会保险基金逐步实行省级统筹，具体时间、步骤由国务院规定。

第六十五条　【社会保险基金的收支平衡和政府补贴责任】社会保险基金通过预算实现收支平衡。

县级以上人民政府在社会保险基金出现支付不足时，给予补贴。

第六十六条　【社会保险基金按照统筹层次设立预算】社会保险基金按照统筹层次设立预算。除基本医疗保险基金与生育保险基金预算合并编制外，其他社会保险基金预算按照社会保险项目分别编制。

第六十七条　【社会保险基金预算制定程序】社会保险基金预算、决算草案的编制、审核和批准，依照法律和国务院规定执行。

第六十八条　【社会保险基金财政专户】社会保险基金存入财政专户，具体管理办法由国务院规定。

第六十九条　【社会保险基金的保值增值】社会保险基金在保证安全的前提下，按照国务院规定投资运营实现保值增值。

社会保险基金不得违规投资运营，不得用于平衡其他政府预算，不得用于兴建、改建办公场所和支付人员经费、运行费用、管理费用，或者违反法律、行政法规规定挪作其他用途。

第七十条　【社会保险基金信息公开】社会保险经办机构应当定期向社会公布参加社会保险情况以及社会保险基金的收入、支出、结余和收益情况。

第七十一条　【全国社会保障基金】国家设立全国社会保障基金，由中央财政预算拨款以及国务院批准的其他方式筹集的资金构成，用于社会保障支出的补充、调剂。全国社会保障基金由全国社会保障基金管理运营机构负责管理运营，在保证安全的前提下实现保值增值。

全国社会保障基金应当定期向社会公布收支、管理和投资运营的情况。国务院财政部门、社会保险行政部门、审计机关对全国社会保障基金的收支、管理和投资运营情况实施监督。

第九章　社会保险经办

第七十二条　【社会保险经办机构的设置及经费保障】统筹地区设立社会保险经办机构。社会保险经办机构根据工作需要，经所在地的社会保险行政部门和机构编制管理机关批准，可以在本统筹地区设立分支机构和服务网点。

社会保险经办机构的人员经费和经办社会保险发生的基本运行费用、管理费用，由同级财政按照国家规定予以保障。

第七十三条　【管理制度和支付社会保险待遇职责】社会保险经办机构应当建立健全业务、财务、安全和风险管理制度。

社会保险经办机构应当按时足额支付社会保险待遇。

第七十四条　【获取社会保险数据、建档、权益记录等服务】社会保险经办机构通过业务经办、统计、调查获取社会保险工作所需的数据，有关单位和个人应当及时、如实提供。

社会保险经办机构应当及时为用人单位建立档案，完整、准确地记录参加社会保险的人员、缴费等社会保险数据，妥善保管登记、申报的原始凭证和支付结算的会计凭证。

社会保险经办机构应当及时、完整、准确地记录参加社会保险的个人缴费和用人单位为其缴费，以及享受社会保险待遇等个人权益记录，定期将个人权益记录单免费寄送本人。

用人单位和个人可以免费向社会保险经办机构查询、核对其缴费和享受社会保险待遇记录，要求社会保险经办机构提供社会保险咨询等相关服务。

第七十五条　【社会保险信息系统的建设】全国社会保险信息

系统按照国家统一规划，由县级以上人民政府按照分级负责的原则共同建设。

第十章 社会保险监督

第七十六条 【人大监督】各级人民代表大会常务委员会听取和审议本级人民政府对社会保险基金的收支、管理、投资运营以及监督检查情况的专项工作报告，组织对本法实施情况的执法检查等，依法行使监督职权。

第七十七条 【行政部门监督】县级以上人民政府社会保险行政部门应当加强对用人单位和个人遵守社会保险法律、法规情况的监督检查。

社会保险行政部门实施监督检查时，被检查的用人单位和个人应当如实提供与社会保险有关的资料，不得拒绝检查或者谎报、瞒报。

第七十八条 【财政监督、审计监督】财政部门、审计机关按照各自职责，对社会保险基金的收支、管理和投资运营情况实施监督。

第七十九条 【社会保险行政部门对基金的监督】社会保险行政部门对社会保险基金的收支、管理和投资运营情况进行监督检查，发现存在问题的，应当提出整改建议，依法作出处理决定或者向有关行政部门提出处理建议。社会保险基金检查结果应当定期向社会公布。

社会保险行政部门对社会保险基金实施监督检查，有权采取下列措施：

（一）查阅、记录、复制与社会保险基金收支、管理和投资运营相关的资料，对可能被转移、隐匿或者灭失的资料予以封存；

（二）询问与调查事项有关的单位和个人，要求其对与调查事项有关的问题作出说明、提供有关证明材料；

（三）对隐匿、转移、侵占、挪用社会保险基金的行为予以制止并责令改正。

第八十条　【社会保险监督委员会】统筹地区人民政府成立由用人单位代表、参保人员代表，以及工会代表、专家等组成的社会保险监督委员会，掌握、分析社会保险基金的收支、管理和投资运营情况，对社会保险工作提出咨询意见和建议，实施社会监督。

社会保险经办机构应当定期向社会保险监督委员会汇报社会保险基金的收支、管理和投资运营情况。社会保险监督委员会可以聘请会计师事务所对社会保险基金的收支、管理和投资运营情况进行年度审计和专项审计。审计结果应当向社会公开。

社会保险监督委员会发现社会保险基金收支、管理和投资运营中存在问题的，有权提出改正建议；对社会保险经办机构及其工作人员的违法行为，有权向有关部门提出依法处理建议。

第八十一条　【为用人单位和个人信息保密】社会保险行政部门和其他有关行政部门、社会保险经办机构、社会保险费征收机构及其工作人员，应当依法为用人单位和个人的信息保密，不得以任何形式泄露。

第八十二条　【违法行为的举报、投诉】任何组织或者个人有权对违反社会保险法律、法规的行为进行举报、投诉。

社会保险行政部门、卫生行政部门、社会保险经办机构、社会保险费征收机构和财政部门、审计机关对属于本部门、本机构职责范围的举报、投诉，应当依法处理；对不属于本部门、本机构职责范围的，应当书面通知并移交有权处理的部门、机构处理。有权处理的部门、机构应当及时处理，不得推诿。

第八十三条　【社会保险权利救济途径】用人单位或者个人认为社会保险费征收机构的行为侵害自己合法权益的，可以依法申请行政复议或者提起行政诉讼。

用人单位或者个人对社会保险经办机构不依法办理社会保险登记、核定社会保险费、支付社会保险待遇、办理社会保险转移接续手续或者侵害其他社会保险权益的行为，可以依法申请行政复议或者提起行政诉讼。

个人与所在用人单位发生社会保险争议的，可以依法申请调解、仲裁，提起诉讼。用人单位侵害个人社会保险权益的，个人也可以要求社会保险行政部门或者社会保险费征收机构依法处理。

第十一章　法律责任

第八十四条　【不办理社会保险登记的法律责任】用人单位不办理社会保险登记的，由社会保险行政部门责令限期改正；逾期不改正的，对用人单位处应缴社会保险费数额一倍以上三倍以下的罚款，对其直接负责的主管人员和其他直接责任人员处五百元以上三千元以下的罚款。

第八十五条　【拒不出具终止或者解除劳动关系证明的处理】用人单位拒不出具终止或者解除劳动关系证明的，依照《中华人民共和国劳动合同法》的规定处理。

第八十六条　【未按时足额缴费的责任】用人单位未按时足额缴纳社会保险费的，由社会保险费征收机构责令限期缴纳或者补足，并自欠缴之日起，按日加收万分之五的滞纳金；逾期仍不缴纳的，由有关行政部门处欠缴数额一倍以上三倍以下的罚款。

第八十七条　【骗取社保基金支出的责任】社会保险经办机构以及医疗机构、药品经营单位等社会保险服务机构以欺诈、伪造证明材料或者其他手段骗取社会保险基金支出的，由社会保险行政部门责令退回骗取的社会保险金，处骗取金额二倍以上五倍以下的罚款；属于社会保险服务机构的，解除服务协议；直接负责的主管人员和其他直接责任人员有执业资格的，依法吊销其执业资格。

第八十八条　【骗取社会保险待遇的责任】以欺诈、伪造证明材料或者其他手段骗取社会保险待遇的，由社会保险行政部门责令退回骗取的社会保险金，处骗取金额二倍以上五倍以下的罚款。

第八十九条　【经办机构及其工作人员违法行为责任】社会保险经办机构及其工作人员有下列行为之一的，由社会保险行政部门责令改正；给社会保险基金、用人单位或者个人造成损失的，依法承担赔偿责任；对直接负责的主管人员和其他直接责任人员依法给予处分：

（一）未履行社会保险法定职责的；

（二）未将社会保险基金存入财政专户的；

（三）克扣或者拒不按时支付社会保险待遇的；

（四）丢失或者篡改缴费记录、享受社会保险待遇记录等社会保险数据、个人权益记录的；

（五）有违反社会保险法律、法规的其他行为的。

第九十条　【擅自更改缴费基数、费率的责任】社会保险费征收机构擅自更改社会保险费缴费基数、费率，导致少收或者多收社会保险费的，由有关行政部门责令其追缴应当缴纳的社会保险费或者退还不应当缴纳的社会保险费；对直接负责的主管人员和其他直接责任人员依法给予处分。

第九十一条　【隐匿、转移、侵占、挪用社保基金等的责任】违反本法规定，隐匿、转移、侵占、挪用社会保险基金或者违规投资运营的，由社会保险行政部门、财政部门、审计机关责令追回；有违法所得的，没收违法所得；对直接负责的主管人员和其他直接责任人员依法给予处分。

第九十二条　【泄露用人单位和个人信息的行政责任】社会保险行政部门和其他有关行政部门、社会保险经办机构、社会保险费征收机构及其工作人员泄露用人单位和个人信息的，对直接负责的主管人员和其他直接责任人员依法给予处分；给用人单位或者个人造成损失的，应当承担赔偿责任。

第九十三条　【国家工作人员的相关责任】国家工作人员在社会保险管理、监督工作中滥用职权、玩忽职守、徇私舞弊的，依法给予处分。

第九十四条 【相关刑事责任】违反本法规定，构成犯罪的，依法追究刑事责任。

第十二章 附 则

第九十五条 【进城务工农村居民参加社会保险】进城务工的农村居民依照本法规定参加社会保险。

第九十六条 【被征地农民的社会保险】征收农村集体所有的土地，应当足额安排被征地农民的社会保险费，按照国务院规定将被征地农民纳入相应的社会保险制度。

第九十七条 【外国人参加我国社会保险】外国人在中国境内就业的，参照本法规定参加社会保险。

第九十八条 【施行日期】本法自2011年7月1日起施行。

中华人民共和国劳动法

（1994年7月5日第八届全国人民代表大会常务委员会第八次会议通过 根据2009年8月27日第十一届全国人民代表大会常务委员会第十次会议《关于修改部分法律的决定》第一次修正 根据2018年12月29日第十三届全国人民代表大会常务委员会第七次会议《关于修改〈中华人民共和国劳动法〉等七部法律的决定》第二次修正）

目 录

第一章　总　　则

第一条　【立法宗旨】为了保护劳动者的合法权益，调整劳动关系，建立和维护适应社会主义市场经济的劳动制度，促进经济发展和社会进步，根据宪法，制定本法。

第二条　【适用范围】在中华人民共和国境内的企业、个体经济组织（以下统称用人单位）和与之形成劳动关系的劳动者，适用本法。

国家机关、事业组织、社会团体和与之建立劳动合同关系的劳动者，依照本法执行。

第三条　【劳动者的权利和义务】劳动者享有平等就业和选择职业的权利、取得劳动报酬的权利、休息休假的权利、获得劳动安全卫生保护的权利、接受职业技能培训的权利、享受社会保险和福利的权利、提请劳动争议处理的权利以及法律规定的其他劳动权利。

劳动者应当完成劳动任务，提高职业技能，执行劳动安全卫生规程，遵守劳动纪律和职业道德。

第四条　【用人单位规章制度】用人单位应当依法建立和完善规章制度，保障劳动者享有劳动权利和履行劳动义务。

第五条　【国家发展劳动事业】国家采取各种措施，促进劳动就业，发展职业教育，制定劳动标准，调节社会收入，完善社会保险，协调劳动关系，逐步提高劳动者的生活水平。

第六条　【国家的倡导、鼓励和奖励政策】国家提倡劳动者参加社会义务劳动，开展劳动竞赛和合理化建议活动，鼓励和保护劳动者进行科学研究、技术革新和发明创造，表彰和奖励劳动模范和先进工作者。

第七条　【工会的组织和权利】劳动者有权依法参加和组织工会。

工会代表和维护劳动者的合法权益，依法独立自主地开展活动。

第八条　【劳动者参与民主管理和平等协商】劳动者依照法律规定，通过职工大会、职工代表大会或者其他形式，参与民主管理或者就保护劳动者合法权益与用人单位进行平等协商。

第九条　【劳动行政部门设置】国务院劳动行政部门主管全国劳动工作。

县级以上地方人民政府劳动行政部门主管本行政区域内的劳动工作。

第二章　促进就业

第十条　【国家促进就业政策】国家通过促进经济和社会发展，创造就业条件，扩大就业机会。

国家鼓励企业、事业组织、社会团体在法律、行政法规规定的范围内兴办产业或者拓展经营，增加就业。

国家支持劳动者自愿组织起来就业和从事个体经营实现就业。

第十一条　【地方政府促进就业措施】地方各级人民政府应当采取措施，发展多种类型的职业介绍机构，提供就业服务。

第十二条　【就业平等原则】劳动者就业，不因民族、种族、性别、宗教信仰不同而受歧视。

第十三条　【妇女享有与男子平等的就业权利】妇女享有与男子平等的就业权利。在录用职工时，除国家规定的不适合妇女的工种或者岗位外，不得以性别为由拒绝录用妇女或者提高对妇女的录用标准。

第十四条　【特殊就业群体的就业保护】残疾人、少数民族人员、退出现役的军人的就业，法律、法规有特别规定的，从其规定。

第十五条　【使用童工的禁止】禁止用人单位招用未满十六周岁的未成年人。

文艺、体育和特种工艺单位招用未满十六周岁的未成年人，必须遵守国家有关规定，并保障其接受义务教育的权利。

第三章　劳动合同和集体合同

第十六条　【劳动合同的概念】劳动合同是劳动者与用人单位确立劳动关系、明确双方权利和义务的协议。

建立劳动关系应当订立劳动合同。

第十七条　【订立和变更劳动合同的原则】订立和变更劳动合同，应当遵循平等自愿、协商一致的原则，不得违反法律、行政法规的规定。

劳动合同依法订立即具有法律约束力，当事人必须履行劳动合同规定的义务。

第十八条　【无效劳动合同】下列劳动合同无效：

（一）违反法律、行政法规的劳动合同；

（二）采取欺诈、威胁等手段订立的劳动合同。

无效的劳动合同，从订立的时候起，就没有法律约束力。确认劳动合同部分无效的，如果不影响其余部分的效力，其余部分仍然有效。

劳动合同的无效，由劳动争议仲裁委员会或者人民法院确认。

第十九条　【劳动合同的形式和内容】劳动合同应当以书面形式订立，并具备以下条款：

（一）劳动合同期限；

（二）工作内容；

（三）劳动保护和劳动条件；

（四）劳动报酬；

（五）劳动纪律；

（六）劳动合同终止的条件；

（七）违反劳动合同的责任。

劳动合同除前款规定的必备条款外，当事人可以协商约定其他内容。

第二十条　【劳动合同的期限】劳动合同的期限分为有固定期限、无固定期限和以完成一定的工作为期限。

劳动者在同一用人单位连续工作满十年以上，当事人双方同意续延劳动合同的，如果劳动者提出订立无固定期限的劳动合同，应当订立无固定期限的劳动合同。

第二十一条　【试用期条款】劳动合同可以约定试用期。试用期最长不得超过六个月。

第二十二条　【保守商业秘密之约定】劳动合同当事人可以在劳动合同中约定保守用人单位商业秘密的有关事项。

第二十三条　【劳动合同的终止】劳动合同期满或者当事人约定的劳动合同终止条件出现，劳动合同即行终止。

第二十四条　【劳动合同的合意解除】经劳动合同当事人协商一致，劳动合同可以解除。

第二十五条　【过失性辞退】劳动者有下列情形之一的，用人单位可以解除劳动合同：

（一）在试用期间被证明不符合录用条件的；

（二）严重违反劳动纪律或者用人单位规章制度的；

（三）严重失职，营私舞弊，对用人单位利益造成重大损害的；

（四）被依法追究刑事责任的。

第二十六条　【非过失性辞退】有下列情形之一的，用人单位可以解除劳动合同，但是应当提前三十日以书面形式通知劳动者本人：

（一）劳动者患病或者非因工负伤，医疗期满后，不能从事原工作也不能从事由用人单位另行安排的工作的；

（二）劳动者不能胜任工作，经过培训或者调整工作岗位，仍不能胜任工作的；

（三）劳动合同订立时所依据的客观情况发生重大变化，致使原劳动合同无法履行，经当事人协商不能就变更劳动合同达成协议的。

第二十七条　【用人单位经济性裁员】用人单位濒临破产进行法定整顿期间或者生产经营状况发生严重困难，确需裁减人员的，应当提前三十日向工会或者全体职工说明情况，听取工会或者职工的意见，经向劳动行政部门报告后，可以裁减人员。

用人单位依据本条规定裁减人员，在六个月内录用人员的，应当优先录用被裁减的人员。

第二十八条　【用人单位解除劳动合同的经济补偿】用人单位依据本法第二十四条、第二十六条、第二十七条的规定解除劳动合同的，应当依照国家有关规定给予经济补偿。

第二十九条　【用人单位不得解除劳动合同的情形】劳动者有下列情形之一的，用人单位不得依据本法第二十六条、第二十七条的规定解除劳动合同：

（一）患职业病或者因工负伤并被确认丧失或者部分丧失劳动能力的；

（二）患病或者负伤，在规定的医疗期内的；

（三）女职工在孕期、产期、哺乳期内的；

（四）法律、行政法规规定的其他情形。

第三十条　【工会对用人单位解除劳动合同的监督权】用人单

位解除劳动合同，工会认为不适当的，有权提出意见。如果用人单位违反法律、法规或者劳动合同，工会有权要求重新处理；劳动者申请仲裁或者提起诉讼的，工会应当依法给予支持和帮助。

第三十一条　【劳动者单方解除劳动合同】劳动者解除劳动合同，应当提前三十日以书面形式通知用人单位。

第三十二条　【劳动者无条件解除劳动合同的情形】有下列情形之一的，劳动者可以随时通知用人单位解除劳动合同：

（一）在试用期内的；

（二）用人单位以暴力、威胁或者非法限制人身自由的手段强迫劳动的；

（三）用人单位未按照劳动合同约定支付劳动报酬或者提供劳动条件的。

第三十三条　【集体合同的内容和签订程序】企业职工一方与企业可以就劳动报酬、工作时间、休息休假、劳动安全卫生、保险福利等事项，签订集体合同。集体合同草案应当提交职工代表大会或者全体职工讨论通过。

集体合同由工会代表职工与企业签订；没有建立工会的企业，由职工推举的代表与企业签订。

第三十四条　【集体合同的审查】集体合同签订后应当报送劳动行政部门；劳动行政部门自收到集体合同文本之日起十五日内未提出异议的，集体合同即行生效。

第三十五条　【集体合同的效力】依法签订的集体合同对企业和企业全体职工具有约束力。职工个人与企业订立的劳动合同中劳动条件和劳动报酬等标准不得低于集体合同的规定。

第四章　工作时间和休息休假

第三十六条　【标准工作时间】国家实行劳动者每日工作时间不超过八小时、平均每周工作时间不超过四十四小时的工时制度。

第三十七条　【计件工作时间】对实行计件工作的劳动者，用人单位应当根据本法第三十六条规定的工时制度合理确定其劳动定额和计件报酬标准。

第三十八条　【劳动者的周休日】用人单位应当保证劳动者每周至少休息一日。

第三十九条　【其他工时制度】企业因生产特点不能实行本法第三十六条、第三十八条规定的，经劳动行政部门批准，可以实行其他工作和休息办法。

第四十条　【法定休假节日】用人单位在下列节日期间应当依法安排劳动者休假：

（一）元旦；

（二）春节；

（三）国际劳动节；

（四）国庆节；

（五）法律、法规规定的其他休假节日。

第四十一条　【延长工作时间】用人单位由于生产经营需要，经与工会和劳动者协商后可以延长工作时间，一般每日不得超过一小时；因特殊原因需要延长工作时间的，在保障劳动者身体健康的条件下延长工作时间每日不得超过三小时，但是每月不得超过三十六小时。

第四十二条　【特殊情况下的延长工作时间】有下列情形之一的，延长工作时间不受本法第四十一条规定的限制：

（一）发生自然灾害、事故或者因其他原因，威胁劳动者生命健康和财产安全，需要紧急处理的；

（二）生产设备、交通运输线路、公共设施发生故障，影响生产和公众利益，必须及时抢修的；

（三）法律、行政法规规定的其他情形。

第四十三条　【用人单位延长工作时间的禁止】用人单位不得

违反本法规定延长劳动者的工作时间。

第四十四条　【延长工作时间的工资支付】有下列情形之一的，用人单位应当按照下列标准支付高于劳动者正常工作时间工资的工资报酬：

（一）安排劳动者延长工作时间的，支付不低于工资的百分之一百五十的工资报酬；

（二）休息日安排劳动者工作又不能安排补休的，支付不低于工资的百分之二百的工资报酬；

（三）法定休假日安排劳动者工作的，支付不低于工资的百分之三百的工资报酬。

第四十五条　【年休假制度】国家实行带薪年休假制度。

劳动者连续工作一年以上的，享受带薪年休假。具体办法由国务院规定。

第五章　工　　资

第四十六条　【工资分配基本原则】工资分配应当遵循按劳分配原则，实行同工同酬。

工资水平在经济发展的基础上逐步提高。国家对工资总量实行宏观调控。

第四十七条　【用人单位自主确定工资分配】用人单位根据本单位的生产经营特点和经济效益，依法自主确定本单位的工资分配方式和工资水平。

第四十八条　【最低工资保障】国家实行最低工资保障制度。最低工资的具体标准由省、自治区、直辖市人民政府规定，报国务院备案。

用人单位支付劳动者的工资不得低于当地最低工资标准。

第四十九条　【确定和调整最低工资标准的因素】确定和调整最低工资标准应当综合参考下列因素：

（一）劳动者本人及平均赡养人口的最低生活费用；

（二）社会平均工资水平；

（三）劳动生产率；

（四）就业状况；

（五）地区之间经济发展水平的差异。

第五十条　【工资支付形式和不得克扣、拖欠工资】工资应当以货币形式按月支付给劳动者本人。不得克扣或者无故拖欠劳动者的工资。

第五十一条　【法定休假日等的工资支付】劳动者在法定休假日和婚丧假期间以及依法参加社会活动期间，用人单位应当依法支付工资。

第六章　劳动安全卫生

第五十二条　【劳动安全卫生制度的建立】用人单位必须建立、健全劳动安全卫生制度，严格执行国家劳动安全卫生规程和标准，对劳动者进行劳动安全卫生教育，防止劳动过程中的事故，减少职业危害。

第五十三条　【劳动安全卫生设施】劳动安全卫生设施必须符合国家规定的标准。

新建、改建、扩建工程的劳动安全卫生设施必须与主体工程同时设计、同时施工、同时投入生产和使用。

第五十四条　【用人单位的劳动保护义务】用人单位必须为劳动者提供符合国家规定的劳动安全卫生条件和必要的劳动防护用品，对从事有职业危害作业的劳动者应当定期进行健康检查。

第五十五条　【特种作业的上岗要求】从事特种作业的劳动者必须经过专门培训并取得特种作业资格。

第五十六条　【劳动者在安全生产中的权利和义务】劳动者在劳动过程中必须严格遵守安全操作规程。

劳动者对用人单位管理人员违章指挥、强令冒险作业，有权拒绝执行；对危害生命安全和身体健康的行为，有权提出批评、检举和控告。

第五十七条　【伤亡事故和职业病的统计、报告、处理】国家建立伤亡事故和职业病统计报告和处理制度。县级以上各级人民政府劳动行政部门、有关部门和用人单位应当依法对劳动者在劳动过程中发生的伤亡事故和劳动者的职业病状况，进行统计、报告和处理。

第七章　女职工和未成年工特殊保护

第五十八条　【女职工和未成年工的特殊劳动保护】国家对女职工和未成年工实行特殊劳动保护。

未成年工是指年满十六周岁未满十八周岁的劳动者。

第五十九条　【女职工禁忌劳动的范围】禁止安排女职工从事矿山井下、国家规定的第四级体力劳动强度的劳动和其他禁忌从事的劳动。

第六十条　【女职工经期的保护】不得安排女职工在经期从事高处、低温、冷水作业和国家规定的第三级体力劳动强度的劳动。

第六十一条　【女职工孕期的保护】不得安排女职工在怀孕期间从事国家规定的第三级体力劳动强度的劳动和孕期禁忌从事的劳动。对怀孕七个月以上的女职工，不得安排其延长工作时间和夜班劳动。

第六十二条　【女职工产期的保护】女职工生育享受不少于九十天的产假。

第六十三条　【女职工哺乳期的保护】不得安排女职工在哺乳未满一周岁的婴儿期间从事国家规定的第三级体力劳动强度的劳动和哺乳期禁忌从事的其他劳动，不得安排其延长工作时间和夜班劳动。

第六十四条　【未成年工禁忌劳动的范围】不得安排未成年工

从事矿山井下、有毒有害、国家规定的第四级体力劳动强度的劳动和其他禁忌从事的劳动。

第六十五条　【未成年工定期健康检查】用人单位应当对未成年工定期进行健康检查。

第八章　职业培训

第六十六条　【国家发展职业培训事业】国家通过各种途径，采取各种措施，发展职业培训事业，开发劳动者的职业技能，提高劳动者素质，增强劳动者的就业能力和工作能力。

第六十七条　【各级政府的职责】各级人民政府应当把发展职业培训纳入社会经济发展的规划，鼓励和支持有条件的企业、事业组织、社会团体和个人进行各种形式的职业培训。

第六十八条　【用人单位建立职业培训制度】用人单位应当建立职业培训制度，按照国家规定提取和使用职业培训经费，根据本单位实际，有计划地对劳动者进行职业培训。

从事技术工种的劳动者，上岗前必须经过培训。

第六十九条　【职业技能资格】国家确定职业分类，对规定的职业制定职业技能标准，实行职业资格证书制度，由经备案的考核鉴定机构负责对劳动者实施职业技能考核鉴定。

第九章　社会保险和福利

第七十条　【社会保险制度】国家发展社会保险事业，建立社会保险制度，设立社会保险基金，使劳动者在年老、患病、工伤、失业、生育等情况下获得帮助和补偿。

第七十一条　【社会保险水平】社会保险水平应当与社会经济发展水平和社会承受能力相适应。

第七十二条　【社会保险基金】社会保险基金按照保险类型确定资金来源，逐步实行社会统筹。用人单位和劳动者必须依法参加社会保险，缴纳社会保险费。

第七十三条　【享受社会保险待遇的条件和标准】劳动者在下列情形下，依法享受社会保险待遇：

（一）退休；

（二）患病、负伤；

（三）因工伤残或者患职业病；

（四）失业；

（五）生育。

劳动者死亡后，其遗属依法享受遗属津贴。

劳动者享受社会保险待遇的条件和标准由法律、法规规定。

劳动者享受的社会保险金必须按时足额支付。

第七十四条　【社会保险基金管理】社会保险基金经办机构依照法律规定收支、管理和运营社会保险基金，并负有使社会保险基金保值增值的责任。

社会保险基金监督机构依照法律规定，对社会保险基金的收支、管理和运营实施监督。

社会保险基金经办机构和社会保险基金监督机构的设立和职能由法律规定。

任何组织和个人不得挪用社会保险基金。

第七十五条　【补充保险和个人储蓄保险】国家鼓励用人单位根据本单位实际情况为劳动者建立补充保险。

国家提倡劳动者个人进行储蓄性保险。

第七十六条　【职工福利】国家发展社会福利事业，兴建公共福利设施，为劳动者休息、休养和疗养提供条件。

用人单位应当创造条件，改善集体福利，提高劳动者的福利待遇。

第十章　劳动争议

第七十七条　【劳动争议的解决途径】用人单位与劳动者发生

劳动争议，当事人可以依法申请调解、仲裁、提起诉讼，也可以协商解决。

调解原则适用于仲裁和诉讼程序。

第七十八条　【劳动争议的处理原则】解决劳动争议，应当根据合法、公正、及时处理的原则，依法维护劳动争议当事人的合法权益。

第七十九条　【劳动争议的调解、仲裁和诉讼的相互关系】劳动争议发生后，当事人可以向本单位劳动争议调解委员会申请调解；调解不成，当事人一方要求仲裁的，可以向劳动争议仲裁委员会申请仲裁。当事人一方也可以直接向劳动争议仲裁委员会申请仲裁。对仲裁裁决不服的，可以向人民法院提起诉讼。

第八十条　【劳动争议的调解】在用人单位内，可以设立劳动争议调解委员会。劳动争议调解委员会由职工代表、用人单位代表和工会代表组成。劳动争议调解委员会主任由工会代表担任。

劳动争议经调解达成协议的，当事人应当履行。

第八十一条　【劳动争议仲裁委员会的组成】劳动争议仲裁委员会由劳动行政部门代表、同级工会代表、用人单位方面的代表组成。劳动争议仲裁委员会主任由劳动行政部门代表担任。

第八十二条　【劳动争议仲裁的程序】提出仲裁要求的一方应当自劳动争议发生之日起六十日内向劳动争议仲裁委员会提出书面申请。仲裁裁决一般应在收到仲裁申请的六十日内作出。对仲裁裁决无异议的，当事人必须履行。

第八十三条　【仲裁裁决的效力】劳动争议当事人对仲裁裁决不服的，可以自收到仲裁裁决书之日起十五日内向人民法院提起诉讼。一方当事人在法定期限内不起诉又不履行仲裁裁决的，另一方当事人可以申请人民法院强制执行。

第八十四条　【集体合同争议的处理】因签订集体合同发生争议，当事人协商解决不成的，当地人民政府劳动行政部门可以组织有关各方协调处理。

因履行集体合同发生争议，当事人协商解决不成的，可以向劳动争议仲裁委员会申请仲裁；对仲裁裁决不服的，可以自收到仲裁裁决书之日起十五日内向人民法院提起诉讼。

第十一章　监督检查

第八十五条　【劳动行政部门的监督检查】县级以上各级人民政府劳动行政部门依法对用人单位遵守劳动法律、法规的情况进行监督检查，对违反劳动法律、法规的行为有权制止，并责令改正。

第八十六条　【劳动监察机构的监督程序】县级以上各级人民政府劳动行政部门监督检查人员执行公务，有权进入用人单位了解执行劳动法律、法规的情况，查阅必要的资料，并对劳动场所进行检查。

县级以上各级人民政府劳动行政部门监督检查人员执行公务，必须出示证件，秉公执法并遵守有关规定。

第八十七条　【政府有关部门的监督】县级以上各级人民政府有关部门在各自职责范围内，对用人单位遵守劳动法律、法规的情况进行监督。

第八十八条　【工会监督、社会监督】各级工会依法维护劳动者的合法权益，对用人单位遵守劳动法律、法规的情况进行监督。

任何组织和个人对于违反劳动法律、法规的行为有权检举和控告。

第十二章　法律责任

第八十九条　【劳动规章制度违法的法律责任】用人单位制定的劳动规章制度违反法律、法规规定的，由劳动行政部门给予警告，责令改正；对劳动者造成损害的，应当承担赔偿责任。

第九十条　【违法延长工时的法律责任】用人单位违反本法规

定，延长劳动者工作时间的，由劳动行政部门给予警告，责令改正，并可以处以罚款。

第九十一条　【用人单位侵权的民事责任】用人单位有下列侵害劳动者合法权益情形之一的，由劳动行政部门责令支付劳动者的工资报酬、经济补偿，并可以责令支付赔偿金：

（一）克扣或者无故拖欠劳动者工资的；

（二）拒不支付劳动者延长工作时间工资报酬的；

（三）低于当地最低工资标准支付劳动者工资的；

（四）解除劳动合同后，未依照本法规定给予劳动者经济补偿的。

第九十二条　【用人单位违反劳动安全卫生规定的法律责任】用人单位的劳动安全设施和劳动卫生条件不符合国家规定或者未向劳动者提供必要的劳动防护用品和劳动保护设施的，由劳动行政部门或者有关部门责令改正，可以处以罚款；情节严重的，提请县级以上人民政府决定责令停产整顿；对事故隐患不采取措施，致使发生重大事故，造成劳动者生命和财产损失的，对责任人员依照刑法有关规定追究刑事责任。

第九十三条　【强令劳动者违章作业的法律责任】用人单位强令劳动者违章冒险作业，发生重大伤亡事故，造成严重后果的，对责任人员依法追究刑事责任。

第九十四条　【用人单位非法招用未成年工的法律责任】用人单位非法招用未满十六周岁的未成年人的，由劳动行政部门责令改正，处以罚款；情节严重的，由市场监督管理部门吊销营业执照。

第九十五条　【违反女职工和未成年工保护规定的法律责任】用人单位违反本法对女职工和未成年工的保护规定，侵害其合法权益的，由劳动行政部门责令改正，处以罚款；对女职工或者未成年工造成损害的，应当承担赔偿责任。

第九十六条　【侵犯劳动者人身自由的法律责任】用人单位有

下列行为之一，由公安机关对责任人员处以十五日以下拘留、罚款或者警告；构成犯罪的，对责任人员依法追究刑事责任：

（一）以暴力、威胁或者非法限制人身自由的手段强迫劳动的；

（二）侮辱、体罚、殴打、非法搜查和拘禁劳动者的。

第九十七条　【订立无效合同的民事责任】由于用人单位的原因订立的无效合同，对劳动者造成损害的，应当承担赔偿责任。

第九十八条　【违法解除或故意拖延不订立劳动合同的法律责任】用人单位违反本法规定的条件解除劳动合同或者故意拖延不订立劳动合同的，由劳动行政部门责令改正；对劳动者造成损害的，应当承担赔偿责任。

第九十九条　【招用尚未解除劳动合同者的法律责任】用人单位招用尚未解除劳动合同的劳动者，对原用人单位造成经济损失的，该用人单位应当依法承担连带赔偿责任。

第一百条　【用人单位不缴纳社会保险费的法律责任】用人单位无故不缴纳社会保险费的，由劳动行政部门责令其限期缴纳；逾期不缴的，可以加收滞纳金。

第一百零一条　【阻挠监督检查、打击报复举报人员的法律责任】用人单位无理阻挠劳动行政部门、有关部门及其工作人员行使监督检查权，打击报复举报人员的，由劳动行政部门或者有关部门处以罚款；构成犯罪的，对责任人员依法追究刑事责任。

第一百零二条　【劳动者违法解除劳动合同或违反保密约定的民事责任】劳动者违反本法规定的条件解除劳动合同或者违反劳动合同中约定的保密事项，对用人单位造成经济损失的，应当依法承担赔偿责任。

第一百零三条　【劳动行政部门和有关部门工作人员渎职的法律责任】劳动行政部门或者有关部门的工作人员滥用职权、玩忽职守、徇私舞弊，构成犯罪的，依法追究刑事责任；不构成犯罪的，给予行政处分。

第一百零四条　【挪用社会保险基金的法律责任】国家工作人员和社会保险基金经办机构的工作人员挪用社会保险基金，构成犯罪的，依法追究刑事责任。

第一百零五条　【其他法律、行政法规的处罚效力】违反本法规定侵害劳动者合法权益，其他法律、行政法规已规定处罚的，依照该法律、行政法规的规定处罚。

第十三章　附　　则

第一百零六条　【省级人民政府实施步骤的制定和备案】省、自治区、直辖市人民政府根据本法和本地区的实际情况，规定劳动合同制度的实施步骤，报国务院备案。

第一百零七条　【施行时间】本法自1995年1月1日起施行。

中华人民共和国劳动合同法

（2007年6月29日第十届全国人民代表大会常务委员会第二十八次会议通过　根据2012年12月28日第十一届全国人民代表大会常务委员会第三十次会议《关于修改〈中华人民共和国劳动合同法〉的决定》修正）

目　　录

第一章 总 则

第一条 【立法宗旨】为了完善劳动合同制度，明确劳动合同双方当事人的权利和义务，保护劳动者的合法权益，构建和发展和谐稳定的劳动关系，制定本法。

第二条 【适用范围】中华人民共和国境内的企业、个体经济组织、民办非企业单位等组织（以下称用人单位）与劳动者建立劳动关系，订立、履行、变更、解除或者终止劳动合同，适用本法。

国家机关、事业单位、社会团体和与其建立劳动关系的劳动者，订立、履行、变更、解除或者终止劳动合同，依照本法执行。

第三条 【基本原则】订立劳动合同，应当遵循合法、公平、平等自愿、协商一致、诚实信用的原则。

依法订立的劳动合同具有约束力，用人单位与劳动者应当履行劳动合同约定的义务。

第四条 【规章制度】用人单位应当依法建立和完善劳动规章制度，保障劳动者享有劳动权利、履行劳动义务。

用人单位在制定、修改或者决定有关劳动报酬、工作时间、休息休假、劳动安全卫生、保险福利、职工培训、劳动纪律以及劳动定额管理等直接涉及劳动者切身利益的规章制度或者重大事项时，应当经职工代表大会或者全体职工讨论，提出方案和意见，与工会或者职工代表平等协商确定。

在规章制度和重大事项决定实施过程中，工会或者职工认为不适当的，有权向用人单位提出，通过协商予以修改完善。

用人单位应当将直接涉及劳动者切身利益的规章制度和重大事项决定公示，或者告知劳动者。

第五条　【协调劳动关系三方机制】县级以上人民政府劳动行政部门会同工会和企业方面代表，建立健全协调劳动关系三方机制，共同研究解决有关劳动关系的重大问题。

第六条　【集体协商机制】工会应当帮助、指导劳动者与用人单位依法订立和履行劳动合同，并与用人单位建立集体协商机制，维护劳动者的合法权益。

第二章　劳动合同的订立

第七条　【劳动关系的建立】用人单位自用工之日起即与劳动者建立劳动关系。用人单位应当建立职工名册备查。

第八条　【用人单位的告知义务和劳动者的说明义务】用人单位招用劳动者时，应当如实告知劳动者工作内容、工作条件、工作地点、职业危害、安全生产状况、劳动报酬，以及劳动者要求了解的其他情况；用人单位有权了解劳动者与劳动合同直接相关的基本情况，劳动者应当如实说明。

第九条　【用人单位不得扣押劳动者证件和要求提供担保】用人单位招用劳动者，不得扣押劳动者的居民身份证和其他证件，不得要求劳动者提供担保或者以其他名义向劳动者收取财物。

第十条　【订立书面劳动合同】建立劳动关系，应当订立书面劳动合同。

已建立劳动关系，未同时订立书面劳动合同的，应当自用工之日起一个月内订立书面劳动合同。

用人单位与劳动者在用工前订立劳动合同的，劳动关系自用工之日起建立。

第十一条　【未订立书面劳动合同时劳动报酬不明确的解决】用人单位未在用工的同时订立书面劳动合同，与劳动者约定的劳动报酬不明确的，新招用的劳动者的劳动报酬按照集体合同规定的标准执行；没有集体合同或者集体合同未规定的，实行同工同酬。

第十二条　【劳动合同的种类】劳动合同分为固定期限劳动合同、无固定期限劳动合同和以完成一定工作任务为期限的劳动合同。

第十三条　【固定期限劳动合同】固定期限劳动合同，是指用人单位与劳动者约定合同终止时间的劳动合同。

用人单位与劳动者协商一致，可以订立固定期限劳动合同。

第十四条　【无固定期限劳动合同】无固定期限劳动合同，是指用人单位与劳动者约定无确定终止时间的劳动合同。

用人单位与劳动者协商一致，可以订立无固定期限劳动合同。有下列情形之一，劳动者提出或者同意续订、订立劳动合同的，除劳动者提出订立固定期限劳动合同外，应当订立无固定期限劳动合同：

（一）劳动者在该用人单位连续工作满十年的；

（二）用人单位初次实行劳动合同制度或者国有企业改制重新订立劳动合同时，劳动者在该用人单位连续工作满十年且距法定退休年龄不足十年的；

（三）连续订立二次固定期限劳动合同，且劳动者没有本法第三十九条和第四十条第一项、第二项规定的情形，续订劳动合同的。

用人单位自用工之日起满一年不与劳动者订立书面劳动合同的，视为用人单位与劳动者已订立无固定期限劳动合同。

第十五条　【以完成一定工作任务为期限的劳动合同】以完成一定工作任务为期限的劳动合同，是指用人单位与劳动者约定以某项工作的完成为合同期限的劳动合同。

用人单位与劳动者协商一致，可以订立以完成一定工作任务为期限的劳动合同。

第十六条　【劳动合同的生效】劳动合同由用人单位与劳动者协

商一致，并经用人单位与劳动者在劳动合同文本上签字或者盖章生效。

劳动合同文本由用人单位和劳动者各执一份。

第十七条　【劳动合同的内容】劳动合同应当具备以下条款：

（一）用人单位的名称、住所和法定代表人或者主要负责人；

（二）劳动者的姓名、住址和居民身份证或者其他有效身份证件号码；

（三）劳动合同期限；

（四）工作内容和工作地点；

（五）工作时间和休息休假；

（六）劳动报酬；

（七）社会保险；

（八）劳动保护、劳动条件和职业危害防护；

（九）法律、法规规定应当纳入劳动合同的其他事项。

劳动合同除前款规定的必备条款外，用人单位与劳动者可以约定试用期、培训、保守秘密、补充保险和福利待遇等其他事项。

第十八条　【劳动合同对劳动报酬和劳动条件约定不明确的解决】劳动合同对劳动报酬和劳动条件等标准约定不明确，引发争议的，用人单位与劳动者可以重新协商；协商不成的，适用集体合同规定；没有集体合同或者集体合同未规定劳动报酬的，实行同工同酬；没有集体合同或者集体合同未规定劳动条件等标准的，适用国家有关规定。

第十九条　【试用期】劳动合同期限三个月以上不满一年的，试用期不得超过一个月；劳动合同期限一年以上不满三年的，试用期不得超过二个月；三年以上固定期限和无固定期限的劳动合同，试用期不得超过六个月。

同一用人单位与同一劳动者只能约定一次试用期。

以完成一定工作任务为期限的劳动合同或者劳动合同期限不满三个月的，不得约定试用期。

试用期包含在劳动合同期限内。劳动合同仅约定试用期的，试用期不成立，该期限为劳动合同期限。

第二十条　【试用期工资】劳动者在试用期的工资不得低于本单位相同岗位最低档工资或者劳动合同约定工资的百分之八十，并不得低于用人单位所在地的最低工资标准。

第二十一条　【试用期内解除劳动合同】在试用期中，除劳动者有本法第三十九条和第四十条第一项、第二项规定的情形外，用人单位不得解除劳动合同。用人单位在试用期解除劳动合同的，应当向劳动者说明理由。

第二十二条　【服务期】用人单位为劳动者提供专项培训费用，对其进行专业技术培训的，可以与该劳动者订立协议，约定服务期。

劳动者违反服务期约定的，应当按照约定向用人单位支付违约金。违约金的数额不得超过用人单位提供的培训费用。用人单位要求劳动者支付的违约金不得超过服务期尚未履行部分所应分摊的培训费用。

用人单位与劳动者约定服务期的，不影响按照正常的工资调整机制提高劳动者在服务期期间的劳动报酬。

第二十三条　【保密义务和竞业限制】用人单位与劳动者可以在劳动合同中约定保守用人单位的商业秘密和与知识产权相关的保密事项。

对负有保密义务的劳动者，用人单位可以在劳动合同或者保密协议中与劳动者约定竞业限制条款，并约定在解除或者终止劳动合同后，在竞业限制期限内按月给予劳动者经济补偿。劳动者违反竞业限制约定的，应当按照约定向用人单位支付违约金。

第二十四条　【竞业限制的范围和期限】竞业限制的人员限于用人单位的高级管理人员、高级技术人员和其他负有保密义务的人员。竞业限制的范围、地域、期限由用人单位与劳动者约定，竞业限制的约定不得违反法律、法规的规定。

在解除或者终止劳动合同后，前款规定的人员到与本单位生产或者经营同类产品、从事同类业务的有竞争关系的其他用人单位，或者自己开业生产或者经营同类产品、从事同类业务的竞业限制期限，不得超过二年。

第二十五条　【违约金】除本法第二十二条和第二十三条规定的情形外，用人单位不得与劳动者约定由劳动者承担违约金。

第二十六条　【劳动合同的无效】下列劳动合同无效或者部分无效：

（一）以欺诈、胁迫的手段或者乘人之危，使对方在违背真实意思的情况下订立或者变更劳动合同的；

（二）用人单位免除自己的法定责任、排除劳动者权利的；

（三）违反法律、行政法规强制性规定的。

对劳动合同的无效或者部分无效有争议的，由劳动争议仲裁机构或者人民法院确认。

第二十七条　【劳动合同部分无效】劳动合同部分无效，不影响其他部分效力的，其他部分仍然有效。

第二十八条　【劳动合同无效后劳动报酬的支付】劳动合同被确认无效，劳动者已付出劳动的，用人单位应当向劳动者支付劳动报酬。劳动报酬的数额，参照本单位相同或者相近岗位劳动者的劳动报酬确定。

第三章　劳动合同的履行和变更

第二十九条　【劳动合同的履行】用人单位与劳动者应当按照劳动合同的约定，全面履行各自的义务。

第三十条　【劳动报酬】用人单位应当按照劳动合同约定和国家规定，向劳动者及时足额支付劳动报酬。

用人单位拖欠或者未足额支付劳动报酬的，劳动者可以依法向当地人民法院申请支付令，人民法院应当依法发出支付令。

第三十一条　【加班】用人单位应当严格执行劳动定额标准，不得强迫或者变相强迫劳动者加班。用人单位安排加班的，应当按照国家有关规定向劳动者支付加班费。

第三十二条　【劳动者拒绝违章指挥、强令冒险作业】劳动者拒绝用人单位管理人员违章指挥、强令冒险作业的，不视为违反劳动合同。

劳动者对危害生命安全和身体健康的劳动条件，有权对用人单位提出批评、检举和控告。

第三十三条　【用人单位名称、法定代表人等的变更】用人单位变更名称、法定代表人、主要负责人或者投资人等事项，不影响劳动合同的履行。

第三十四条　【用人单位合并或者分立】用人单位发生合并或者分立等情况，原劳动合同继续有效，劳动合同由承继其权利和义务的用人单位继续履行。

第三十五条　【劳动合同的变更】用人单位与劳动者协商一致，可以变更劳动合同约定的内容。变更劳动合同，应当采用书面形式。

变更后的劳动合同文本由用人单位和劳动者各执一份。

第四章　劳动合同的解除和终止

第三十六条　【协商解除劳动合同】用人单位与劳动者协商一致，可以解除劳动合同。

第三十七条　【劳动者提前通知解除劳动合同】劳动者提前三十日以书面形式通知用人单位，可以解除劳动合同。劳动者在试用期内提前三日通知用人单位，可以解除劳动合同。

第三十八条　【劳动者解除劳动合同】用人单位有下列情形之一的，劳动者可以解除劳动合同：

（一）未按照劳动合同约定提供劳动保护或者劳动条件的；

（二）未及时足额支付劳动报酬的；

（三）未依法为劳动者缴纳社会保险费的；

（四）用人单位的规章制度违反法律、法规的规定，损害劳动者权益的；

（五）因本法第二十六条第一款规定的情形致使劳动合同无效的；

（六）法律、行政法规规定劳动者可以解除劳动合同的其他情形。

用人单位以暴力、威胁或者非法限制人身自由的手段强迫劳动者劳动的，或者用人单位违章指挥、强令冒险作业危及劳动者人身安全的，劳动者可以立即解除劳动合同，不需事先告知用人单位。

第三十九条　【用人单位单方解除劳动合同】劳动者有下列情形之一的，用人单位可以解除劳动合同：

（一）在试用期间被证明不符合录用条件的；

（二）严重违反用人单位的规章制度的；

（三）严重失职，营私舞弊，给用人单位造成重大损害的；

（四）劳动者同时与其他用人单位建立劳动关系，对完成本单位的工作任务造成严重影响，或者经用人单位提出，拒不改正的；

（五）因本法第二十六条第一款第一项规定的情形致使劳动合同无效的；

（六）被依法追究刑事责任的。

第四十条　【无过失性辞退】有下列情形之一的，用人单位提前三十日以书面形式通知劳动者本人或者额外支付劳动者一个月工资后，可以解除劳动合同：

（一）劳动者患病或者非因工负伤，在规定的医疗期满后不能从事原工作，也不能从事由用人单位另行安排的工作的；

（二）劳动者不能胜任工作，经过培训或者调整工作岗位，仍不能胜任工作的；

（三）劳动合同订立时所依据的客观情况发生重大变化，致使劳动合同无法履行，经用人单位与劳动者协商，未能就变更劳动合同内容达成协议的。

第四十一条　【经济性裁员】有下列情形之一，需要裁减人员二十人以上或者裁减不足二十人但占企业职工总数百分之十以上的，用人单位提前三十日向工会或者全体职工说明情况，听取工会或者职工的意见后，裁减人员方案经向劳动行政部门报告，可以裁减人员：

（一）依照企业破产法规定进行重整的；

（二）生产经营发生严重困难的；

（三）企业转产、重大技术革新或者经营方式调整，经变更劳动合同后，仍需裁减人员的；

（四）其他因劳动合同订立时所依据的客观经济情况发生重大变化，致使劳动合同无法履行的。

裁减人员时，应当优先留用下列人员：

（一）与本单位订立较长期限的固定期限劳动合同的；

（二）与本单位订立无固定期限劳动合同的；

（三）家庭无其他就业人员，有需要扶养的老人或者未成年人的。

用人单位依照本条第一款规定裁减人员，在六个月内重新招用人员的，应当通知被裁减的人员，并在同等条件下优先招用被裁减的人员。

第四十二条　【用人单位不得解除劳动合同的情形】劳动者有下列情形之一的，用人单位不得依照本法第四十条、第四十一条的规定解除劳动合同：

（一）从事接触职业病危害作业的劳动者未进行离岗前职业健康检查，或者疑似职业病病人在诊断或者医学观察期间的；

（二）在本单位患职业病或者因工负伤并被确认丧失或者部分丧失劳动能力的；

（三）患病或者非因工负伤，在规定的医疗期内的；

（四）女职工在孕期、产期、哺乳期的；

（五）在本单位连续工作满十五年，且距法定退休年龄不足五年的；

（六）法律、行政法规规定的其他情形。

第四十三条　【工会在劳动合同解除中的监督作用】用人单位单方解除劳动合同，应当事先将理由通知工会。用人单位违反法律、行政法规规定或者劳动合同约定的，工会有权要求用人单位纠正。用人单位应当研究工会的意见，并将处理结果书面通知工会。

第四十四条　【劳动合同的终止】有下列情形之一的，劳动合同终止：

（一）劳动合同期满的；

（二）劳动者开始依法享受基本养老保险待遇的；

（三）劳动者死亡，或者被人民法院宣告死亡或者宣告失踪的；

（四）用人单位被依法宣告破产的；

（五）用人单位被吊销营业执照、责令关闭、撤销或者用人单位决定提前解散的；

（六）法律、行政法规规定的其他情形。

第四十五条　【劳动合同的逾期终止】劳动合同期满，有本法第四十二条规定情形之一的，劳动合同应当续延至相应的情形消失时终止。但是，本法第四十二条第二项规定丧失或者部分丧失劳动能力劳动者的劳动合同的终止，按照国家有关工伤保险的规定执行。

第四十六条　【经济补偿】有下列情形之一的，用人单位应当向劳动者支付经济补偿：

（一）劳动者依照本法第三十八条规定解除劳动合同的；

（二）用人单位依照本法第三十六条规定向劳动者提出解除劳动合同并与劳动者协商一致解除劳动合同的；

（三）用人单位依照本法第四十条规定解除劳动合同的；

（四）用人单位依照本法第四十一条第一款规定解除劳动合同的；

（五）除用人单位维持或者提高劳动合同约定条件续订劳动合同，劳动者不同意续订的情形外，依照本法第四十四条第一项规定终止固定期限劳动合同的；

（六）依照本法第四十四条第四项、第五项规定终止劳动合同的；

（七）法律、行政法规规定的其他情形。

第四十七条　【经济补偿的计算】经济补偿按劳动者在本单位工作的年限，每满一年支付一个月工资的标准向劳动者支付。六个月以上不满一年的，按一年计算；不满六个月的，向劳动者支付半个月工资的经济补偿。

劳动者月工资高于用人单位所在直辖市、设区的市级人民政府公布的本地区上年度职工月平均工资三倍的，向其支付经济补偿的标准按职工月平均工资三倍的数额支付，向其支付经济补偿的年限最高不超过十二年。

本条所称月工资是指劳动者在劳动合同解除或者终止前十二个月的平均工资。

第四十八条　【违法解除或者终止劳动合同的法律后果】用人单位违反本法规定解除或者终止劳动合同，劳动者要求继续履行劳动合同的，用人单位应当继续履行；劳动者不要求继续履行劳动合同或者劳动合同已经不能继续履行的，用人单位应当依照本法第八十七条规定支付赔偿金。

第四十九条　【社会保险关系跨地区转移接续】国家采取措施，建立健全劳动者社会保险关系跨地区转移接续制度。

第五十条　【劳动合同解除或者终止后双方的义务】用人单位应当在解除或者终止劳动合同时出具解除或者终止劳动合同的证明，并在十五日内为劳动者办理档案和社会保险关系转移手续。

劳动者应当按照双方约定，办理工作交接。用人单位依照本法有关规定应当向劳动者支付经济补偿的，在办结工作交接时支付。

用人单位对已经解除或者终止的劳动合同的文本，至少保存二年备查。

第五章　特别规定

第一节　集体合同

第五十一条　【集体合同的订立和内容】企业职工一方与用人单位通过平等协商，可以就劳动报酬、工作时间、休息休假、劳动安全卫生、保险福利等事项订立集体合同。集体合同草案应当提交职工代表大会或者全体职工讨论通过。

集体合同由工会代表企业职工一方与用人单位订立；尚未建立工会的用人单位，由上级工会指导劳动者推举的代表与用人单位订立。

第五十二条　【专项集体合同】企业职工一方与用人单位可以订立劳动安全卫生、女职工权益保护、工资调整机制等专项集体合同。

第五十三条　【行业性集体合同、区域性集体合同】在县级以下区域内，建筑业、采矿业、餐饮服务业等行业可以由工会与企业方面代表订立行业性集体合同，或者订立区域性集体合同。

第五十四条　【集体合同的报送和生效】集体合同订立后，应当报送劳动行政部门；劳动行政部门自收到集体合同文本之日起十五日内未提出异议的，集体合同即行生效。

依法订立的集体合同对用人单位和劳动者具有约束力。行业性、区域性集体合同对当地本行业、本区域的用人单位和劳动者具有约束力。

第五十五条　【集体合同中劳动报酬、劳动条件等标准】集体合同中劳动报酬和劳动条件等标准不得低于当地人民政府规定的最低标准；用人单位与劳动者订立的劳动合同中劳动报酬和劳动条件等标准不得低于集体合同规定的标准。

第五十六条　【集体合同纠纷和法律救济】用人单位违反集体

合同，侵犯职工劳动权益的，工会可以依法要求用人单位承担责任；因履行集体合同发生争议，经协商解决不成的，工会可以依法申请仲裁、提起诉讼。

第二节 劳务派遣

第五十七条 【劳务派遣单位的设立】经营劳务派遣业务应当具备下列条件：

（一）注册资本不得少于人民币二百万元；

（二）有与开展业务相适应的固定的经营场所和设施；

（三）有符合法律、行政法规规定的劳务派遣管理制度；

（四）法律、行政法规规定的其他条件。

经营劳务派遣业务，应当向劳动行政部门依法申请行政许可；经许可的，依法办理相应的公司登记。未经许可，任何单位和个人不得经营劳务派遣业务。

第五十八条 【劳务派遣单位、用工单位及劳动者的权利义务】劳务派遣单位是本法所称用人单位，应当履行用人单位对劳动者的义务。劳务派遣单位与被派遣劳动者订立的劳动合同，除应当载明本法第十七条规定的事项外，还应当载明被派遣劳动者的用工单位以及派遣期限、工作岗位等情况。

劳务派遣单位应当与被派遣劳动者订立二年以上的固定期限劳动合同，按月支付劳动报酬；被派遣劳动者在无工作期间，劳务派遣单位应当按照所在地人民政府规定的最低工资标准，向其按月支付报酬。

第五十九条 【劳务派遣协议】劳务派遣单位派遣劳动者应当与接受以劳务派遣形式用工的单位（以下称用工单位）订立劳务派遣协议。劳务派遣协议应当约定派遣岗位和人员数量、派遣期限、劳动报酬和社会保险费的数额与支付方式以及违反协议的责任。

用工单位应当根据工作岗位的实际需要与劳务派遣单位确定派

遣期限，不得将连续用工期限分割订立数个短期劳务派遣协议。

第六十条　【劳务派遣单位的告知义务】劳务派遣单位应当将劳务派遣协议的内容告知被派遣劳动者。

劳务派遣单位不得克扣用工单位按照劳务派遣协议支付给被派遣劳动者的劳动报酬。

劳务派遣单位和用工单位不得向被派遣劳动者收取费用。

第六十一条　【跨地区派遣劳动者的劳动报酬、劳动条件】劳务派遣单位跨地区派遣劳动者的，被派遣劳动者享有的劳动报酬和劳动条件，按照用工单位所在地的标准执行。

第六十二条　【用工单位的义务】用工单位应当履行下列义务：

（一）执行国家劳动标准，提供相应的劳动条件和劳动保护；

（二）告知被派遣劳动者的工作要求和劳动报酬；

（三）支付加班费、绩效奖金，提供与工作岗位相关的福利待遇；

（四）对在岗被派遣劳动者进行工作岗位所必需的培训；

（五）连续用工的，实行正常的工资调整机制。

用工单位不得将被派遣劳动者再派遣到其他用人单位。

第六十三条　【被派遣劳动者同工同酬】被派遣劳动者享有与用工单位的劳动者同工同酬的权利。用工单位应当按照同工同酬原则，对被派遣劳动者与本单位同类岗位的劳动者实行相同的劳动报酬分配办法。用工单位无同类岗位劳动者的，参照用工单位所在地相同或者相近岗位劳动者的劳动报酬确定。

劳务派遣单位与被派遣劳动者订立的劳动合同和与用工单位订立的劳务派遣协议，载明或者约定的向被派遣劳动者支付的劳动报酬应当符合前款规定。

第六十四条　【被派遣劳动者参加或者组织工会】被派遣劳动者有权在劳务派遣单位或者用工单位依法参加或者组织工会，维护自身的合法权益。

第六十五条　【劳务派遣中解除劳动合同】被派遣劳动者可以

依照本法第三十六条、第三十八条的规定与劳务派遣单位解除劳动合同。

被派遣劳动者有本法第三十九条和第四十条第一项、第二项规定情形的，用工单位可以将劳动者退回劳务派遣单位，劳务派遣单位依照本法有关规定，可以与劳动者解除劳动合同。

第六十六条　【劳务派遣的适用岗位】劳动合同用工是我国的企业基本用工形式。劳务派遣用工是补充形式，只能在临时性、辅助性或者替代性的工作岗位上实施。

前款规定的临时性工作岗位是指存续时间不超过六个月的岗位；辅助性工作岗位是指为主营业务岗位提供服务的非主营业务岗位；替代性工作岗位是指用工单位的劳动者因脱产学习、休假等原因无法工作的一定期间内，可以由其他劳动者替代工作的岗位。

用工单位应当严格控制劳务派遣用工数量，不得超过其用工总量的一定比例，具体比例由国务院劳动行政部门规定。

第六十七条　【用人单位不得自设劳务派遣单位】用人单位不得设立劳务派遣单位向本单位或者所属单位派遣劳动者。

第三节　非全日制用工

第六十八条　【非全日制用工的概念】非全日制用工，是指以小时计酬为主，劳动者在同一用人单位一般平均每日工作时间不超过四小时，每周工作时间累计不超过二十四小时的用工形式。

第六十九条　【非全日制用工的劳动合同】非全日制用工双方当事人可以订立口头协议。

从事非全日制用工的劳动者可以与一个或者一个以上用人单位订立劳动合同；但是，后订立的劳动合同不得影响先订立的劳动合同的履行。

第七十条　【非全日制用工不得约定试用期】非全日制用工双方当事人不得约定试用期。

第七十一条　【非全日制用工的终止用工】非全日制用工双方当事人任何一方都可以随时通知对方终止用工。终止用工，用人单位不向劳动者支付经济补偿。

第七十二条　【非全日制用工的劳动报酬】非全日制用工小时计酬标准不得低于用人单位所在地人民政府规定的最低小时工资标准。

非全日制用工劳动报酬结算支付周期最长不得超过十五日。

第六章　监督检查

第七十三条　【劳动合同制度的监督管理体制】国务院劳动行政部门负责全国劳动合同制度实施的监督管理。

县级以上地方人民政府劳动行政部门负责本行政区域内劳动合同制度实施的监督管理。

县级以上各级人民政府劳动行政部门在劳动合同制度实施的监督管理工作中，应当听取工会、企业方面代表以及有关行业主管部门的意见。

第七十四条　【劳动行政部门监督检查事项】县级以上地方人民政府劳动行政部门依法对下列实施劳动合同制度的情况进行监督检查：

（一）用人单位制定直接涉及劳动者切身利益的规章制度及其执行的情况；

（二）用人单位与劳动者订立和解除劳动合同的情况；

（三）劳务派遣单位和用工单位遵守劳务派遣有关规定的情况；

（四）用人单位遵守国家关于劳动者工作时间和休息休假规定的情况；

（五）用人单位支付劳动合同约定的劳动报酬和执行最低工资标准的情况；

（六）用人单位参加各项社会保险和缴纳社会保险费的情况；

（七）法律、法规规定的其他劳动监察事项。

第七十五条　【监督检查措施和依法行政、文明执法】县级以上地方人民政府劳动行政部门实施监督检查时，有权查阅与劳动合同、集体合同有关的材料，有权对劳动场所进行实地检查，用人单位和劳动者都应当如实提供有关情况和材料。

劳动行政部门的工作人员进行监督检查，应当出示证件，依法行使职权，文明执法。

第七十六条　【其他有关主管部门的监督管理】县级以上人民政府建设、卫生、安全生产监督管理等有关主管部门在各自职责范围内，对用人单位执行劳动合同制度的情况进行监督管理。

第七十七条　【劳动者权利救济途径】劳动者合法权益受到侵害的，有权要求有关部门依法处理，或者依法申请仲裁、提起诉讼。

第七十八条　【工会监督检查的权利】工会依法维护劳动者的合法权益，对用人单位履行劳动合同、集体合同的情况进行监督。用人单位违反劳动法律、法规和劳动合同、集体合同的，工会有权提出意见或者要求纠正；劳动者申请仲裁、提起诉讼的，工会依法给予支持和帮助。

第七十九条　【对违法行为的举报】任何组织或者个人对违反本法的行为都有权举报，县级以上人民政府劳动行政部门应当及时核实、处理，并对举报有功人员给予奖励。

第七章　法律责任

第八十条　【规章制度违法的法律责任】用人单位直接涉及劳动者切身利益的规章制度违反法律、法规规定的，由劳动行政部门责令改正，给予警告；给劳动者造成损害的，应当承担赔偿责任。

第八十一条　【缺乏必备条款、不提供劳动合同文本的法律责任】用人单位提供的劳动合同文本未载明本法规定的劳动合同必备条款或者用人单位未将劳动合同文本交付劳动者的，由劳动行政部门责令改正；给劳动者造成损害的，应当承担赔偿责任。

第八十二条　【不订立书面劳动合同的法律责任】用人单位自用工之日起超过一个月不满一年未与劳动者订立书面劳动合同的，应当向劳动者每月支付二倍的工资。

用人单位违反本法规定不与劳动者订立无固定期限劳动合同的，自应当订立无固定期限劳动合同之日起向劳动者每月支付二倍的工资。

第八十三条　【违法约定试用期的法律责任】用人单位违反本法规定与劳动者约定试用期的，由劳动行政部门责令改正；违法约定的试用期已经履行的，由用人单位以劳动者试用期满月工资为标准，按已经履行的超过法定试用期的期间向劳动者支付赔偿金。

第八十四条　【扣押劳动者身份证等证件的法律责任】用人单位违反本法规定，扣押劳动者居民身份证等证件的，由劳动行政部门责令限期退还劳动者本人，并依照有关法律规定给予处罚。

用人单位违反本法规定，以担保或者其他名义向劳动者收取财物的，由劳动行政部门责令限期退还劳动者本人，并以每人五百元以上二千元以下的标准处以罚款；给劳动者造成损害的，应当承担赔偿责任。

劳动者依法解除或者终止劳动合同，用人单位扣押劳动者档案或者其他物品的，依照前款规定处罚。

第八十五条　【未依法支付劳动报酬、经济补偿等的法律责任】用人单位有下列情形之一的，由劳动行政部门责令限期支付劳动报酬、加班费或者经济补偿；劳动报酬低于当地最低工资标准的，应当支付其差额部分；逾期不支付的，责令用人单位按应付金额百分之五十以上百分之一百以下的标准向劳动者加付赔偿金：

（一）未按照劳动合同的约定或者国家规定及时足额支付劳动者劳动报酬的；

（二）低于当地最低工资标准支付劳动者工资的；

（三）安排加班不支付加班费的；

（四）解除或者终止劳动合同，未依照本法规定向劳动者支付经济补偿的。

第八十六条　【订立无效劳动合同的法律责任】劳动合同依照本法第二十六条规定被确认无效，给对方造成损害的，有过错的一方应当承担赔偿责任。

第八十七条　【违法解除或者终止劳动合同的法律责任】用人单位违反本法规定解除或者终止劳动合同的，应当依照本法第四十七条规定的经济补偿标准的二倍向劳动者支付赔偿金。

第八十八条　【侵害劳动者人身权益的法律责任】用人单位有下列情形之一的，依法给予行政处罚；构成犯罪的，依法追究刑事责任；给劳动者造成损害的，应当承担赔偿责任：

（一）以暴力、威胁或者非法限制人身自由的手段强迫劳动的；

（二）违章指挥或者强令冒险作业危及劳动者人身安全的；

（三）侮辱、体罚、殴打、非法搜查或者拘禁劳动者的；

（四）劳动条件恶劣、环境污染严重，给劳动者身心健康造成严重损害的。

第八十九条　【不出具解除、终止书面证明的法律责任】用人单位违反本法规定未向劳动者出具解除或者终止劳动合同的书面证明，由劳动行政部门责令改正；给劳动者造成损害的，应当承担赔偿责任。

第九十条　【劳动者的赔偿责任】劳动者违反本法规定解除劳动合同，或者违反劳动合同中约定的保密义务或者竞业限制，给用人单位造成损失的，应当承担赔偿责任。

第九十一条　【用人单位的连带赔偿责任】用人单位招用与其他用人单位尚未解除或者终止劳动合同的劳动者，给其他用人单位造成损失的，应当承担连带赔偿责任。

第九十二条　【劳务派遣单位的法律责任】违反本法规定，未经许可，擅自经营劳务派遣业务的，由劳动行政部门责令停止违法行为，没收违法所得，并处违法所得一倍以上五倍以下的罚款；没有违法所得的，可以处五万元以下的罚款。

劳务派遣单位、用工单位违反本法有关劳务派遣规定的，由劳动行政部门责令限期改正；逾期不改正的，以每人五千元以上一万元以下的标准处以罚款，对劳务派遣单位，吊销其劳务派遣业务经营许可证。用工单位给被派遣劳动者造成损害的，劳务派遣单位与用工单位承担连带赔偿责任。

第九十三条　【无营业执照经营单位的法律责任】对不具备合法经营资格的用人单位的违法犯罪行为，依法追究法律责任；劳动者已经付出劳动的，该单位或者其出资人应当依照本法有关规定向劳动者支付劳动报酬、经济补偿、赔偿金；给劳动者造成损害的，应当承担赔偿责任。

第九十四条　【个人承包经营者的连带赔偿责任】个人承包经营违反本法规定招用劳动者，给劳动者造成损害的，发包的组织与个人承包经营者承担连带赔偿责任。

第九十五条　【不履行法定职责、违法行使职权的法律责任】劳动行政部门和其他有关主管部门及其工作人员玩忽职守、不履行法定职责，或者违法行使职权，给劳动者或者用人单位造成损害的，应当承担赔偿责任；对直接负责的主管人员和其他直接责任人员，依法给予行政处分；构成犯罪的，依法追究刑事责任。

第八章　附　　则

第九十六条　【事业单位聘用制劳动合同的法律适用】事业单位与实行聘用制的工作人员订立、履行、变更、解除或者终止劳动合同，法律、行政法规或者国务院另有规定的，依照其规定；未作规定的，依照本法有关规定执行。

第九十七条　【过渡性条款】本法施行前已依法订立且在本法施行之日存续的劳动合同，继续履行；本法第十四条第二款第三项规定连续订立固定期限劳动合同的次数，自本法施行后续订固定期限劳动合同时开始计算。

本法施行前已建立劳动关系，尚未订立书面劳动合同的，应当自本法施行之日起一个月内订立。

本法施行之日存续的劳动合同在本法施行后解除或者终止，依照本法第四十六条规定应当支付经济补偿的，经济补偿年限自本法施行之日起计算；本法施行前按照当时有关规定，用人单位应当向劳动者支付经济补偿的，按照当时有关规定执行。

第九十八条　【施行时间】本法自2008年1月1日起施行。

中华人民共和国人口与计划生育法

（2001年12月29日第九届全国人民代表大会常务委员会第二十五次会议通过　根据2015年12月27日第十二届全国人民代表大会常务委员会第十八次会议《关于修改〈中华人民共和国人口与计划生育法〉的决定》第一次修正　根据2021年8月20日第十三届全国人民代表大会常务委员会第三十次会议《关于修改〈中华人民共和国人口与计划生育法〉的决定》第二次修正）

目　　录

第一章　总　　则

第一条　为了实现人口与经济、社会、资源、环境的协调发展，推行计划生育，维护公民的合法权益，促进家庭幸福、民族繁荣与社会进步，根据宪法，制定本法。

第二条　我国是人口众多的国家，实行计划生育是国家的基本国策。

国家采取综合措施，调控人口数量，提高人口素质，推动实现适度生育水平，优化人口结构，促进人口长期均衡发展。

国家依靠宣传教育、科学技术进步、综合服务、建立健全奖励和社会保障制度，开展人口与计划生育工作。

第三条　开展人口与计划生育工作，应当与增加妇女受教育和就业机会、增进妇女健康、提高妇女地位相结合。

第四条　各级人民政府及其工作人员在推行计划生育工作中应当严格依法行政，文明执法，不得侵犯公民的合法权益。

卫生健康主管部门及其工作人员依法执行公务受法律保护。

第五条　国务院领导全国的人口与计划生育工作。

地方各级人民政府领导本行政区域内的人口与计划生育工作。

第六条　国务院卫生健康主管部门负责全国计划生育工作和与计划生育有关的人口工作。

县级以上地方各级人民政府卫生健康主管部门负责本行政区域内的计划生育工作和与计划生育有关的人口工作。

县级以上各级人民政府其他有关部门在各自的职责范围内，负责有关的人口与计划生育工作。

第七条　工会、共产主义青年团、妇女联合会及计划生育协会等社会团体、企业事业组织和公民应当协助人民政府开展人口与计划生育工作。

第八条　国家对在人口与计划生育工作中作出显著成绩的组织

和个人，给予奖励。

第二章　人口发展规划的制定与实施

第九条　国务院编制人口发展规划，并将其纳入国民经济和社会发展计划。

县级以上地方各级人民政府根据全国人口发展规划以及上一级人民政府人口发展规划，结合当地实际情况编制本行政区域的人口发展规划，并将其纳入国民经济和社会发展计划。

第十条　县级以上各级人民政府根据人口发展规划，制定人口与计划生育实施方案并组织实施。

县级以上各级人民政府卫生健康主管部门负责实施人口与计划生育实施方案的日常工作。

乡、民族乡、镇的人民政府和城市街道办事处负责本管辖区域内的人口与计划生育工作，贯彻落实人口与计划生育实施方案。

第十一条　人口与计划生育实施方案应当规定调控人口数量，提高人口素质，推动实现适度生育水平，优化人口结构，加强母婴保健和婴幼儿照护服务，促进家庭发展的措施。

第十二条　村民委员会、居民委员会应当依法做好计划生育工作。

机关、部队、社会团体、企业事业组织应当做好本单位的计划生育工作。

第十三条　卫生健康、教育、科技、文化、民政、新闻出版、广播电视等部门应当组织开展人口与计划生育宣传教育。

大众传媒负有开展人口与计划生育的社会公益性宣传的义务。

学校应当在学生中，以符合受教育者特征的适当方式，有计划地开展生理卫生教育、青春期教育或者性健康教育。

第十四条　流动人口的计划生育工作由其户籍所在地和现居住地的人民政府共同负责管理，以现居住地为主。

第十五条　国家根据国民经济和社会发展状况逐步提高人口与计划生育经费投入的总体水平。各级人民政府应当保障人口与计划生育工作必要的经费。

各级人民政府应当对欠发达地区、少数民族地区开展人口与计划生育工作给予重点扶持。

国家鼓励社会团体、企业事业组织和个人为人口与计划生育工作提供捐助。

任何单位和个人不得截留、克扣、挪用人口与计划生育工作费用。

第十六条　国家鼓励开展人口与计划生育领域的科学研究和对外交流与合作。

第三章　生育调节

第十七条　公民有生育的权利，也有依法实行计划生育的义务，夫妻双方在实行计划生育中负有共同的责任。

第十八条　国家提倡适龄婚育、优生优育。一对夫妻可以生育三个子女。

符合法律、法规规定条件的，可以要求安排再生育子女。具体办法由省、自治区、直辖市人民代表大会或者其常务委员会规定。

少数民族也要实行计划生育，具体办法由省、自治区、直辖市人民代表大会或者其常务委员会规定。

夫妻双方户籍所在地的省、自治区、直辖市之间关于再生育子女的规定不一致的，按照有利于当事人的原则适用。

第十九条　国家创造条件，保障公民知情选择安全、有效、适宜的避孕节育措施。实施避孕节育手术，应当保证受术者的安全。

第二十条　育龄夫妻自主选择计划生育避孕节育措施，预防和减少非意愿妊娠。

第二十一条　实行计划生育的育龄夫妻免费享受国家规定的基

本项目的计划生育技术服务。

前款规定所需经费，按照国家有关规定列入财政预算或者由社会保险予以保障。

第二十二条 禁止歧视、虐待生育女婴的妇女和不育的妇女。

禁止歧视、虐待、遗弃女婴。

第四章 奖励与社会保障

第二十三条 国家对实行计划生育的夫妻，按照规定给予奖励。

第二十四条 国家建立、健全基本养老保险、基本医疗保险、生育保险和社会福利等社会保障制度，促进计划生育。

国家鼓励保险公司举办有利于计划生育的保险项目。

第二十五条 符合法律、法规规定生育子女的夫妻，可以获得延长生育假的奖励或者其他福利待遇。

国家支持有条件的地方设立父母育儿假。

第二十六条 妇女怀孕、生育和哺乳期间，按照国家有关规定享受特殊劳动保护并可以获得帮助和补偿。国家保障妇女就业合法权益，为因生育影响就业的妇女提供就业服务。

公民实行计划生育手术，享受国家规定的休假。

第二十七条 国家采取财政、税收、保险、教育、住房、就业等支持措施，减轻家庭生育、养育、教育负担。

第二十八条 县级以上各级人民政府综合采取规划、土地、住房、财政、金融、人才等措施，推动建立普惠托育服务体系，提高婴幼儿家庭获得服务的可及性和公平性。

国家鼓励和引导社会力量兴办托育机构，支持幼儿园和机关、企业事业单位、社区提供托育服务。

托育机构的设置和服务应当符合托育服务相关标准和规范。托育机构应当向县级人民政府卫生健康主管部门备案。

第二十九条　县级以上地方各级人民政府应当在城乡社区建设改造中，建设与常住人口规模相适应的婴幼儿活动场所及配套服务设施。

公共场所和女职工比较多的用人单位应当配置母婴设施，为婴幼儿照护、哺乳提供便利条件。

第三十条　县级以上各级人民政府应当加强对家庭婴幼儿照护的支持和指导，增强家庭的科学育儿能力。

医疗卫生机构应当按照规定为婴幼儿家庭开展预防接种、疾病防控等服务，提供膳食营养、生长发育等健康指导。

第三十一条　在国家提倡一对夫妻生育一个子女期间，自愿终身只生育一个子女的夫妻，国家发给《独生子女父母光荣证》。

获得《独生子女父母光荣证》的夫妻，按照国家和省、自治区、直辖市有关规定享受独生子女父母奖励。

法律、法规或者规章规定给予获得《独生子女父母光荣证》的夫妻奖励的措施中由其所在单位落实的，有关单位应当执行。

在国家提倡一对夫妻生育一个子女期间，按照规定应当享受计划生育家庭老年人奖励扶助的，继续享受相关奖励扶助，并在老年人福利、养老服务等方面给予必要的优先和照顾。

第三十二条　获得《独生子女父母光荣证》的夫妻，独生子女发生意外伤残、死亡的，按照规定获得扶助。县级以上各级人民政府建立、健全对上述人群的生活、养老、医疗、精神慰藉等全方位帮扶保障制度。

第三十三条　地方各级人民政府对农村实行计划生育的家庭发展经济，给予资金、技术、培训等方面的支持、优惠；对实行计划生育的贫困家庭，在扶贫贷款、以工代赈、扶贫项目和社会救济等方面给予优先照顾。

第三十四条　本章规定的奖励和社会保障措施，省、自治区、直辖市和设区的市、自治州的人民代表大会及其常务委员会或者人民政府可以依据本法和有关法律、行政法规的规定，结合当地实际情况，制定具体实施办法。

第五章　计划生育服务

第三十五条　国家建立婚前保健、孕产期保健制度，防止或者减少出生缺陷，提高出生婴儿健康水平。

第三十六条　各级人民政府应当采取措施，保障公民享有计划生育服务，提高公民的生殖健康水平。

第三十七条　医疗卫生机构应当针对育龄人群开展优生优育知识宣传教育，对育龄妇女开展围孕期、孕产期保健服务，承担计划生育、优生优育、生殖保健的咨询、指导和技术服务，规范开展不孕不育症诊疗。

第三十八条　计划生育技术服务人员应当指导实行计划生育的公民选择安全、有效、适宜的避孕措施。

国家鼓励计划生育新技术、新药具的研究、应用和推广。

第三十九条　严禁利用超声技术和其他技术手段进行非医学需要的胎儿性别鉴定；严禁非医学需要的选择性别的人工终止妊娠。

第六章　法 律 责 任

第四十条　违反本法规定，有下列行为之一的，由卫生健康主管部门责令改正，给予警告，没收违法所得；违法所得一万元以上的，处违法所得二倍以上六倍以下的罚款；没有违法所得或者违法所得不足一万元的，处一万元以上三万元以下的罚款；情节严重的，由原发证机关吊销执业证书；构成犯罪的，依法追究刑事责任：

（一）非法为他人施行计划生育手术的；

（二）利用超声技术和其他技术手段为他人进行非医学需要的胎儿性别鉴定或者选择性别的人工终止妊娠的。

第四十一条　托育机构违反托育服务相关标准和规范的，由卫生健康主管部门责令改正，给予警告；拒不改正的，处五千元以上五万元以下的罚款；情节严重的，责令停止托育服务，并处五万元以上十万元以下的罚款。

托育机构有虐待婴幼儿行为的，其直接负责的主管人员和其他直接责任人员终身不得从事婴幼儿照护服务；构成犯罪的，依法追究刑事责任。

第四十二条　计划生育技术服务人员违章操作或者延误抢救、诊治，造成严重后果的，依照有关法律、行政法规的规定承担相应的法律责任。

第四十三条　国家机关工作人员在计划生育工作中，有下列行为之一，构成犯罪的，依法追究刑事责任；尚不构成犯罪的，依法给予处分；有违法所得的，没收违法所得：

（一）侵犯公民人身权、财产权和其他合法权益的；

（二）滥用职权、玩忽职守、徇私舞弊的；

（三）索取、收受贿赂的；

（四）截留、克扣、挪用、贪污计划生育经费的；

（五）虚报、瞒报、伪造、篡改或者拒报人口与计划生育统计数据的。

第四十四条　违反本法规定，不履行协助计划生育管理义务的，由有关地方人民政府责令改正，并给予通报批评；对直接负责的主管人员和其他直接责任人员依法给予处分。

第四十五条　拒绝、阻碍卫生健康主管部门及其工作人员依法执行公务的，由卫生健康主管部门给予批评教育并予以制止；构成违反治安管理行为的，依法给予治安管理处罚；构成犯罪的，依法追究刑事责任。

第四十六条　公民、法人或者其他组织认为行政机关在实施计划生育管理过程中侵犯其合法权益，可以依法申请行政复议或者提起行政诉讼。

第七章　附　　则

第四十七条　中国人民解放军和中国人民武装警察部队执行本法的具体办法，由中央军事委员会依据本法制定。

第四十八条　本法自2002年9月1日起施行。

中华人民共和国外商投资法

（2019年3月15日第十三届全国人民代表大会第二次会议通过　2019年3月15日中华人民共和国主席令第26号公布　自2020年1月1日起施行）

目　　录

第一章　总　　则

第一条　为了进一步扩大对外开放，积极促进外商投资，保护外商投资合法权益，规范外商投资管理，推动形成全面开放新格局，促进社会主义市场经济健康发展，根据宪法，制定本法。

第二条　在中华人民共和国境内（以下简称中国境内）的外商投资，适用本法。

本法所称外商投资，是指外国的自然人、企业或者其他组织（以下称外国投资者）直接或者间接在中国境内进行的投资活动，包括下列情形：

（一）外国投资者单独或者与其他投资者共同在中国境内设立外商投资企业；

（二）外国投资者取得中国境内企业的股份、股权、财产份额或者其他类似权益；

（三）外国投资者单独或者与其他投资者共同在中国境内投资新建项目；

（四）法律、行政法规或者国务院规定的其他方式的投资。

本法所称外商投资企业，是指全部或者部分由外国投资者投资，依照中国法律在中国境内经登记注册设立的企业。

第三条　国家坚持对外开放的基本国策，鼓励外国投资者依法在中国境内投资。

国家实行高水平投资自由化便利化政策，建立和完善外商投资促进机制，营造稳定、透明、可预期和公平竞争的市场环境。

第四条　国家对外商投资实行准入前国民待遇加负面清单管理制度。

前款所称准入前国民待遇，是指在投资准入阶段给予外国投资者及其投资不低于本国投资者及其投资的待遇；所称负面清单，是指国家规定在特定领域对外商投资实施的准入特别管理措施。国家对负面清单之外的外商投资，给予国民待遇。

负面清单由国务院发布或者批准发布。

中华人民共和国缔结或者参加的国际条约、协定对外国投资者准入待遇有更优惠规定的，可以按照相关规定执行。

第五条　国家依法保护外国投资者在中国境内的投资、收益和其他合法权益。

第六条　在中国境内进行投资活动的外国投资者、外商投资企业，应当遵守中国法律法规，不得危害中国国家安全、损害社会公共利益。

第七条 国务院商务主管部门、投资主管部门按照职责分工，开展外商投资促进、保护和管理工作；国务院其他有关部门在各自职责范围内，负责外商投资促进、保护和管理的相关工作。

县级以上地方人民政府有关部门依照法律法规和本级人民政府确定的职责分工，开展外商投资促进、保护和管理工作。

第八条 外商投资企业职工依法建立工会组织，开展工会活动，维护职工的合法权益。外商投资企业应当为本企业工会提供必要的活动条件。

第二章 投资促进

第九条 外商投资企业依法平等适用国家支持企业发展的各项政策。

第十条 制定与外商投资有关的法律、法规、规章，应当采取适当方式征求外商投资企业的意见和建议。

与外商投资有关的规范性文件、裁判文书等，应当依法及时公布。

第十一条 国家建立健全外商投资服务体系，为外国投资者和外商投资企业提供法律法规、政策措施、投资项目信息等方面的咨询和服务。

第十二条 国家与其他国家和地区、国际组织建立多边、双边投资促进合作机制，加强投资领域的国际交流与合作。

第十三条 国家根据需要，设立特殊经济区域，或者在部分地区实行外商投资试验性政策措施，促进外商投资，扩大对外开放。

第十四条 国家根据国民经济和社会发展需要，鼓励和引导外国投资者在特定行业、领域、地区投资。外国投资者、外商投资企业可以依照法律、行政法规或者国务院的规定享受优惠待遇。

第十五条 国家保障外商投资企业依法平等参与标准制定工作，强化标准制定的信息公开和社会监督。

国家制定的强制性标准平等适用于外商投资企业。

第十六条　国家保障外商投资企业依法通过公平竞争参与政府采购活动。政府采购依法对外商投资企业在中国境内生产的产品、提供的服务平等对待。

第十七条　外商投资企业可以依法通过公开发行股票、公司债券等证券和其他方式进行融资。

第十八条　县级以上地方人民政府可以根据法律、行政法规、地方性法规的规定，在法定权限内制定外商投资促进和便利化政策措施。

第十九条　各级人民政府及其有关部门应当按照便利、高效、透明的原则，简化办事程序，提高办事效率，优化政务服务，进一步提高外商投资服务水平。

有关主管部门应当编制和公布外商投资指引，为外国投资者和外商投资企业提供服务和便利。

第三章　投资保护

第二十条　国家对外国投资者的投资不实行征收。

在特殊情况下，国家为了公共利益的需要，可以依照法律规定对外国投资者的投资实行征收或者征用。征收、征用应当依照法定程序进行，并及时给予公平、合理的补偿。

第二十一条　外国投资者在中国境内的出资、利润、资本收益、资产处置所得、知识产权许可使用费、依法获得的补偿或者赔偿、清算所得等，可以依法以人民币或者外汇自由汇入、汇出。

第二十二条　国家保护外国投资者和外商投资企业的知识产权，保护知识产权权利人和相关权利人的合法权益；对知识产权侵权行为，严格依法追究法律责任。

国家鼓励在外商投资过程中基于自愿原则和商业规则开展技术合作。技术合作的条件由投资各方遵循公平原则平等协商确定。行政机关及其工作人员不得利用行政手段强制转让技术。

第二十三条 行政机关及其工作人员对于履行职责过程中知悉的外国投资者、外商投资企业的商业秘密，应当依法予以保密，不得泄露或者非法向他人提供。

第二十四条 各级人民政府及其有关部门制定涉及外商投资的规范性文件，应当符合法律法规的规定；没有法律、行政法规依据的，不得减损外商投资企业的合法权益或者增加其义务，不得设置市场准入和退出条件，不得干预外商投资企业的正常生产经营活动。

第二十五条 地方各级人民政府及其有关部门应当履行向外国投资者、外商投资企业依法作出的政策承诺以及依法订立的各类合同。

因国家利益、社会公共利益需要改变政策承诺、合同约定的，应当依照法定权限和程序进行，并依法对外国投资者、外商投资企业因此受到的损失予以补偿。

第二十六条 国家建立外商投资企业投诉工作机制，及时处理外商投资企业或者其投资者反映的问题，协调完善相关政策措施。

外商投资企业或者其投资者认为行政机关及其工作人员的行政行为侵犯其合法权益的，可以通过外商投资企业投诉工作机制申请协调解决。

外商投资企业或者其投资者认为行政机关及其工作人员的行政行为侵犯其合法权益的，除依照前款规定通过外商投资企业投诉工作机制申请协调解决外，还可以依法申请行政复议、提起行政诉讼。

第二十七条 外商投资企业可以依法成立和自愿参加商会、协会。商会、协会依照法律法规和章程的规定开展相关活动，维护会员的合法权益。

第四章 投 资 管 理

第二十八条 外商投资准入负面清单规定禁止投资的领域，外国投资者不得投资。

外商投资准入负面清单规定限制投资的领域，外国投资者进行投资应当符合负面清单规定的条件。

外商投资准入负面清单以外的领域，按照内外资一致的原则实施管理。

第二十九条　外商投资需要办理投资项目核准、备案的，按照国家有关规定执行。

第三十条　外国投资者在依法需要取得许可的行业、领域进行投资的，应当依法办理相关许可手续。

有关主管部门应当按照与内资一致的条件和程序，审核外国投资者的许可申请，法律、行政法规另有规定的除外。

第三十一条　外商投资企业的组织形式、组织机构及其活动准则，适用《中华人民共和国公司法》、《中华人民共和国合伙企业法》等法律的规定。

第三十二条　外商投资企业开展生产经营活动，应当遵守法律、行政法规有关劳动保护、社会保险的规定，依照法律、行政法规和国家有关规定办理税收、会计、外汇等事宜，并接受相关主管部门依法实施的监督检查。

第三十三条　外国投资者并购中国境内企业或者以其他方式参与经营者集中的，应当依照《中华人民共和国反垄断法》的规定接受经营者集中审查。

第三十四条　国家建立外商投资信息报告制度。外国投资者或者外商投资企业应当通过企业登记系统以及企业信用信息公示系统向商务主管部门报送投资信息。

外商投资信息报告的内容和范围按照确有必要的原则确定；通过部门信息共享能够获得的投资信息，不得再行要求报送。

第三十五条　国家建立外商投资安全审查制度，对影响或者可能影响国家安全的外商投资进行安全审查。

依法作出的安全审查决定为最终决定。

第五章　法 律 责 任

第三十六条　外国投资者投资外商投资准入负面清单规定禁止投资的领域的，由有关主管部门责令停止投资活动，限期处分股份、资产或者采取其他必要措施，恢复到实施投资前的状态；有违法所得的，没收违法所得。

外国投资者的投资活动违反外商投资准入负面清单规定的限制性准入特别管理措施的，由有关主管部门责令限期改正，采取必要措施满足准入特别管理措施的要求；逾期不改正的，依照前款规定处理。

外国投资者的投资活动违反外商投资准入负面清单规定的，除依照前两款规定处理外，还应当依法承担相应的法律责任。

第三十七条　外国投资者、外商投资企业违反本法规定，未按照外商投资信息报告制度的要求报送投资信息的，由商务主管部门责令限期改正；逾期不改正的，处十万元以上五十万元以下的罚款。

第三十八条　对外国投资者、外商投资企业违反法律、法规的行为，由有关部门依法查处，并按照国家有关规定纳入信用信息系统。

第三十九条　行政机关工作人员在外商投资促进、保护和管理工作中滥用职权、玩忽职守、徇私舞弊的，或者泄露、非法向他人提供履行职责过程中知悉的商业秘密的，依法给予处分；构成犯罪的，依法追究刑事责任。

第六章　附　　则

第四十条　任何国家或者地区在投资方面对中华人民共和国采取歧视性的禁止、限制或者其他类似措施的，中华人民共和国可以根据实际情况对该国家或者该地区采取相应的措施。

第四十一条　对外国投资者在中国境内投资银行业、证券业、保险业等金融行业，或者在证券市场、外汇市场等金融市场进行投资的管理，国家另有规定的，依照其规定。

第四十二条　本法自2020年1月1日起施行。《中华人民共和国中外合资经营企业法》、《中华人民共和国外资企业法》、《中华人民共和国中外合作经营企业法》同时废止。

本法施行前依照《中华人民共和国中外合资经营企业法》、《中华人民共和国外资企业法》、《中华人民共和国中外合作经营企业法》设立的外商投资企业，在本法施行后五年内可以继续保留原企业组织形式等。具体实施办法由国务院规定。

中华人民共和国劳动合同法实施条例

（2008年9月3日国务院第25次常务会议通过　2008年9月18日中华人民共和国国务院令第535号公布　自公布之日起施行）

第一章　总　　则

第一条　为了贯彻实施《中华人民共和国劳动合同法》（以下简称劳动合同法），制定本条例。

第二条　各级人民政府和县级以上人民政府劳动行政等有关部门以及工会等组织，应当采取措施，推动劳动合同法的贯彻实施，促进劳动关系的和谐。

第三条　依法成立的会计师事务所、律师事务所等合伙组织和基金会，属于劳动合同法规定的用人单位。

第二章　劳动合同的订立

第四条　劳动合同法规定的用人单位设立的分支机构，依法取得营业执照或者登记证书的，可以作为用人单位与劳动者订立劳动合同；未依法取得营业执照或者登记证书的，受用人单位委托可以与劳动者订立劳动合同。

第五条 自用工之日起一个月内，经用人单位书面通知后，劳动者不与用人单位订立书面劳动合同的，用人单位应当书面通知劳动者终止劳动关系，无需向劳动者支付经济补偿，但是应当依法向劳动者支付其实际工作时间的劳动报酬。

第六条 用人单位自用工之日起超过一个月不满一年未与劳动者订立书面劳动合同的，应当依照劳动合同法第八十二条的规定向劳动者每月支付两倍的工资，并与劳动者补订书面劳动合同；劳动者不与用人单位订立书面劳动合同的，用人单位应当书面通知劳动者终止劳动关系，并依照劳动合同法第四十七条的规定支付经济补偿。

前款规定的用人单位向劳动者每月支付两倍工资的起算时间为用工之日起满一个月的次日，截止时间为补订书面劳动合同的前一日。

第七条 用人单位自用工之日起满一年未与劳动者订立书面劳动合同的，自用工之日起满一个月的次日至满一年的前一日应当依照劳动合同法第八十二条的规定向劳动者每月支付两倍的工资，并视为自用工之日起满一年的当日已经与劳动者订立无固定期限劳动合同，应当立即与劳动者补订书面劳动合同。

第八条 劳动合同法第七条规定的职工名册，应当包括劳动者姓名、性别、公民身份号码、户籍地址及现住址、联系方式、用工形式、用工起始时间、劳动合同期限等内容。

第九条 劳动合同法第十四条第二款规定的连续工作满 10 年的起始时间，应当自用人单位用工之日起计算，包括劳动合同法施行前的工作年限。

第十条 劳动者非因本人原因从原用人单位被安排到新用人单

位工作的，劳动者在原用人单位的工作年限合并计算为新用人单位的工作年限。原用人单位已经向劳动者支付经济补偿的，新用人单位在依法解除、终止劳动合同计算支付经济补偿的工作年限时，不再计算劳动者在原用人单位的工作年限。

第十一条　除劳动者与用人单位协商一致的情形外，劳动者依照劳动合同法第十四条第二款的规定，提出订立无固定期限劳动合同的，用人单位应当与其订立无固定期限劳动合同。对劳动合同的内容，双方应当按照合法、公平、平等自愿、协商一致、诚实信用的原则协商确定；对协商不一致的内容，依照劳动合同法第十八条的规定执行。

第十二条　地方各级人民政府及县级以上地方人民政府有关部门为安置就业困难人员提供的给予岗位补贴和社会保险补贴的公益性岗位，其劳动合同不适用劳动合同法有关无固定期限劳动合同的规定以及支付经济补偿的规定。

第十三条　用人单位与劳动者不得在劳动合同法第四十四条规定的劳动合同终止情形之外约定其他的劳动合同终止条件。

第十四条　劳动合同履行地与用人单位注册地不一致的，有关劳动者的最低工资标准、劳动保护、劳动条件、职业危害防护和本地区上年度职工月平均工资标准等事项，按照劳动合同履行地的有关规定执行；用人单位注册地的有关标准高于劳动合同履行地的有关标准，且用人单位与劳动者约定按照用人单位注册地的有关规定执行的，从其约定。

第十五条　劳动者在试用期的工资不得低于本单位相同岗位最低档工资的80%或者不得低于劳动合同约定工资的80%，并不得低于用人单位所在地的最低工资标准。

第十六条　劳动合同法第二十二条第二款规定的培训费用，包括用人单位为了对劳动者进行专业技术培训而支付的有凭证的培训费用、培训期间的差旅费用以及因培训产生的用于该劳动者的其他直接费用。

第十七条 劳动合同期满，但是用人单位与劳动者依照劳动合同法第二十二条的规定约定的服务期尚未到期的，劳动合同应当续延至服务期满；双方另有约定的，从其约定。

第三章 劳动合同的解除和终止

第十八条 有下列情形之一的，依照劳动合同法规定的条件、程序，劳动者可以与用人单位解除固定期限劳动合同、无固定期限劳动合同或者以完成一定工作任务为期限的劳动合同：

（一）劳动者与用人单位协商一致的；

（二）劳动者提前30日以书面形式通知用人单位的；

（三）劳动者在试用期内提前3日通知用人单位的；

（四）用人单位未按照劳动合同约定提供劳动保护或者劳动条件的；

（五）用人单位未及时足额支付劳动报酬的；

（六）用人单位未依法为劳动者缴纳社会保险费的；

（七）用人单位的规章制度违反法律、法规的规定，损害劳动者权益的；

（八）用人单位以欺诈、胁迫的手段或者乘人之危，使劳动者在违背真实意思的情况下订立或者变更劳动合同的；

（九）用人单位在劳动合同中免除自己的法定责任、排除劳动者权利的；

（十）用人单位违反法律、行政法规强制性规定的；

（十一）用人单位以暴力、威胁或者非法限制人身自由的手段强迫劳动者劳动的；

（十二）用人单位违章指挥、强令冒险作业危及劳动者人身安全的；

（十三）法律、行政法规规定劳动者可以解除劳动合同的其他情形。

第十九条　有下列情形之一的，依照劳动合同法规定的条件、程序，用人单位可以与劳动者解除固定期限劳动合同、无固定期限劳动合同或者以完成一定工作任务为期限的劳动合同：

（一）用人单位与劳动者协商一致的；

（二）劳动者在试用期间被证明不符合录用条件的；

（三）劳动者严重违反用人单位的规章制度的；

（四）劳动者严重失职，营私舞弊，给用人单位造成重大损害的；

（五）劳动者同时与其他用人单位建立劳动关系，对完成本单位的工作任务造成严重影响，或者经用人单位提出，拒不改正的；

（六）劳动者以欺诈、胁迫的手段或者乘人之危，使用人单位在违背真实意思的情况下订立或者变更劳动合同的；

（七）劳动者被依法追究刑事责任的；

（八）劳动者患病或者非因工负伤，在规定的医疗期满后不能从事原工作，也不能从事由用人单位另行安排的工作的；

（九）劳动者不能胜任工作，经过培训或者调整工作岗位，仍不能胜任工作的；

（十）劳动合同订立时所依据的客观情况发生重大变化，致使劳动合同无法履行，经用人单位与劳动者协商，未能就变更劳动合同内容达成协议的；

（十一）用人单位依照企业破产法规定进行重整的；

（十二）用人单位生产经营发生严重困难的；

（十三）企业转产、重大技术革新或者经营方式调整，经变更劳动合同后，仍需裁减人员的；

（十四）其他因劳动合同订立时所依据的客观经济情况发生重大变化，致使劳动合同无法履行的。

第二十条　用人单位依照劳动合同法第四十条的规定，选择额外支付劳动者一个月工资解除劳动合同的，其额外支付的工资应当按照该劳动者上一个月的工资标准确定。

第二十一条 劳动者达到法定退休年龄的，劳动合同终止。

第二十二条 以完成一定工作任务为期限的劳动合同因任务完成而终止的，用人单位应当依照劳动合同法第四十七条的规定向劳动者支付经济补偿。

第二十三条 用人单位依法终止工伤职工的劳动合同的，除依照劳动合同法第四十七条的规定支付经济补偿外，还应当依照国家有关工伤保险的规定支付一次性工伤医疗补助金和伤残就业补助金。

第二十四条 用人单位出具的解除、终止劳动合同的证明，应当写明劳动合同期限、解除或者终止劳动合同的日期、工作岗位、在本单位的工作年限。

第二十五条 用人单位违反劳动合同法的规定解除或者终止劳动合同，依照劳动合同法第八十七条的规定支付了赔偿金的，不再支付经济补偿。赔偿金的计算年限自用工之日起计算。

第二十六条 用人单位与劳动者约定了服务期，劳动者依照劳动合同法第三十八条的规定解除劳动合同的，不属于违反服务期的约定，用人单位不得要求劳动者支付违约金。

有下列情形之一，用人单位与劳动者解除约定服务期的劳动合同的，劳动者应当按照劳动合同的约定向用人单位支付违约金：

（一）劳动者严重违反用人单位的规章制度的；

（二）劳动者严重失职，营私舞弊，给用人单位造成重大损害的；

（三）劳动者同时与其他用人单位建立劳动关系，对完成本单位的工作任务造成严重影响，或者经用人单位提出，拒不改正的；

（四）劳动者以欺诈、胁迫的手段或者乘人之危，使用人单位在违背真实意思的情况下订立或者变更劳动合同的；

（五）劳动者被依法追究刑事责任的。

第二十七条 劳动合同法第四十七条规定的经济补偿的月工资

按照劳动者应得工资计算，包括计时工资或者计件工资以及奖金、津贴和补贴等货币性收入。劳动者在劳动合同解除或者终止前12个月的平均工资低于当地最低工资标准的，按照当地最低工资标准计算。劳动者工作不满12个月的，按照实际工作的月数计算平均工资。

第四章　劳务派遣特别规定

第二十八条　用人单位或者其所属单位出资或者合伙设立的劳务派遣单位，向本单位或者所属单位派遣劳动者的，属于劳动合同法第六十七条规定的不得设立的劳务派遣单位。

第二十九条　用工单位应当履行劳动合同法第六十二条规定的义务，维护被派遣劳动者的合法权益。

第三十条　劳务派遣单位不得以非全日制用工形式招用被派遣劳动者。

第三十一条　劳务派遣单位或者被派遣劳动者依法解除、终止劳动合同的经济补偿，依照劳动合同法第四十六条、第四十七条的规定执行。

第三十二条　劳务派遣单位违法解除或者终止被派遣劳动者的劳动合同的，依照劳动合同法第四十八条的规定执行。

第五章　法律责任

第三十三条　用人单位违反劳动合同法有关建立职工名册规定的，由劳动行政部门责令限期改正；逾期不改正的，由劳动行政部门处2000元以上2万元以下的罚款。

第三十四条　用人单位依照劳动合同法的规定应当向劳动者每月支付两倍的工资或者应当向劳动者支付赔偿金而未支付的，劳动行政部门应当责令用人单位支付。

第三十五条　用工单位违反劳动合同法和本条例有关劳务派遣

规定的，由劳动行政部门和其他有关主管部门责令改正；情节严重的，以每位被派遣劳动者1000元以上5000元以下的标准处以罚款；给被派遣劳动者造成损害的，劳务派遣单位和用工单位承担连带赔偿责任。

第六章　附　　则

第三十六条　对违反劳动合同法和本条例的行为的投诉、举报，县级以上地方人民政府劳动行政部门依照《劳动保障监察条例》的规定处理。

第三十七条　劳动者与用人单位因订立、履行、变更、解除或者终止劳动合同发生争议的，依照《中华人民共和国劳动争议调解仲裁法》的规定处理。

第三十八条　本条例自公布之日起施行。

人力资源和社会保障部关于印发《中华人民共和国社会保险法》宣传提纲的通知

（2010年11月6日　人社部发〔2010〕80号）

各省、自治区、直辖市人力资源社会保障厅（局），福建省公务员，新疆生产建设兵团人事局、劳动保障局，各副省级市人力资源社会保障（人事、劳动保障）局：

2010年10月28日，《中华人民共和国社会保险法》（以下称《社会保险法》）由十一届全国人大常委会第十七次会议审议通过，并由国家主席胡锦涛签署第35号主席令予以颁布，自2011年7月1日起施行。《社会保险法》是继劳动合同法、就业促进法、劳动争议调解仲裁法之后，在保障和改善民生领域又一部支架性法律。《社会保险法》的颁布实施，是深入贯彻落实科学发展观的集中体现，对于更好地维护公民参加社会保险和享受社会保险待遇的合法权益，使公民共享发展成果，促进社会主义和谐社会建设，具有十分重要的意义。为做好《社会保险法》的宣传普及工作，我们编写了《〈中华人民共和国社会保险法〉宣传提纲》，现印发给你们，请按照人力资源社会保障部《关于学习贯彻社会保险法的通知》（人社部发〔2010〕79号）要求，认真组织学习，并结合实际做好《社会保险法》的宣传普及工作。

各地在宣传《社会保险法》活动中，要深入了解广大群众对贯彻落实《社会保险法》工作的意见和建议，注意总结和把握宣传过程中成功有效的做法、经验，及时研究出现的问题。重要情况及时向我部报告。

《中华人民共和国社会保险法》宣传提纲

2010年10月28日，《中华人民共和国社会保险法》（以下称《社会保险法》）由十一届全国人大常委会第十七次会议审议通过，并由国家主席胡锦涛签署第35号主席令予以颁布，自2011年7月1日起施行。《社会保险法》是中国特色社会主义法律体系中起支架作用的重要法律，是一部着力保障和改善民生的法律。它的颁布实施，是我国人力资源社会保障法制建设中的又一个里程碑，对于建立覆盖城乡居民的社会保障体系，更好地维护公民参加社会保险和享受社会保险待遇的合法权益，使公民共享发展成果，促进社会主义和谐社会建设，具有十分重要的意义。

一、《社会保险法》颁布实施的重要意义

第一，《社会保险法》的颁布实施，是深入贯彻落实科学发展观、构建社会主义和谐社会的重大举措。胡锦涛总书记深刻指出："建立覆盖城乡居民的社会保障体系是坚持立党为公、执政为民的

具体体现，是推动科学发展、促进社会和谐的重要工作，是保增长、保民生、保稳定的重要任务，也是国家长治久安的重要条件。”党的十七届五中全会通过的《中共中央关于制定国民经济和社会发展第十二个五年规划的建议》明确要求，坚持把保障和改善民生作为加快转变经济发展方式的根本出发点和落脚点，促进社会公平正义，并对加快推进覆盖城乡居民的社会保障体系建设作出了全面部署。《社会保险法》对各项社会保险作出了全面的制度安排和规范，将党中央建立健全社会保障体系的重大决策和战略部署转化为根本性、稳定性的国家法律制度，必将对构建社会主义和谐社会和国家的长治久安发挥重要的保障和推动作用。

第二，《社会保险法》的颁布实施，使我国社会保险制度发展全面进入法制化轨道。《社会保险法》规范了社会保险关系，规定了用人单位和劳动者的权利与义务，强化了政府责任，明确了社会保险行政部门和社会保险经办机构的职责，确定了社会保险相关各方的法律责任。《社会保险法》的颁布实施，使社会保险制度更加稳定、运行更加规范，使相关各方、特别是广大劳动者有了维护自身合法权益的有力武器，并必将带动一系列单项法规、规章和规范性文件的制定实施，从而使社会保险体系建设全面进入法制化的轨道。

第三，《社会保险法》的颁布实施，为推动整个人力资源社会保障事业科学发展提供了进一步的法制保障。《社会保险法》不仅对社会保险工作是极大的促进，也将对整个人力资源社会保障工作产生积极而深远的影响。《社会保险法》确立了广覆盖、可转移、可衔接的社会保险制度，从法律上破除了阻碍各类人才自由流动、劳动者在地区之间和城乡之间流动就业的制度性障碍，有利于形成和发展统一规范的人力资源市场；《社会保险法》进一步规范和明确了劳动者和用人单位的社会保险权利义务关系，有利于促进劳动关系的稳定与和谐。《社会保险法》的出台，与以前颁布实施的劳动法、公务员法、劳动合同法、就业促进法、劳动争议调解仲裁法一起，构成了我国人力资源社会保障法律体系完整的顶层架构，对推进人力资源社会保障事业在法制轨道上实现科学发展具有重要意义。

二、《社会保险法》的立法原则

《社会保险法》从草案起草，到国务院审议，再到全国人大常委会审议修改，始终坚持了以下原则：

一是贯彻落实党中央的重大决策部署。党的十四届三中全会以来，中央对社会保障制度改革和事业发展做出了一系列重大决策，特别是关于广覆盖、保基本、多层次、可持续等带有根本性、管长远的基本方针，关于社会保险要独立于用人单位之外、资金来源多渠道、管理服务社会化以及加强基金管理监督的要求等，都在法律制定中得到充分体现。

二是使广大人民群众共享改革发展成果。按照党的十七大提出的到2020年全面建设小康社会、基本建立覆盖城乡居民的社会保障体系的目标，《社会保险法》确立的我国社会保险制度框架，把城乡各类劳动者和居民分别纳入相应的社会保险制度，努力实现制度无缺失、覆盖无遗漏、衔接无缝隙，使全体人民在养老、医疗等方面有基本保障，无后顾之忧。

三是公平与效率相结合，权利与义务相适应。《社会保险法》从我国基本国情和社会主义初级阶段的实际出发，在政府主导的社会保险制度上，优先体现公平原则，做出适当的普惠性安排，通过增加政府公共财政投入，加大社会财富再分配力度，防止和消除两极分化，促进社会和谐；同时体现激励和引导原则，坚持权利与义务相适应，把缴费型的社会保险作为社会保障的核心制度。

四是确立框架，循序渐进。《社会保险法》全面总结我国社会保险制度改革发展的实践经验，借鉴世界各国社会保险的有益做法，确立了我国社会保险体系建设的总体框架、基本方针、基本原则和基本制度；同时，基于我国社会保险体系建设正处在改革发展过程中，新情况、新问题不断出现，需要继续探索和实践，《社会保险法》也保持了必要的灵活性，作出了一些弹性的或授权性的规定，为今后的制度完善和机制创新留出了空间。

三、《社会保险法》确立了我国社会保险体系的基本框架

《社会保险法》规定，国家建立基本养老保险、基本医疗保险、工伤保险、失业保险、生育保险等社会保险制度，保障公民在年老、疾病、工伤、失业、生育等情况下依法从国家和社会获得物质帮助的权利。

第一，基本养老保险包括职工基本养老保险、新型农村社会养老保险和城镇居民社会养老保险。本法总结二十多年来我国养老保险制度改革的经验，对职工基本养老保险制度的覆盖范围、基本模式、资金来源、待遇构成、享受条件和调整机制等作了比较全面的规范，并规定了病残津贴和遗属抚恤制度。根据开展新型农村社会养老保险试点这一重大实践进展，本法对新型农村社会养老保险的主要制度作出规范。此外，本法还规定国家建立和完善城镇居民社会养老保险制度，同时授权省、自治区、直辖市人民政府根据实际情况，可以将城镇居民社会养老保险和新型农村社会养老保险合并实施，为逐步建立统筹城乡的养老保障体系奠定了法律基础。

第二，基本医疗保险包括职工基本医疗保险、新型农村合作医疗和城镇居民基本医疗保险。本法对职工基本医疗保险制度和城镇居民基本医疗保险制度的覆盖范围、资金来源、待遇项目及享受条件、医疗保险费用结算办法等作了比较全面的规定，对新型农村合作医疗制度作了原则规定，并授权国务院规定管理办法。

第三，工伤保险、失业保险和生育保险制度经过十多年的实践，已经比较成熟。本法在总结实践经验的基础上，对工伤保险、失业保险和生育保险也分别单独成章，对其覆盖范围、资金来源、待遇项目和享受条件等作了具体规定。

四、《社会保险法》明确了各项社会保险制度的覆盖范围

《社会保险法》将我国境内所有用人单位和个人都纳入了社会保险制度的覆盖范围，具体是：

第一，基本养老保险制度和基本医疗保险制度覆盖了我国城乡全体居民。即用人单位及其职工应当参加职工基本养老保险和职工基本医疗保险；无雇工的个体工商户、未在用人单位参加社会保险的非全日制从业人员以及其他灵活就业人员可以参加职工基本养老保险和职工基本医疗保险；农村居民可以参加新型农村社会养老保险和新型农村合作医疗；城镇未就业的居民可以参加城镇居民社会养老保险和城镇居民基本医疗保险；进城务工的农村居民依照本法规定参加社会保险；公务员和参照公务员法管理的工作人员养老保险的办法由国务院规定。

第二，工伤保险、失业保险和生育保险制度覆盖了所有用人单位及其职工。

第三，被征地农民按照国务院规定纳入相应的社会保险制度。被征地农民到用人单位就业的，都应当参加全部五项社会保险。对于未就业，转为城镇居民的，可以参加城镇居民社会养老保险和城镇居民基本医疗保险，继续保留农村居民身份的，可以参加新型农村社会养老保险和新型农村合作医疗。

第四，在中国境内就业的外国人，也应当参照本法规定参加我国的社会保险。

五、《社会保险法》规定了社会保险制度的筹资渠道

国家多渠道筹集社会保险资金。《社会保险法》规定了各项社会保险制度的筹资渠道，明确了用人单位、个人和政府在社会保险筹资中的责任。具体是：

第一，城镇职工社会保险基金的主要来源是社会保险缴费。本法规定，职工基本养老保险、职工基本医疗保险和失业保险费用，由用人单位和职工共同缴纳，工伤保险和生育保险费用由用人单位

缴纳，职工个人不缴费。

第二，居民社会保险基金主要由社会保险缴费和政府补贴构成。本法规定，新型农村社会养老保险实行个人缴费、集体补助和政府补贴相结合；城镇居民基本医疗保险实行个人缴费和政府补贴相结合。

第三，明确了政府在社会保险筹资中的责任。本法规定，县级以上人民政府对社会保险事业给予必要的经费支持，在社会保险基金出现支付不足时给予补贴；国有企业、事业单位职工参加基本养老保险前，视同缴费年限期间应当缴纳的基本养老保险费由政府承担；在新型农村社会养老保险和城镇居民基本医疗保险制度中，政府对参保人员给予补贴；基本养老保险基金出现支付不足时，政府给予补贴；国家设立全国社会保障基金，由中央财政预算拨款以及国务院批准的其他方式筹集的资金构成，用于社会保障支出的补充、调剂。

六、《社会保险法》规定了各项社会保险的待遇项目和享受条件

为了保障参加社会保险的个人及时足额领取社会保险待遇，《社会保险法》在现行规定基础上，分别概括地规定了各项社会保险的待遇和享受条件，并总结实践经验有所发展。

（一）基本养老保险待遇

第一，参加基本养老保险的个人，达到法定退休年龄时累计缴费满十五年的，按月领取基本养老金。基本养老金由统筹养老金（现行制度中称为基础养老金）和个人账户养老金组成，基本养老金根据个人累计缴费年限、缴费工资、当地职工平均工资、个人账户金额、城镇人口平均预期寿命等因素确定。缴费不足十五年的人员可以缴费至满十五年，按月领取基本养老金；也可以转入新型农村社会养老保险或者城镇居民社会养老保险，按照国务院规定享受相应的养老保险待遇。

第二，参加新型农村社会养老保险的农村居民，符合国家规定条件的，按月领取新型农村社会养老保险待遇。新型农村社会养老保险待遇由基础养老金和个人账户养老金组成。

第三，参加基本养老保险的个人，因病或者非因工死亡的，其遗属可以领取丧葬补助金和抚恤金；在未达到法定退休年龄时因病或者非因工致残完全丧失劳动能力的，可以领取病残津贴。

（二）基本医疗保险待遇

由于我国各地经济发展水平不同，医疗服务提供能力和医疗消费水平等差距都很大，国务院只对基本医疗保险起付标准、支付比例和最高支付限额等作了原则规定，具体待遇给付标准由统筹地区人民政府按照以收定支的原则确定。考虑到这个实际，本法没有对基本医疗保险待遇项目和享受条件作更为具体的规定。需要特别指出的有两点：

第一，为了缓解个人垫付大量医疗费的问题，本法规定了基本医疗保险费用直接结算制度。参保人员就医发生的医疗费用中，按照规定应当由基本医疗保险基金支付的部分，由社会保险经办机构与医疗机构、药品经营单位直接结算；社会保险行政部门和卫生行政部门应当建立异地就医医疗费用结算制度，方便参保人员享受基本医疗保险待遇。

第二，在明确应当由第三人负担的医疗费用不纳入基本医疗保险基金支付范围的同时，本法规定，医疗费用依法应当由第三人负担，第三人不支付或者无法确定第三人的，由基本医疗保险基金先行支付后，向第三人追偿。

（三）工伤保险待遇

在《工伤保险条例》规定的工伤保险待遇基础上，《社会保险法》有三项突破：

第一，将现行规定由用人单位支付的工伤职工“住院伙食补助费”、“到统筹地区以外就医的交通食宿费”和“终止或者解除劳动合同时应当享受的一次性医疗补助金”改为由工伤保险基金支付，在进一步保障工伤职工权益的同时，减轻了参保用人单位的负担。

第二，为保证工伤职工得到及时救治，本法规定了工伤保险待遇垫付追偿制度。即职工所在用人单位未依法缴纳工伤保险费，发生工伤事故的，由用人单位支付工伤保险待遇。用人单位不支付的，从工伤保险基金中先行支付，然后由社会保险经办机构依照本法规定追偿。

第三，规定由于第三人的原因造成工伤，第三人不支付工伤医疗费用或者无法确定第三人的，由工伤保险基金先行支付后，向第三人追偿。

（四）失业保险待遇

在《失业保险条例》规定的失业保险待遇基础上，《社会保险法》进一步规定：

第一，对失业人员在领取失业保险金期间患病就医，由现行规定可以申领少量的医疗补助金，改为参加职工基本医疗保险并享受相应的基本医疗保险待遇，其应当缴纳的基本医疗保险费从失业保险基金中支付，从而提高了失业人员的医疗保障水平。

第二，明确个人死亡同时符合领取基本养老保险丧葬补助金、工伤保险丧葬补助金和失业保险丧葬补助金条件的，其遗属只能选择领取其中的一项。

（五）生育保险待遇

在总结生育保险制度实施经验的基础上，本法规定，用人单位已经缴纳生育保险费的，其职工享受生育保险待遇，生育保险待遇包括生育医疗费用和生育津贴；职工未就业配偶按照国家规定享受生育医疗费用待遇。

（六）社会保险关系转移接续

《社会保险法》规定了基本养老保险、基本医疗保险、失业保险的转移接续制度。

一是个人跨统筹地区就业的，其基本养老保险关系随本人转移，缴费年限累计计算。个人达到法定退休年龄时，基本养老金分段计算、统一支付。具体办法由国务院规定。

二是个人跨统筹地区就业的，其基本医疗保险关系随本人转移，缴费年限累计计算。

三是职工跨统筹地区就业的，其失业保险关系随本人转移，缴费年限累计计算。

七、《社会保险法》完善了社会保险费征缴制度

在总结《社会保险费征缴暂行条例》实施经验的基础上，《社会保险法》进一步完善了社会保险费征缴制度，增强了征缴的强制性，为加强征缴工作提供了更有力的法律保障。

第一，规定了社会保险信息沟通共享机制。为了保证社会保险相关信息的及时性、准确性，《社会保险法》规定，工商行政管理部门、民政部门和机构编制管理机关应当及时向社会保险经办机构通报用人单位的成立、终止情况，公安机关应当及时向社会保险经办机构通报个人的出生、死亡以及户口登记、迁移、注销等情况。

第二，规定了灵活就业人员社会保险登记、缴费制度。《社会保险法》规定，参加社会保险的无雇工的个体工商户、未在用人单位参加社会保险的非全日制从业人员以及其他灵活就业人员，向社会保险经办机构申请办理社会保险登记，可以直接向社会保险费征收机构缴纳社会保险费。

第三，规定了社会保险费实行统一征收的方向，授权国务院规定实施步骤和具体办法。

第四，建立了社会保险费的强制征缴制度。包括以下措施：

一是从用人单位存款账户直接划拨社会保险费。《社会保险法》第六十三条规定，用人单位未按时足额缴纳社会保险费，经社会保险费征收机构责令其限期缴纳或者补足，逾期仍不缴纳或者补足的，社会保险费征收机构可以申请县级以上有关行政部门作出从用人单位存款账户中划拨社会保险费的决定，并书面通知其开户银行或者其他金融机构划拨社会保险费。

二是用人单位账户余额少于应当缴纳的社会保险费的，社会保险费征收机构可以要求该用人单位提供担保，签订延期缴费协议。

三是用人单位未足额缴纳社会保险费且未提供担保的，社会保险费征收机构可以申请人民法院扣押、查封、拍卖其价值相当于应当缴纳社会保险费的财产，以拍卖所得抵缴社会保险费。

八、《社会保险法》规定了社会保险基金管理制度

为了加强基金管理，《社会保险法》作了以下规定：

第一，规范了社会保险基金的管理原则。根据本法规定，社会保险基金管理应当遵守以下原则：

一是各项社会保险基金按照社会保险险种分别建账，分账核算，执行国家统一的会计制度。

二是社会保险基金通过预算实现收支平衡。社会保险基金按照统筹层次设立预算。社会保险基金预算按照社会保险项目分别编制。社会保险基金预算、决算草案的编制、审核和批准，依照法律和国务院规定执行。

三是社会保险基金专款专用，任何组织和个人不得侵占或者挪用。社会保险基金不得违规投资运营，不得用于平衡其他政府预算，不得用于兴建、改建办公场所和支付人员经费、运行费用、管理费用，或者违反法律、行政法规规定挪作其他用途。

四是社会保险基金在保证安全的前提下，按照国务院规定投资运营实现保值增值，从而为社会保险基金投资运营奠定了法律基础。

第二，明确了提高社会保险基金统筹层次的方向。本法规定，基本养老保险基金逐步实行全国统筹，其他社会保险基金逐步实行省级统筹。考虑到社会保险基金的统筹层次取决于多方面的因素，本法授权国务院规定提高统筹层次的具体时间和步骤。

九、《社会保险法》规定了社会保险经办服务的内容

为了改进社会保险经办服务，维护参保人员权益，《社会保险法》作了以下规定：

第一，确立了社会保险经办服务体制。包括：

一是规定了社会保险经办机构的设立原则。本法规定，统筹地区设立社会保险经办机构。社会保险经办机构根据工作需要，经所在地的社会保险行政部门和机构编制管理机关批准，可以在本统筹地区设立分支机构和服务网点。

二是规定了社会保险经办的经费保障。本法规定，社会保险经办机构的人员经费和经办社会保险发生的基本运行费用、管理费用，由同级财政按照国家规定予以保障。

三是规定了社会保险经办机构的基本职责。主要是：负责社会保险登记、社会保险费核定、按照规定征收社会保险费；按时足额支付社会保险待遇；根据管理服务的需要，与医疗机构、药品经营单位签订服务协议，规范医疗服务行为；及时、完整、准确地记录参加社会保险的个人缴费和用人单位为其缴费，以及享受社会保险待遇等个人权益记录，定期将个人权益记录单免费寄送本人；免费向用人单位和个人提供查询服务；提供社会保险咨询等相关服务。

第二，社会保险信息化建设是社会保险管理和经办服务的基础性工作，没有完善的信息系统支撑，对参保人员记录一生、服务一生、保障一生的目标就无法实现。因此，《社会保险法》对社会保险信息系统建设作了原则规定。

一是国家建立全国统一的个人社会保障号码，为制作发行全国统一、功能兼容的社会保障卡提供了法律依据。

二是全国社会保险信息系统按照国家统一规划，由县级以上人民政府按照分级负责的原则共同建设。

十、《社会保险法》规定了社会保险监督制度

加强社会保险监督，维护社会保险基金安全，是各方面的共

识。《社会保险法》从人大监督、行政监督、社会监督等三个方面，建立了比较完善的社会保险监督体系。

（一）人大监督

《社会保险法》规定，各级人民代表大会常务委员会听取和审议本级人民政府对社会保险基金的收支、管理、投资运营以及监督检查情况的专项工作报告，组织对本法实施情况的执法检查等，依法行使监督职权。

（二）行政监督

《社会保险法》规定，国家对社会保险基金实行严格监管，并明确了各级人民政府及其社会保险行政部门、财政部门、审计机关在社会保险监督方面的职责。

第一，规定了各级人民政府在社会保险监督方面的职责：国务院和省、自治区、直辖市人民政府建立健全社会保险基金监督管理制度，保障社会保险基金安全、有效运行。

第二，从两个方面规定了社会保险行政部门的监督职责：

一是规定县级以上人民政府社会保险行政部门应当加强对用人单位和个人遵守社会保险法律、法规情况的监督检查。这属于劳动保障监察活动，其措施在《劳动保障监察条例》中已有详细规定，因此本法没有再作具体规定。

二是规定社会保险行政部门对社会保险基金的收支、管理和投资运营情况进行监督检查，并规定了三项措施：（1）查阅、记录、复制与社会保险基金收支、管理和投资运营相关的资料，对可能被转移、隐匿或者灭失的资料予以封存；（2）询问与调查事项有关的单位和个人，要求其对与调查事项有关的问题作出说明、提供有关证明材料；（3）对隐匿、转移、侵占、挪用社会保险基金的行为予以制止并责令改正。

第三，规定财政部门、审计机关按照各自职责，对社会保险基金的收支、管理和投资运营情况实施监督。

（三）社会监督

《社会保险法》要求县级以上人民政府采取措施，鼓励和支持社会各方面参与社会保险基金的监督，并作了以下规定：

第一，规定了社会保险监督委员会的设立、组成和主要职责。本法规定，统筹地区人民政府成立由用人单位代表、参保人员代表，以及工会代表、专家等组成的社会保险监督委员会。其主要职责是：掌握、分析社会保险基金的收支、管理和投资运营情况，对社会保险工作提出咨询意见和建议，实施社会监督；听取社会保险经办机构关于社会保险基金的收支、管理和投资运营情况的汇报；聘请会计师事务所对社会保险基金的收支、管理和投资运营情况进行年度审计和专项审计；对发现存在问题的，有权提出改正建议；对社会保险经办机构及其工作人员的违法行为，有权向有关部门提出依法处理建议。

第二，规定了工会的监督。本法规定，工会依法维护职工的合法权益，有权参与社会保险重大事项的研究，参加社会保险监督委员会，对与职工社会保险权益有关的事项进行监督。

第三，规定有关部门和单位应当向社会公布或者公开社会保险方面的信息，主动接受社会监督。包括：社会保险行政部门应当定期向社会公布社会保险基金检查结果；社会保险经办机构应当定期向社会公布参加社会保险情况以及社会保险基金的收入、支出、结余和收益情况；社会保险监督委员会应当向社会公开审计结果。

十一、违反《社会保险法》应当承担的法律责任

《社会保险法》强化了违反本法行为所应承担的法律责任，主要有：

第一，用人单位违反《社会保险法》的法律责任。本法规定，用人单位不办理社会保险登记且在社会保险行政部门责令改正期限内不改正的，对用人单位处应缴社会保险费数额一倍以上三倍以下的罚款，对其直接负责的主管人员和其他直接责任人员处五百元以上三千元以下的罚款；用人单位未按时足额缴纳社会保险费的，由社会保险费征收机构责令限期缴纳或者补足，并自欠缴之日起，按日加收万分之五的滞纳金；逾期仍不缴纳的，由有关行政部门处欠缴数额一倍以上三倍以下的罚款。

第二，骗取社会保险基金支出或者骗取社会保险待遇的法律责任。本法规定，有关单位及其工作人员或者个人以欺诈、伪造证明材料或者其他手段骗取社会保险基金支出或者骗取社会保险待遇的，应当退回骗取的金额，并处骗取金额二倍以上五倍以下的罚款；属于社会保险服务机构的，解除服务协议；直接主管人员和其他直接责任人员有执业资格的，依法吊销其执业资格。

第三，违反社会保险基金管理的法律责任。违反本法规定，隐匿、转移、侵占、挪用社会保险基金或者违规投资运营的，由社会保险行政部门、财政部门、审计机关责令追回；有违法所得的，没收违法所得；对直接负责的主管人员和其他直接责任人员依法给予处分。

第四，有关行政部门和单位及其工作人员违反《社会保险法》的法律责任。社会保险经办机构及其工作人员未履行社会保险法定职责的，社会保险费征收机构擅自更改社会保险费缴费基数、费率，导致少收或者多收社会保险费的，由有关行政部门责令改正，对直接负责的主管人员和其他直接责任人员依法给予处分。有关行政部门、社会保险经办机构、社会保险费征收机构及其工作人员泄露用人单位和个人信息的，对直接负责的主管人员和其他直接责任人员依法给予处分；给用人单位或者个人造成损失的，应当承担赔偿责任。

在中国境内就业的外国人参加社会保险暂行办法

（2011年9月6日人力资源和社会保障部令第16号公布　自2011年10月15日起施行）

第一条　为了维护在中国境内就业的外国人依法参加社会保险和享受社会保险待遇的合法权益，加强社会保险管理，根据《中华人民共和国社会保险法》（以下简称社会保险法），制定本办法。

第二条　在中国境内就业的外国人，是指依法获得《外国人就业证》、《外国专家证》、《外国常驻记者证》等就业证件和外国人居留证件，以及持有《外国人永久居留证》，在中国境内合法就业的非中国国籍的人员。

第三条　在中国境内依法注册或者登记的企业、事业单位、社会团体、民办非企业单位、基金会、律师事务所、会计师事务所等组织（以下称用人单位）依法招用的外国人，应当依法参加职工基本养老保险、职工基本医疗保险、工伤保险、失业保险和生育保险，由用人单位和本人按照规定缴纳社会保险费。

与境外雇主订立雇用合同后，被派遣到在中国境内注册或者登记的分支机构、代表机构（以下称境内工作单位）工作的外国人，应当依法参加职工基本养老保险、职工基本医疗保险、工伤保险、失业保险和生育保险，由境内工作单位和本人按照规定缴纳社会保险费。

第四条　用人单位招用外国人的，应当自办理就业证件之日起30日内为其办理社会保险登记。

受境外雇主派遣到境内工作单位工作的外国人，应当由境内工作单位按照前款规定为其办理社会保险登记。

依法办理外国人就业证件的机构，应当及时将外国人来华就业的相关信息通报当地社会保险经办机构。社会保险经办机构应当定期向相关机构查询外国人办理就业证件的情况。

第五条 参加社会保险的外国人，符合条件的，依法享受社会保险待遇。

在达到规定的领取养老金年龄前离境的，其社会保险个人账户予以保留，再次来中国就业的，缴费年限累计计算；经本人书面申请终止社会保险关系的，也可以将其社会保险个人账户储存额一次性支付给本人。

第六条 外国人死亡的，其社会保险个人账户余额可以依法继承。

第七条 在中国境外享受按月领取社会保险待遇的外国人，应当至少每年向负责支付其待遇的社会保险经办机构提供一次由中国驻外使、领馆出具的生存证明，或者由居住国有关机构公证、认证并经中国驻外使、领馆认证的生存证明。

外国人合法入境的，可以到社会保险经办机构自行证明其生存状况，不再提供前款规定的生存证明。

第八条 依法参加社会保险的外国人与用人单位或者境内工作单位因社会保险发生争议的，可以依法申请调解、仲裁、提起诉讼。用人单位或者境内工作单位侵害其社会保险权益的，外国人也可以要求社会保险行政部门或者社会保险费征收机构依法处理。

第九条 具有与中国签订社会保险双边或者多边协议国家国籍的人员在中国境内就业的，其参加社会保险的办法按照协议规定办理。

第十条 社会保险经办机构应当根据《外国人社会保障号码编制规则》，为外国人建立社会保障号码，并发放中华人民共和国社会保障卡。

第十一条 社会保险行政部门应当按照社会保险法的规定，对外国人参加社会保险的情况进行监督检查。用人单位或者境内工作单位未依法为招用的外国人办理社会保险登记或者未依法为其缴纳社会保险费的，按照社会保险法、《劳动保障监察条例》等法律、行政法规和有关规章的规定处理。

用人单位招用未依法办理就业证件或者持有《外国人永久居留证》的外国人的，按照《外国人在中国就业管理规定》处理。

第十二条　本办法自2011年10月15日起施行。

人力资源社会保障部办公厅关于印发社会保险欺诈案件管理办法的通知

（2016年4月28日　人社厅发〔2016〕61号）

各省、自治区、直辖市及新疆生产建设兵团人力资源社会保障厅（局）：

为加强社会保险欺诈案件管理，规范执法办案行为，提高案件查办质量和效率，强化执法监督制约和控制，促进公正廉洁执法，现将《社会保险欺诈案件管理办法》印发给你们，请认真贯彻执行。

社会保险欺诈案件管理办法

第一章　总　　则

第一条　为加强社会保险欺诈案件管理，规范执法办案行为，提高案件查办质量和效率，促进公正廉洁执法，根据《社会保险法》、《行政处罚法》和《行政执法机关移送涉嫌犯罪案件的规定》等法律法规以及《人力资源社会保障部　公安部关于加强社会保险欺诈案件查处和移送工作的通知》，结合工作实际，制定本办法。

第二条 社会保险行政部门应当建立规范、有效的社会保险欺诈案件管理制度，加强案件科学化、规范化、全程化、信息化管理。

第三条 社会保险行政部门对社会保险欺诈案件的管理活动适用本办法。

第四条 社会保险行政部门的基金监督机构具体负责社会保险欺诈案件归口管理工作。

上级社会保险行政部门应当加强对下级社会保险行政部门社会保险欺诈案件查办和案件管理工作的指导和监督。

第五条 社会保险行政部门应当制定统一、规范的社会保险欺诈案件执法办案流程和法律文书格式，实现执法办案活动程序化、标准化管理。

第六条 社会保险行政部门应当建立健全社会保险欺诈案件管理信息系统，实现执法办案活动信息化管理。

第七条 社会保险行政部门根据社会保险欺诈案件查办和管理工作需要，可以聘请专业人员和机构参与案件查办或者案件管理工作，提供专业咨询和技术支持。

第二章 记录管理和流程监控

第八条 社会保险行政部门应当建立社会保险欺诈案件管理台账，对社会保险欺诈案件进行统一登记、集中管理，对案件立案、调查、决定、执行、移送、结案、归档等执法办案全过程进行跟踪记录、监控和管理。

第九条 社会保险行政部门应当及时、准确地登记和记录案件全要素信息。

案件登记和记录内容包括：案件名称、编号、来源、立案时间、涉案对象和险种等案件基本信息情况，案件调查和检查、决定、执行、移送、结案和立卷归档情况，案件办理各环节法律文书签发和送达情况，办案人员情况以及其他需要登记和记录的案件信息。

第十条　社会保险行政部门应当建立案件流程监控制度，对案件查办时限、程序和文书办理进行跟踪监控和督促。

第十一条　社会保险行政部门应当根据案件查办期限要求，合理设定执法办案各环节的控制时限，加强案件查办时限监控。

第十二条　社会保险行政部门应当根据案件查办程序规定，设定执法办案程序流转的顺序控制，上一环节未完成不得进行下一环节。

第十三条　社会保险行政部门应当根据案件查办文书使用管理规定，设定文书办理程序和格式控制，规范文书办理和使用行为。

第三章　立案和查处管理

第十四条　社会保险行政部门立案查处社会保险欺诈案件，应当遵循依法行政、严格执法的原则，坚持有案必查、违法必究，做到事实清楚、证据确凿、程序合法、法律法规规章适用准确适当、法律文书使用规范。

第十五条　社会保险欺诈案件由违法行为发生地社会保险行政部门管辖。

社会保险行政部门对社会保险欺诈案件管辖发生争议的，应当按照主要违法行为发生地或者社会保险基金主要受损地管辖原则协商解决。协商不成的，报请共同的上一级社会保险行政部门指定管辖。

第十六条　社会保险行政部门应当健全立案管理制度，对发现的社会保险欺诈违法违规行为，符合立案条件，属于本部门管辖的，应当按照规定及时立案查处。

第十七条 社会保险行政部门对于查处的重大社会保险欺诈案件，应当在立案后10个工作日内向上一级社会保险行政部门报告。

立案报告内容应当包括案件名称、编号、来源、立案时间、涉案对象、险种等案件基本信息情况以及基本案情等。

第十八条 社会保险行政部门立案查处社会保险欺诈案件，应当指定案件承办人。

指定的案件承办人应当具备执法办案资格条件，并符合回避规定。

第十九条 案件承办人应当严格按照规定的程序、方法、措施和时限，开展案件调查或者检查，收集、调取、封存和保存证据，制作和使用文书，提交案件调查或者检查报告。

第二十条 社会保险行政部门应当对案件调查或者检查结果进行审查，并根据违法行为的事实、性质、情节以及社会危害程度等不同情况，作出给予或者不予行政处理、处罚的决定。

社会保险行政部门在作出行政处罚决定前，应当按照规定履行事先告知程序，保障当事人依法行使陈述、申辩权以及要求听证的权利。

第二十一条 社会保险行政部门作出行政处理、处罚决定的，应当制作行政处理、处罚决定书，并按照规定期限和程序送达当事人。

社会保险行政部门应当定期查询行政处理、处罚决定执行情况，对于当事人逾期并经催告后仍不执行的，应当依法强制执行或者申请人民法院强制执行。

第二十二条 社会保险行政部门及其执法办案人员应当严格执行罚款决定和收缴分离制度，除依法可以当场收缴的罚款外，不得自行收缴罚款。

第二十三条 对于符合案件办结情形的社会保险欺诈案件，社会保险行政部门应当及时结案。

符合下列情形的，可以认定为案件办结：

（一）作出行政处理处罚决定并执行完毕的；

（二）作出不予行政处理、处罚决定的；

（三）涉嫌构成犯罪，依法移送司法机关并被立案的；

（四）法律法规规定的其他案件办结情形。

第二十四条　社会保险行政部门跨区域调查案件的，相关地区社会保险行政部门应当积极配合、协助调查。

第二十五条　社会保险行政部门应当健全部门行政执法协作机制，加强与审计、财政、价格、卫生计生、工商、税务、药品监管和金融监管等行政部门的协调配合，形成监督合力。

第四章　案件移送管理

第二十六条　社会保险行政部门应当健全社会保险欺诈案件移送制度，按照规定及时向公安机关移送涉嫌社会保险欺诈犯罪案件，不得以行政处罚代替案件移送。

社会保险行政部门在查处社会保险欺诈案件过程中，发现国家工作人员涉嫌违纪、犯罪线索的，应当根据案件的性质，向纪检监察机关或者人民检察院移送。

第二十七条　社会保险行政部门移送涉嫌社会保险欺诈犯罪案件，应当组成专案组，核实案情提出移送书面报告，报本部门负责人审批，作出批准或者不批准移送的决定。

作出批准移送决定的，应当制作涉嫌犯罪案件移送书，并附涉嫌社会保险欺诈犯罪案件调查报告、涉案的有关书证、物证及其他有关涉嫌犯罪的材料，在规定时间内向公安机关移送，并抄送同级人民检察院。在移送案件时已经作出行政处罚决定的，应当将行政处罚决定书一并抄送。

作出不批准移送决定的，应当将不批准的理由记录在案。

第二十八条　社会保险行政部门对于案情重大、复杂疑难，性质难以确定的案件，可以就刑事案件立案追诉标准、证据固定和保全等问题，咨询公安机关、人民检察院。

第二十九条 对于公安机关决定立案的社会保险欺诈案件，社会保险行政部门应当在接到立案通知书后及时将涉案物品以及与案件有关的其他材料移交公安机关，并办理交接手续。

第三十条 对于已移送公安机关的社会保险欺诈案件，社会保险行政部门应当定期向公安机关查询案件办理进展情况。

第三十一条 公安机关在查处社会保险欺诈案件过程中，需要社会保险行政部门协助查证、提供有关社会保险信息数据和证据材料或者就政策性、专业性问题进行咨询的，社会保险行政部门应当予以协助配合。

第三十二条 对于公安机关决定不予立案或者立案后撤销的案件，社会保险行政部门应当按照规定接收公安机关退回或者移送的案卷材料，并依法作出处理。

社会保险行政部门对于公安机关作出的不予立案决定有异议的，可以向作出决定的公安机关申请复议，也可以建议人民检察院进行立案监督。

第三十三条 社会保险行政部门应当与公安机关建立联席会议、案情通报、案件会商等工作机制，确保基金监督行政执法与刑事司法工作衔接顺畅，坚决克服有案不移、有案难移、以罚代刑现象。

第三十四条 社会保险行政部门应当与公安机关定期或者不定期召开联席会议，互通社会保险欺诈案件查处以及行政执法与刑事司法衔接工作情况，分析社会保险欺诈形势和任务，协调解决工作中存在的问题，研究提出加强预防和查处的措施。

第三十五条 社会保险行政部门应当按照规定与公安、检察机关实现基金监督行政执法与刑事司法信息的共享，实现社会保险欺诈案件移送等执法、司法信息互联互通。

第五章　重大案件督办

第三十六条　社会保险行政部门应当建立重大社会保险欺诈案件督办制度，加强辖区内重大社会保险欺诈案件查处工作的协调、指导和监督。

重大案件督办是指上级社会保险行政部门对下级社会保险行政部门查办重大案件的调查、违法行为的认定、法律法规的适用、办案程序、处罚及移送等环节实施协调、指导和监督。

第三十七条　上级社会保险行政部门可以根据案件性质、涉案金额、复杂程度、查处难度以及社会影响等情况，对辖区内发生的重大社会保险欺诈案件进行督办。

对跨越多个地区，案情特别复杂，本级社会保险行政部门查处确有困难的，可以报请上级社会保险行政部门进行督办。

第三十八条　案件涉及其他行政部门的，社会保险行政部门可以协调相关行政部门实施联合督办。

第三十九条　社会保险行政部门（以下简称督办单位）确定需要督办的案件后，应当向承办案件的下级社会保险行政部门（以下简称承办单位）发出重大案件督办函，同时抄报上级社会保险行政部门。

第四十条　承办单位收到督办单位重大案件督办函后，应当及时立案查处，并在立案后10个工作日内将立案情况报告督办单位。

第四十一条　承办单位应当每30个工作日向督办单位报告一次案件查处进展情况；重大案件督办函有确定报告时限的，按照确定报告时限报告。案件查处有重大进展的，应当及时报告。

第四十二条　督办单位应当对承办单位督办案件查处工作进行指导、协调和督促。

对于承办单位未按要求立案查处督办案件和报告案件查处进展情况的，督办单位应当及时询问情况，进行催办。

第四十三条 督办单位催办可以采取电话催办、发函催办、约谈催办的方式，必要时也可以采取现场督导催办方式。

第四十四条 对因督办案件情况发生变化，不需要继续督办的，督办单位可以撤销督办，并向承办单位发出重大案件撤销督办函。

第四十五条 承办单位应当在督办案件办结后，及时向督办单位报告结果。

办结报告内容应当包括案件名称、编号、来源、涉案对象和险种等基本信息情况、主要违法事实情况、案件调查或检查情况、行政处理处罚决定和执行情况以及案件移送情况等。

第六章 案件立卷归档

第四十六条 社会保险行政部门应当健全社会保险欺诈案件立卷归档管理制度，规范案卷管理行为。

第四十七条 社会保险欺诈案件办结后，社会保险行政部门应当及时收集、整理案件相关材料，进行立卷归档。

第四十八条 社会保险欺诈案件应当分别立卷，统一编号，一案一卷，做到目录清晰、资料齐全、分类规范、装订整齐、归档及时。

案卷可以立为正卷和副卷。正卷主要列入各类证据材料、法律文书等可以对外公开的材料；副卷主要列入案件讨论记录、法定秘密材料等不宜对外公开的材料。

第四十九条 装订成册的案卷应当由案卷封面、卷内文件材料目录、卷内文件材料、卷内文件材料备考表和封底组成。

第五十条 卷内文件材料应当按照以下规则组合排列：

（一）行政决定文书及其送达回证排列在最前面，其他文书材料按照工作流程顺序排列；

（二）证据材料按照所反映的问题特征分类，每类证据主证材料排列在前，旁证材料排列在后；

（三）其他文件材料按照取得或者形成的时间顺序，并结合重要程度进行排列。

第五十一条　社会保险行政部门应当按照国家规定确定案卷保管期限和保管案卷。

第五十二条　社会保险行政部门建立案件电子档案的，电子档案应当与纸质档案内容一致。

第七章　案件质量评查

第五十三条　社会保险行政部门应当健全社会保险欺诈案件质量评查制度，组织、实施、指导和监督本区域内社会保险欺诈案件质量评查工作，加强案件质量管理。

第五十四条　案件质量评查应当从证据采信、事实认定、法律适用、程序规范、文书使用和制作等方面进行，通过审阅案卷、实地调研等方式，对执法办案形成的案卷进行检查、评议，发现、解决案件质量问题，提高执法办案质量。

评查内容主要包括：

（一）执法办案主体是否合法，执法办案人员是否具有资格；

（二）当事人认定是否准确；

（三）认定事实是否清楚，证据是否充分、确凿；

（四）适用法律、法规和规章是否准确、适当；

（五）程序是否合法、规范；

（六）文书使用是否符合法定要求，记录内容是否清楚，格式是否规范；

（七）文书送达是否符合法定形式与要求；

（八）行政处理、处罚决定和执行是否符合法定形式与要求；

（九）文书和材料的立卷归档是否规范。

第五十五条　社会保险行政部门应当定期或者不定期开展案件质量评查。

案件质量评查可以采取集中评查、交叉评查、网上评查方式，采用重点抽查或者随机抽查方法。

第五十六条 社会保险行政部门应当合理确定案件质量评查标准，划分评查档次。

第五十七条 社会保险行政部门开展案件质量评查，应当成立评查小组。

评查小组开展评查工作，应当实行一案一查一评，根据评查标准进行检查评议，形成评查结果。

第五十八条 评查工作结束后，社会保险行政部门应当将评查结果通报下级社会保险行政部门。

第八章 案件分析和报告

第五十九条 社会保险行政部门应当建立社会保险欺诈案件分析制度，定期对案件总体情况进行分析，对典型案例进行剖析，开展业务交流研讨，提高执法办案质量和能力。

第六十条 社会保险行政部门应当建立社会保险欺诈案件专项报告制度，定期对案件查处和移送情况进行汇总，报送上一级社会保险行政部门。

省级社会保险行政部门应当于半年和年度结束后20日内上报社会保险欺诈案件查处和移送情况报告，并附社会保险欺诈案件查处和移送情况表（见附表），与社会保险基金要情统计表同时报送（一式三份）。

专项报告内容主要包括：社会保险欺诈案件查处和移送情况及分析、重大案件和上级督办案件查处情况、案件查处和移送制度机制建设和执行情况以及案件管理工作情况。

第六十一条 社会保险行政部门应当建立社会保险欺诈案件情况通报制度，定期或者不定期通报本辖区内社会保险欺诈案件发生和查处情况。

通报社会保险欺诈案件情况，可以在本系统通报，也可以根据工作需要向社会公开通报。

对于重大社会保险欺诈案件可以进行专题通报。

第六十二条　社会保险行政部门应当健全社会保险欺诈案例指导制度，定期或者不定期收集、整理、印发社会保险欺诈典型案例，指导辖区内案件查处工作。

第六十三条　社会保险行政部门应当健全社会保险欺诈案件信息公开制度，依法公开已办结案件相关信息，接受社会监督。

第六十四条　社会保险行政部门查处社会保险欺诈案件，作出行政处罚决定的，应当在作出决定后7个工作日内，在社会保险行政部门门户网站进行公示。

第六十五条　社会保险行政部门应当完善单位和个人社会保险欺诈违法信息记录和使用机制，将欺诈违法信息纳入单位和个人诚信记录，加强失信惩戒，促进社会保险诚信建设。

第九章　监督检查

第六十六条　上级社会保险行政部门应当定期或者不定期对下级社会保险行政部门社会保险欺诈案件查处和移送情况以及案件管理情况进行监督检查，加强行政层级执法监督。

第六十七条　社会保险行政部门应当健全执法办案责任制，明确执法办案职责，加强对执法办案活动的监督和问责。

第十章　附　　则

第六十八条　本办法自发布之日起施行。

第六十九条　本办法由人力资源社会保障部负责解释。

最高人民法院关于适用《中华人民共和国保险法》若干问题的解释（二）

（2013 年 5 月 6 日最高人民法院审判委员会第 1577 次会议通过　根据 2020 年 12 月 23 日最高人民法院审判委员会第 1823 次会议通过的《最高人民法院关于修改〈最高人民法院关于破产企业国有划拨土地使用权应否列入破产财产等问题的批复〉等二十九件商事类司法解释的决定》修正　2020 年 12 月 29 日最高人民法院公告公布　自 2021 年 1 月 1 日起施行　法释〔2020〕18 号）

为正确审理保险合同纠纷案件，切实维护当事人的合法权益，根据《中华人民共和国民法典》《中华人民共和国保险法》《中华人民共和国民事诉讼法》等法律规定，结合审判实践，就保险法中关于保险合同一般规定部分有关法律适用问题解释如下：

第一条　财产保险中，不同投保人就同一保险标的分别投保，保险事故发生后，被保险人在其保险利益范围内依据保险合同主张保险赔偿的，人民法院应予支持。

第二条　人身保险中，因投保人对被保险人不具有保险利益导致保险合同无效，投保人主张保险人退还扣减相应手续费后的保险费的，人民法院应予支持。

第三条　投保人或者投保人的代理人订立保险合同时没有亲自签字或者盖章，而由保险人或者保险人的代理人代为签字或者盖章的，对投保人不生效。但投保人已经交纳保险费的，视为其对代签字或者盖章行为的追认。

保险人或者保险人的代理人代为填写保险单证后经投保人签字

或者盖章确认的，代为填写的内容视为投保人的真实意思表示。但有证据证明保险人或者保险人的代理人存在保险法第一百一十六条、第一百三十一条相关规定情形的除外。

第四条　保险人接受了投保人提交的投保单并收取了保险费，尚未作出是否承保的意思表示，发生保险事故，被保险人或者受益人请求保险人按照保险合同承担赔偿或者给付保险金责任，符合承保条件的，人民法院应予支持；不符合承保条件的，保险人不承担保险责任，但应当退还已经收取的保险费。

保险人主张不符合承保条件的，应承担举证责任。

第五条　保险合同订立时，投保人明知的与保险标的或者被保险人有关的情况，属于保险法第十六条第一款规定的投保人“应当如实告知”的内容。

第六条　投保人的告知义务限于保险人询问的范围和内容。当事人对询问范围及内容有争议的，保险人负举证责任。

保险人以投保人违反了对投保单询问表中所列概括性条款的如实告知义务为由请求解除合同的，人民法院不予支持。但该概括性条款有具体内容的除外。

第七条　保险人在保险合同成立后知道或者应当知道投保人未履行如实告知义务，仍然收取保险费，又依照保险法第十六条第二款的规定主张解除合同的，人民法院不予支持。

第八条　保险人未行使合同解除权，直接以存在保险法第十六条第四款、第五款规定的情形为由拒绝赔偿的，人民法院不予支持。但当事人就拒绝赔偿事宜及保险合同存续另行达成一致的情况除外。

第九条　保险人提供的格式合同文本中的责任免除条款、免赔额、免赔率、比例赔付或者给付等免除或者减轻保险人责任的条款，可以认定为保险法第十七条第二款规定的“免除保险人责任的条款”。

保险人因投保人、被保险人违反法定或者约定义务，享有解除合同权利的条款，不属于保险法第十七条第二款规定的“免除保险人责任的条款”。

第十条 保险人将法律、行政法规中的禁止性规定情形作为保险合同免责条款的免责事由，保险人对该条款作出提示后，投保人、被保险人或者受益人以保险人未履行明确说明义务为由主张该条款不成为合同内容的，人民法院不予支持。

第十一条 保险合同订立时，保险人在投保单或者保险单等其他保险凭证上，对保险合同中免除保险人责任的条款，以足以引起投保人注意的文字、字体、符号或者其他明显标志作出提示的，人民法院应当认定其履行了保险法第十七条第二款规定的提示义务。

保险人对保险合同中有关免除保险人责任条款的概念、内容及其法律后果以书面或者口头形式向投保人作出常人能够理解的解释说明的，人民法院应当认定保险人履行了保险法第十七条第二款规定的明确说明义务。

第十二条 通过网络、电话等方式订立的保险合同，保险人以网页、音频、视频等形式对免除保险人责任条款予以提示和明确说明的，人民法院可以认定其履行了提示和明确说明义务。

第十三条 保险人对其履行了明确说明义务负举证责任。

投保人对保险人履行了符合本解释第十一条第二款要求的明确说明义务在相关文书上签字、盖章或者以其他形式予以确认的，应当认定保险人履行了该项义务。但另有证据证明保险人未履行明确说明义务的除外。

第十四条 保险合同中记载的内容不一致的，按照下列规则认定：

（一）投保单与保险单或者其他保险凭证不一致的，以投保单为准。但不一致的情形系经保险人说明并经投保人同意的，以投保人签收的保险单或者其他保险凭证载明的内容为准；

（二）非格式条款与格式条款不一致的，以非格式条款为准；

（三）保险凭证记载的时间不同的，以形成时间在后的为准；

（四）保险凭证存在手写和打印两种方式的，以双方签字、盖章的手写部分的内容为准。

第十五条　保险法第二十三条规定的三十日核定期间，应自保险人初次收到索赔请求及投保人、被保险人或者受益人提供的有关证明和资料之日起算。

保险人主张扣除投保人、被保险人或者受益人补充提供有关证明和资料期间的，人民法院应予支持。扣除期间自保险人根据保险法第二十二条规定作出的通知到达投保人、被保险人或者受益人之日起，至投保人、被保险人或者受益人按照通知要求补充提供的有关证明和资料到达保险人之日止。

第十六条　保险人应以自己的名义行使保险代位求偿权。

根据保险法第六十条第一款的规定，保险人代位求偿权的诉讼时效期间应自其取得代位求偿权之日起算。

第十七条　保险人在其提供的保险合同格式条款中对非保险术语所作的解释符合专业意义，或者虽不符合专业意义，但有利于投保人、被保险人或者受益人的，人民法院应予认可。

第十八条　行政管理部门依据法律规定制作的交通事故认定书、火灾事故认定书等，人民法院应当依法审查并确认其相应的证明力，但有相反证据能够推翻的除外。

第十九条　保险事故发生后，被保险人或者受益人起诉保险人，保险人以被保险人或者受益人未要求第三者承担责任为由抗辩不承担保险责任的，人民法院不予支持。

财产保险事故发生后，被保险人就其所受损失从第三者取得赔偿后的不足部分提起诉讼，请求保险人赔偿的，人民法院应予依法受理。

第二十条　保险公司依法设立并取得营业执照的分支机构属于

《中华人民共和国民事诉讼法》第四十八条规定的其他组织，可以作为保险合同纠纷案件的当事人参加诉讼。

第二十一条 本解释施行后尚未终审的保险合同纠纷案件，适用本解释；本解释施行前已经终审，当事人申请再审或者按照审判监督程序决定再审的案件，不适用本解释。

最高人民法院关于适用《中华人民共和国保险法》若干问题的解释（三）

（2015年9月21日最高人民法院审判委员会第1661次会议通过　根据2020年12月23日最高人民法院审判委员会第1823次会议通过的《最高人民法院关于修改〈最高人民法院关于破产企业国有划拨土地使用权应否列入破产财产等问题的批复〉等二十九件商事类司法解释的决定》修正）

为正确审理保险合同纠纷案件，切实维护当事人的合法权益，根据《中华人民共和国民法典》《中华人民共和国保险法》《中华人民共和国民事诉讼法》等法律规定，结合审判实践，就保险法中关于保险合同章人身保险部分有关法律适用问题解释如下：

第一条 当事人订立以死亡为给付保险金条件的合同，根据保险法第三十四条的规定，“被保险人同意并认可保险金额”可以采取书面形式、口头形式或者其他形式；可以在合同订立时作出，也可以在合同订立后追认。

有下列情形之一的，应认定为被保险人同意投保人为其订立保险合同并认可保险金额：

（一）被保险人明知他人代其签名同意而未表示异议的；

（二）被保险人同意投保人指定的受益人的；

（三）有证据足以认定被保险人同意投保人为其投保的其他情形。

第二条　被保险人以书面形式通知保险人和投保人撤销其依据保险法第三十四条第一款规定所作出的同意意思表示的，可认定为保险合同解除。

第三条　人民法院审理人身保险合同纠纷案件时，应主动审查投保人订立保险合同时是否具有保险利益，以及以死亡为给付保险金条件的合同是否经过被保险人同意并认可保险金额。

第四条　保险合同订立后，因投保人丧失对被保险人的保险利益，当事人主张保险合同无效的，人民法院不予支持。

第五条　保险合同订立时，被保险人根据保险人的要求在指定医疗服务机构进行体检，当事人主张投保人如实告知义务免除的，人民法院不予支持。

保险人知道被保险人的体检结果，仍以投保人未就相关情况履行如实告知义务为由要求解除合同的，人民法院不予支持。

第六条　未成年人父母之外的其他履行监护职责的人为未成年人订立以死亡为给付保险金条件的合同，当事人主张参照保险法第三十三条第二款、第三十四条第三款的规定认定该合同有效的，人民法院不予支持，但经未成年人父母同意的除外。

第七条　当事人以被保险人、受益人或者他人已经代为支付保险费为由，主张投保人对应的交费义务已经履行的，人民法院应予支持。

第八条　保险合同效力依照保险法第三十六条规定中止，投保人提出恢复效力申请并同意补交保险费的，除被保险人的危险程度在中止期间显著增加外，保险人拒绝恢复效力的，人民法院不予支持。

保险人在收到恢复效力申请后，三十日内未明确拒绝的，应认定为同意恢复效力。

保险合同自投保人补交保险费之日恢复效力。保险人要求投保人补交相应利息的，人民法院应予支持。

第九条 投保人指定受益人未经被保险人同意的，人民法院应认定指定行为无效。

当事人对保险合同约定的受益人存在争议，除投保人、被保险人在保险合同之外另有约定外，按以下情形分别处理：

（一）受益人约定为“法定”或者“法定继承人”的，以民法典规定的法定继承人为受益人；

（二）受益人仅约定为身份关系的，投保人与被保险人为同一主体时，根据保险事故发生时与被保险人的身份关系确定受益人；投保人与被保险人为不同主体时，根据保险合同成立时与被保险人的身份关系确定受益人；

（三）约定的受益人包括姓名和身份关系，保险事故发生时身份关系发生变化的，认定为未指定受益人。

第十条 投保人或者被保险人变更受益人，当事人主张变更行为自变更意思表示发出时生效的，人民法院应予支持。

投保人或者被保险人变更受益人未通知保险人，保险人主张变更对其不发生效力的，人民法院应予支持。

投保人变更受益人未经被保险人同意的，人民法院应认定变更行为无效。

第十一条 投保人或者被保险人在保险事故发生后变更受益人，变更后的受益人请求保险人给付保险金的，人民法院不予支持。

第十二条 投保人或者被保险人指定数人为受益人，部分受益人在保险事故发生前死亡、放弃受益权或者依法丧失受益权的，该受益人应得的受益份额按照保险合同的约定处理；保险合同没有约定或者约定不明的，该受益人应得的受益份额按照以下情形分别处理：

（一）未约定受益顺序及受益份额的，由其他受益人平均享有；

（二）未约定受益顺序但约定受益份额的，由其他受益人按照相应比例享有；

（三）约定受益顺序但未约定受益份额的，由同顺序的其他受益人平均享有；同一顺序没有其他受益人的，由后一顺序的受益人平均享有；

（四）约定受益顺序及受益份额的，由同顺序的其他受益人按照相应比例享有；同一顺序没有其他受益人的，由后一顺序的受益人按照相应比例享有。

第十三条　保险事故发生后，受益人将与本次保险事故相对应的全部或者部分保险金请求权转让给第三人，当事人主张该转让行为有效的，人民法院应予支持，但根据合同性质、当事人约定或者法律规定不得转让的除外。

第十四条　保险金根据保险法第四十二条规定作为被保险人的遗产，被保险人的继承人要求保险人给付保险金，保险人以其已向持有保险单的被保险人的其他继承人给付保险金为由抗辩的，人民法院应予支持。

第十五条　受益人与被保险人存在继承关系，在同一事件中死亡且不能确定死亡先后顺序的，人民法院应依据保险法第四十二条第二的款推定受益人死亡在先，并按照保险法及本解释的相关规定确定保险金归属。

第十六条　保险合同解除时，投保人与被保险人、受益人为不同主体，被保险人或者受益人要求退还保险单的现金价值的，人民法院不予支持，但保险合同另有约定的除外。

投保人故意造成被保险人死亡、伤残或者疾病，保险人依照保险法第四十三条规定退还保险单的现金价值的，其他权利人按照被保险人、被保险人继承人的顺序确定。

第十七条　投保人解除保险合同，当事人以其解除合同未经被保险人或者受益人同意为由主张解除行为无效的，人民法院不予支持，但被保险人或者受益人已向投保人支付相当于保险单现金价值的款项并通知保险人的除外。

第十八条 保险人给付费用补偿型的医疗费用保险金时，主张扣减被保险人从公费医疗或者社会医疗保险取得的赔偿金额的，应当证明该保险产品在厘定医疗费用保险费率时已经将公费医疗或者社会医疗保险部分相应扣除，并按照扣减后的标准收取保险费。

第十九条 保险合同约定按照基本医疗保险的标准核定医疗费用，保险人以被保险人的医疗支出超出基本医疗保险范围为由拒绝给付保险金的，人民法院不予支持；保险人有证据证明被保险人支出的费用超过基本医疗保险同类医疗费用标准，要求对超出部分拒绝给付保险金的，人民法院应予支持。

第二十条 保险人以被保险人未在保险合同约定的医疗服务机构接受治疗为由拒绝给付保险金的，人民法院应予支持，但被保险人因情况紧急必须立即就医的除外。

第二十一条 保险人以被保险人自杀为由拒绝给付保险金的，由保险人承担举证责任。

受益人或者被保险人的继承人以被保险人自杀时无民事行为能力为由抗辩的，由其承担举证责任。

第二十二条 保险法第四十五条规定的“被保险人故意犯罪”的认定，应当以刑事侦查机关、检察机关和审判机关的生效法律文书或者其他结论性意见为依据。

第二十三条 保险人主张根据保险法第四十五条的规定不承担给付保险金责任的，应当证明被保险人的死亡、伤残结果与其实施的故意犯罪或者抗拒依法采取的刑事强制措施的行为之间存在因果关系。

被保险人在羁押、服刑期间因意外或者疾病造成伤残或者死亡，保险人主张根据保险法第四十五条的规定不承担给付保险金责任的，人民法院不予支持。

第二十四条　投保人为被保险人订立以死亡为给付保险金条件的人身保险合同，被保险人被宣告死亡后，当事人要求保险人按照保险合同约定给付保险金的，人民法院应予支持。

被保险人被宣告死亡之日在保险责任期间之外，但有证据证明下落不明之日在保险责任期间之内，当事人要求保险人按照保险合同约定给付保险金的，人民法院应予支持。

第二十五条　被保险人的损失系由承保事故或者非承保事故、免责事由造成难以确定，当事人请求保险人给付保险金的，人民法院可以按照相应比例予以支持。

第二十六条　本解释自2015年12月1日起施行。本解释施行后尚未终审的保险合同纠纷案件，适用本解释；本解释施行前已经终审，当事人申请再审或者按照审判监督程序决定再审的案件，不适用本解释。

最高人民法院关于适用《中华人民共和国保险法》若干问题的解释（四）

（2018年5月14日最高人民法院审判委员会第1738次会议通过　根据2020年12月23日最高人民法院审判委员会第1823次会议通过的《最高人民法院关于修改〈最高人民法院关于破产企业国有划拨土地使用权应否列入破产财产等问题的批复〉等二十九件商事类司法解释的决定》修正　2020年12月29日最高人民法院公告公布　自2021年1月1日起施行　法释〔2020〕18号）

为正确审理保险合同纠纷案件，切实维护当事人的合法权益，根据《中华人民共和国民法典》《中华人民共和国保险法》《中华人民共和国民事诉讼法》等法律规定，结合审判实践，就保险法中财产保险合同部分有关法律适用问题解释如下：

第一条 保险标的已交付受让人，但尚未依法办理所有权变更登记，承担保险标的毁损灭失风险的受让人，依照保险法第四十八条、第四十九条的规定主张行使被保险人权利的，人民法院应予支持。

第二条 保险人已向投保人履行了保险法规定的提示和明确说明义务，保险标的受让人以保险标的转让后保险人未向其提示或者明确说明为由，主张免除保险人责任的条款不成为合同内容的，人民法院不予支持。

第三条 被保险人死亡，继承保险标的的当事人主张承继被保险人的权利和义务的，人民法院应予支持。

第四条 人民法院认定保险标的是否构成保险法第四十九条、第五十二条规定的“危险程度显著增加”时，应当综合考虑以下因素：

（一）保险标的用途的改变；

（二）保险标的使用范围的改变；

（三）保险标的所处环境的变化；

（四）保险标的因改装等原因引起的变化；

（五）保险标的使用人或者管理人的改变；

（六）危险程度增加持续的时间；

（七）其他可能导致危险程度显著增加的因素。

保险标的危险程度虽然增加，但增加的危险属于保险合同订立时保险人预见或者应当预见的保险合同承保范围的，不构成危险程度显著增加。

第五条 被保险人、受让人依法及时向保险人发出保险标的转让通知后，保险人作出答复前，发生保险事故，被保险人或者受让人主张保险人按照保险合同承担赔偿保险金的责任的，人民法院应予支持。

第六条　保险事故发生后，被保险人依照保险法第五十七条的规定，请求保险人承担为防止或者减少保险标的的损失所支付的必要、合理费用，保险人以被保险人采取的措施未产生实际效果为由抗辩的，人民法院不予支持。

第七条　保险人依照保险法第六十条的规定，主张代位行使被保险人因第三者侵权或者违约等享有的请求赔偿的权利的，人民法院应予支持。

第八条　投保人和被保险人为不同主体，因投保人对保险标的的损害而造成保险事故，保险人依法主张代位行使被保险人对投保人请求赔偿的权利的，人民法院应予支持，但法律另有规定或者保险合同另有约定的除外。

第九条　在保险人以第三者为被告提起的代位求偿权之诉中，第三者以被保险人在保险合同订立前已放弃对其请求赔偿的权利为由进行抗辩，人民法院认定上述放弃行为合法有效，保险人就相应部分主张行使代位求偿权的，人民法院不予支持。

保险合同订立时，保险人就是否存在上述放弃情形提出询问，投保人未如实告知，导致保险人不能代位行使请求赔偿的权利，保险人请求返还相应保险金的，人民法院应予支持，但保险人知道或者应当知道上述情形仍同意承保的除外。

第十条　因第三者对保险标的的损害而造成保险事故，保险人获得代位请求赔偿的权利的情况未通知第三者或者通知到达第三者前，第三者在被保险人已经从保险人处获赔的范围内又向被保险人作出赔偿，保险人主张代位行使被保险人对第三者请求赔偿的权利的，人民法院不予支持。保险人就相应保险金主张被保险人返还的，人民法院应予支持。

保险人获得代位请求赔偿的权利的情况已经通知到第三者，第三者又向被保险人作出赔偿，保险人主张代位行使请求赔偿的权利，第三者以其已经向被保险人赔偿为由抗辩的，人民法院不予支持。

第十一条 被保险人因故意或者重大过失未履行保险法第六十三条规定的义务，致使保险人未能行使或者未能全部行使代位请求赔偿的权利，保险人主张在其损失范围内扣减或者返还相应保险金的，人民法院应予支持。

第十二条 保险人以造成保险事故的第三者为被告提起代位求偿权之诉的，以被保险人与第三者之间的法律关系确定管辖法院。

第十三条 保险人提起代位求偿权之诉时，被保险人已经向第三者提起诉讼的，人民法院可以依法合并审理。

保险人行使代位求偿权时，被保险人已经向第三者提起诉讼，保险人向受理该案的人民法院申请变更当事人，代位行使被保险人对第三者请求赔偿的权利，被保险人同意的，人民法院应予准许；被保险人不同意的，保险人可以作为共同原告参加诉讼。

第十四条 具有下列情形之一的，被保险人可以依照保险法第六十五条第二款的规定请求保险人直接向第三者赔偿保险金：

（一）被保险人对第三者所负的赔偿责任经人民法院生效裁判、仲裁裁决确认；

（二）被保险人对第三者所负的赔偿责任经被保险人与第三者协商一致；

（三）被保险人对第三者应负的赔偿责任能够确定的其他情形。

前款规定的情形下，保险人主张按照保险合同确定保险赔偿责任的，人民法院应予支持。

第十五条 被保险人对第三者应负的赔偿责任确定后，被保险人不履行赔偿责任，且第三者以保险人为被告或者以保险人与被保险人为共同被告提起诉讼时，被保险人尚未向保险人提出直接向第三者赔偿保险金的请求的，可以认定为属于保险法第六十五条第二款规定的“被保险人怠于请求”的情形。

第十六条　责任保险的被保险人因共同侵权依法承担连带责任，保险人以该连带责任超出被保险人应承担的责任份额为由，拒绝赔付保险金的，人民法院不予支持。保险人承担保险责任后，主张就超出被保险人责任份额的部分向其他连带责任人追偿的，人民法院应予支持。

第十七条　责任保险的被保险人对第三者所负的赔偿责任已经生效判决确认并已进入执行程序，但未获得清偿或者未获得全部清偿，第三者依法请求保险人赔偿保险金，保险人以前述生效判决已进入执行程序为由抗辩的，人民法院不予支持。

第十八条　商业责任险的被保险人向保险人请求赔偿保险金的诉讼时效期间，自被保险人对第三者应负的赔偿责任确定之日起计算。

第十九条　责任保险的被保险人与第三者就被保险人的赔偿责任达成和解协议且经保险人认可，被保险人主张保险人在保险合同范围内依据和解协议承担保险责任的，人民法院应予支持。

被保险人与第三者就被保险人的赔偿责任达成和解协议，未经保险人认可，保险人主张对保险责任范围以及赔偿数额重新予以核定的，人民法院应予支持。

第二十条　责任保险的保险人在被保险人向第三者赔偿之前向被保险人赔偿保险金，第三者依照保险法第六十五条第二款的规定行使保险金请求权时，保险人以其已向被保险人赔偿为由拒绝赔偿保险金的，人民法院不予支持。保险人向第三者赔偿后，请求被保险人返还相应保险金的，人民法院应予支持。

第二十一条　本解释自 2018 年 9 月 1 日起施行。

本解释施行后人民法院正在审理的一审、二审案件，适用本解释；本解释施行前已经终审，当事人申请再审或者按照审判监督程序决定再审的案件，不适用本解释。

二 养老保险

国务院关于完善企业职工基本养老保险制度的决定

（2005 年 12 月 3 日　国发〔2005〕38 号）

近年来，各地区和有关部门按照党中央、国务院关于完善企业职工基本养老保险制度的部署和要求，以确保企业离退休人员基本养老金按时足额发放为中心，努力扩大基本养老保险覆盖范围，切实加强基本养老保险基金征缴，积极推进企业退休人员社会化管理服务，各项工作取得明显成效，为促进改革、发展和维护社会稳定发挥了重要作用。但是，随着人口老龄化、就业方式多样化和城市化的发展，现行企业职工基本养老保险制度还存在个人账户没有做实、计发办法不尽合理、覆盖范围不够广泛等不适应的问题，需要加以改革和完善。为此，在充分调查研究和总结东北三省完善城镇社会保障体系试点经验的基础上，国务院对完善企业职工基本养老保险制度作出如下决定：

一、完善企业职工基本养老保险制度的指导思想和主要任务。以邓小平理论和“三个代表”重要思想为指导，认真贯彻党的十六大和十六届三中、四中、五中全会精神，按照落实科学发展观和构建社会主义和谐社会的要求，统筹考虑当前和长远的关系，坚持覆盖广泛、水平适当、结构合理、基金平衡的原则，完善政策，健全机制，加强管理，建立起适合我国国情，实现可持续发展的基本养老保险制度。主要任务是：确保基本养老金按时足额发放，保障离退休人员基本生活；逐步做实个人账户，完善社会统筹与个人账户相结合的基本制度；统一城镇个体工商户和灵活就业人员参保缴费政策，扩大覆盖范围；改革基本养老金计发办法，建立参保缴费的激励约束机制；根据经济发展水平和各方面承受能力，合理确定基本养老金水平；建立多层次养老保险体系，划清中央与地方、政府与企业及个人的责任；加强基本养老保险基金征缴和监管，完善多渠道筹资机制；进一步做好退休人员社会化管理工作，提高服务水平。

二、确保基本养老金按时足额发放。要继续把确保企业离退休人员基本养老金按时足额发放作为首要任务，进一步完善各项政策和工作机制，确保离退休人员基本养老金按时足额发放，不得发生新的基本养老金拖欠，切实保障离退休人员的合法权益。对过去拖欠的基本养老金，各地要根据《中共中央办公厅　国务院办公厅关于进一步做好补发拖欠基本养老金和企业调整工资工作的通知》要求，认真加以解决。

三、扩大基本养老保险覆盖范围。城镇各类企业职工、个体工商户和灵活就业人员都要参加企业职工基本养老保险。当前及今后一个时期，要以非公有制企业、城镇个体工商户和灵活就业人员参保工作为重点，扩大基本养老保险覆盖范围。要进一步落实国家有关社会保险补贴政策，帮助就业困难人员参保缴费。城镇个体工商户和灵活就业人员参加基本养老保险的缴费基数为当地上年度在岗职工平均工资，缴费比例为20%，其中8%记入个人账户，退休后按企业职工基本养老金计发办法计发基本养老金。

四、逐步做实个人账户。做实个人账户，积累基本养老保险基金，是应对人口老龄化的重要举措，也是实现企业职工基本养老保险制度可持续发展的重要保证。要继续抓好东北三省做实个人账户试点工作，抓紧研究制订其他地区扩大做实个人账户试点的具体方案，报国务院批准后实施。国家制订个人账户基金管理和投资运营办法，实现保值增值。

五、加强基本养老保险基金征缴与监管。要全面落实《社会保险费征缴暂行条例》的各项规定，严格执行社会保险登记和缴费申报制度，强化社会保险稽核和劳动保障监察执法工作，努力提高征缴率。凡是参加企业职工基本养老保险的单位和个人，都必须按时足额缴纳基本养老保险费；对拒缴、瞒报少缴基本养老保险费的，要依法处理；对欠缴基本养老保险费的，要采取各种措施，加大追缴力度，确保基本养老保险基金应收尽收。各地要按照建立公共财政的要求，积极调整财政支出结构，加大对社会保障的资金投入。

基本养老保险基金要纳入财政专户，实行收支两条线管理，严禁挤占挪用。要制定和完善社会保险基金监督管理的法律法规，实现依法监督。各省、自治区、直辖市人民政府要完善工作机制，保证基金监管制度的顺利实施。要继续发挥审计监督、社会监督和舆论监督的作用，共同维护基金安全。

六、改革基本养老金计发办法。为与做实个人账户相衔接，从2006年1月1日起，个人账户的规模统一由本人缴费工资的11%调整为8%，全部由个人缴费形成，单位缴费不再划入个人账户。同时，进一步完善鼓励职工参保缴费的激励约束机制，相应调整基本养老金计发办法。

《国务院关于建立统一的企业职工基本养老保险制度的决定》（国发〔1997〕26号）实施后参加工作、缴费年限（含视同缴费年限，下同）累计满15年的人员，退休后按月发给基本养老金。基本养老金由基础养老金和个人账户养老金组成。退休时的基础养老金月标准以当地上年度在岗职工月平均工资和本人指数化月平均缴费工资的平均值为基数，缴费每满 1 年发给 1%。个人账户养老金月标准为个人账户储存额除以计发月数，计发月数根据职工退休时城镇人口平均预期寿命、本人退休年龄、利息等因素确定。（详见附件）

国发〔1997〕26 号文件实施前参加工作，本决定实施后退休且缴费年限累计满 15 年的人员，在发给基础养老金和个人账户养老金的基础上，再发给过渡性养老金。各省、自治区、直辖市人民政府要按照待遇水平合理衔接、新老政策平稳过渡的原则，在认真测算的基础上，制订具体的过渡办法，并报劳动保障部、财政部备案。

本决定实施后到达退休年龄但缴费年限累计不满 15 年的人员，不发给基础养老金；个人账户储存额一次性支付给本人，终止基本养老保险关系。

本决定实施前已经离退休的人员，仍按国家原来的规定发给基本养老金，同时执行基本养老金调整办法。

七、建立基本养老金正常调整机制。根据职工工资和物价变动等情况，国务院适时调整企业退休人员基本养老金水平，调整幅度为省、自治区、直辖市当地企业在岗职工平均工资年增长率的一定比例。各地根据本地实际情况提出具体调整方案，报劳动保障部、财政部审批后实施。

八、加快提高统筹层次。进一步加强省级基金预算管理，明确省、市、县各级人民政府的责任，建立健全省级基金调剂制度，加大基金调剂力度。在完善市级统筹的基础上，尽快提高统筹层次，实现省级统筹，为构建全国统一的劳动力市场和促进人员合理流动创造条件。

九、发展企业年金。为建立多层次的养老保险体系，增强企业的人才竞争能力，更好地保障企业职工退休后的生活，具备条件的企业可为职工建立企业年金。企业年金基金实行完全积累，采取市场化的方式进行管理和运营。要切实做好企业年金基金监管工作，实现规范运作，切实维护企业和职工的利益。

十、做好退休人员社会化管理服务工作。要按照建立独立于企业事业单位之外社会保障体系的要求，继续做好企业退休人员社会化管理工作。要加强街道、社区劳动保障工作平台建设，加快公共老年服务设施和服务网络建设，条件具备的地方，可开展老年护理服务，兴建退休人员公寓，为退休人员提供更多更好的服务，不断提高退休人员的生活质量。

十一、不断提高社会保险管理服务水平。要高度重视社会保险经办能力建设，加快社会保障信息服务网络建设步伐，建立高效运转的经办管理服务体系，把社会保险的政策落到实处。各级社会保险经办机构要完善管理制度，制定技术标准，规范业务流程，实现规范化、信息化和专业化管理。同时，要加强人员培训，提高政治和业务素质，不断提高工作效率和服务质量。

完善企业职工基本养老保险制度是构建社会主义和谐社会的重要内容，事关改革发展稳定的大局。各地区和有关部门要高度重视，加强领导，精心组织实施，研究制订具体的实施意见和办法，并报劳动保障部备案。劳动保障部要会同有关部门加强指导和监督检查，及时研究解决工作中遇到的问题，确保本决定的贯彻实施。

本决定自发布之日起实施，已有规定与本决定不一致的，按本决定执行。

附件：

个人账户养老金计发月数表

退休年龄	计发月数
40	233
41	230
42	226
43	223
44	220
45	216
46	212
47	208
48	204
49	199
50	195
51	190
52	185
53	180
54	175
55	170

退休年龄	计发月数
56	164
57	158
58	152
59	145
60	139
61	132
62	125
63	117
64	109
65	101
66	93
67	84
68	75
69	65
70	56

国务院关于机关事业单位工作人员养老保险制度改革的决定

（2015 年 1 月 3 日　国发〔2015〕2 号）

按照党的十八大和十八届三中、四中全会精神，根据《中华人民共和国社会保险法》等相关规定，为统筹城乡社会保障体系建设，建立更加公平、可持续的养老保险制度，国务院决定改革机关事业单位工作人员养老保险制度。

一、改革的目标和基本原则。以邓小平理论、“三个代表”重要思想、科学发展观为指导，深入贯彻党的十八大、十八届三中、四中全会精神和党中央、国务院决策部署，坚持全覆盖、保基本、多层次、可持续方针，以增强公平性、适应流动性、保证可持续性为重点，改革现行机关事业单位工作人员退休保障制度，逐步建立独立于机关事业单位之外、资金来源多渠道、保障方式多层次、管理服务社会化的养老保险体系。改革应遵循以下基本原则：

（一）公平与效率相结合。既体现国民收入再分配更加注重公平的要求，又体现工作人员之间贡献大小差别，建立待遇与缴费挂钩机制，多缴多得、长缴多得，提高单位和职工参保缴费的积极性。

（二）权利与义务相对应。机关事业单位工作人员要按照国家规定切实履行缴费义务，享受相应的养老保险待遇，形成责任共担、统筹互济的养老保险筹资和分配机制。

（三）保障水平与经济发展水平相适应。立足社会主义初级阶段基本国情，合理确定基本养老保险筹资和待遇水平，切实保障退休人员基本生活，促进基本养老保险制度可持续发展。

（四）改革前与改革后待遇水平相衔接。立足增量改革，实现平稳过渡。对改革前已退休人员，保持现有待遇并参加今后的待遇调整；对改革后参加工作的人员，通过建立新机制，实现待遇的合理衔接；对改革前参加工作、改革后退休的人员，通过实行过渡性措施，保持待遇水平不降低。

（五）解决突出矛盾与保证可持续发展相促进。统筹规划、合理安排、量力而行，准确把握改革的节奏和力度，先行解决目前城镇职工基本养老保险制度不统一的突出矛盾，再结合养老保险顶层设计，坚持精算平衡，逐步完善相关制度和政策。

二、改革的范围。本决定适用于按照公务员法管理的单位、参照公务员法管理的机关（单位）、事业单位及其编制内的工作人员。

三、实行社会统筹与个人账户相结合的基本养老保险制度。基本养老保险费由单位和个人共同负担。单位缴纳基本养老保险费（以下简称单位缴费）的比例为本单位工资总额的20%，个人缴纳基本养老保险费（以下简称个人缴费）的比例为本人缴费工资的8%，由单位代扣。按本人缴费工资8%的数额建立基本养老保险个人账户，全部由个人缴费形成。个人工资超过当地上年度在岗职工平均工资300%以上的部分，不计入个人缴费工资基数；低于当地上年度在岗职工平均工资60%的，按当地在岗职工平均工资的60%计算个人缴费工资基数。

个人账户储存额只用于工作人员养老，不得提前支取，每年按照国家统一公布的记账利率计算利息，免征利息税。参保人员死亡的，个人账户余额可以依法继承。

四、改革基本养老金计发办法。本决定实施后参加工作、个人缴费年限累计满15年的人员，退休后按月发给基本养老金。基本养老金由基础养老金和个人账户养老金组成。退休时的基础养老金月标准以当地上年度在岗职工月平均工资和本人指数化月平均缴费工资的平均值为基数，缴费每满1年发给1%。个人账户养老金月标准为个人账户储存额除以计发月数，计发月数根据本人退休时城镇人口平均预期寿命、本人退休年龄、利息等因素确定（详见附件）。

本决定实施前参加工作、实施后退休且缴费年限（含视同缴费年限，下同）累计满 15 年的人员，按照合理衔接、平稳过渡的原则，在发给基础养老金和个人账户养老金的基础上，再依据视同缴费年限长短发给过渡性养老金。具体办法由人力资源社会保障部会同有关部门制定并指导实施。

本决定实施后达到退休年龄但个人缴费年限累计不满 15 年的人员，其基本养老保险关系处理和基本养老金计发比照《实施〈中华人民共和国社会保险法〉若干规定》（人力资源社会保障部令第 13 号）执行。

本决定实施前已经退休的人员，继续按照国家规定的原待遇标准发放基本养老金，同时执行基本养老金调整办法。

机关事业单位离休人员仍按照国家统一规定发给离休费，并调整相关待遇。

五、建立基本养老金正常调整机制。根据职工工资增长和物价变动等情况，统筹安排机关事业单位和企业退休人员的基本养老金调整，逐步建立兼顾各类人员的养老保险待遇正常调整机制，分享经济社会发展成果，保障退休人员基本生活。

六、加强基金管理和监督。建立健全基本养老保险基金省级统筹；暂不具备条件的，可先实行省级基金调剂制度，明确各级人民政府征收、管理和支付的责任。机关事业单位基本养老保险基金单独建账，与企业职工基本养老保险基金分别管理使用。基金实行严格的预算管理，纳入社会保障基金财政专户，实行收支两条线管理，专款专用。依法加强基金监管，确保基金安全。

七、做好养老保险关系转移接续工作。参保人员在同一统筹范围内的机关事业单位之间流动，只转移养老保险关系，不转移基金。参保人员跨统筹范围流动或在机关事业单位与企业之间流动，在转移养老保险关系的同时，基本养老保险个人账户储存额随同转移，并以本人改革后各年度实际缴费工资为基数，按12%的总和转移基金，参保缴费不足1年的，按实际缴费月数计算转移基金。转移后基本养老保险缴费年限（含视同缴费年限）、个人账户储存额累计计算。

八、建立职业年金制度。机关事业单位在参加基本养老保险的基础上，应当为其工作人员建立职业年金。单位按本单位工资总额的8%缴费，个人按本人缴费工资的4%缴费。工作人员退休后，按月领取职业年金待遇。职业年金的具体办法由人力资源社会保障部、财政部制定。

九、建立健全确保养老金发放的筹资机制。机关事业单位及其工作人员应按规定及时足额缴纳养老保险费。各级社会保险征缴机构应切实加强基金征缴，做到应收尽收。各级政府应积极调整和优化财政支出结构，加大社会保障资金投入，确保基本养老金按时足额发放，同时为建立职业年金制度提供相应的经费保障，确保机关事业单位养老保险制度改革平稳推进。

十、逐步实行社会化管理服务。提高机关事业单位社会保险社会化管理服务水平，普遍发放全国统一的社会保障卡，实行基本养老金社会化发放。加强街道、社区人力资源社会保障工作平台建设，加快老年服务设施和服务网络建设，为退休人员提供方便快捷的服务。

十一、提高社会保险经办管理水平。各地要根据机关事业单位工作人员养老保险制度改革的实际需要，加强社会保险经办机构能力建设，适当充实工作人员，提供必要的经费和服务设施。人力资源社会保障部负责在京中央国家机关及所属事业单位基本养老保险的管理工作，同时集中受托管理其职业年金基金。中央国家机关所属京外单位的基本养老保险实行属地化管理。社会保险经办机构应做好机关事业单位养老保险参保登记、缴费申报、关系转移、待遇核定和支付等工作。要按照国家统一制定的业务经办流程和信息管理系统建设要求，建立健全管理制度，由省级统一集中管理数据资源，实现规范化、信息化和专业化管理，不断提高工作效率和服务质量。

十二、加强组织领导。改革机关事业单位工作人员养老保险制度，直接关系广大机关事业单位工作人员的切身利益，是一项涉及面广、政策性强的工作。各地区、各部门要充分认识改革工作的重大意义，切实加强领导，精心组织实施，向机关事业单位工作人员和社会各界准确解读改革的目标和政策，正确引导舆论，确保此项改革顺利进行。各地区、各部门要按照本决定制定具体的实施意见和办法，报人力资源社会保障部、财政部备案后实施。人力资源社会保障部要会同有关部门制定贯彻本决定的实施意见，加强对改革工作的协调和指导，及时研究解决改革中遇到的问题，确保本决定的贯彻实施。

本决定自 2014 年 10 月 1 日起实施，已有规定与本决定不一致的，按照本决定执行。

附件

个人账户养老金计发月数表

退休年龄	计发月数	退休年龄	计发月数
40	233	56	164
41	230	57	158
42	226	58	152
43	223	59	145

续表

退休年龄	计发月数	退休年龄	计发月数
44	220	60	139
45	216	61	132
46	212	62	125
47	207	63	117
48	204	64	109
49	199	65	101
50	195	66	93
51	190	67	84
52	185	68	75
53	180	69	65
54	175	70	56
55	170		

国务院关于建立统一的城乡居民基本养老保险制度的意见

（2014 年 2 月 21 日　国发〔2014〕8 号）

按照党的十八大精神和十八届三中全会关于整合城乡居民基本养老保险制度的要求，依据《中华人民共和国社会保险法》有关规定，在总结新型农村社会养老保险（以下简称新农保）和城镇居民社会养老保险（以下简称城居保）试点经验的基础上，国务院决定，将新农保和城居保两项制度合并实施，在全国范围内建立统一的城乡居民基本养老保险（以下简称城乡居民养老保险）制度。现提出以下意见：

一、指导思想

高举中国特色社会主义伟大旗帜，以邓小平理论、“三个代表”重要思想、科学发展观为指导，贯彻落实党中央和国务院的各项决策部署，按照全覆盖、保基本、有弹性、可持续的方针，以增强公平性、适应流动性、保证可持续性为重点，全面推进和不断完善覆盖全体城乡居民的基本养老保险制度，充分发挥社会保险对保障人民基本生活、调节社会收入分配、促进城乡经济社会协调发展的重要作用。

二、任务目标

坚持和完善社会统筹与个人账户相结合的制度模式，巩固和拓宽个人缴费、集体补助、政府补贴相结合的资金筹集渠道，完善基础养老金和个人账户养老金相结合的待遇支付政策，强化长缴多得、多缴多得等制度的激励机制，建立基础养老金正常调整机制，健全服务网络，提高管理水平，为参保居民提供方便快捷的服务。“十二五”末，在全国基本实现新农保和城居保制度合并实施，并与职工基本养老保险制度相衔接。2020 年前，全面建成公平、统一、规范的城乡居民养老保险制度，与社会救助、社会福利等其他社会保障政策相配套，充分发挥家庭养老等传统保障方式的积极作用，更好保障参保城乡居民的老年基本生活。

三、参保范围

年满 16 周岁（不含在校学生），非国家机关和事业单位工作人员及不属于职工基本养老保险制度覆盖范围的城乡居民，可以在户籍地参加城乡居民养老保险。

四、基金筹集

城乡居民养老保险基金由个人缴费、集体补助、政府补贴构成。

（一）个人缴费。

参加城乡居民养老保险的人员应当按规定缴纳养老保险费。缴费标准目前设为每年 100 元、200 元、300 元、400 元、500 元、600 元、700 元、800 元、900 元、1000 元、1500 元、2000 元 12 个档次，省（区、市）人民政府可以根据实际情况增设缴费档次，最高缴费档次标准原则上不超过当地灵活就业人员参加职工基本养老保险的年缴费额，并报人力资源社会保障部备案。人力资源社会保障部会同财政部依据城乡居民收入增长等情况适时调整缴费档次标准。参保人自主选择档次缴费，多缴多得。

（二）集体补助。

有条件的村集体经济组织应当对参保人缴费给予补助，补助标准由村民委员会召开村民会议民主确定，鼓励有条件的社区将集体补助纳入社区公益事业资金筹集范围。鼓励其他社会经济组织、公益慈善组织、个人为参保人缴费提供资助。补助、资助金额不超过当地设定的最高缴费档次标准。

（三）政府补贴。

政府对符合领取城乡居民养老保险待遇条件的参保人全额支付基础养老金，其中，中央财政对中西部地区按中央确定的基础养老金标准给予全额补助，对东部地区给予 50%的补助。

地方人民政府应当对参保人缴费给予补贴，对选择最低档次标准缴费的，补贴标准不低于每人每年 30 元；对选择较高档次标准缴费的，适当增加补贴金额；对选择 500 元及以上档次标准缴费的，补贴标准不低于每人每年 60 元，具体标准和办法由省（区、市）人民政府确定。对重度残疾人等缴费困难群体，地方人民政府为其代缴部分或全部最低标准的养老保险费。

五、建立个人账户

国家为每个参保人员建立终身记录的养老保险个人账户，个人缴费、地方人民政府对参保人的缴费补贴、集体补助及其他社会经济组织、公益慈善组织、个人对参保人的缴费资助，全部记入个人账户。个人账户储存额按国家规定计息。

六、养老保险待遇及调整

城乡居民养老保险待遇由基础养老金和个人账户养老金构成，支付终身。

（一）基础养老金。中央确定基础养老金最低标准，建立基础养老金最低标准正常调整机制，根据经济发展和物价变动等情况，适时调整全国基础养老金最低标准。地方人民政府可以根据实际情况适当提高基础养老金标准；对长期缴费的，可适当加发基础养老金，提高和加发部分的资金由地方人民政府支出，具体办法由省（区、市）人民政府规定，并报人力资源社会保障部备案。

（二）个人账户养老金。个人账户养老金的月计发标准，目前为个人账户全部储存额除以 139（与现行职工基本养老保险个人账户养老金计发系数相同）。参保人死亡，个人账户资金余额可以依法继承。

七、养老保险待遇领取条件

参加城乡居民养老保险的个人，年满 60 周岁、累计缴费满 15 年，且未领取国家规定的基本养老保障待遇的，可以按月领取城乡居民养老保险待遇。

新农保或城居保制度实施时已年满 60 周岁，在本意见印发之日前未领取国家规定的基本养老保障待遇的，不用缴费，自本意见实施之月起，可以按月领取城乡居民养老保险基础养老金；距规定领取年龄不足 15 年的，应逐年缴费，也允许补缴，累计缴费不超过 15 年；距规定领取年龄超过 15 年的，应按年缴费，累计缴费不少于 15 年。

城乡居民养老保险待遇领取人员死亡的，从次月起停止支付其养老金。有条件的地方人民政府可以结合本地实际探索建立丧葬补助金制度。社会保险经办机构应每年对城乡居民养老保险待遇领取人员进行核对；村（居）民委员会要协助社会保险经办机构开展工作，在行政村（社区）范围内对参保人待遇领取资格进行公示，并与职工基本养老保险待遇等领取记录进行比对，确保不重、不漏、不错。

八、转移接续与制度衔接

参加城乡居民养老保险的人员，在缴费期间户籍迁移、需要跨地区转移城乡居民养老保险关系的，可在迁入地申请转移养老保险关系，一次性转移个人账户全部储存额，并按迁入地规定继续参保缴费，缴费年限累计计算；已经按规定领取城乡居民养老保险待遇的，无论户籍是否迁移，其养老保险关系不转移。

城乡居民养老保险制度与职工基本养老保险、优抚安置、城乡居民最低生活保障、农村五保供养等社会保障制度以及农村部分计划生育家庭奖励扶助制度的衔接，按有关规定执行。

九、基金管理和运营

将新农保基金和城居保基金合并为城乡居民养老保险基金，完善城乡居民养老保险基金财务会计制度和各项业务管理规章制度。城乡居民养老保险基金纳入社会保障基金财政专户，实行收支两条线管理，单独记账、独立核算，任何地区、部门、单位和个人均不得挤占挪用、虚报冒领。各地要在整合城乡居民养老保险制度的基础上，逐步推进城乡居民养老保险基金省级管理。

城乡居民养老保险基金按照国家统一规定投资运营，实现保值增值。

十、基金监督

各级人力资源社会保障部门要会同有关部门认真履行监管职责，建立健全内控制度和基金稽核监督制度，对基金的筹集、上解、划拨、发放、存储、管理等进行监控和检查，并按规定披露信息，接受社会监督。财政部门、审计部门按各自职责，对基金的收支、管理和投资运营情况实施监督。对虚报冒领、挤占挪用、贪污浪费等违纪违法行为，有关部门按国家有关法律法规严肃处理。要积极探索有村（居）民代表参加的社会监督的有效方式，做到基金公开透明，制度在阳光下运行。

十一、经办管理服务与信息化建设

省（区、市）人民政府要切实加强城乡居民养老保险经办能力建设，结合本地实际，科学整合现有公共服务资源和社会保险经办管理资源，充实加强基层经办力量，做到精确管理、便捷服务。要注重运用现代管理方式和政府购买服务方式，降低行政成本，提高工作效率。要加强城乡居民养老保险工作人员专业培训，不断提高公共服务水平。社会保险经办机构要认真记录参保人缴费和领取待遇情况，建立参保档案，按规定妥善保存。地方人民政府要为经办机构提供必要的工作场地、设施设备、经费保障。城乡居民养老保险工作经费纳入同级财政预算，不得从城乡居民养老保险基金中开支。基层财政确有困难的地区，省市级财政可给予适当补助。

各地要在现有新农保和城居保业务管理系统基础上，整合形成省级集中的城乡居民养老保险信息管理系统，纳入“金保工程”建设，并与其他公民信息管理系统实现信息资源共享；要将信息网络向基层延伸，实现省、市、县、乡镇（街道）、社区实时联网，有条件的地区可延伸到行政村；要大力推行全国统一的社会保障卡，方便参保人持卡缴费、领取待遇和查询本人参保信息。

十二、加强组织领导和政策宣传

地方各级人民政府要充分认识建立城乡居民养老保险制度的重要性，将其列入当地经济社会发展规划和年度目标管理考核体系，切实加强组织领导；要优化财政支出结构，加大财政投入，为城乡居民养老保险制度建设提供必要的财力保障。各级人力资源社会保障部门要切实履行主管部门职责，会同有关部门做好城乡居民养老保险工作的统筹规划和政策制定、统一管理、综合协调、监督检查等工作。

各地区和有关部门要认真做好城乡居民养老保险政策宣传工作，全面准确地宣传解读政策，正确把握舆论导向，注重运用通俗易懂的语言和群众易于接受的方式，深入基层开展宣传活动，引导城乡居民踊跃参保、持续缴费、增加积累，保障参保人的合法权益。

各省（区、市）人民政府要根据本意见，结合本地区实际情况，制定具体实施办法，并报人力资源社会保障部备案。

本意见自印发之日起实施，已有规定与本意见不一致的，按本意见执行。

企业年金办法

（2017 年 12 月 18 日人力资源和社会保障部、财政部令第 36 号公布　自 2018 年 2 月 1 日起施行）

第一章　总　　则

第一条　为建立多层次的养老保险制度，推动企业年金发展，更好地保障职工退休后的生活，根据《中华人民共和国劳动法》、《中华人民共和国劳动合同法》、《中华人民共和国社会保险法》、《中华人民共和国信托法》和国务院有关规定，制定本办法。

第二条　本办法所称企业年金，是指企业及其职工在依法参加基本养老保险的基础上，自主建立的补充养老保险制度。国家鼓励企业建立企业年金。建立企业年金，应当按照本办法执行。

第三条　企业年金所需费用由企业和职工个人共同缴纳。企业年金基金实行完全积累，为每个参加企业年金的职工建立个人账户，按照国家有关规定投资运营。企业年金基金投资运营收益并入企业年金基金。

第四条 企业年金有关税收和财务管理，按照国家有关规定执行。

第五条 企业和职工建立企业年金，应当确定企业年金受托人，由企业代表委托人与受托人签订受托管理合同。受托人可以是符合国家规定的法人受托机构，也可以是企业按照国家有关规定成立的企业年金理事会。

第二章 企业年金方案的订立、变更和终止

第六条 企业和职工建立企业年金，应当依法参加基本养老保险并履行缴费义务，企业具有相应的经济负担能力。

第七条 建立企业年金，企业应当与职工一方通过集体协商确定，并制定企业年金方案。企业年金方案应当提交职工代表大会或者全体职工讨论通过。

第八条 企业年金方案应当包括以下内容：

（一）参加人员；

（二）资金筹集与分配的比例和办法；

（三）账户管理；

（四）权益归属；

（五）基金管理；

（六）待遇计发和支付方式；

（七）方案的变更和终止；

（八）组织管理和监督方式；

（九）双方约定的其他事项。

企业年金方案适用于企业试用期满的职工。

第九条 企业应当将企业年金方案报送所在地县级以上人民政府人力资源社会保障行政部门。

中央所属企业的企业年金方案报送人力资源社会保障部。

跨省企业的企业年金方案报送其总部所在地省级人民政府人力资源社会保障行政部门。

省内跨地区企业的企业年金方案报送其总部所在地设区的市级以上人民政府人力资源社会保障行政部门。

第十条 人力资源社会保障行政部门自收到企业年金方案文本之日起 15 日内未提出异议的，企业年金方案即行生效。

第十一条 企业与职工一方可以根据本企业情况，按照国家政策规定，经协商一致，变更企业年金方案。变更后的企业年金方案应当经职工代表大会或者全体职工讨论通过，并重新报送人力资源社会保障行政部门。

第十二条 有下列情形之一的，企业年金方案终止：

（一）企业因依法解散、被依法撤销或者被依法宣告破产等原因，致使企业年金方案无法履行的；

（二）因不可抗力等原因致使企业年金方案无法履行的；

（三）企业年金方案约定的其他终止条件出现的。

第十三条 企业应当在企业年金方案变更或者终止后 10 日内报告人力资源社会保障行政部门，并通知受托人。企业应当在企业年金方案终止后，按国家有关规定对企业年金基金进行清算，并按照本办法第四章相关规定处理。

第三章　企业年金基金筹集

第十四条 企业年金基金由下列各项组成：

（一）企业缴费；

（二）职工个人缴费；

（三）企业年金基金投资运营收益。

第十五条 企业缴费每年不超过本企业职工工资总额的 8%。

企业和职工个人缴费合计不超过本企业职工工资总额的12%。具体所需费用，由企业和职工一方协商确定。

职工个人缴费由企业从职工个人工资中代扣代缴。

第十六条 实行企业年金后，企业如遇到经营亏损、重组并购等当期不能继续缴费的情况，经与职工一方协商，可以中止缴费。不能继续缴费的情况消失后，企业和职工恢复缴费，并可以根据本企业实际情况，按照中止缴费时的企业年金方案予以补缴。补缴的年限和金额不得超过实际中止缴费的年限和金额。

第四章 账户管理

第十七条 企业缴费应当按照企业年金方案确定的比例和办法计入职工企业年金个人账户，职工个人缴费计入本人企业年金个人账户。

第十八条 企业应当合理确定本单位当期缴费计入职工企业年金个人账户的最高额与平均额的差距。企业当期缴费计入职工企业年金个人账户的最高额与平均额不得超过5倍。

第十九条 职工企业年金个人账户中个人缴费及其投资收益自始归属于职工个人。

职工企业年金个人账户中企业缴费及其投资收益，企业可以与职工一方约定其自始归属于职工个人，也可以约定随着职工在本企业工作年限的增加逐步归属于职工个人，完全归属于职工个人的期限最长不超过8年。

第二十条 有下列情形之一的，职工企业年金个人账户中企业缴费及其投资收益完全归属于职工个人：

（一）职工达到法定退休年龄、完全丧失劳动能力或者死亡的；

（二）有本办法第十二条规定的企业年金方案终止情形之一的；

（三）非因职工过错企业解除劳动合同的，或者因企业违反法律规定职工解除劳动合同的；

（四）劳动合同期满，由于企业原因不再续订劳动合同的；

（五）企业年金方案约定的其他情形。

第二十一条 企业年金暂时未分配至职工企业年金个人账户的企业缴费及其投资收益，以及职工企业年金个人账户中未归属于职工个人的企业缴费及其投资收益，计入企业年金企业账户。

企业年金企业账户中的企业缴费及其投资收益应当按照企业年金方案确定的比例和办法计入职工企业年金个人账户。

第二十二条 职工变动工作单位时，新就业单位已经建立企业年金或者职业年金的，原企业年金个人账户权益应当随同转入新就业单位企业年金或者职业年金。

职工新就业单位没有建立企业年金或者职业年金的，或者职工升学、参军、失业期间，原企业年金个人账户可以暂时由原管理机构继续管理，也可以由法人受托机构发起的集合计划设置的保留账户暂时管理；原受托人是企业年金理事会的，由企业与职工协商选择法人受托机构管理。

第二十三条 企业年金方案终止后，职工原企业年金个人账户由法人受托机构发起的集合计划设置的保留账户暂时管理；原受托人是企业年金理事会的，由企业与职工一方协商选择法人受托机构管理。

第五章 企业年金待遇

第二十四条 符合下列条件之一的，可以领取企业年金：

（一）职工在达到国家规定的退休年龄或者完全丧失劳动能力时，可以从本人企业年金个人账户中按月、分次或者一次性领取企业年金，也可以将本人企业年金个人账户资金全部或者部分购买商业养老保险产品，依据保险合同领取待遇并享受相应的继承权；

（二）出国（境）定居人员的企业年金个人账户资金，可以根据本人要求一次性支付给本人；

（三）职工或者退休人员死亡后，其企业年金个人账户余额可以继承。

第二十五条 未达到上述企业年金领取条件之一的，不得从企业年金个人账户中提前提取资金。

第六章 管理监督

第二十六条 企业成立企业年金理事会作为受托人的，企业年金理事会应当由企业和职工代表组成，也可以聘请企业以外的专业人员参加，其中职工代表应不少于三分之一。

企业年金理事会除管理本企业的企业年金事务之外，不得从事其他任何形式的营业性活动。

第二十七条 受托人应当委托具有企业年金管理资格的账户管理人、投资管理人和托管人，负责企业年金基金的账户管理、投资运营和托管。

第二十八条 企业年金基金应当与委托人、受托人、账户管理人、投资管理人、托管人和其他为企业年金基金管理提供服务的自然人、法人或者其他组织的自有资产或者其他资产分开管理，不得挪作其他用途。

企业年金基金管理应当执行国家有关规定。

第二十九条 县级以上人民政府人力资源社会保障行政部门负责对本办法的执行情况进行监督检查。对违反本办法的，由人力资源社会保障行政部门予以警告，责令改正。

第三十条 因订立或者履行企业年金方案发生争议的，按照国家有关集体合同的规定执行。

因履行企业年金基金管理合同发生争议的，当事人可以依法申请仲裁或者提起诉讼。

第七章　附　　则

第三十一条　参加企业职工基本养老保险的其他用人单位及其职工建立补充养老保险的，参照本办法执行。

第三十二条　本办法自 2018 年 2 月 1 日起施行。原劳动和社会保障部 2004 年 1 月 6 日发布的《企业年金试行办法》同时废止。

本办法施行之日已经生效的企业年金方案，与本办法规定不一致的，应当在本办法施行之日起 1 年内变更。

企业年金基金管理办法

（2011 年 2 月 12 日中华人民共和国人力资源和社会保障部令第 11 号公布　根据 2015 年 4 月 30 日《人力资源和社会保障部关于修改部分规章的决定》修订）

第一章　总　　则

第一条　为维护企业年金各方当事人的合法权益，规范企业年金基金管理，根据劳动法、信托法、合同法、证券投资基金法等法律和国务院有关规定，制定本办法。

第二条　企业年金基金的受托管理、账户管理、托管、投资管理以及监督管理适用本办法。

本办法所称企业年金基金，是指根据依法制定的企业年金计划筹集的资金及其投资运营收益形成的企业补充养老保险基金。

第三条　建立企业年金计划的企业及其职工作为委托人，与企业年金理事会或者法人受托机构（以下简称受托人）签订受托管理合同。

受托人与企业年金基金账户管理机构（以下简称账户管理人）、

企业年金基金托管机构（以下简称托管人）和企业年金基金投资管理机构（以下简称投资管理人）分别签订委托管理合同。

第四条 受托人应当将受托管理合同和委托管理合同报人力资源社会保障行政部门备案。

第五条 一个企业年金计划应当仅有一个受托人、一个账户管理人和一个托管人，可以根据资产规模大小选择适量的投资管理人。

第六条 同一企业年金计划中，受托人与托管人、托管人与投资管理人不得为同一人；建立企业年金计划的企业成立企业年金理事会作为受托人的，该企业与托管人不得为同一人；受托人与托管人、托管人与投资管理人、投资管理人与其他投资管理人的总经理和企业年金从业人员，不得相互兼任。

同一企业年金计划中，法人受托机构具备账户管理或者投资管理业务资格的，可以兼任账户管理人或者投资管理人。

第七条 法人受托机构兼任投资管理人时，应当建立风险控制制度，确保各项业务管理之间的独立性；设立独立的受托业务和投资业务部门，办公区域、运营管理流程和业务制度应当严格分离；直接负责的高级管理人员、受托业务和投资业务部门的工作人员不得相互兼任。

同一企业年金计划中，法人受托机构对待各投资管理人应当执行统一的标准和流程，体现公开、公平、公正原则。

第八条 企业年金基金缴费必须归集到受托财产托管账户，并在 45 日内划入投资资产托管账户。企业年金基金财产独立于委托人、受托人、账户管理人、托管人、投资管理人和其他为企业年金基金管理提供服务的自然人、法人或者其他组织的固有财产及其管理的其他财产。

企业年金基金财产的管理、运用或者其他情形取得的财产和收益，应当归入基金财产。

第九条 委托人、受托人、账户管理人、托管人、投资管理人和其他为企业年金基金管理提供服务的自然人、法人或者其他组织，因依法解散、被依法撤销或者被依法宣告破产等原因进行终止清算的，企业年金基金财产不属于其清算财产。

第十条 企业年金基金财产的债权，不得与委托人、受托人、账户管理人、托管人、投资管理人和其他为企业年金基金管理提供服务的自然人、法人或者其他组织固有财产的债务相互抵销。不同企业年金计划的企业年金基金的债权债务，不得相互抵销。

第十一条 非因企业年金基金财产本身承担的债务，不得对基金财产强制执行。

第十二条 受托人、账户管理人、托管人、投资管理人和其他为企业年金基金管理提供服务的自然人、法人或者其他组织必须恪尽职守，履行诚实、信用、谨慎、勤勉的义务。

第十三条 人力资源社会保障部负责制定企业年金基金管理的有关政策。人力资源社会保障行政部门对企业年金基金管理进行监管。

第二章　受　托　人

第十四条 本办法所称受托人，是指受托管理企业年金基金的符合国家规定的养老金管理公司等法人受托机构（以下简称法人受托机构）或者企业年金理事会。

第十五条 建立企业年金计划的企业，应当通过职工大会或者职工代表大会讨论确定，选择法人受托机构作为受托人，或者成立企业年金理事会作为受托人。

第十六条 企业年金理事会由企业代表和职工代表等人员组成，也可以聘请企业以外的专业人员参加，其中职工代表不少于三分之一。理事会应当配备一定数量的专职工作人员。

第十七条 企业年金理事会中的职工代表和企业以外的专业人员由职工大会、职工代表大会或者其他形式民主选举产生。企业代表由企业方聘任。

理事任期由企业年金理事会章程规定，但每届任期不得超过三年。理事任期届满，连选可以连任。

第十八条 企业年金理事会理事应当具备下列条件：

（一）具有完全民事行为能力；

（二）诚实守信，无犯罪记录；

（三）具有从事法律、金融、会计、社会保障或者其他履行企业年金理事会理事职责所必需的专业知识；

（四）具有决策能力；

（五）无个人所负数额较大的债务到期未清偿情形。

第十九条 企业年金理事会依法独立管理本企业的企业年金基金事务，不受企业方的干预，不得从事任何形式的营业性活动，不得从企业年金基金财产中提取管理费用。

第二十条 企业年金理事会会议，应当由理事本人出席；理事因故不能出席，可以书面委托其他理事代为出席，委托书中应当载明授权范围。

理事会作出决议，应当经全体理事三分之二以上通过。理事会应当对会议所议事项的决定形成会议记录，出席会议的理事应当在会议记录上签名。

第二十一条 理事应当对企业年金理事会的决议承担责任。理事会的决议违反法律、行政法规、本办法规定或者理事会章程，致使企业年金基金财产遭受损失的，理事应当承担赔偿责任。但经证明在表决时曾表明异议并记载于会议记录的，该理事可以免除责任。

企业年金理事会对外签订合同，应当由全体理事签字。

第二十二条 法人受托机构应当具备下列条件：

（一）经国家金融监管部门批准，在中国境内注册的独立法人；

（二）具有完善的法人治理结构；

（三）取得企业年金基金从业资格的专职人员达到规定人数；

（四）具有符合要求的营业场所、安全防范设施和与企业年金基金受托管理业务有关的其他设施；

（五）具有完善的内部稽核监控制度和风险控制制度；

（六）近 3 年没有重大违法违规行为；

（七）国家规定的其他条件。

第二十三条 受托人应当履行下列职责：

（一）选择、监督、更换账户管理人、托管人、投资管理人；

（二）制定企业年金基金战略资产配置策略；

（三）根据合同对企业年金基金管理进行监督；

（四）根据合同收取企业和职工缴费，向受益人支付企业年金待遇，并在合同中约定具体的履行方式；

（五）接受委托人查询，定期向委托人提交企业年金基金管理和财务会计报告。发生重大事件时，及时向委托人和有关监管部门报告；定期向有关监管部门提交开展企业年金基金受托管理业务情况的报告；

（六）按照国家规定保存与企业年金基金管理有关的记录自合同终止之日起至少 15 年；

（七）国家规定和合同约定的其他职责。

第二十四条 本办法所称受益人，是指参加企业年金计划并享有受益权的企业职工。

第二十五条 有下列情形之一的，法人受托机构职责终止：

（一）违反与委托人合同约定的；

（二）利用企业年金基金财产为其谋取利益，或者为他人谋取不正当利益的；

（三）依法解散、被依法撤销、被依法宣告破产或者被依法接管的；

（四）被依法取消企业年金基金受托管理业务资格的；

（五）委托人有证据认为更换受托人符合受益人利益的；

（六）有关监管部门有充分理由和依据认为更换受托人符合受益人利益的；

（七）国家规定和合同约定的其他情形。

企业年金理事会有前款第（二）项规定情形的，企业年金理事会职责终止，由委托人选择法人受托机构担任受托人。企业年金理事会有第（一）、（三）至（七）项规定情形之一的，应当按照国家规定重新组成，或者由委托人选择法人受托机构担任受托人。

第二十六条 受托人职责终止的，委托人应当在45日内委任新的受托人。

受托人职责终止的，应当妥善保管企业年金基金受托管理资料，在45日内办理完毕受托管理业务移交手续，新受托人应当接收并行使相应职责。

第三章 账户管理人

第二十七条 本办法所称账户管理人，是指接受受托人委托管理企业年金基金账户的专业机构。

第二十八条 账户管理人应当具备下列条件：

（一）经国家有关部门批准，在中国境内注册的独立法人；

（二）具有完善的法人治理结构；

（三）取得企业年金基金从业资格的专职人员达到规定人数；

（四）具有相应的企业年金基金账户信息管理系统；

（五）具有符合要求的营业场所、安全防范设施和与企业年金基金账户管理业务有关的其他设施；

（六）具有完善的内部稽核监控制度和风险控制制度；

（七）近3年没有重大违法违规行为；

（八）国家规定的其他条件。

第二十九条 账户管理人应当履行下列职责：

（一）建立企业年金基金企业账户和个人账户；

（二）记录企业、职工缴费以及企业年金基金投资收益；

（三）定期与托管人核对缴费数据以及企业年金基金账户财产变化状况，及时将核对结果提交受托人；

（四）计算企业年金待遇；

（五）向企业和受益人提供企业年金基金企业账户和个人账户信息查询服务；向受益人提供年度权益报告；

（六）定期向受托人提交账户管理数据等信息以及企业年金基金账户管理报告；定期向有关监管部门提交开展企业年金基金账户管理业务情况的报告；

（七）按照国家规定保存企业年金基金账户管理档案自合同终止之日起至少15年；

（八）国家规定和合同约定的其他职责。

第三十条 有下列情形之一的，账户管理人职责终止：

（一）违反与受托人合同约定的；

（二）利用企业年金基金财产为其谋取利益，或者为他人谋取不正当利益的；

（三）依法解散、被依法撤销、被依法宣告破产或者被依法接管的；

（四）被依法取消企业年金基金账户管理业务资格的；

（五）受托人有证据认为更换账户管理人符合受益人利益的；

（六）有关监管部门有充分理由和依据认为更换账户管理人符合受益人利益的；

（七）国家规定和合同约定的其他情形。

第三十一条 账户管理人职责终止的，受托人应当在45日内确定新的账户管理人。

账户管理人职责终止的，应当妥善保管企业年金基金账户管理资料，在45日内办理完毕账户管理业务移交手续，新账户管理人应当接收并行使相应职责。

第四章 托 管 人

第三十二条 本办法所称托管人，是指接受受托人委托保管企业年金基金财产的商业银行。

第三十三条 托管人应当具备下列条件：

（一）经国家金融监管部门批准，在中国境内注册的独立法人；

（二）具有完善的法人治理结构；

（三）设有专门的资产托管部门；

（四）取得企业年金基金从业资格的专职人员达到规定人数；

（五）具有保管企业年金基金财产的条件；

（六）具有安全高效的清算、交割系统；

（七）具有符合要求的营业场所、安全防范设施和与企业年金基金托管业务有关的其他设施；

（八）具有完善的内部稽核监控制度和风险控制制度；

（九）近3年没有重大违法违规行为；

（十）国家规定的其他条件。

第三十四条 托管人应当履行下列职责：

（一）安全保管企业年金基金财产；

（二）以企业年金基金名义开设基金财产的资金账户和证券账

户等；

（三）对所托管的不同企业年金基金财产分别设置账户，确保基金财产的完整和独立；

（四）根据受托人指令，向投资管理人分配企业年金基金财产；

（五）及时办理清算、交割事宜；

（六）负责企业年金基金会计核算和估值，复核、审查和确认投资管理人计算的基金财产净值；

（七）根据受托人指令，向受益人发放企业年金待遇；

（八）定期与账户管理人、投资管理人核对有关数据；

（九）按照规定监督投资管理人的投资运作，并定期向受托人报告投资监督情况；

（十）定期向受托人提交企业年金基金托管和财务会计报告；定期向有关监管部门提交开展企业年金基金托管业务情况的报告；

（十一）按照国家规定保存企业年金基金托管业务活动记录、账册、报表和其他相关资料自合同终止之日起至少15年；

（十二）国家规定和合同约定的其他职责。

第三十五条 托管人发现投资管理人依据交易程序尚未成立的投资指令违反法律、行政法规、其他有关规定或者合同约定的，应当拒绝执行，立即通知投资管理人，并及时向受托人和有关监管部门报告。

托管人发现投资管理人依据交易程序已经成立的投资指令违反法律、行政法规、其他有关规定或者合同约定的，应当立即通知投资管理人，并及时向受托人和有关监管部门报告。

第三十六条 有下列情形之一的，托管人职责终止：

（一）违反与受托人合同约定的；

（二）利用企业年金基金财产为其谋取利益，或者为他人谋取不正当利益的；

（三）依法解散、被依法撤销、被依法宣告破产或者被依法接管的；

（四）被依法取消企业年金基金托管业务资格的；

（五）受托人有证据认为更换托管人符合受益人利益的；

（六）有关监管部门有充分理由和依据认为更换托管人符合受益人利益的；

（七）国家规定和合同约定的其他情形。

第三十七条 托管人职责终止的，受托人应当在45日内确定新的托管人。

托管人职责终止的，应当妥善保管企业年金基金托管资料，在45日内办理完毕托管业务移交手续，新托管人应当接收并行使相应职责。

第三十八条 禁止托管人有下列行为：

（一）托管的企业年金基金财产与其固有财产混合管理；

（二）托管的企业年金基金财产与托管的其他财产混合管理；

（三）托管的不同企业年金计划、不同企业年金投资组合的企业年金基金财产混合管理；

（四）侵占、挪用托管的企业年金基金财产；

（五）国家规定和合同约定禁止的其他行为。

第五章 投资管理人

第三十九条 本办法所称投资管理人，是指接受受托人委托投资管理企业年金基金财产的专业机构。

第四十条 投资管理人应当具备下列条件：

（一）经国家金融监管部门批准，在中国境内注册，具有受托投资管理、基金管理或者资产管理资格的独立法人；

（二）具有完善的法人治理结构；

（三）取得企业年金基金从业资格的专职人员达到规定人数；

（四）具有符合要求的营业场所、安全防范设施和与企业年金基金投资管理业务有关的其他设施；

（五）具有完善的内部稽核监控制度和风险控制制度；

（六）近3年没有重大违法违规行为；

（七）国家规定的其他条件。

第四十一条 投资管理人应当履行下列职责：

（一）对企业年金基金财产进行投资；

（二）及时与托管人核对企业年金基金会计核算和估值结果；

（三）建立企业年金基金投资管理风险准备金；

（四）定期向受托人提交企业年金基金投资管理报告；定期向有关监管部门提交开展企业年金基金投资管理业务情况的报告；

（五）根据国家规定保存企业年金基金财产会计凭证、会计账簿、年度财务会计报告和投资记录自合同终止之日起至少15年；

（六）国家规定和合同约定的其他职责。

第四十二条 有下列情形之一的，投资管理人应当及时向受托人报告：

（一）企业年金基金单位净值大幅度波动的；

（二）可能使企业年金基金财产受到重大影响的有关事项；

（三）国家规定和合同约定的其他情形。

第四十三条 有下列情形之一的，投资管理人职责终止：

（一）违反与受托人合同约定的；

（二）利用企业年金基金财产为其谋取利益，或者为他人谋取不正当利益的；

（三）依法解散、被依法撤销、被依法宣告破产或者被依法接管的；

（四）被依法取消企业年金基金投资管理业务资格的；

（五）受托人有证据认为更换投资管理人符合受益人利益的；

（六）有关监管部门有充分理由和依据认为更换投资管理人符合受益人利益的；

（七）国家规定和合同约定的其他情形。

第四十四条 投资管理人职责终止的，受托人应当在45日内确定新的投资管理人。

投资管理人职责终止的，应当妥善保管企业年金基金投资管理资料，在45日内办理完毕投资管理业务移交手续，新投资管理人应当接收并行使相应职责。

第四十五条 禁止投资管理人有下列行为：

（一）将其固有财产或者他人财产混同于企业年金基金财产；

（二）不公平对待企业年金基金财产与其管理的其他财产；

（三）不公平对待其管理的不同企业年金基金财产；

（四）侵占、挪用企业年金基金财产；

（五）承诺、变相承诺保本或者保证收益；

（六）利用所管理的其他资产为企业年金计划委托人、受益人或者相关管理人谋取不正当利益；

（七）国家规定和合同约定禁止的其他行为。

第六章 基金投资

第四十六条 企业年金基金投资管理应当遵循谨慎、分散风险的原则，充分考虑企业年金基金财产的安全性、收益性和流动性，实行专业化管理。

第四十七条 企业年金基金财产限于境内投资，投资范围包括银行存款、国债、中央银行票据、债券回购、万能保险产品、投资连结保险产品、证券投资基金、股票，以及信用等级在投资级以上的金融债、企业（公司）债、可转换债（含分离交易可转换债）、短期融资券和中期票据等金融产品。

第四十八条 每个投资组合的企业年金基金财产应当由一个投资管理人管理，企业年金基金财产以投资组合为单位按照公允价值计算应当符合下列规定：

（一）投资银行活期存款、中央银行票据、债券回购等流动性产品以及货币市场基金的比例，不得低于投资组合企业年金基金财产净值的5%；清算备付金、证券清算款以及一级市场证券申购资金视为流动性资产；投资债券正回购的比例不得高于投资组合企业年金基金财产净值的40%。

（二）投资银行定期存款、协议存款、国债、金融债、企业（公司）债、短期融资券、中期票据、万能保险产品等固定收益类产品以及可转换债（含分离交易可转换债）、债券基金、投资连结保险产品（股票投资比例不高于30%）的比例，不得高于投资组合企业年金基金财产净值的95%。

（三）投资股票等权益类产品以及股票基金、混合基金、投资连结保险产品（股票投资比例高于或者等于30%）的比例，不得高于投资组合企业年金基金财产净值的30%。其中，企业年金基金不得直接投资于权证，但因投资股票、分离交易可转换债等投资品种而衍生获得的权证，应当在权证上市交易之日起10个交易日内卖出。

第四十九条 根据金融市场变化和投资运作情况，人力资源社会保障部会同中国银监会、中国证监会和中国保监会，适时对投资范围和比例进行调整。

第五十条 单个投资组合的企业年金基金财产，投资于一家企业所发行的股票，单期发行的同一品种短期融资券、中期票据、金融债、企业（公司）债、可转换债（含分离交易可转换债），单只证券投资基金，单个万能保险产品或者投资连结保险产品，分别不得超过该企业上述证券发行量、该基金份额或者该保险产品资产管理规模的5%；按照公允价值计算，也不得超过该投资组合企业年金基金财产净值的10%。

单个投资组合的企业年金基金财产，投资于经备案的符合第四十八条投资比例规定的单只养老金产品，不得超过该投资组合企业年金基金财产净值的30%，不受上述10%规定的限制。

第五十一条 投资管理人管理的企业年金基金财产投资于自己管理的金融产品须经受托人同意。

第五十二条 因证券市场波动、上市公司合并、基金规模变动等投资管理人之外的因素致使企业年金基金投资不符合本办法第四十八条、第五十条规定的比例或者合同约定的投资比例的，投资管理人应当在可上市交易之日起10个交易日内调整完毕。

第五十三条 企业年金基金证券交易以现货和国务院规定的其他方式进行，不得用于向他人贷款和提供担保。

投资管理人不得从事使企业年金基金财产承担无限责任的投资。

第七章 收益分配及费用

第五十四条 账户管理人应当采用份额计量方式进行账户管理，根据企业年金基金单位净值，按周或者按日足额记入企业年金基金企业账户和个人账户。

第五十五条 受托人年度提取的管理费不高于受托管理企业年金基金财产净值的0.2%。

第五十六条 账户管理人的管理费按照每户每月不超过5元人民币的限额，由建立企业年金计划的企业另行缴纳。

保留账户和退休人员账户的账户管理费可以按照合同约定由受益人自行承担，从受益人个人账户中扣除。

第五十七条 托管人年度提取的管理费不高于托管企业年金基金财产净值的0.2%。

第五十八条 投资管理人年度提取的管理费不高于投资管理企业年金基金财产净值的1.2%。

第五十九条 根据企业年金基金管理情况，人力资源社会保障部会同中国银监会、中国证监会和中国保监会，适时对有关管理费进行调整。

第六十条 投资管理人从当期收取的管理费中，提取20%作为企业年金基金投资管理风险准备金，专项用于弥补合同终止时所管理投资组合的企业年金基金当期委托投资资产的投资亏损。

第六十一条 当合同终止时，如所管理投资组合的企业年金基金财产净值低于当期委托投资资产的，投资管理人应当用风险准备金弥补该时点的当期委托投资资产亏损，直至该投资组合风险准备金弥补完毕；如所管理投资组合的企业年金基金当期委托投资资产没有发生投资亏损或者风险准备金弥补后有剩余的，风险准备金划归投资管理人所有。

第六十二条 企业年金基金投资管理风险准备金应当存放于投资管理人在托管人处开立的专用存款账户，余额达到投资管理人所管理投资组合基金财产净值的10%时可以不再提取。托管人不得对投资管理风险准备金账户收取费用。

第六十三条 风险准备金由投资管理人进行管理，可以投资于银行存款、国债等高流动性、低风险金融产品。风险准备金产生的投资收益，应当纳入风险准备金管理。

第八章 计划管理和信息披露

第六十四条 企业年金单一计划指受托人将单个委托人交付的企业年金基金，单独进行受托管理的企业年金计划。

企业年金集合计划指同一受托人将多个委托人交付的企业年金基金，集中进行受托管理的企业年金计划。

第六十五条 法人受托机构设立集合计划，应当制定集合计划受托管理合同，为每个集合计划确定账户管理人、托管人各一名，投资管理人至少三名；并分别与其签订委托管理合同。

集合计划受托人应当将制定的集合计划受托管理合同、签订的委托管理合同以及该集合计划的投资组合说明书报人力资源社会保障部备案。

第六十六条 一个企业年金方案的委托人只能建立一个企业年金单一计划或者参加一个企业年金集合计划。委托人加入集合计划满 3 年后，方可根据受托管理合同规定选择退出集合计划。

第六十七条 发生下列情形之一的，企业年金单一计划变更：

（一）企业年金计划受托人、账户管理人、托管人或者投资管理人变更；

（二）企业年金基金管理合同主要内容变更；

（三）企业年金计划名称变更；

（四）国家规定的其他情形。

发生前款规定情形时，受托人应当将相关企业年金基金管理合同重新报人力资源社会保障行政部门备案。

第六十八条 企业年金单一计划终止时，受托人应当组织清算组对企业年金基金财产进行清算。清算费用从企业年金基金财产中扣除。

清算组由企业代表、职工代表、受托人、账户管理人、托管人、投资管理人以及由受托人聘请的会计师事务所、律师事务所等组成。

清算组应当自清算工作完成后 3 个月内，向人力资源社会保障行政部门和受益人提交经会计师事务所审计以及律师事务所出具法律意见书的清算报告。

人力资源社会保障行政部门应当注销该企业年金计划。

第六十九条 受益人工作单位发生变化，新工作单位已经建立企业年金计划的，其企业年金个人账户权益应当转入新工作单位的企业年金计划管理。新工作单位没有建立企业年金计划的，其企业年金个人账户权益可以在原法人受托机构发起的集合计划设置的保留账户统一管理；原受托人是企业年金理事会的，由企业与职工协商选择法人受托机构管理。

第七十条 企业年金单一计划终止时，受益人企业年金个人账户权益应当转入原法人受托机构发起的集合计划设置的保留账户统一管理；原受托人是企业年金理事会的，由企业与职工协商选择法人受托机构管理。

第七十一条 发生以下情形之一的，受托人应当聘请会计师事务所对企业年金计划进行审计。审计费用从企业年金基金财产中扣除。

（一）企业年金计划连续运作满三个会计年度时；

（二）企业年金计划管理人职责终止时；

（三）国家规定的其他情形。

账户管理人、托管人、投资管理人应当自上述情况发生之日起配合会计师事务所对企业年金计划进行审计。受托人应当自上述情况发生之日起的 50 日内向委托人以及人力资源社会保障行政部门提交审计报告。

第七十二条 受托人应当在每季度结束后 30 日内向委托人提交企业年金基金管理季度报告；并应当在年度结束后 60 日内向委托人提交企业年金基金管理和财务会计年度报告。

第七十三条 账户管理人应当在每季度结束后 15 日内向受托人提交企业年金基金账户管理季度报告；并应当在年度结束后 45 日内向受托人提交企业年金基金账户管理年度报告。

第七十四条 托管人应当在每季度结束后 15 日内向受托人提交企业年金基金托管和财务会计季度报告；并应当在年度结束后 45

日内向受托人提交企业年金基金托管和财务会计年度报告。

第七十五条 投资管理人应当在每季度结束后15日内向受托人提交经托管人确认财务管理数据的企业年金基金投资组合季度报告；并应当在年度结束后45日内向受托人提交经托管人确认财务管理数据的企业年金基金投资管理年度报告。

第七十六条 法人受托机构、账户管理人、托管人和投资管理人发生下列情形之一的，应当及时向人力资源社会保障部报告；账户管理人、托管人和投资管理人应当同时抄报受托人。

（一）减资、合并、分立、依法解散、被依法撤销、决定申请破产或者被申请破产的；

（二）涉及重大诉讼或者仲裁的；

（三）董事长、总经理、直接负责企业年金业务的高级管理人员发生变动的；

（四）国家规定的其他情形。

第七十七条 受托人、账户管理人、托管人和投资管理人应当按照规定报告企业年金基金管理情况，并对所报告内容的真实性、完整性负责。

第九章 监督检查

第七十八条 法人受托机构、账户管理人、托管人、投资管理人开展企业年金基金管理相关业务，应当向人力资源社会保障部提出申请。法人受托机构、账户管理人、投资管理人向人力资源社会保障部提出申请前应当先经其业务监管部门同意，托管人向人力资源社会保障部提出申请前应当先向其业务监管部门备案。

第七十九条 人力资源社会保障部收到法人受托机构、账户管理人、托管人、投资管理人的申请后，应当组织专家评审委员会，按照规定进行审慎评审。经评审符合条件的，由人力资源社会保障部会同有关部门确认公告；经评审不符合条件的，应当书面通知申请人。

专家评审委员会由有关部门代表和社会专业人士组成。每次参加评审的专家应当从专家评审委员会中随机抽取产生。

第八十条 受托人、账户管理人、托管人、投资管理人开展企业年金基金管理相关业务，应当接受人力资源社会保障行政部门的监管。

法人受托机构、账户管理人、托管人和投资管理人的业务监管部门按照各自职责对其经营活动进行监督。

第八十一条 人力资源社会保障部依法履行监督管理职责，可以采取以下措施：

（一）查询、记录、复制与被调查事项有关的企业年金基金管理合同、财务会计报告等资料；

（二）询问与调查事项有关的单位和个人，要求其对有关问题做出说明、提供有关证明材料；

（三）国家规定的其他措施。

委托人、受托人、账户管理人、托管人、投资管理人和其他为企业年金基金管理提供服务的自然人、法人或者其他组织，应当积极配合检查，如实提供有关资料，不得拒绝、阻挠或者逃避检查，不得谎报、隐匿或者销毁相关证据材料。

第八十二条 人力资源社会保障部依法进行调查或者检查时，应当至少由两人共同进行，并出示证件，承担下列义务：

（一）依法履行职责，秉公执法，不得利用职务之便谋取私利；

（二）保守在调查或者检查时知悉的商业秘密；

（三）为举报人员保密。

第八十三条 法人受托机构、中央企业集团公司成立的企业年金理事会、账户管理人、托管人、投资管理人违反本办法规定或者企业年金基金管理费、信息披露相关规定的，由人力资源社会保障部责令改正。其他企业（包括中央企业子公司）成立的企业年金理事会，违反本办法规定或者企业年金基金管理费、信息披露相关规定的，由管理合同备案所在地的省、自治区、直辖市或者计划单列市人力资源社会保障行政部门责令改正。

第八十四条 受托人、账户管理人、托管人、投资管理人发生违法违规行为可能影响企业年金基金财产安全的，或者经责令改正而不改正的，由人力资源社会保障部暂停其接收新的企业年金基金管理业务。给企业年金基金财产或者受益人利益造成损害的，依法承担赔偿责任；构成犯罪的，依法追究刑事责任。

第八十五条 人力资源社会保障部将法人受托机构、账户管理人、托管人、投资管理人违法行为、处理结果以及改正情况予以记录，同时抄送业务监管部门。在企业年金基金管理资格有效期内，有三次以上违法记录或者一次以上经责令改正而不改正的，在其资格到期之后 5 年内，不再受理其开展企业年金基金管理业务的申请。

第八十六条 会计师事务所和律师事务所提供企业年金中介服务应当严格遵守相关职业准则和行业规范。

第十章 附 则

第八十七条 企业年金基金管理，国务院另有规定的，从其规定。

第八十八条 本办法自 2011 年 5 月 1 日起施行。劳动和社会保障部、中国银行业监督管理委员会、中国证券监督管理委员会、中国保险监督管理委员会于 2004 年 2 月 23 日发布的《企业年金基金管理试行办法》（劳动保障部令第 23 号）同时废止。

人力资源和社会保障部、财政部关于印发《城乡养老保险制度衔接暂行办法》的通知

（2014年2月24日　人社部发〔2014〕17号）

各省、自治区、直辖市人民政府，新疆生产建设兵团：

经国务院同意，现将《城乡养老保险制度衔接暂行办法》印发给你们，请认真贯彻执行。

实现城乡养老保险制度衔接，是贯彻落实党的十八届三中全会精神和社会保险法规定，进一步完善养老保险制度的重要内容。做好城乡养老保险制度衔接工作，有利于促进劳动力的合理流动，保障广大城乡参保人员的权益，对于健全和完善城乡统筹的社会保障体系具有重要意义。各地区要高度重视，加强组织领导，明确职责分工，密切协同配合，研究制定具体实施办法，深入开展政策宣传解释和培训，全力做好经办服务，抓好信息系统建设，确保城乡养老保险制度衔接工作平稳实施。

城乡养老保险制度衔接暂行办法

第一条　为了解决城乡养老保险制度衔接问题，维护参保人员的养老保险权益，依据《中华人民共和国社会保险法》和《实施〈中华人民共和国社会保险法〉若干规定》（人力资源和社会保障部令第13号）的规定，制定本办法。

第二条　本办法适用于参加城镇职工基本养老保险（以下简称城镇职工养老保险）、城乡居民基本养老保险（以下简称城乡居民

养老保险）两种制度需要办理衔接手续的人员。已经按照国家规定领取养老保险待遇的人员，不再办理城乡养老保险制度衔接手续。

第三条 参加城镇职工养老保险和城乡居民养老保险人员，达到城镇职工养老保险法定退休年龄后，城镇职工养老保险缴费年限满15年（含延长缴费至15年）的，可以申请从城乡居民养老保险转入城镇职工养老保险，按照城镇职工养老保险办法计发相应待遇；城镇职工养老保险缴费年限不足15年的，可以申请从城镇职工养老保险转入城乡居民养老保险，待达到城乡居民养老保险规定的领取条件时，按照城乡居民养老保险办法计发相应待遇。

第四条 参保人员需办理城镇职工养老保险和城乡居民养老保险制度衔接手续的，先按城镇职工养老保险有关规定确定待遇领取地，并将城镇职工养老保险的养老保险关系归集至待遇领取地，再办理制度衔接手续。

参保人员申请办理制度衔接手续时，从城乡居民养老保险转入城镇职工养老保险的，在城镇职工养老保险待遇领取地提出申请办理；从城镇职工养老保险转入城乡居民养老保险的，在转入城乡居民养老保险待遇领取地提出申请办理。

第五条 参保人员从城乡居民养老保险转入城镇职工养老保险的，城乡居民养老保险个人账户全部储存额并入城镇职工养老保险个人账户，城乡居民养老保险缴费年限不合并计算或折算为城镇职工养老保险缴费年限。

第六条 参保人员从城镇职工养老保险转入城乡居民养老保险的，城镇职工养老保险个人账户全部储存额并入城乡居民养老保险个人账户，参加城镇职工养老保险的缴费年限合并计算为城乡居民养老保险的缴费年限。

第七条 参保人员若在同一年度内同时参加城镇职工养老保险和城乡居民养老保险的，其重复缴费时段（按月计算，下同）只计算城镇职工养老保险缴费年限，并将城乡居民养老保险重复缴费时段相应个人缴费和集体补助退还本人。

第八条 参保人员不得同时领取城镇职工养老保险和城乡居民养老保险待遇。对于同时领取城镇职工养老保险和城乡居民养老保险待遇的，终止并解除城乡居民养老保险关系，除政府补贴外的个人账户余额退还本人，已领取的城乡居民养老保险基础养老金应予以退还；本人不予退还的，由社会保险经办机构负责从城乡居民养老保险个人账户余额或者城镇职工养老保险基本养老金中抵扣。

第九条 参保人员办理城乡养老保险制度衔接手续时，按下列程序办理：

（一）由参保人员本人向待遇领取地社会保险经办机构提出养老保险制度衔接的书面申请。

（二）待遇领取地社会保险经办机构受理并审核参保人员书面申请，对符合本办法规定条件的，在15个工作日内，向参保人员原城镇职工养老保险、城乡居民养老保险关系所在地社会保险经办机构发出联系函，并提供相关信息；对不符合本办法规定条件的，向申请人作出说明。

（三）参保人员原城镇职工养老保险、城乡居民养老保险关系所在地社会保险经办机构在接到联系函的15个工作日内，完成制度衔接的参保缴费信息传递和基金划转手续。

（四）待遇领取地社会保险经办机构收到参保人员原城镇职工养老保险、城乡居民养老保险关系所在地社会保险经办机构转移的资金后，应在15个工作日内办结有关手续，并将情况及时通知申请人。

第十条 健全完善全国县级以上社会保险经办机构联系方式信息库，并向社会公布，方便参保人员办理城乡养老保险制度衔接手续。建立全国统一的基本养老保险参保缴费信息查询服务系统，进一步完善全国社会保险关系转移系统，加快普及全国通用的社会保障卡，为参保人员查询参保缴费信息、办理城乡养老保险制度衔接提供便捷有效的技术服务。

第十一条 本办法从2014年7月1日起施行。各地已出台政策与本办法不符的，以本办法规定为准。

统一和规范职工养老保险个人账户记账利率办法

（2017年4月13日 人社部发〔2017〕31号）

按照党中央、国务院关于完善个人账户制度的部署，为进一步促进养老保险制度的公平统一，增强参保缴费的激励约束作用，特制定统一和规范职工养老保险个人账户记账利率办法。

一、统一和规范记账利率的基本原则。一是坚持制度公平性，统一确定机关事业单位和企业职工基本养老保险个人账户记账利率。二是增强制度激励作用，引导参保人员积极参保和足额缴费。三是保证合理待遇水平，保证职工基本养老保险个人账户养老金和职业年金合理的替代率水平，保障参保人员退休后的基本生活。四是坚持制度可持续发展，体现精算平衡，科学确定职工基本养老保险和职业年金个人账户记账利率的规则和水平。

二、统一职工基本养老保险个人账户记账利率。统一机关事业单位和企业职工基本养老保险个人账户记账利率，每年由国家统一公布。记账利率应主要考虑职工工资增长和基金平衡状况等因素研究确定，并通过合理的系数进行调整。记账利率不得低于银行定期存款利率。

三、确定职业年金个人账户记账利率办法。职业年金个人账户记账利率根据实账积累部分的投资收益率确定，建立一个或多个职业年金计划的省（区、市），职业年金的月记账利率为实际投资收益率或根据多个职业年金计划实际投资收益率经加权平均后的收益率。

四、规范职工个人账户记账利率公布时间。职工基本养老保险个人账户记账利率每年6月份由人力资源社会保障部和财政部公布。职业年金个人账户记账利率由人力资源社会保障部和财政部根据各省（区、市）职业年金实账积累部分投资收益情况，每年公布一次。

城镇企业职工基本养老保险关系转移接续暂行办法

（2009年12月28日　国办发〔2009〕66号）

第一条　为切实保障参加城镇企业职工基本养老保险人员（以下简称参保人员）的合法权益，促进人力资源合理配置和有序流动，保证参保人员跨省、自治区、直辖市（以下简称跨省）流动并在城镇就业时基本养老保险关系的顺畅转移接续，制定本办法。

第二条　本办法适用于参加城镇企业职工基本养老保险的所有人员，包括农民工。已经按国家规定领取基本养老保险待遇的人员，不再转移基本养老保险关系。

第三条　参保人员跨省流动就业的，由原参保所在地社会保险经办机构（以下简称社保经办机构）开具参保缴费凭证，其基本养老保险关系应随同转移到新参保地。参保人员达到基本养老保险待遇领取条件的，其在各地的参保缴费年限合并计算，个人账户储存额（含本息，下同）累计计算；未达到待遇领取年龄前，不得终止基本养老保险关系并办理退保手续；其中出国定居和到香港、澳门、台湾地区定居的，按国家有关规定执行。

第四条 参保人员跨省流动就业转移基本养老保险关系时，按下列方法计算转移资金：

（一）个人账户储存额：1998 年 1 月 1 日之前按个人缴费累计本息计算转移，1998 年 1 月 1 日后按计入个人账户的全部储存额计算转移。

（二）统筹基金（单位缴费）：以本人 1998 年 1 月 1 日后各年度实际缴费工资为基数，按 12%的总和转移，参保缴费不足 1 年的，按实际缴费月数计算转移。

第五条 参保人员跨省流动就业，其基本养老保险关系转移接续按下列规定办理：

（一）参保人员返回户籍所在地（指省、自治区、直辖市，下同）就业参保的，户籍所在地的相关社保经办机构应为其及时办理转移接续手续。

（二）参保人员未返回户籍所在地就业参保的，由新参保地的社保经办机构为其及时办理转移接续手续。但对男性年满 50 周岁和女性年满 40 周岁的，应在原参保地继续保留基本养老保险关系，同时在新参保地建立临时基本养老保险缴费账户，记录单位和个人全部缴费。参保人员再次跨省流动就业或在新参保地达到待遇领取条件时，将临时基本养老保险缴费账户中的全部缴费本息，转移归集到原参保地或待遇领取地。

（三）参保人员经县级以上党委组织部门、人力资源社会保障行政部门批准调动，且与调入单位建立劳动关系并缴纳基本养老保险费的，不受以上年龄规定限制，应在调入地及时办理基本养老保险关系转移接续手续。

第六条 跨省流动就业的参保人员达到待遇领取条件时，按下列规定确定其待遇领取地：

（一）基本养老保险关系在户籍所在地的，由户籍所在地负责办理待遇领取手续，享受基本养老保险待遇。

（二）基本养老保险关系不在户籍所在地，而在其基本养老保险关系所在地累计缴费年限满10年的，在该地办理待遇领取手续，享受当地基本养老保险待遇。

（三）基本养老保险关系不在户籍所在地，且在其基本养老保险关系所在地累计缴费年限不满10年的，将其基本养老保险关系转回上一个缴费年限满10年的原参保地办理待遇领取手续，享受基本养老保险待遇。

（四）基本养老保险关系不在户籍所在地，且在每个参保地的累计缴费年限均不满10年的，将其基本养老保险关系及相应资金归集到户籍所在地，由户籍所在地按规定办理待遇领取手续，享受基本养老保险待遇。

第七条 参保人员转移接续基本养老保险关系后，符合待遇领取条件的，按照《国务院关于完善企业职工基本养老保险制度的决定》（国发〔2005〕38号）的规定，以本人各年度缴费工资、缴费年限和待遇领取地对应的各年度在岗职工平均工资计算其基本养老金。

第八条 参保人员跨省流动就业的，按下列程序办理基本养老保险关系转移接续手续：

（一）参保人员在新就业地按规定建立基本养老保险关系和缴费后，由用人单位或参保人员向新参保地社保经办机构提出基本养老保险关系转移接续的书面申请。

（二）新参保地社保经办机构在15个工作日内，审核转移接续申请，对符合本办法规定条件的，向参保人员原基本养老保险关系所在地的社保经办机构发出同意接收函，并提供相关信息；对不符合转移接续条件的，向申请单位或参保人员作出书面说明。

（三）原基本养老保险关系所在地社保经办机构在接到同意接收函的15个工作日内，办理好转移接续的各项手续。

（四）新参保地社保经办机构在收到参保人员原基本养老保险关系所在地社保经办机构转移的基本养老保险关系和资金后，应在15个工作日内办结有关手续，并将确认情况及时通知用人单位或参保人员。

第九条 农民工中断就业或返乡没有继续缴费的，由原参保地社保经办机构保留其基本养老保险关系，保存其全部参保缴费记录及个人账户，个人账户储存额继续按规定计息。农民工返回城镇就业并继续参保缴费的，无论其回到原参保地就业还是到其他城镇就业，均按前述规定累计计算其缴费年限，合并计算其个人账户储存额，符合待遇领取条件的，与城镇职工同样享受基本养老保险待遇；农民工不再返回城镇就业的，其在城镇参保缴费记录及个人账户全部有效，并根据农民工的实际情况，或在其达到规定领取条件时享受城镇职工基本养老保险待遇，或转入新型农村社会养老保险。

农民工在城镇参加企业职工基本养老保险与在农村参加新型农村社会养老保险的衔接政策，另行研究制定。

第十条 建立全国县级以上社保经办机构联系方式信息库，并向社会公布，方便参保人员查询参保缴费情况，办理基本养老保险关系转移接续手续。加快建立全国统一的基本养老保险参保缴费信息查询服务系统，发行全国通用的社会保障卡，为参保人员查询参保缴费信息提供便捷有效的技术服务。

第十一条 各地已制定的跨省基本养老保险关系转移接续相关政策与本办法规定不符的，以本办法规定为准。在省、自治区、直辖市内的基本养老保险关系转移接续办法，由各省级人民政府参照本办法制定，并报人力资源社会保障部备案。

第十二条 本办法所称缴费年限，除另有特殊规定外，均包括视同缴费年限。

第十三条 本办法从2010年1月1日起施行。

机关事业单位基本养老保险关系和职业年金转移接续经办规程（暂行）

（2017年1月18日 人社厅发〔2017〕7号）

第一章 总 则

第一条 为统一规范机关事业单位工作人员基本养老保险关系和职业年金转移接续业务经办程序，根据《国务院关于机关事业单位工作人员养老保险制度改革的决定》（国发〔2015〕2号）、《国务院办公厅关于印发机关事业单位职业年金办法的通知》（国办发〔2015〕18号）、《关于机关事业单位基本养老保险关系和职业年金转移接续有关问题的通知》（人社部规〔2017〕1号）和《关于印发职业年金基金管理暂行办法的通知》（人社部发〔2016〕92号），制定本规程。

第二条 本规程适用于参加基本养老保险在职人员（以下简称参保人员）在机关事业单位之间、机关事业单位与企业之间流动就业时，其基本养老保险关系和职业年金、企业年金转移接续的业务经办。

第三条 县级以上社会保险经办机构负责机关事业单位基本养老保险关系和职业年金的转移接续业务经办。

第四条 参保人员符合以下条件的，应办理基本养老保险关系和职业年金的转移接续：

（一）在机关事业单位之间流动的；

（二）在机关事业单位和企业（含个体工商户和灵活就业人员）之间流动的；

（三）因辞职辞退等原因离开机关事业单位的。

第五条 参保人员在同一统筹范围内机关事业单位之间流动的，只转移基本养老保险关系，不转移基本养老保险基金。省（自治区、直辖市）内机关事业单位基本养老保险关系转移接续经办规程由各省（自治区、直辖市）制定。

省内建立一个职业年金计划或建立多个职业年金计划且实行统一收益率的，参保人员在本省（自治区、直辖市）机关事业单位之间流动时，只转移职业年金关系，不转移职业年金基金；需要记实职业年金的，按规定记实后再办理转移接续。省内建立多个职业年金计划且各年金计划分别计算收益率的，参保人员在省内各年金计划之间的转移接续，由各省（自治区、直辖市）自行制定实施细则。

第六条 转出地和转入地社会保险经办机构通过全国基本养老保险关系跨省转移接续系统，进行基本养老保险关系和职业年金转移接续信息交换。

第二章 基本养老保险关系转移接续

第七条 参保人员在机关事业单位之间跨省流动的、从机关事业单位流动到企业的，按以下流程办理：

（一）出具参保缴费凭证。参保人员转移接续前，参保单位或参保人员到基本养老保险关系所在地（以下简称转出地）社会保险经办机构申请开具《养老保险参保缴费凭证》（附件1，以下简称《参保缴费凭证》）。转出地社会保险经办机构核对相关信息后，出具《参保缴费凭证》，并告知转移接续条件。

（二）转移接续申请。参保人员新就业单位或本人向新参保地（以下简称转入地）社会保险经办机构提出转移接续申请并出示

《参保缴费凭证》，填写《养老保险关系转移接续申请表》（附件 2，以下简称《申请表》）。如参保人员在离开转出地时未开具《参保缴费凭证》，由转入地社会保险经办机构与转出地社会保险经办机构联系补办。

（三）发联系函。转入地社会保险经办机构对符合转移接续条件的，应在受理之日起 15 个工作日内生成《基本养老保险关系转移接续联系函》（附件 3，以下简称《基本养老保险联系函》），并向参保人员转出地社会保险经办机构发出。

（四）转出基本养老保险信息表和基金。转出地社会保险经办机构在收到《基本养老保险联系函》之日起 15 个工作日内完成以下手续：

1. 核对有关信息并生成《基本养老保险关系转移接续信息表》（附件 4，以下简称《基本养老保险信息表》）；机关事业单位之间转移接续的，转出地社会保险经办机构应将缴费工资基数、相应年度在岗职工平均工资等记录在《基本养老保险信息表附表》（附件 5）；

2. 办理基本养老保险基金划转手续。其中：个人缴费部分按记入本人个人账户的全部储存额计算转移。单位缴费部分以本人改革后各年度实际缴费工资为基数，按 12%的总和转移；参保缴费不足 1 年的，按实际缴费月数计算转移。当发生两次及以上转移的，原从企业职工基本养老保险转入的单位缴费部分和个人账户储存额随同转移；

3. 将《基本养老保险信息表》和《基本养老保险信息表附表》传送给转入地社会保险经办机构；

4. 终止参保人员在本地的基本养老保险关系。

（五）基本养老保险关系转入。转入地社会保险经办机构收到《基本养老保险信息表》和转移基金，在信息、资金匹配一致后 15 个工作日内办结以下接续手续：

1. 核对《基本养老保险信息表》及转移基金额；

2. 将转移基金额按规定分别记入统筹基金和参保人员个人账户；

3. 根据《基本养老保险信息表》及参保单位或参保人员提供的材料，补充完善相关信息；机关事业单位之间转移接续的，根据《基本养老保险信息表附表》按照就高不就低的原则核实参保人员的实际缴费指数。

4. 将办结情况告知新参保单位或参保人员。

第八条 参保人员从企业流动到机关事业单位的，其流程按本规程第七条规定办理。转移基金按以下办法计算：

（一）个人账户储存额：1998 年 1 月 1 日之前个人缴费累计本息和 1998 年 1 月 1 日之后个人账户的全部储存额。个人账户储存额与按规定计算的资金转移额不一致的，1998 年 1 月 1 日之前的，转入地和转出地均保留原个人账户记录；1998 年 1 月 1 日至 2005 年 12 月 31 日期间，个人账户记账比例高于 11%的部分不计算为转移基金，个人账户记录不予调整，低于 11%的，转出地按 11%计算转移资金并相应调整个人账户记录；2006 年 1 月 1 日之后的个人账户记账比例高于 8%的部分不转移，个人账户不予调整，低于 8%的，转出地按 8%计算转移资金，并相应调整个人账户记录。

（二）统筹基金（单位缴费）：以本人 1998 年 1 月 1 日后各年度实际缴费工资为基数，按 12%的总和转移；参保缴费不足 1 年的，按实际缴费月数计算转移。

第九条 参保人员因辞职、辞退、未按规定程序离职、开除、判刑等原因离开机关事业单位的，应将基本养老保险关系转移至户籍所在地企业职工社会保险经办机构，按以下流程办理转移接续手续：

（一）原参保单位提交《机关事业单位辞职辞退等人员基本养老保险关系转移申请表》（附件 6），并提供相关资料。

（二）转出地社会保险经办机构在收到《机关事业单位辞职辞退等人员基本养老保险关系转移申请表》之日起15个工作日内完成以下手续：

1. 核对有关信息并生成《基本养老保险信息表》；

2. 办理基本养老保险基金划转手续，转移基金额按本规程第七条第四款第2项规定计算；

3. 将《基本养老保险信息表》传送给转入地社会保险经办机构；

4. 终止参保人员在本地的基本养老保险关系并将办结情况告知原参保单位。

（三）基本养老保险关系转入。转入地社会保险经办机构收到《基本养老保险信息表》和转移基金，在信息、资金匹配一致后15个工作日内办结以下接续手续：

1. 核对《基本养老保险信息表》及转移基金额；

2. 将转移基金额按规定分别记入统筹基金和参保人员个人账户；

3. 根据《基本养老保险信息表》及相关资料，补充完善相关信息；

4. 将办结情况告知参保人员或原参保单位。

第三章　职业年金转移接续

第十条　参保人员出现以下情形之一的，参保单位或参保人员在申报基本养老保险关系转移接续时，应当一并申报职业年金（企业年金）转移接续：

（一）从机关事业单位流动到本省（自治区、直辖市）内的机关事业单位。

（二）从机关事业单位流动到本省（自治区、直辖市）外的机关事业单位。

（三）从机关事业单位流动到已建立企业年金的新参保单位。

（四）从已建立企业年金的参保单位流动到机关事业单位。

第十一条 社会保险经办机构在办理职业年金转移接续时，需转移以下基金项目：

（一）缴费形成的职业年金；

（二）参加本地机关事业单位养老保险试点的个人缴费本息划转的资金；

（三）补记的职业年金；

（四）原转入的企业年金。

以上项目应在职业年金个人账户管理中予以区分，分别管理并计算收益。

第十二条 参加机关事业单位养老保险人员在 2014 年 10 月 1 日后办理了正式调动或辞职、辞退手续离开机关事业单位的，应由原参保单位填报《职业年金补记申请表》（附件 7），并提供其改革前本人在机关事业单位工作年限相关证明材料。转出地社会保险经办机构依据单位申请资料，协助计算所需补记的职业年金个人账户金额，生成《职业年金个人账户记实/补记通知》（附件 8，以下简称《记实/补记通知》）；原参保单位根据《记实/补记通知》向原资金保障渠道申请资金，及时划转至社会保险经办机构职业年金归集账户。社会保险经办机构确认账实相符后，记入其职业年金个人账户。

第十三条 参保人员在相应的同级财政全额供款的单位之间流动的，职业年金个人账户中记账金额无需记实，继续由转入单位采取记账方式管理。

除此之外，职业年金个人账户中记账部分需在转移接续前记实。参保人员需要记实本人职业年金记账部分时，转出地社会保险经办机构应根据参保单位申请资料，向其出具《记实/补记通知》，记实资金到账并核对一致后，记入参保人员的职业年金个人账户。

第十四条 参保人员从机关事业单位流动到本省（自治区、直辖市）以外机关事业单位的，按以下流程办理职业年金转移接续：

（一）出具参保缴费凭证，按本规程第七条第一款规定办理。

（二）发年金联系函。新参保单位向转入地社会保险经办机构申请职业年金转入，转入地社会保险经办机构受理并审核相关资料，符合转移接续条件的，在受理之日起 15 个工作日内向转出地社会保险经办机构发出《职业年金（企业年金）关系转移接续联系函》（附件 9，以下简称《年金联系函》）；对不符合转移接续条件的，应一次性告知需补充的相关材料。

（三）转出年金信息表、基金。转出地社会保险经办机构在收到《年金联系函》后，在确认补记年金、记实资金足额到账之日起 45 个工作日内完成以下手续：

1. 办理职业年金个人账户的记实、补记和个人账户资产的赎回等业务；

2. 核对有关信息并生成《职业年金（企业年金）关系转移接续信息表》（附件 10，以下简称《年金信息表》）；

3. 向转入地社会保险经办机构发送《年金信息表》，同时将转移资金划转至转入地社会保险经办机构职业年金归集账户；

4. 终止参保人员在本地的职业年金关系。

（四）职业年金关系转入。转入地社会保险经办机构在收到《年金信息表》和确认转移基金账实相符后，15 个工作日内办结以下接续手续：

1. 核对《年金信息表》及转移基金，进行资金到账处理；

2. 将转移金额按项目分别记入参保人员的职业年金个人账户；

3. 根据《年金信息表》及参保单位或参保人员提供的材料，补充完善相关信息；

4. 将办结情况通知新参保单位或参保人员。

第十五条 参保人员从机关事业单位流动到已建立企业年金制度的企业，原参保单位或参保人员申请办理职业年金转移接续。参保人员存在职业年金补记、职业年金个人账户记实等情形的，转出地社会保险经办机构完成上述业务后，45 个工作日内办结以下转出手续：

（一）受理并审核企业年金管理机构出具的《年金联系函》；

（二）转出地社会保险经办机构核对相关信息后生成《年金信息表》，将赎回的职业年金个人账户资金划转至新参保单位的企业年金受托财产托管账户；

（三）将《年金信息表》通过新参保单位或参保人员反馈至企业年金管理机构；

（四）终止参保人员的职业年金关系。

第十六条 参保人员从已建立企业年金制度的企业流动到机关事业单位的，转入地社会保险经办机构按以下流程办理转入手续：

（一）受理参保单位或参保人员提出的转移接续申请，15 个工作日内向其出具《年金联系函》；

（二）审核企业年金管理机构提供的参保人员参加企业年金的证明材料；

（三）接收转入资金，账实匹配后按规定记入职业年金个人账户。

第十七条 存在下列情形之一的，参保人员的职业年金基金不转移，原参保地社会保险经办机构在业务系统中标识保留账户，继续管理运营其职业年金个人账户：

（一）参保人员升学、参军、失业期间的；

（二）参保人员的新就业单位没有实行职业年金或企业年金制度的。

社会保险经办机构在参保单位办理上述人员相关业务时，应告知参保单位按规定申请资金补记职业年金或记实职业年金记账部分，在记实或补记资金账实相符后，将记实或补记金额记入参保人员的职业年金个人账户。

参保人员退休时，负责管理运营职业年金保留账户的社会保险经办机构依本人申请按照国办发〔2015〕18 号文件规定计发职业年金待遇。同时，将原参加本地试点的个人缴费本息划转资金的累计储存额一次性支付给本人。

第十八条 参保人员从企业再次流动到机关事业单位的，转入地社会保险经办机构按以下方式办理：

（一）未参加企业年金制度的企业转出，转入的机关事业单位和原机关事业单位在同一省（自治区、直辖市）内的，转入地机关事业单位社会保险经办机构将参保人员保留账户恢复为正常缴费账户，按规定继续管理运营。

（二）未参加企业年金制度的企业转出，转入的机关事业单位和原机关事业单位不在同一省（自治区、直辖市）内的，参保人员的职业年金保留账户按照制度内跨省转移接续流程（本规程第十四条）办理。

（三）建立企业年金制度的企业转出，按照从企业流动到机关事业单位的企业年金转移接续流程（本规程第十六条）办理。

第十九条 参保人员再次从机关事业单位流动到企业的，不再重复补记职业年金。参保人员再次从企业流动到机关事业单位的，在机关事业单位养老保险制度内退休时，待遇领取地社会保险经办机构将补记职业年金本金及投资收益划转到机关事业单位基本养老保险统筹基金。

第二十条 参保人员达到待遇领取条件时，存在建立多个职业年金关系的，应由待遇领取地社会保险经办机构通知其他建立职业年金关系的社会保险经办机构，按照本规程第十四条规定将职业年金关系归集至待遇领取地社会保险经办机构。

第二十一条 参保人员从企业流动到机关事业单位的，原在企业建立的企业年金按规定转移接续并继续管理运营。参保人员在机关事业单位养老保险制度内退休时，过渡期内，企业年金累计储存额不计入新老办法标准对比范围，企业年金累计储存额除以计发月数，按月领取；过渡期之后，将职业年金、企业年金累计储存额合并计算，按照国办发〔2015〕18号文件计发职业年金待遇。

第二十二条 改革前参加地方原有试点、改革后纳入机关事业单位基本养老保险的人员，改革前的个人缴费本息划入本人职业年金个人账户管理。

第四章 其他情形处理

第二十三条 参保人员转移接续基本养老保险关系前本人欠缴基本养老保险费的，由本人向原基本养老保险关系所在地补缴个人欠费后再办理基本养老保险关系转移接续手续，同时原参保所在地社会保险经办机构负责转出包括参保人员原欠缴年份的单位缴费部分；本人不补缴个人欠费的，社会保险经办机构也应及时办理基本养老保险关系和基金转出的各项手续，其欠缴基本养老保险费的时间不计算缴费年限，个人欠费的时间不转移基金，之后不再办理补缴欠费。

第二十四条 参保人员同时存续基本养老保险关系或重复缴纳基本养老保险费的，转入地社会保险经办机构应按“先转后清”的原则，在参保人员确认保留相应时段缴费并提供退款账号后，办理基本养老保险关系清理和个人账户储存额退还手续。

第二十五条 转入地社会保险经办机构发现《养老保险信息表》转移金额等信息有误的，应通过全国基本养老保险关系转移接续系统或书面材料告知转出地社会保险经办机构。由转出地社会保险经办机构补充完善相关资料后，转入地社会保险经办机构办理相关转移接续手续。

第二十六条 社会保险经办机构在办理养老保险关系转移接续时，对资料不全或不符合规定的，应一次性告知需要补充和更正的资料或不予受理的理由。

第二十七条 转出地社会保险经办机构对参保人员转移接续的有关信息应保留备份。

第五章 附 则

第二十八条 本规程由人力资源社会保障部负责解释。

三 医疗保险

国家医保局、财政部关于进一步做好基本医疗保险跨省异地就医直接结算工作的通知

（2022 年 6 月 30 日　医保发〔2022〕22 号）

各省、自治区、直辖市及新疆生产建设兵团医保局、财政厅（局）：

为贯彻落实《中共中央、国务院关于深化医疗保障制度改革的意见》精神和 2022 年《政府工作报告》部署要求，完善跨省异地就医直接结算办法，进一步做好基本医疗保险跨省异地就医直接结算工作，现就有关事项通知如下：

一、总体要求

（一）指导思想。以习近平新时代中国特色社会主义思想为指导，全面贯彻落实党的十九大和十九届历次全会精神，按照党中央、国务院决策部署，立足新发展阶段，完整、准确、全面贯彻新发展理念，构建新发展格局，坚持政策优化集成、管理规范统一、业务协同联动、服务高效便捷，深化基本医疗保险跨省异地就医直接结算改革，持续提升人民群众异地就医结算的获得感、幸福感和安全感。

（二）目标任务。2025 年底前，跨省异地就医直接结算制度体

系和经办管理服务体系更加健全，全国统一的医保信息平台支撑作用持续强化，国家异地就医结算能力显著提升；住院费用跨省直接结算率提高到70%以上，普通门诊跨省联网定点医药机构数量实现翻一番，群众需求大、各地普遍开展的门诊慢特病相关治疗费用逐步纳入跨省直接结算范围，异地就医备案规范便捷，基本实现医保报销线上线下都能跨省通办。

二、完善跨省异地就医直接结算政策

（一）统一住院、普通门诊和门诊慢特病费用跨省直接结算基金支付政策。跨省异地就医直接结算的住院、普通门诊和门诊慢特病医疗费用，原则上执行就医地规定的支付范围及有关规定（基本医疗保险药品、医疗服务项目和医用耗材等支付范围），执行参保地规定的基本医疗保险基金起付标准、支付比例、最高支付限额、门诊慢特病病种范围等有关政策。

（二）明确异地就医备案人员范围。跨省异地长期居住或跨省临时外出就医的参保人员办理异地就医备案后可以享受跨省异地就医直接结算服务。其中跨省异地长期居住人员包括异地安置退休人员、异地长期居住人员、常驻异地工作人员等长期在参保省、自治区、直辖市（以下统称省）以外工作、居住、生活的人员；跨省临时外出就医人员包括异地转诊就医人员，因工作、旅游等原因异地急诊抢救人员以及其他跨省临时外出就医人员。

（三）规范异地就医备案有效期限。跨省异地长期居住人员办理登记备案后，备案长期有效；参保地可设置变更或取消备案的时限，原则上不超过6个月。跨省临时外出就医人员备案有效期原则上不少于6个月，有效期内可在就医地多次就诊并享受跨省异地就医直接结算服务。

（四）允许补办异地就医备案和无第三方责任外伤参保人员享受跨省异地就医直接结算服务。参保人员跨省出院结算前补办异地就医备案的，就医地联网定点医疗机构应为参保人员办理医疗费用跨省直接结算。跨省异地就医参保人员出院自费结算后按规定补办备案手续的，可以按参保地规定申请医保手工报销。同时，符合就医地管理规定的无第三方责任外伤费用可纳入跨省异地就医直接结算范围，就医地经办机构应将相关费用一并纳入核查范围。

（五）支持跨省异地长期居住人员可以在备案地和参保地双向享受医保待遇。跨省异地长期居住人员在备案地就医结算时，基本医疗保险基金的起付标准、支付比例、最高支付限额原则上执行参保地规定的本地就医时的标准；备案有效期内确需回参保地就医的，可以在参保地享受医保结算服务，原则上不低于参保地跨省转诊转院待遇水平。其中参保人员以个人承诺方式办理跨省异地长期居住人员备案手续的，应履行承诺事项，可在补齐相关备案材料后在备案地和参保地双向享受医保待遇。跨省异地长期居住人员符合转外就医规定的，执行参保地跨省转诊转院待遇政策。

（六）合理确定跨省临时外出就医人员报销政策。各统筹地区要根据经济社会发展水平、人民健康需求、医保基金支撑能力和分级诊疗要求，合理设定跨省临时外出就医人员直接结算报销政策。跨省临时外出就医人员可低于参保地相同级别医疗机构报销水平，原则上，异地转诊人员和异地急诊抢救人员支付比例的降幅不超过 10 个百分点，非急诊且未转诊的其他跨省临时外出就医人员支付比例的降幅不超过 20 个百分点。强化异地就医结算政策与分级诊疗制度的协同，合理确定异地就医人员在不同级别医疗机构的报销水平差异，引导参保人员有序就医。

三、规范跨省异地就医直接结算管理服务

（一）规范异地就医备案流程。参保人员跨省异地就医前，可通过国家医保服务平台 APP、国家异地就医备案小程序、国务院客户端小程序或参保地经办机构窗口等线上线下途径办理异地就医备案手续。参保地经办机构要切实做好跨省异地就医结算政策宣传解读，简化办理流程，缩短办理时限，支持符合条件的参保人员补办异地就医备案手续。参保人员申请异地就医备案时，可直接备案到就医地市或直辖市等，并在备案地开通的所有跨省联网定点医疗机构享受住院费用跨省直接结算服务，门诊就医时按照参保地异地就医管理规定选择跨省联网定点医药机构就医购药。

（二）方便符合条件的参保人员跨省转诊就医。参保人员应按分级诊疗的相关规定有序就医，确因病情需要跨省异地就医的，可通过参保地规定的定点医疗机构向省外医疗机构转诊。定点医疗机构应以患者病情为出发点制定合理的诊疗方案，需要转诊时可通过不同形式安排转诊，不得将在本地住院作为开具转诊的先决条件。参保人员因同种疾病确需在就医地继续治疗或再次转外就医的，参保地经办机构应简化异地就医备案手续，方便参保人员享受跨省异地就医直接结算服务。

（三）规范参保人员持医保电子凭证、社会保障卡就医。参保人员跨省异地就医时，应在就医地的跨省联网定点医药机构主动表明参保身份，出示医保电子凭证或社会保障卡等有效凭证。跨省联网定点医药机构应做好参保人员的参保身份验证工作，指引未办理备案人员及时办理备案手续，为符合就医地规定门（急）诊、住院患者，提供合理规范的诊疗服务及方便快捷的跨省异地就医直接结算服务。

（四）规范跨省直接结算流程。跨省异地就医直接结算时，就医地应将住院费用明细信息转换为全国统一的大类费用信息，将门诊费用（含普通门诊和门诊慢特病）按照就医地支付范围及有关规定对每条费用明细进行费用分割，经国家、省级异地就医结算系统实时传输至参保地，参保地按照当地政策规定计算出应由参保人员个人负担以及各项医保基金支付的金额，并将结果回传至就医地定点医药机构，用于定点医药机构与参保人员直接结算。参保人员因故无法直接结算的，跨省联网定点医药机构应根据医保电子凭证或社会保障卡等有效凭证采集参保人员有关信息，并将医疗费用明细、诊断等就诊信息及时上传至国家医疗保障信息平台，支持全国开展跨省异地就医手工报销线上办理试点。

（五）实行就医地统一管理。就医地经办机构应将异地就医人员纳入本地统一管理，在医疗信息记录、绩效考核、医疗行为监控、费用审核、总额预算等方面提供与本地参保人员相同的服务和管理，并在定点医药机构医疗保障服务协议中予以明确。鼓励地方探索 DRG/DIP 等医保支付方式改革在异地就医结算中的应用，引导定点医疗机构合理诊疗。

（六）强化异地就医业务协同管理。各级医保部门应逐步健全工作机制，形成分工明确、职责明晰、流程统一的跨省异地就医业务协同管理体系，在问题协同、线上报销、费用协查、信息共享等方面全面提升各级医保经办机构业务协同管理能力。国家级经办机构负责统一组织、指导监督、综合协调省际异地就医直接结算管理服务工作，省级经办机构负责在省域范围内统一组织、协调并实施跨省异地就医直接结算管理服务工作，各统筹地区经办机构按国家和省级要求做好跨省异地就医直接结算管理服务工作。

四、强化跨省异地就医资金管理

（一）跨省异地就医费用医保基金支付部分在地区间实行先预付后清算。每年 1 月底前，国家级经办机构原则上根据上年第四季度医保结算资金月平均值的两倍核定年度预付金额度，并确认当年预付金调整额度。各省可通过预收省内各统筹地区异地就医资金等方式实现资金的预付。预付金原则上来源于各统筹地区医疗保险基金。

（二）跨省异地就医费用清算按照国家统一清分，省、市两级清算的方式，按月全额清算。跨省异地就医清算资金由参保地省级财政专户与就医地省级财政专户进行划拨。各省级经办机构和财政部门应按照《基本医疗保险跨省异地就医直接结算经办规程》（见附件）要求，协同做好清算资金划拨和收款工作。国家级经办机构负责协调和督促各省按规定及时拨付资金。

（三）跨省异地就医资金相关管理事项。划拨跨省异地就医资金过程中发生的银行手续费、银行票据工本费不得在基金中列支。预付金在就医地财政专户中产生的利息归就医地所有。跨省异地就医医疗费用结算和清算过程中形成的预付款项和暂收款项按相关会计制度规定进行核算。

五、提升医保信息化标准化支撑力度

（一）持续深化全国统一的医保信息平台全业务全流程应用。扎实推进编码动态维护和深化应用，完善医保信息化运维管理体系，不断提升医保数据治理水平，为跨省异地就医直接结算提供强有力的系统支撑。按规定与有关部门共享数据，深化医保电子凭证、医保移动支付、医保电子处方流转、医保服务平台网厅、APP 和小程序等推广应用，推进更多的跨省异地就医结算服务跨省通办。

（二）推进系统优化完善。各省级医保部门要按照统一的接口标准规范，不断完善省级跨省异地就医管理子系统，并持续推进定点医药机构接口改造适配工作，加快推动医保电子凭证、居民身份证作为就医介质，优化系统性能，减少响应时间，切实改善参保人员跨省异地就医直接结算体验。各地医保系统停机切换时，应做好事前报备、事中验证、事后监测，确保数据迁移及时、完整、精准，解决个人编号等信息变更对在途业务的影响，确保业务平稳衔接和系统稳定运行。

（三）加强系统运维管理和安全保障。各省级医保部门应打造专业可靠的运维管理团队，构建基础设施、网络安全、云平台、业务子系统等领域的运维管理流程，形成科学有效的运维管理制度体系。落实安全管理责任，提升系统安全运维能力，强化信息系统边界防护，严禁定点医药机构连接医保系统的信息系统接入互联网，规范跨省异地就医身份校验，保障数据安全。统一规范异常交易报错信息质控标准，做好问题分类，简明扼要、通俗易懂地描述错误原因，方便异常交易的问题定位，并及时响应处理。

六、加强跨省异地就医直接结算基金监管

健全跨省异地就医直接结算基金监管机制，完善区域协作、联合检查等工作制度，强化对跨省异地就医直接结算重点地区、重点区域的指导，加强监督考核。落实就医地和参保地监管责任，就医地医保部门要把跨省异地就医直接结算作为日常监管、专项检查、飞行检查等重点内容，结合本地实际和跨省异地就医直接结算工作特点，严厉打击各类欺诈骗保行为，同时要配合参保地做好相关核查。参保地医保部门要定期开展跨省异地就医医保基金使用情况分析，精准锁定可疑问题线索，积极开展问题核查，确保医保基金安全合理使用。跨省异地就医监管追回的医保基金、扣款等按原渠道返回参保地账户，行政处罚、协议违约金等由就医地医保部门按规定处理。

七、工作要求

（一）加强组织领导。各级医保部门要将跨省异地就医直接结算工作作为深化医疗保障制度改革的重要任务，加强领导、统筹谋划、协调推进，纳入目标任务考核管理。财政部门要按规定及时划拨跨省异地就医资金，合理安排经办机构工作经费，加强与经办机构对账管理，确保账账相符、账款相符。

（二）做好衔接过渡。各地医保部门要及时调整与本通知不相符的政策措施，确保 2022 年 12 月底前同国家政策相衔接；结合本地实际，进一步明确和细化政策管理规定，精简办理材料，简化办理流程，优化管理服务；同步调整信息系统与本通知相适应，保障跨省异地就医直接结算工作平稳过渡。

（三）加强队伍建设。各省级医疗保障部门要加强省级跨省异地就医经办管理队伍建设，应有专人专职负责异地就医直接结算工作。各统筹地区应根据管理服务的需要，积极协调相关部门，加强机构、人员和办公条件保障，合理配置专业工作人员，保证服务质量，提高工作效率。

（四）做好宣传引导。各地要加大政策宣传力度，采用社会公众喜闻乐见的形式做好政策解读工作，充分利用现有 12345 或 12393 咨询服务电话、医疗保障门户网站和 APP，拓展多种信息化服务渠道，及时回应群众关切，合理引导社会预期。

附件：基本医疗保险跨省异地就医直接结算经办规程

附件

基本医疗保险跨省异地就医直接结算经办规程

第一章 总 则

第一条 为加强跨省异地就医直接结算经办业务管理，规范经办业务流程，推动业务协同联动，提高服务水平，根据《中共中央国务院关于深化医疗保障制度改革的意见》等文件要求，制定本规程。

第二条 本规程所称跨省异地就医是指基本医疗保险参保人员在参保关系所在省、自治区、直辖市（以下统称省）以外的定点医药机构发生的就医、购药行为。跨省异地就医直接结算是指参保人员跨省异地就医时只需支付按规定由个人负担的医疗费用，其他费用由就医地经办机构与跨省联网定点医药机构按医疗保障服务协议（以下简称医保服务协议）约定审核后支付。

第三条 本规程适用于基本医疗保险参保人员跨省异地就医直接结算经办管理服务工作。其中基本医疗保险包括职工基本医疗保险（以下简称职工医保）和城乡居民基本医疗保险（以下简称居民医保）。

第四条 跨省异地就医直接结算工作实行统一管理、分级负责。国家级经办机构承担制定并实施全国异地就医结算业务流程、标准规范，全国异地就医数据管理与应用，跨省异地就医资金预付和结算管理、对账费用清分、智能监控、运行监测，跨省业务协同和争议处理等职能。省级经办机构承担全国异地就医结算业务流程、标准规范在本辖区内的组织实施，建设和完善省级异地就医结算系统，辖区内跨省异地就医直接结算业务协同、资金管理和争议处理等职能。各统筹地区应按照国家和省级跨省异地就医结算政策规定，及时出台本地配套政策，做好跨省异地就医备案管理、问题协同处理和资金结算清算等工作。

地方各级财政部门会同医疗保障部门按规定及时划拨跨省异地就医预付金和清算资金，合理安排医疗保障经办机构的工作经费，加强与医疗保障经办机构对账管理，确保账账相符、账款相符。

第五条 跨省异地就医直接结算费用医保基金支付部分实行先预付后清算，预付资金原则上来源于参保人员所属统筹地区的医疗保险基金。

第六条 优化经办流程，支持医保电子凭证、社会保障卡等作为有效凭证，按照“就医地目录、参保地政策、就医地管理”的要求，提供便捷高效的跨省异地就医直接结算服务。具备条件的，可按规定将符合补充医疗保险、医疗救助等支付政策的医疗费用纳入跨省异地就医直接结算范围。

第二章 范围对象

第七条 参加基本医疗保险的下列人员，可以申请办理跨省异地就医直接结算。

（一）跨省异地长期居住人员，包括异地安置退休人员、异地长期居住人员、常驻异地工作人员等长期在参保省外工作、居住、生活的人员。

（二）跨省临时外出就医人员，包括异地转诊就医人员，因工作、旅游等原因异地急诊抢救人员以及其他跨省临时外出就医人员。

第三章　登记备案

第八条　参保地经办机构按规定为参保人员办理登记备案手续。

（一）异地安置退休人员需提供以下材料：

1. 医保电子凭证、有效身份证件或社会保障卡；

2. 《______省（区、市）跨省异地就医登记备案表》（以下简称备案表，见附件 1）；

3. 异地安置认定材料（“户口簿首页”和本人“常住人口登记卡”，或个人承诺书，见附件 2）。

（二）异地长期居住人员需提供以下材料：

1. 医保电子凭证、有效身份证件或社会保障卡；

2. 备案表；

3. 长期居住认定材料（居住证明或个人承诺书）。

（三）常驻异地工作人员需提供以下材料：

1. 医保电子凭证、有效身份证件或社会保障卡；

2. 备案表；

3. 异地工作证明材料（参保地工作单位派出证明、异地工作单位证明、工作合同任选其一或个人承诺书）。

（四）异地转诊人员需提供以下材料：

1. 医保电子凭证、有效身份证件或社会保障卡；

2. 备案表；

3. 参保地规定的定点医疗机构开具的转诊转院证明材料。

（五）异地急诊抢救人员视同已备案。

（六）其他跨省临时外出就医人员备案，需提供医保电子凭证、有效身份证件或社会保障卡，以及备案表。

第九条 参保人员可在参保地经办机构窗口、指定的线上办理渠道或国家医保服务平台 APP、国家异地就医备案小程序、国务院客户端小程序等多种渠道申请办理登记备案手续。通过全国统一的线上备案渠道申请办理登记备案的，原则上参保地经办机构应在两个工作日内办结。鼓励有条件的地区，可为参保人员提供即时办理、即时生效的自助备案服务。

第十条 跨省异地长期居住人员登记备案后，未申请变更备案信息或参保状态未发生变更的，备案长期有效；参保地设置变更或取消备案时限的，按参保地规定执行。跨省临时外出就医人员备案后，有效期原则上不少于 6 个月。

第十一条 参保地经办机构在为参保人员办理备案时原则上直接备案到就医地市或直辖市等，参保人员到海南、西藏等省级统筹地区和新疆生产建设兵团就医的，可备案到就医省和新疆生产建设兵团。参保人员可在备案地开通的所有跨省联网定点医疗机构享受住院费用跨省直接结算服务，门诊就医时按照参保地异地就医管理规定选择跨省联网定点医药机构就医购药。

第十二条 参保人员办理异地就医备案后，备案有效期内可在就医地多次就诊并享受跨省异地就医直接结算服务。备案有效期内已办理入院手续的，不受备案有效期限制，可正常直接结算相应医疗费用。

第十三条 参保地经办机构要及时为参保人员办理异地就医备案登记、变更和取消业务，并将异地就医备案、门诊慢特病认定资格等信息实时上传至国家跨省异地就医管理子系统，方便就医地经办机构和定点医疗机构查询。

第十四条 参保人员未按规定申请办理登记备案手续或在就医地非跨省定点医药机构发生的医疗费用，按参保地规定执行。

第四章 就 医 管 理

第十五条 省级经办机构负责指导各统筹地区将本地符合条件的定点医药机构纳入跨省联网结算范围，就医地经办机构按要求在国家跨省异地就医管理子系统中做好跨省联网定点医药机构基础信息、医保服务协议状态等信息动态维护工作。不同投资主体、经营性质的医保定点医药机构均可申请开通跨省联网结算服务，享受同样医保政策、管理和服务。

第十六条 跨省联网定点医药机构应对异地就医患者进行身份识别，为符合就医地规定的门（急）诊、住院异地患者提供合理规范的诊疗服务及方便快捷的跨省异地就医直接结算服务，实时上传就医和结算信息。提供门诊慢特病跨省直接结算服务时，应专病专治，合理用药。参保人员未办理异地就医备案的，可在定点医药机构指引下申请办理登记备案手续，出院结算前完成登记备案的，跨省联网定点医疗机构应提供跨省异地就医直接结算服务。

第十七条 参保人员在就医地跨省联网定点医药机构就医购药时，应主动表明参保身份，出示医保电子凭证或社会保障卡等有效凭证，遵守就医地就医、购药有关流程和规范。

第五章 预付金管理

第十八条 预付金是参保地省级经办机构预付给就医地省级经办机构用于支付参保地异地就医人员医疗费用的资金，资金专款专用，任何组织和个人不得侵占或者挪用。原则上根据上年第四季度医保结算资金月平均值的两倍核定年度预付金额度，按年清算。就医地可调剂使用各参保地的预付金。

第十九条 预付金初始额度由各省级经办机构上报，国家级经办机构核定生成《______省（区、市）跨省异地就医预付金付款通知书》（见附件3）、《______省（区、市）跨省异地就医预付金收款通知书》（见附件4），各省级经办机构在国家跨省异地就医管理子系统下载后按规定通知同级财政部门付款和收款。

第二十条 每年1月底前，国家级经办机构根据上一年度各省跨省异地就医直接结算资金支出情况，核定各省级经办机构本年度应付、应收预付金，核定生成《全国跨省异地就医预付金额度调整明细表》（见附件5），出具《______省（区、市）跨省异地就医预付金额度调整付款通知书》（见附件6）、《______省（区、市）跨省异地就医预付金额度调整收款通知书》（见附件7），通过国家跨省异地就医管理子系统进行发布。

第二十一条 省级经办机构通过国家跨省异地就医管理子系统下载预付金额度调整付款通知书，应于5个工作日内提交同级财政部门。参保地省级财政部门在确认跨省异地就医资金全部缴入省级财政专户，对省级经办机构提交的预付单和用款申请计划审核无误后，在10个工作日内进行划款。省级财政部门划拨预付金时，注明业务类型（预付金或清算资金），完成划拨后5个工作日内将划拨信息反馈到省级经办机构。

第二十二条 省级经办机构完成付款确认时，应在国家跨省异地就医管理子系统内输入付款银行名称、交易流水号和交易日期等信息，确保信息真实、准确，原则上各省应于每年2月底前完成年度预付金调整额度的收付款工作。

第二十三条 建立预付金预警和调增机制。预付金使用率为预警指标，是指异地就医月度清算资金占预付金的比例。预付金使用率达到70%，为黄色预警。预付金使用率达到90%及以上时，为红色预警，就医省可启动预付金紧急调增流程。

第二十四条 当预付金使用率出现红色预警时，就医地省级经办机构可在当期清算签章之日起3个工作日内登录国家跨省异地就医管理子系统向国家级经办机构报送预付金额度调增申请。国家级经办机构收到申请后，对就医地省级经办机构提出调增的额度进行审核确认并向参保地和就医地省级经办机构分别下发《______省（区、市）跨省异地就医预付金额度紧急调增付款通知书》（见附件8）、《______省（区、市）跨省异地就医预付金额度紧急调增收款通知书》（见附件9）。

第二十五条 参保地省级经办机构接到国家级经办机构下发的预付金额度紧急调增通知书后，应于5个工作日内提交同级财政部门。省级财政部门在确认跨省异地就医资金全部缴入省级财政专户，对省级经办机构提交的预付单和用款申请计划审核无误后，在10个工作日内完成预付金紧急调增资金的拨付。原则上预付金紧急调增额度应于下期清算前完成拨付。

第二十六条 省级财政部门在完成预付金额度及调增资金的付款和收款后，5个工作日内将划拨及收款信息反馈到省级经办机构，省级经办机构同时向国家级经办机构反馈到账信息。

第二十七条 就医省返还参保省的资金列入当期就医省跨省异地就医预付金额度调整付款通知书，并在对应参保省名称前加注“*”。参保省应收就医省返还的资金列入当期参保省跨省异地就医预付金额度调整收款通知书，并在对应就医省名称前加注“*”。

第二十八条 各省级经办机构在省级财政收款专户信息发生变更时，要及时在国家跨省异地就医管理子系统变更相关信息；省级经办机构向省级财政部门提交预付单和清算单时，需同步提交《跨省异地就医省级财政收款专户银行账号明细表》（见附件10），并将专户信息变更情况告知财政部门。

第二十九条 国家级经办机构负责协调和督促各省按规定及时拨付资金。各省级经办机构负责协调和督促统筹地区及时上缴跨省异地就医预付及清算资金。

第六章 医疗费用结算

第三十条 医疗费用结算是指就医地经办机构与本地定点医药机构对异地就医医疗费用对账确认后，按协议或有关规定向定点医药机构支付费用的行为。医疗费用对账是指就医地经办机构与定点医药机构就门诊就医、购药以及住院医疗费用确认医保基金支付金额的行为。

第三十一条 参保人员跨省异地就医直接结算住院、普通门诊和门诊慢特病医疗费用时，原则上执行就医地规定的支付范围及有关规定（基本医疗保险药品、医疗服务项目和医用耗材等支付范围），执行参保地规定的基本医疗保险基金起付标准、支付比例、最高支付限额、门诊慢特病病种范围等有关政策。

参保人员因门诊慢特病异地就医时，就医地有相应门诊慢特病病种及限定支付范围的，执行就医地规定；没有相应门诊慢特病病种的，定点医药机构及接诊医师要遵循相关病种诊疗规范及用药规定合理诊疗。参保人员同时享受多个门诊慢特病待遇的，由参保地根据本地规定确定报销规则。

第三十二条 参保人员跨省异地就医出院结算时，就医地经办机构将其住院费用明细信息转换为全国统一的大类费用信息，经国家、省级异地就医结算系统传输至参保地，参保地按照当地政策规定计算出应由参保人员个人负担以及各项医保基金支付的金额，并将结果回传至就医地定点医疗机构，用于定点医疗机构与参保人员直接结算。

第三十三条 参保人员门诊费用跨省异地就医直接结算时，就医地经办机构按照就医地支付范围和规定对每条费用明细进行费用分割，经国家、省级异地就医结算系统实时传输至参保地，参保地按照当地政策规定计算出应由参保人员个人负担以及各项医保基金支付的金额，并将结果回传至就医地定点医药机构，用于定点医药机构与参保人员直接结算。

第三十四条 参保人员因急诊抢救就医的，医疗机构在为参保人员办理“门诊结算”或“入院登记”时，应按接口标准规范要求如实上传“门诊急诊转诊标志”或“住院类型”。对于“门诊急诊转诊标志”或“住院类型”为“急诊”的，参保人员未办理异地就医备案的，参保地应视同已备案，允许参保人员按参保地异地急诊抢救相关待遇标准直接结算相关门诊、住院医疗费用。

第三十五条 定点医疗机构应加强外伤人员身份认证，对于符合就医地基本医疗保险支付范围，参保人员主诉无第三方责任的医疗费用，定点医疗机构可结合接诊及参保人员病情等实际情况，由参保人员填写《外伤无第三方责任承诺书》（见附件 11），为参保人员办理异地就医直接结算。定点医疗机构在为参保人员办理入院登记时，应按接口标准规范要求，通过“外伤标志”和“涉及第三方标志”两个接口，如实上传参保人员外伤就医情况。

第三十六条 跨省联网定点医疗机构对于异地就医患者住院期间确因病情需要到其他定点医疗机构检查治疗或到定点药店购药的，需提供《住院期间外院检查治疗或定点药店购药单》（见附件 12），加盖定点医疗机构医疗保险办公室章，相关费用纳入本次住院费用跨省直接结算。

第三十七条 参保人员在就医地跨省联网定点医药机构凭医保电子凭证或者社会保障卡等有效凭证就医购药，根据《______省（区、市）跨省异地就医住院结算单》（见附件 13）、医疗收费票据等，结清应由个人负担的费用，就医地经办机构与定点医药机构按医保服务协议结算医保基金支付的费用。

第三十八条 国家跨省异地就医管理子系统每日自动生成日对账信息，实现参保地、就医地省级异地就医结算系统和国家跨省异地就医管理子系统的三方对账，做到数据相符。原则上，参保省应每日完成当日结算信息对账，每月 3 日前完成上月所有结算费用的对账。如出现对账信息不符的情况，省级经办机构应及时查明原因，必要时提请国家级经办机构协调处理。

第三十九条 就医地经办机构在参保人员发生住院费用跨省直接结算后 3 日内将医疗费用明细上传国家跨省异地就医管理子系统，参保地经办机构可查询和下载医药费用及其明细项目。

第四十条 就医地经办机构在次月 20 日前完成与定点医药机构对账确认工作，并按医保服务协议约定，按时将确认的费用拨付给定点医药机构。

第四十一条 就医地对于参保人员住院治疗过程跨自然年度的，应以出院结算日期为结算时点，按一笔费用整体结算，并将医疗费用信息传回参保地。参保地根据本地跨年度费用结算办法，可以按一笔费用整体结算；也可以计算日均费用后，根据跨年度前后的住院天数，将住院医疗费用分割到两个年度，确定基金和个人费用分担额度。

第四十二条 各地要支持参保人员普通门诊费用跨省直接结算后合理的退费需求，提供隔笔退费、跨年退费和清算后退费服务。

第四十三条 跨省异地就医发生的医疗费用由就医地经办机构按照就医地的基本医疗保险药品、医疗服务项目和医用耗材等支付范围进行费用审核，对发生的不符合规定的医疗费用按就医地医保服务协议约定予以扣除。

第四十四条 参保人员异地就医备案后，因结算网络系统、就诊凭证等故障导致无法直接结算的，相关医疗费用可回参保地手工报销，参保地经办机构按参保地规定为参保人员报销相关医疗费用。

第七章 费用清算

第四十五条 跨省异地就医费用清算是指省级经办机构之间、省级经办机构与辖区内经办机构之间确认有关跨省异地就医医疗费用的应收或应付金额，据实划拨的过程。

第四十六条 国家级经办机构根据就医地经办机构与定点医药机构对账确认后的医疗费用，于每月 21 日生成《全国跨省异地就医费用清算表》（见附件 14）、《______省（区、市）跨省异地就医应付医疗费用清算表》（见附件 14-1）、《______省（区、市）跨省异地就医职工医保基金应付明细表》（见附件 14-2）、《______省（区、市）跨省异地就医居民医保基金应付明细表》（见附件 14-3）、《______省（区、市）跨省异地就医医保基金审核扣款明细表》（见附件 14-4）、《______省（区、市）跨省异地就医职工医保基金审核扣款明细表》（见附件 14-5）、《______省（区、市）跨省异地就医居民医保基金审核扣款明细表》（见附件 14-6）、《______省（区、市）跨省异地就医应收医疗费用清算表》（见附件 14-7），各省级经办机构可通过国家跨省异地就医管理子系统精确查询本省内各统筹地区的上述清算信息，于每月 25 日前确认上述内容。

第四十七条 国家级经办机构于每月底前根据确认后的《全国跨省异地就医费用清算表》，生成《______省（区、市）跨省异地就医费用付款通知书》（见附件 15）、《______省（区、市）跨省异地就医费用收款通知书》（见附件 16），在国家跨省异地就医管理子系统发布。

第四十八条 各省级经办机构通过国家跨省异地就医管理子系统下载《______省（区、市）跨省异地就医费用付款通知书》

《______省（区、市）跨省异地就医费用收款通知书》后，于5个工作日内提交同级财政部门，财政部门在确认跨省异地就医资金全部缴入省级财政专户，对经办机构提交的清算单和用款申请计划审核无误后10个工作日内向就医地省级财政部门划拨资金。省级财政部门在完成清算资金拨付、收款后，在5个工作日内将划拨及收款信息反馈到省级经办机构，省级经办机构向国家级经办机构反馈到账信息。原则上，当期清算资金应于下期清算前完成拨付。

第四十九条 国家级经办机构发布跨省异地就医费用收付款通知书后的5个工作日内，省级经办机构做好辖区内各统筹地区跨省异地就医资金的上解或下拨工作。

第五十条 原则上，当月跨省异地就医直接结算费用应于次月20日前完成申报并纳入清算，清算延期最长不超过2个月。当年跨省异地就医直接结算费用，最晚应于次年第一季度清算完毕。

第五十一条 就医省需返还参保省资金列入当期就医省跨省异地就医费用付款通知书中，并在对应参保省名称旁加注“*”。参保省应收就医省返还资金列入当期参保省跨省异地就医费用收款通知书中，并在对应就医省名称旁加注“*”。

第八章 审核检查

第五十二条 跨省异地就医医疗服务实行就医地管理。就医地经办机构要将跨省异地就医直接结算工作纳入定点医药机构协议管理范围，细化和完善协议条款，保障参保人员权益。

第五十三条 就医地经办机构应当对查实的违法违规行为按医保服务协议相关约定执行，涉及欺诈骗保等重大违法违规行为应按程序报请医保行政部门处理，并逐级上报国家级经办机构。

第五十四条 就医地经办机构对定点医药机构违规行为涉及的医药费用不予支付，已支付的违规费用予以扣除，用于冲减参保地跨省异地就医直接结算费用。对定点医药机构违反医保服务协议约定并处以违约金的，由就医地经办机构按规定处理。

第五十五条 国家级经办机构适时组织各省级经办机构通过巡查抽查、交叉互查、第三方评审等方式，开展跨省异地就医联审互查工作，将就医地落实跨省异地就医费用审核管理责任情况纳入经办机构规范建设考评指标，结合国家医保局飞行检查、第三方行风评价等工作进行考核评价。国家级经办机构负责协调处理因费用审核、资金拨付发生的争议及纠纷。

第五十六条 各级经办机构应加强跨省异地就医费用审核，建立跨省异地就医直接结算运行监控制度，健全医保基金运行风险评估预警机制，对跨省异地就医次均费用水平、医疗费用涨幅、报销比例等重点指标进行跟踪监测，定期编报跨省异地就医直接结算运行分析报告。

第九章 业务协同

第五十七条 跨省异地就医业务协同管理工作实行统一管理，分级负责。国家级经办机构负责统一组织、协调省际业务协同管理工作，省级医保部门负责统一组织、协调并实施跨省异地就医结算业务协同管理工作，各统筹地区医保部门按国家和省级要求做好业务协同工作。各级经办机构可依托国家跨省异地就医管理子系统业务协同管理模块等多种渠道发起问题协同，并按要求做好问题响应和处理。

第五十八条 参保地医保部门对一次性跨省住院医疗总费用超过3万元（含3万元）的疑似违规费用，可以通过国家跨省异地就医管理子系统提出费用协查申请。申请费用协查时，需提交待协查参保人员身份证号码、姓名、性别、医疗服务机构名称、住院号、发票号码、入院日期、出院日期、费用总额等必要信息，以确保待协查信息准确。

国家跨省异地就医管理子系统每月 26 日零时生成上月 26 日至当月 25 日全国跨省异地就医结算费用协查申请汇总表，就医省组织各统筹地区医保部门通过国家跨省异地就医管理子系统下载当期汇总表，并通过本地医保信息系统进行核查，已生成申请汇总表的费用协查申请原则上不予修改或删除。

就医地医保部门接到本期汇总表后，原则上需于次月 26 日前完成本期费用协查工作，并及时上传费用协查结果至国家跨省异地就医管理子系统。遇有特殊情况确需延期办理的，自动记录至下一期，并记入本期完成情况统计监测。协查结果分为“核查无误”和“核查有误”两类，如协查信息与实际信息不符，需填写“核查有误”的具体原因方能上传结果。

参保地医保部门收到就医地医保部门返回的协查结果后，5 个工作日内在国家跨省异地就医管理子系统上进行确认。对协查结果存在异议的，应及时与就医地医保部门进行沟通处理。

第五十九条 各级医保部门可根据跨省异地就医结算业务协同问题的紧急程度，通过国家跨省异地就医管理子系统提出问题协同申请，明确待协同机构、主要协同事项、问题类型等，针对特定参保人员的问题协同需标明参保人员身份信息，其中备案类问题需在 2 个工作日内回复，系统故障类问题需在 1 个工作日内回复，其他类问题回复时间最长不超过 10 个工作日。

问题协同遵循第一响应人责任制，各级医保部门在接收协同申请后即作为第一响应人，需在规定时限内完成问题处理，根据实际情况标注问题类型，并在国家跨省异地就医管理子系统上进行问题处理登记，确需其他机构协助的，可在问题处理登记时详细列出其他协同机构。如不能按期完成需及时与申请地沟通延长处理时限。

各级医保部门需在收到协同地区处理结果后进行“处理结果确认”，明确问题处理结果。超过 10 个工作日未确认的，国家跨省异地就医管理子系统默认结果确认。对问题处理结果有异议的或尚未解决的，可重新发起问题协同，申请上一级医保部门进行协调处理。

第六十条 各级医保部门可通过国家跨省异地就医管理子系统发布停机公告、医保政策等信息，实现医保经办信息共享。

第六十一条 探索跨省异地就医手工报销线上办理，参保人员因故无法直接结算回参保地手工报销的，参保地经办机构可依托跨省联网定点医药机构上传至国家医疗保障信息平台的医疗费用明细、诊断等就诊信息实现线上报销。

第十章 附 则

第六十二条 跨省异地就医医疗费用结算和清算过程中形成的预付款项和暂收款项按相关会计制度规定进行核算。

第六十三条 异地就医业务档案由参保地经办机构和就医地经办机构按其办理的业务分别保管。

第六十四条 各省级医保部门可根据本规程，制定本地区异地就医直接结算实施细则。

第六十五条 本规程由国家医疗保障局负责解释。

第六十六条 本规程自 2023 年 1 月 1 日起实施。

附件 1：______省（区、市）跨省异地就医登记备案表

附件 2：基本医疗保险跨省异地就医备案个人承诺书

附件 3：______省（区、市）跨省异地就医预付金付款通知书

附件 4：______省（区、市）跨省异地就医预付金收款通知书

附件 5：全国跨省异地就医预付金额度调整明细表

附件 6：______省（区、市）跨省异地就医预付金额度调整付款通知书

附件 7：______省（区、市）跨省异地就医预付金额度调整收款通知书

附件 8：______省（区、市）跨省异地就医预付金额度紧急调增付款通知书

附件 9：______省（区、市）跨省异地就医预付金额度紧急调增收款通知书

附件 10：跨省异地就医省级财政收款专户银行账号明细表

附件 11：外伤无第三方责任承诺书

附件 12：住院期间外院检查治疗或定点药店购药单

附件 13：______省（区、市）跨省异地就医住院结算单

附件 14：全国跨省异地就医费用清算表

______省（区、市）跨省异地就医应付医疗费用清算表

______省（区、市）跨省异地就医职工医保基金应付明细表

______省（区、市）跨省异地就医居民医保基金应付明细表

______省（区、市）跨省异地就医医保基金审核扣款明细表

______省（区、市）跨省异地就医职工医保基金审核扣款明细表

______省（区、市）跨省异地就医居民医保基金审核扣款明细表

______省（区、市）跨省异地就医应收医疗费用清算表

附件 15：______省（区、市）跨省异地就医费用付款通知书

附件 16：______省（区、市）跨省异地就医费用收款通知书

附件 17：跨省异地就医备案、预付金、结算、清算流程图

附件 1

备案编号：

______省（区、市）跨省异地就医登记备案表

姓　名		性　别		险　种	1. 职工医保 2. 居民医保
人员类别	1. 异地安置退休人员 2. 异地长期居住人员 3. 常驻异地工作人员 4. 异地转诊人员 5. 其他跨省临时外出就医人员		登记类别	1. 新增 2. 变更	
社会保障号码			社会保障卡卡号（可选）		
参保地家庭住址			异地联系地址		
联系电话 1			联系电话 2		
转往省（市、区）			转往地区（市、州）		

温馨提示

1. 跨省异地就医直接结算执行就医地规定的支付范围及有关规定、参保地规定的基本医疗保险基金起付标准、支付比例、最高支付限额、门诊慢特病病种范围等有关政策。
2. 办理备案时直接备案到就医地市或直辖市。参保人员根据病情、居住地、交通等情况，自主选择就医地开通的跨省联网定点医疗机构住院就医。门诊就医时按照参保地异地就医管理要求选择跨省联网定点医药机构就诊。
3. 到海南、西藏等省级统筹的省份和新疆生产建设兵团就医的，可备案到就医省份和新疆生产建设兵团。
4. 异地急诊抢救人员视同已备案。
5. 未按规定办理登记备案手续，或在就医地非跨省定点医疗机构发生的医疗费用，按参保地现有规定执行。

本人（被委托人）签名		填表日期	

经办机构：　　　　联系电话：　　　　经办人：　　　　经办日期：

附件 2

基本医疗保险跨省异地就医备案个人承诺书

<table>
<tr><td>姓名</td><td></td><td>性别</td><td></td><td>联系电话</td><td colspan="2"></td></tr>
<tr><td>身份证件号码</td><td colspan="2"></td><td>参保地</td><td></td><td>就医地</td><td></td></tr>
<tr><td>人员类别</td><td colspan="6">□跨省异地长期居住人员
□跨省临时外出就医人员
□异地安置退休人员
□异地长期居住人员
□常驻异地工作人员
□异地转诊就医人员
□其他跨省临时外出就医人员</td></tr>
<tr><td colspan="7">参保地跨省异地就医备案告知书
（由参保地经办机构填写）</td></tr>
<tr><td colspan="7">承诺事项：
本人申请办理跨省异地就医备案业务，已阅读并知晓《备案告知书》所述内容，同意遵守相关规定。因个人原因无法提供异地就医备案相关证明材料，本人保证符合此业务办理条件，所述信息真实、准确、完整、有效，愿意接受信息共享查询核验，由此产生的一切经济损失和法律责任均由本人承担。

承诺人（签名、指印）：

年　　月　　日</td></tr>
<tr><td>说明</td><td colspan="6">本表由参保人员填写，由医保经办部门存档，两年内不得销毁。</td></tr>
</table>

附件 3

______省（区、市）跨省异地就医预付金付款通知书

（经办机构全称）：

请你单位将 XXXX 年跨省异地就医预付金于签章之日起 15 个工作日内拨付给就医地。付款明细清单如下：

跨省异地就医预付金付款汇总表

预付金年度：XXXX 年

付款方：XX 省　　　　单位：万元

地　区	金　额
北　京	
天　津	
河　北	
山　西	
内蒙古	
辽　宁	
吉　林	
黑龙江	
上　海	
……	
合　计	

（落款：由出具单据的部门落款并加盖公章）

签章日期：XXXX 年 XX 月 XX 日

附件 4

______省（区、市）跨省异地就医预付金收款通知书

（经办机构全称）：

你单位 XXXX 年跨省异地就医预付金收款明细清单如下：

跨省异地就医预付金收款汇总表

预付金年度：XXXX 年

收款方：XX 省　　　　单位：万元

地　区	金　额
北　京	
天　津	
河　北	
山　西	
内蒙古	
辽　宁	
吉　林	
黑龙江	
上　海	
……	
合　计	

（落款：由出具单据的部门落款并加盖公章）

签章日期：XXXX 年 XX 月 XX 日

附件 5

全国跨省异地就医预付金额度调整明细表

制表单位：（国家级经办机构签章）　　年度：XXXX 年　　单位：万元

地区		付款省										
		北京	天津	河北	山西	内蒙古	辽宁	吉林	黑龙江	上海	……	合计
收款省	北京	--										
	天津		--									
	河北			--								
	山西				--							
	内蒙古					--						
	辽宁						--					
	吉林							--				
	黑龙江								--			
	上海									--		
	……										--	
	合计											--

单位负责人：　　审核人：　　制表人：　　制表日期：

附件 6

______省（区、市）跨省异地就医
预付金额度调整付款通知书

（经办机构全称）：

请你单位将 XXXX 年跨省异地就医预付金于 XXXX 年 2 月底前拨付。付款明细清单如下：

跨省异地就医预付金付款汇总表

预付金年度：XXXX 年

付款方：XX 省　　单位：万元

地　区	上年额度	本年核定额度	实际划款额度
北　京			
天　津			
河　北			
山　西			
内蒙古			
辽　宁			
吉　林			
黑龙江			
上　海			
……			
合　计			

注：上年额度指国家医保局核定的上年度预付金额（含紧急调整额度）

（落款：由出具单据的部门落款并加盖公章）

签章日期：XXXX 年 XX 月 XX 日

附件 7

______省（区、市）跨省异地就医预付金额度调整收款通知书

（经办机构全称）：

你单位 XXXX 年跨省异地就医预付金收款明细清单如下：

跨省异地就医预付金收款汇总表

预付金年度：XXXX 年

收款方：XX 省　　单位：万元

地　区	金　额
北　京	
天　津	
河　北	
山　西	
内蒙古	
辽　宁	
吉　林	
黑龙江	
上　海	
……	
合　计	

（落款：由出具单据的部门落款并加盖公章）

签章日期：XXXX 年 XX 月 XX 日

附件 8

______省（区、市）跨省异地就医
预付金额度紧急调增付款通知书

（经办机构全称）：

根据 XX 省的紧急调增申请，按照《国家医保局 财政部关于进一步做好基本医疗保险跨省异地就医直接结算工作的通知》（医保发〔2022〕22 号）文件规定，请你单位于 XXXX 年 XX 月 XX 日前，补充拨付预付金 XXXX 万元。

（落款：由出具单据的部门落款并加盖公章）

签章日期：XXXX 年 XX 月 XX 日

附件 9

______省（区、市）跨省异地就医
预付金额度紧急调增收款通知书

（经办机构全称）：

根据你单位紧急调增申请，按照《国家医保局 财政部关于进一步做好基本医疗保险跨省异地就医直接结算工作的通知》（医保发〔2022〕22 号）文件规定，请你单位对 XX 省补充拨付预付金 XXXX 万元查收确认。

（落款：由出具单据的部门落款并加盖公章）

签章日期：XXXX 年 XX 月 XX 日

附件 10

跨省异地就医省级财政收款专户银行账号明细表

地　区	开户名	银行账号	开户银行名称	开户银行行号	变更生效日期
北　京					
天　津					
河　北					
山　西					
内蒙古					
辽　宁					
吉　林					
黑龙江					
上　海					
……					

附件 11

外伤无第三方责任承诺书

承诺人		联系电话	
证件类型		证件号码	
承诺事项	外伤无第三方责任		

承诺内容：

本人同意授权________医保经办机构通过信息共享方式查询本人与办理医保业务相关的信息，承诺所提供材料均为真实合法，符合办理业务条件，如伪造材料或以任何方式骗取医疗保险待遇的，本人愿意承担一切后果；同意________医保经办机构将本人虚假行为上报和纳入信用管理体系，并就本次办理业务的其他承诺内容陈述如下：

本人于________年____月____日____时在________________（地点）发生________________（外伤经过）。现承诺本次意外受伤与第三方责任或工伤责任无关，如与第三方责任或工伤责任有关，则将已享受的医保待遇全额退回医保，并承担相应的法律责任。

温馨提示：

1. 反欺诈法律提示：以虚构劳动关系、伪造证明材料或者其他手段骗取基本医疗保险待遇和生育保险待遇的，属于刑法第二百六十六条规定的诈骗公私财物的行为，将依法追究刑事责任。

2. 此表可现场填写，由承诺人本人手写签名，患者本人无法签字的由其近亲属代签，并填写身份证号码和联系方式。

承诺人（签名）：

日期：　　年　　月　　日

附件 12

住院期间外院检查治疗或定点药店购药单

姓名__________ 性别__________ 年龄__________ 科别__________

证件类型____________________ 证件号码____________________

诊断____

外检定点医院或外购定点药店名称：____________________________

外检项目或外购药品：____________________________________

外检或外购药原因：______________________________________

医师签字：

定点医疗机构医疗保险办公室盖章

日期：XXXX 年 XX 月 XX 日

附件 13

______省（区、市）跨省异地就医住院结算单

单位：元（保留两位小数）

患者姓名		性别		年龄		社会保障号码		社会保障卡卡号（可选）	
参保地				险种类型					
就医地				医院名称				医院等级	
入院方式				住院号				出院科室	
主要诊断				次要诊断					
入院日期				出院日期				住院天数	
总费用		统筹基金支付范围内费用		乙类先行自付费用		超限价自付费用		自费费用	
基金支付合计金额						个人现金支付金额			
#参保地基金 1						本次起付标准			
#参保地基金 2									
#参保地基金 3									
#参保地基金 4									
#参保地基金 5									
#参保地基金 6									
……									

注：1. 参保地基金按照参保地返回的基金款项名称打印

2. 总费用=统筹基金支付范围内费用+乙类先行自付费用+超限价自付费用+自费费用

3. 总费用=基金支付合计金额+个人现金支付金额

附件 14

全国跨省异地就医费用清算表

制表单位：（国家级经办机构签章） 清算所属月份：XXXX 年 XX 月 单位：元（保留两位小数）

地区		付款省										
		北京	天津	河北	山西	内蒙古	辽宁	吉林	黑龙江	上海	……	合计
收款省	北京	--										
	天津		--									
	河北			--								
	山西				--							
	内蒙古					--						
	辽宁						--					
	吉林							--				
	黑龙江								--			
	上海									--		
	……										--	
	合计											--

单位负责人： 审核人： 制表人： 制表日期：

附件 14-1

______省（区、市）跨省异地就医
应付医疗费用清算表

制表单位：（经办机构签章）　清算所属月份：XXXX 年 XX 月　单位：元（保留两位小数）

地　区	合计	职工医保	居民医保
北　京			
天　津			
河　北			
山　西			
内蒙古			
辽　宁			
吉　林			
黑龙江			
上　海			
……			
合　计			

单位负责人：　　审核人：　　制表人：　　制表日期：

附件 14-2

______省（区、市）跨省异地就医
职工医保基金应付明细表

制表单位：（经办机构签章）　清算月份：XXXX 年 XX 月　　单位：元（保留两位小数）

项目 地区	基本医疗保险		职工大额医疗费用补助	补充医疗保险	公务员医疗补助	伤残人员医疗保障	医疗救助	其他	合计
	统筹基金	个人账户							
北京									
天津									
河北									
山西									
内蒙古									
辽宁									
吉林									
黑龙江									
上海									
……									
合计									

注：1. 统筹基金归集属于基本医疗保险统筹基金支付的医疗费用
2. 个人账户基金归集基本医疗保险个人账户支付的医疗费用
3. 职工大额医疗费用补助基金归集参加职工基本医疗保险后，二次投保用于支付超过基本医疗保险基金最高支付限额以上医疗费用
4. 补充医疗保险基金归集由经办机构管理的其他补充医疗保险基金支付的医疗费用
5. 公务员医疗补助基金归集实施公务员医疗补助办法支付的医疗费用
6. 伤残人员医疗保障基金归集二等乙级以上革命伤残军人医疗费用
7. 医疗救助归集按规定支付给低保对象、特困人员等符合条件救助对象的医疗费用
8. 其他归集非以上项目医疗费用

附件 14-3

______省（区、市）跨省异地就医居民医保基金应付明细表

制表单位：（经办机构签章）　清算所属月份：XXXX 年 XX 月　单位：元（保留两位小数）

项目 地区	基本医疗保险	城乡居民大病保险	医疗救助	其　他	合　计
北　京					
天　津					
河　北					
山　西					
内蒙古					
辽　宁					
吉　林					
黑龙江					
上　海					
……					
合　计					

注：1. 基本医疗保险基金归集属于基本医疗保险统筹基金支付的医疗费用
　　2. 城乡居民大病保险基金归集属于城乡居民大病保险基金支付的医疗费用
　　3. 医疗救助归集按规定支付给低保对象、特困人员等符合条件救助对象的医疗费用
　　4. 其他归集非以上项目医疗费用

附件 14-4

______省（区、市）跨省异地就医
医保基金审核扣款明细表

制表单位：（经办机构签章）　清算所属月份：XXXX 年 XX 月　单位：元（保留两位小数）

地　区	合　计	职工医保	居民医保
北　京			
天　津			
河　北			
山　西			
内蒙古			
辽　宁			
吉　林			
黑龙江			
上　海			
……			
合　计			

单位负责人：　　审核人：　　制表人：　　制表日期：

附件 14-5

______省（区、市）跨省异地就医
职工医保基金审核扣款明细表

制表单位：（经办机构签章）　　清算月份：XXXX 年 XX 月　　单位：元（保留两位小数）

项目 地区	基本医疗保险基金		职工大额医疗费用补助	补充医疗保险	公务员医疗补助	伤残人员医疗保障	医疗救助	其他	合计
	统筹基金	个人账户							
北　京									
天　津									
河　北									
山　西									
内蒙古									
辽　宁									
吉　林									
黑龙江									
上　海									
……									
合　计									

注：1. 统筹基金归集属于基本医疗保险统筹基金支付的医疗费用

2. 个人账户基金归集基本医疗保险个人账户支付的医疗费用

3. 职工大额医疗费用补助基金归集参加职工基本医疗保险后，二次投保用于支付超过基本医疗保险基金最高支付限额以上医疗费用

4. 补充医疗保险基金归集由经办机构管理的其他补充医疗保险基金支付的医疗费用

5. 公务员医疗补助基金归集实施公务员医疗补助办法支付的医疗费用

6. 伤残人员医疗保障基金归集二等乙级以上革命伤残军人医疗费用

7. 医疗救助归集按规定支付给低保对象、特困人员等符合条件救助对象的医疗费用

8. 其他归集非以上项目医疗费用

附件 14-6

______省（区、市）跨省异地就医
居民医保基金审核扣款明细表

制表单位：（经办机构签章）　　　　　　　　　　　　　　单位：元（保留两位小数）

项目 地区	基本医疗保险	城乡居民大病保险	医疗救助	其　他	合　计
北　京					
天　津					
河　北					
山　西					
内蒙古					
辽　宁					
吉　林					
黑龙江					
上　海					
……					
合　计					

注：1. 基本医疗保险基金归集属于基本医疗保险统筹基金支付的医疗费用
2. 城乡居民大病保险基金归集属于城乡居民大病保险基金支付的医疗费用
3. 医疗救助归集按规定支付给低保对象、特困人员等符合条件救助对象的医疗费用
4. 其他归集非以上项目医疗费用

附件 14-7

______省（区、市）跨省异地就医应收医疗费用清算表

制表单位：（经办机构签章）　清算所属月份：XXXX 年 XX 月　单位：元（保留两位小数）

地　区	合　计	职工医保	居民医保
北　京			
天　津			
河　北			
山　西			
内蒙古			
辽　宁			
吉　林			
黑龙江			
上　海			
……			
合　计			

单位负责人：　审核人：　制表人：　制表日期：

附件 15

______省（区、市）跨省异地就医费用付款通知书

（经办机构全称）：

请你单位将 XXXX 年 XX 月跨省异地就医费用__________元及时拨付给就医地。付款明细清单如下：

跨省异地就医费用付款汇总表

清算所属月份：XXXX 年 XX 月

付款方：XX 省（区、市）　　　　单位：元（保留两位小数）

地　区	金　额
北　京	
天　津	
河　北	
山　西	
内蒙古	
辽　宁	
吉　林	
黑龙江	
上　海	
……	
合　计	

明细见：附件 14-1 ___省（区、市）跨省异地就医应付医疗费用清算表；
附件 14-2 ___省（区、市）跨省异地就医职工医保基金应付明细表；
附件 14-3 ___省（区、市）跨省异地就医居民医保基金应付明细表；
附件 14-4 ___省（区、市）跨省异地就医医保基金审核扣款明细表；
附件 14-5 ___省（区、市）跨省异地就医职工医保基金审核扣款明细表；
附件 14-6 ___省（区、市）跨省异地就医居民医保基金审核扣款明细表。

签章日期：XXXX 年 XX 月 XX 日

附件 16

______省（区、市）跨省异地就医费用收款通知书

（经办机构全称）：

你单位 XXXX 年 XX 月跨省异地就医费用收款明细清单如下：

跨省异地就医费用收款汇总表

清算所属月份：XXXX 年 XX 月

收款方：XX 省（区、市）　　　　单位：元（保留两位小数）

地　区	金　额
北　京	
天　津	
河　北	
山　西	
内蒙古	
辽　宁	
吉　林	
黑龙江	
上　海	
……	
合　计	

明细见：附件 14-7 ___省（区、市）跨省异地就医应收医疗费用清算表

签章日期：XXXX 年 XX 月 XX 日

附件 17

跨省异地就医备案、预付金、结算、清算流程图

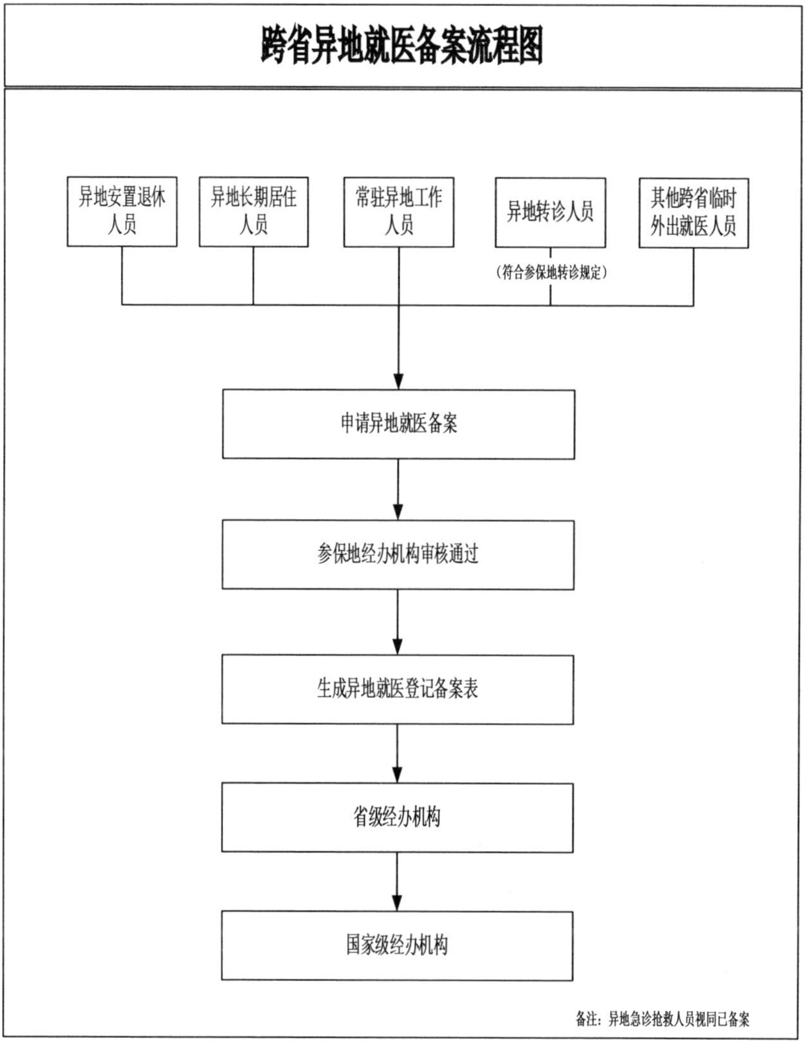

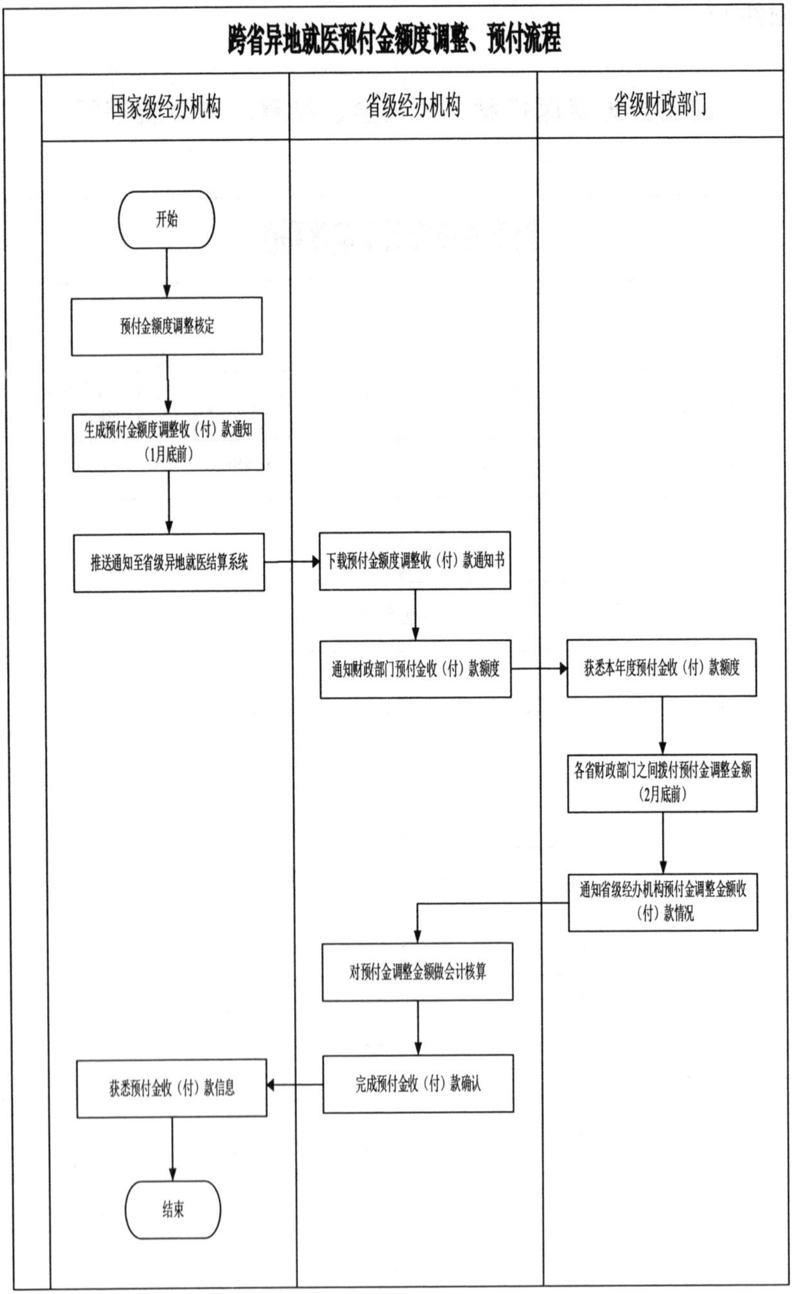
跨省异地就医预付金额度调整、预付流程
国家级经办机构
省级经办机构
省级财政部门
开始
预付金额度调整核定
生成预付金额度调整收（付）款通知（1月底前）
推送通知至省级异地就医结算系统
下载预付金额度调整收（付）款通知书
通知财政部门预付金收（付）款额度
获悉本年度预付金收（付）款额度
各省财政部门之间拨付预付金调整金额（2月底前）
通知省级经办机构预付金调整金额收（付）款情况
对预付金调整金额做会计核算
完成预付金收（付）款确认
获悉预付金收（付）款信息
结束

跨省异地就医医疗费用结算流程图

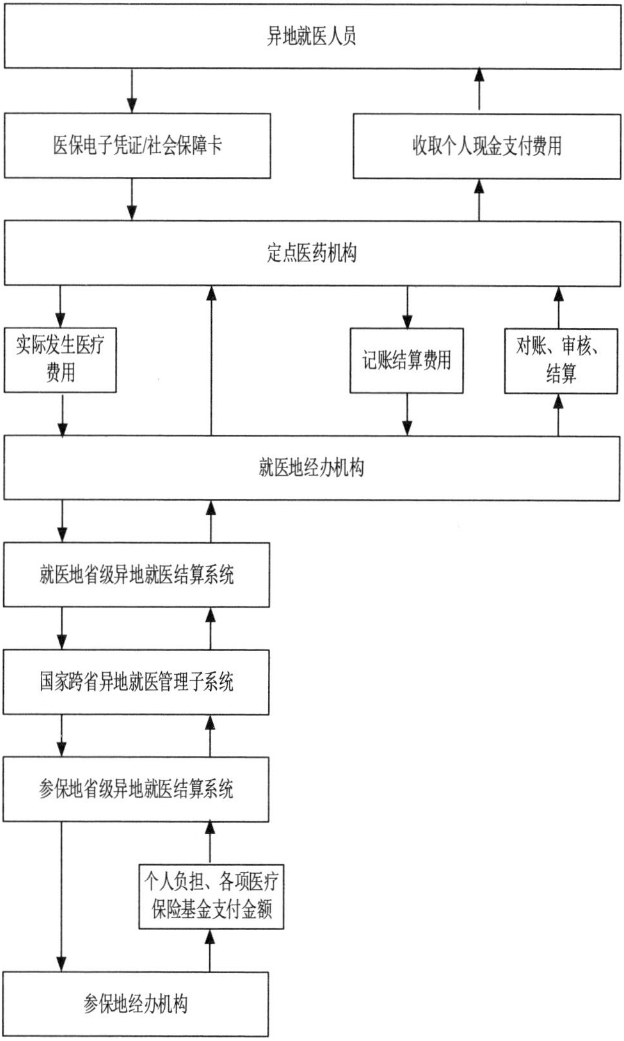

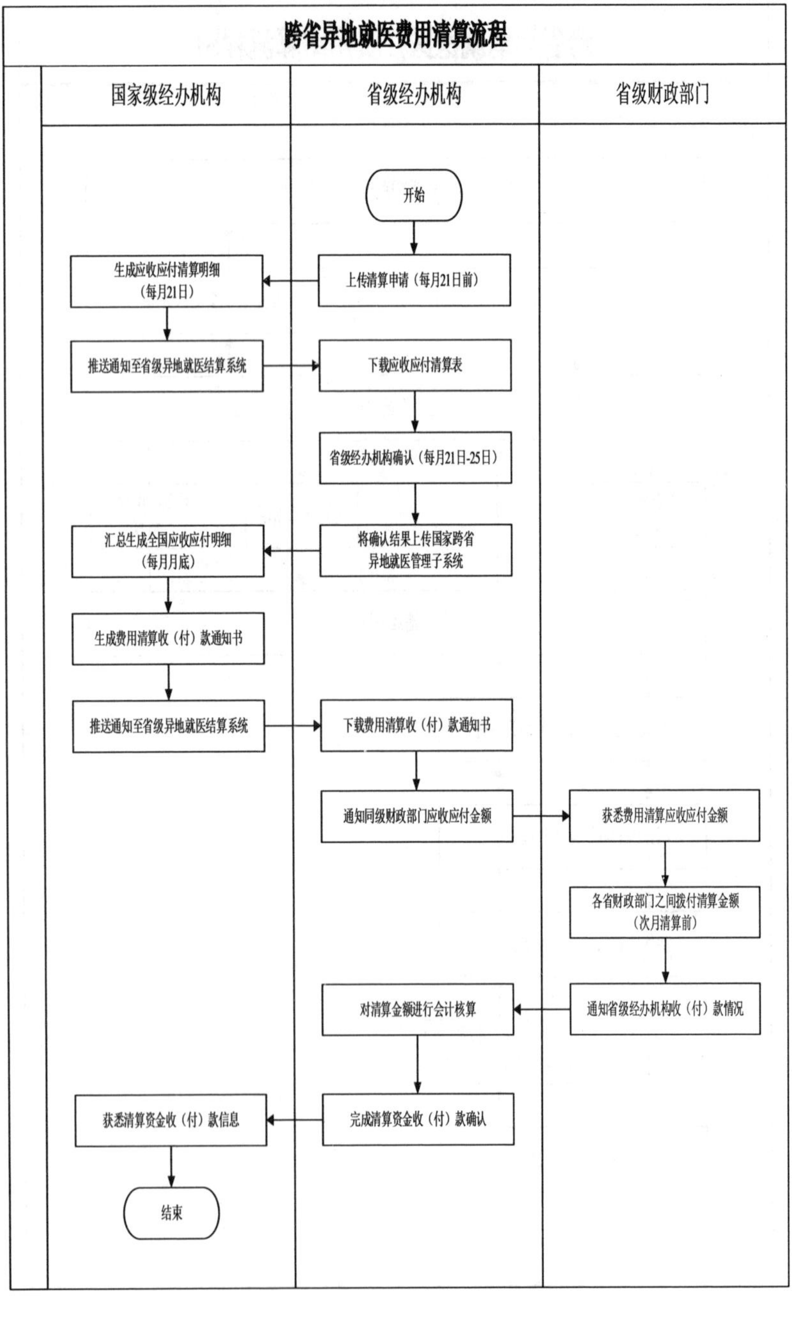
跨省异地就医费用清算流程
国家级经办机构
省级经办机构
省级财政部门
开始
上传清算申请（每月21日前）
生成应收应付清算明细（每月21日）
推送通知至省级异地就医结算系统
下载应收应付清算表
省级经办机构确认（每月21日-25日）
将确认结果上传国家跨省异地就医管理子系统
汇总生成全国应收应付明细（每月月底）
生成费用清算收（付）款通知书
推送通知至省级异地就医结算系统
下载费用清算收（付）款通知书
通知同级财政部门应收应付金额
获悉费用清算应收应付金额
各省财政部门之间拨付清算金额（次月清算前）
通知省级经办机构收（付）款情况
对清算金额进行会计核算
完成清算资金收（付）款确认
获悉清算资金收（付）款信息
结束

国务院关于整合城乡居民基本医疗保险制度的意见

（2016年1月3日　国发〔2016〕3号）

整合城镇居民基本医疗保险（以下简称城镇居民医保）和新型农村合作医疗（以下简称新农合）两项制度，建立统一的城乡居民基本医疗保险（以下简称城乡居民医保）制度，是推进医药卫生体制改革、实现城乡居民公平享有基本医疗保险权益、促进社会公平正义、增进人民福祉的重大举措，对促进城乡经济社会协调发展、全面建成小康社会具有重要意义。在总结城镇居民医保和新农合运行情况以及地方探索实践经验的基础上，现就整合建立城乡居民医保制度提出如下意见。

一、总体要求与基本原则

（一）总体要求。

以邓小平理论、“三个代表”重要思想、科学发展观为指导，认真贯彻党的十八大、十八届二中、三中、四中、五中全会和习近平总书记系列重要讲话精神，落实党中央、国务院关于深化医药卫生体制改革的要求，按照全覆盖、保基本、多层次、可持续的方针，加强统筹协调与顶层设计，遵循先易后难、循序渐进的原则，从完善政策入手，推进城镇居民医保和新农合制度整合，逐步在全国范围内建立起统一的城乡居民医保制度，推动保障更加公平、管理服务更加规范、医疗资源利用更加有效，促进全民医保体系持续健康发展。

（二）基本原则。

1. 统筹规划、协调发展。要把城乡居民医保制度整合纳入全民医保体系发展和深化医改全局，统筹安排，合理规划，突出医保、医疗、医药三医联动，加强基本医保、大病保险、医疗救助、疾病应急救助、商业健康保险等衔接，强化制度的系统性、整体性、协同性。

2. 立足基本、保障公平。要准确定位，科学设计，立足经济社会发展水平、城乡居民负担和基金承受能力，充分考虑并逐步缩小城乡差距、地区差异，保障城乡居民公平享有基本医保待遇，实现城乡居民医保制度可持续发展。

3. 因地制宜、有序推进。要结合实际，全面分析研判，周密制订实施方案，加强整合前后的衔接，确保工作顺畅接续、有序过渡，确保群众基本医保待遇不受影响，确保医保基金安全和制度运行平稳。

4. 创新机制、提升效能。要坚持管办分开，落实政府责任，完善管理运行机制，深入推进支付方式改革，提升医保资金使用效率和经办管理服务效能。充分发挥市场机制作用，调动社会力量参与基本医保经办服务。

二、整合基本制度政策

（一）统一覆盖范围。

城乡居民医保制度覆盖范围包括现有城镇居民医保和新农合所有应参保（合）人员，即覆盖除职工基本医疗保险应参保人员以外的其他所有城乡居民。农民工和灵活就业人员依法参加职工基本医疗保险，有困难的可按照当地规定参加城乡居民医保。各地要完善参保方式，促进应保尽保，避免重复参保。

（二）统一筹资政策。

坚持多渠道筹资，继续实行个人缴费与政府补助相结合为主的筹资方式，鼓励集体、单位或其他社会经济组织给予扶持或资助。各地要统筹考虑城乡居民医保与大病保险保障需求，按照基金收支平衡的原则，合理确定城乡统一的筹资标准。现有城镇居民医保和新农合个人缴费标准差距较大的地区，可采取差别缴费的办法，利用2-3年时间逐步过渡。整合后的实际人均筹资和个人缴费不得低于现有水平。

完善筹资动态调整机制。在精算平衡的基础上，逐步建立与经济社会发展水平、各方承受能力相适应的稳定筹资机制。逐步建立个人缴费标准与城乡居民人均可支配收入相衔接的机制。合理划分政府与个人的筹资责任，在提高政府补助标准的同时，适当提高个人缴费比重。

（三）统一保障待遇。

遵循保障适度、收支平衡的原则，均衡城乡保障待遇，逐步统一保障范围和支付标准，为参保人员提供公平的基本医疗保障。妥善处理整合前的特殊保障政策，做好过渡与衔接。

城乡居民医保基金主要用于支付参保人员发生的住院和门诊医药费用。稳定住院保障水平，政策范围内住院费用支付比例保持在75%左右。进一步完善门诊统筹，逐步提高门诊保障水平。逐步缩小政策范围内支付比例与实际支付比例间的差距。

（四）统一医保目录。

统一城乡居民医保药品目录和医疗服务项目目录，明确药品和医疗服务支付范围。各省（区、市）要按照国家基本医保用药管理和基本药物制度有关规定，遵循临床必需、安全有效、价格合理、技术适宜、基金可承受的原则，在现有城镇居民医保和新农合目录的基础上，适当考虑参保人员需求变化进行调整，有增有减、有控有扩，做到种类基本齐全、结构总体合理。完善医保目录管理办法，实行分级管理、动态调整。

（五）统一定点管理。

统一城乡居民医保定点机构管理办法，强化定点服务协议管理，建立健全考核评价机制和动态的准入退出机制。对非公立医疗机构与公立医疗机构实行同等的定点管理政策。原则上由统筹地区管理机构负责定点机构的准入、退出和监管，省级管理机构负责制订定点机构的准入原则和管理办法，并重点加强对统筹区域外的省、市级定点医疗机构的指导与监督。

（六）统一基金管理。

城乡居民医保执行国家统一的基金财务制度、会计制度和基金预决算管理制度。城乡居民医保基金纳入财政专户，实行“收支两条线”管理。基金独立核算、专户管理，任何单位和个人不得挤占挪用。

结合基金预算管理全面推进付费总额控制。基金使用遵循以收定支、收支平衡、略有结余的原则，确保应支付费用及时足额拨付，合理控制基金当年结余率和累计结余率。建立健全基金运行风险预警机制，防范基金风险，提高使用效率。

强化基金内部审计和外部监督，坚持基金收支运行情况信息公开和参保人员就医结算信息公示制度，加强社会监督、民主监督和舆论监督。

三、理顺管理体制

（一）整合经办机构。

鼓励有条件的地区理顺医保管理体制，统一基本医保行政管理职能。充分利用现有城镇居民医保、新农合经办资源，整合城乡居民医保经办机构、人员和信息系统，规范经办流程，提供一体化的经办服务。完善经办机构内外部监督制约机制，加强培训和绩效考核。

（二）创新经办管理。

完善管理运行机制，改进服务手段和管理办法，优化经办流程，提高管理效率和服务水平。鼓励有条件的地区创新经办服务模式，推进管办分开，引入竞争机制，在确保基金安全和有效监管的前提下，以政府购买服务的方式委托具有资质的商业保险机构等社会力量参与基本医保的经办服务，激发经办活力。

四、提升服务效能

（一）提高统筹层次。

城乡居民医保制度原则上实行市（地）级统筹，各地要围绕统一待遇政策、基金管理、信息系统和就医结算等重点，稳步推进市（地）级统筹。做好医保关系转移接续和异地就医结算服务。根据统筹地区内各县（市、区）的经济发展和医疗服务水平，加强基金的分级管理，充分调动县级政府、经办管理机构基金管理的积极性和主动性。鼓励有条件的地区实行省级统筹。

（二）完善信息系统。

整合现有信息系统，支撑城乡居民医保制度运行和功能拓展。推动城乡居民医保信息系统与定点机构信息系统、医疗救助信息系统的业务协同和信息共享，做好城乡居民医保信息系统与参与经办服务的商业保险机构信息系统必要的信息交换和数据共享。强化信息安全和患者信息隐私保护。

（三）完善支付方式。

系统推进按人头付费、按病种付费、按床日付费、总额预付等多种付费方式相结合的复合支付方式改革，建立健全医保经办机构与医疗机构及药品供应商的谈判协商机制和风险分担机制，推动形成合理的医保支付标准，引导定点医疗机构规范服务行为，控制医疗费用不合理增长。

通过支持参保居民与基层医疗机构及全科医师开展签约服务、制定差别化的支付政策等措施，推进分级诊疗制度建设，逐步形成基层首诊、双向转诊、急慢分治、上下联动的就医新秩序。

（四）加强医疗服务监管。

完善城乡居民医保服务监管办法，充分运用协议管理，强化对医疗服务的监控作用。各级医保经办机构要利用信息化手段，推进医保智能审核和实时监控，促进合理诊疗、合理用药。卫生计生行政部门要加强医疗服务监管，规范医疗服务行为。

五、精心组织实施，确保整合工作平稳推进

（一）加强组织领导。

整合城乡居民医保制度是深化医改的一项重点任务，关系城乡居民切身利益，涉及面广、政策性强。各地各有关部门要按照全面深化改革的战略布局要求，充分认识这项工作的重要意义，加强领导，精心组织，确保整合工作平稳有序推进。各省级医改领导小组要加强统筹协调，及时研究解决整合过程中的问题。

（二）明确工作进度和责任分工。

各省（区、市）要于2016年6月底前对整合城乡居民医保工作作出规划和部署，明确时间表、路线图，健全工作推进和考核评价机制，严格落实责任制，确保各项政策措施落实到位。各统筹地区要于2016年12月底前出台具体实施方案。综合医改试点省要将整合城乡居民医保作为重点改革内容，加强与医改其他工作的统筹协调，加快推进。

各地人力资源社会保障、卫生计生部门要完善相关政策措施，加强城乡居民医保制度整合前后的衔接；财政部门要完善基金财务会计制度，会同相关部门做好基金监管工作；保险监管部门要加强对参与经办服务的商业保险机构的从业资格审查、服务质量和市场行为监管；发展改革部门要将城乡居民医保制度整合纳入国民经济和社会发展规划；编制管理部门要在经办资源和管理体制整合工作中发挥职能作用；医改办要协调相关部门做好跟踪评价、经验总结和推广工作。

（三）做好宣传工作。

要加强正面宣传和舆论引导，及时准确解读政策，宣传各地经验亮点，妥善回应公众关切，合理引导社会预期，努力营造城乡居民医保制度整合的良好氛围。

国务院办公厅关于全面实施城乡居民大病保险的意见

（2015 年 7 月 28 日　国办发〔2015〕57 号）

城乡居民大病保险（以下简称大病保险）是基本医疗保障制度的拓展和延伸，是对大病患者发生的高额医疗费用给予进一步保障的一项新的制度性安排。大病保险试点以来，推动了医保、医疗、医药联动改革，促进了政府主导与发挥市场机制作用相结合，提高了基本医疗保障管理水平和运行效率，有力缓解了因病致贫、因病返贫问题。为加快推进大病保险制度建设，筑牢全民基本医疗保障网底，让更多的人民群众受益，经国务院同意，现提出以下意见。

一、基本原则和目标

（一）基本原则。

1. 坚持以人为本、保障大病。建立完善大病保险制度，不断提高大病保障水平和服务可及性，着力维护人民群众健康权益，切实避免人民群众因病致贫、因病返贫。

2. 坚持统筹协调、政策联动。加强基本医保、大病保险、医疗救助、疾病应急救助、商业健康保险和慈善救助等制度的衔接，发挥协同互补作用，输出充沛的保障动能，形成保障合力。

3. 坚持政府主导、专业承办。强化政府在制定政策、组织协调、监督管理等方面职责的同时，采取商业保险机构承办大病保险的方式，发挥市场机制作用和商业保险机构专业优势，提高大病保险运行效率、服务水平和质量。

4. 坚持稳步推进、持续实施。大病保险保障水平要与经济社会发展、医疗消费水平和社会负担能力等相适应。强化社会互助共济，形成政府、个人和保险机构共同分担大病风险的机制。坚持因地制宜、规范运作，实现大病保险稳健运行和可持续发展。

（二）主要目标。

2015年底前，大病保险覆盖所有城镇居民基本医疗保险、新型农村合作医疗（以下统称城乡居民基本医保）参保人群，大病患者看病就医负担有效减轻。到2017年，建立起比较完善的大病保险制度，与医疗救助等制度紧密衔接，共同发挥托底保障功能，有效防止发生家庭灾难性医疗支出，城乡居民医疗保障的公平性得到显著提升。

二、完善大病保险筹资机制

（一）科学测算筹资标准。各地结合当地经济社会发展水平、患大病发生的高额医疗费用情况、基本医保筹资能力和支付水平，以及大病保险保障水平等因素，科学细致做好资金测算，合理确定大病保险的筹资标准。

（二）稳定资金来源。从城乡居民基本医保基金中划出一定比例或额度作为大病保险资金。城乡居民基本医保基金有结余的地区，利用结余筹集大病保险资金；结余不足或没有结余的地区，在年度筹集的基金中予以安排。完善城乡居民基本医保的多渠道筹资机制，保证制度的可持续发展。

（三）提高统筹层次。大病保险原则上实行市（地）级统筹，鼓励省级统筹或全省（区、市）统一政策、统一组织实施，提高抗风险能力。

三、提高大病保险保障水平

（一）全面覆盖城乡居民。大病保险的保障对象为城乡居民基本医保参保人，保障范围与城乡居民基本医保相衔接。参保人患大病发生高额医疗费用，由大病保险对经城乡居民基本医保按规定支付后个人负担的合规医疗费用给予保障。

高额医疗费用，可以个人年度累计负担的合规医疗费用超过当地统计部门公布的上一年度城镇居民、农村居民年人均可支配收入作为主要测算依据。根据城乡居民收入变化情况，建立动态调整机制，研究细化大病的科学界定标准，具体由地方政府根据实际情况确定。合规医疗费用的具体范围由各省（区、市）和新疆生产建设兵团结合实际分别确定。

（二）逐步提高支付比例。2015年大病保险支付比例应达到50%以上，随着大病保险筹资能力、管理水平不断提高，进一步提高支付比例，更有效地减轻个人医疗费用负担。按照医疗费用高低分段制定大病保险支付比例，医疗费用越高支付比例越高。鼓励地方探索向困难群体适当倾斜的具体办法，努力提高大病保险制度托底保障的精准性。

四、加强医疗保障各项制度的衔接

强化基本医保、大病保险、医疗救助、疾病应急救助、商业健康保险及慈善救助等制度间的互补联动，明确分工，细化措施，在政策制定、待遇支付、管理服务等方面做好衔接，努力实现大病患者应保尽保。鼓励有条件的地方探索建立覆盖职工、城镇居民和农村居民的有机衔接、政策统一的大病保险制度。推动实现新型农村合作医疗重大疾病保障向大病保险平稳过渡。

建立大病信息通报制度，支持商业健康保险信息系统与基本医保、医疗机构信息系统进行必要的信息共享。大病保险承办机构要及时掌握大病患者医疗费用和基本医保支付情况，加强与城乡居民基本医保经办服务的衔接，提供“一站式”即时结算服务，确保群众方便、及时享受大病保险待遇。对经大病保险支付后自付费用仍有困难的患者，民政等部门要及时落实相关救助政策。

五、规范大病保险承办服务

（一）支持商业保险机构承办大病保险。地方政府人力资源社会保障、卫生计生、财政、保险监管部门共同制定大病保险的筹资、支付范围、最低支付比例以及就医、结算管理等基本政策，并通过适当方式征求意见。原则上通过政府招标选定商业保险机构承办大病保险业务，在正常招投标不能确定承办机构的情况下，由地方政府明确承办机构的产生办法。对商业保险机构承办大病保险的保费收入，按现行规定免征营业税，免征保险业务监管费；2015 年至 2018 年，试行免征保险保障金。

（二）规范大病保险招标投标与合同管理。坚持公开、公平、公正和诚实信用的原则，建立健全招投标机制，规范招投标程序。招标主要包括具体支付比例、盈亏率、配备的承办和管理力量等内容。符合保险监管部门基本准入条件的商业保险机构自愿参加投标。招标人应当与中标的商业保险机构签署保险合同，明确双方责任、权利和义务，合同期限原则上不低于 3 年。因违反合同约定，或发生其他严重损害参保人权益的情况，可按照约定提前终止或解除合同，并依法追究责任。各地要不断完善合同内容，探索制定全省（区、市）统一的合同范本。

（三）建立大病保险收支结余和政策性亏损的动态调整机制。遵循收支平衡、保本微利的原则，合理控制商业保险机构盈利率。商业保险机构因承办大病保险出现超过合同约定的结余，需向城乡居民基本医保基金返还资金；因城乡居民基本医保政策调整等政策性原因给商业保险机构带来亏损时，由城乡居民基本医保基金和商业保险机构分摊，具体分摊比例应在保险合同中载明。

（四）不断提升大病保险管理服务的能力和水平。规范资金管理，商业保险机构承办大病保险获得的保费实行单独核算，确保资金安全和偿付能力。商业保险机构要建立专业队伍，加强专业能力建设，提高管理服务效率，优化服务流程，为参保人提供更加高效便捷的服务。发挥商业保险机构全国网络优势，简化报销手续，推动异地医保即时结算。鼓励商业保险机构在承办好大病保险业务的基础上，提供多样化的健康保险产品。

六、严格监督管理

（一）加强大病保险运行的监管。相关部门要各负其责，协同配合，强化服务意识，切实保障参保人权益。人力资源社会保障、卫生计生等部门要建立以保障水平和参保人满意度为核心的考核评价指标体系，加强监督检查和考核评估，督促商业保险机构按合同要求提高服务质量和水平。保险监管部门要加强商业保险机构从业资格审查以及偿付能力、服务质量和市场行为监管，依法查处违法违规行为。财政部门要会同相关部门落实利用城乡居民基本医保基金向商业保险机构购买大病保险的财务列支和会计核算办法，强化基金管理。审计部门要按规定进行严格审计。政府相关部门和商业保险机构要切实加强参保人员个人信息安全保障，防止信息外泄和滥用。

（二）*规范医疗服务行为*。卫生计生部门要加强对医疗机构、医疗服务行为和质量的监管。商业保险机构要与人力资源社会保障、卫生计生部门密切配合，协同推进按病种付费等支付方式改革。抓紧制定相关临床路径，强化诊疗规范，规范医疗行为，控制医疗费用。

（三）*主动接受社会监督*。商业保险机构要将签订合同情况以及筹资标准、待遇水平、支付流程、结算效率和大病保险年度收支等情况向社会公开。城乡居民基本医保经办机构承办大病保险的，在基金管理、经办服务、信息披露、社会监督等方面执行城乡居民基本医保现行规定。

七、强化组织实施

各省（区、市）人民政府和新疆生产建设兵团、各市（地）人民政府要将全面实施大病保险工作列入重要议事日程，进一步健全政府领导、部门协调、社会参与的工作机制，抓紧制定实施方案，细化工作任务和责任部门，明确时间节点和工作要求，确保2015年底前全面推开。

人力资源社会保障、卫生计生部门要加强对各地实施大病保险的指导，密切跟踪工作进展，及时研究解决新情况新问题，总结推广经验做法，不断完善大病保险制度。加强宣传解读，使群众广泛了解大病保险政策、科学理性对待疾病，增强全社会的保险责任意识，为大病保险实施营造良好社会氛围。

人力资源和社会保障部关于普遍开展城镇居民基本医疗保险门诊统筹有关问题的意见

（2011 年 5 月 24 日　人社部发〔2011〕59 号）

各省、自治区、直辖市人力资源社会保障厅（局），新疆生产建设兵团劳动保障局：

近年来，部分地区积极开展城镇居民基本医疗保险（以下简称居民医保）门诊统筹工作，减轻了居民门诊医疗费用负担，增强了制度保障能力，受到群众广泛欢迎。按照国务院办公厅医药卫生体制五项重点改革 2011 年主要安排的要求，今年要普遍开展居民医保门诊统筹工作。现就有关问题提出以下意见：

一、充分认识门诊统筹的重要意义

普遍开展居民医保门诊统筹是提高医疗保障水平的重要举措，有利于拓宽保障功能，减轻群众门诊医疗费用负担；是完善医疗保险管理机制的重要内容，有利于整体调控卫生资源，提高保障绩效；是落实“保基本、强基层、建机制”要求的重要抓手，有利于支持基层医疗机构建设，促进基本药物制度实施，推动医药卫生体制各项改革协调发展。

开展门诊统筹要坚持以下原则：坚持基本保障，重点保障群众负担较重的门诊多发病、慢性病，避免变成福利补偿；坚持社会共济，实现基金调剂使用和待遇公平；坚持依托基层医疗卫生资源，严格控制医疗服务成本，提高基金使用效率。

各地要统一思想，落实责任，加强组织实施，确保完成今年普遍开展门诊统筹的工作任务。要按照《关于开展城镇居民基本医疗保险门诊统筹的指导意见》（人社部发〔2009〕66号）的要求，加强管理，创新机制，努力提高门诊统筹保障绩效。要充分发挥医疗保险在医药卫生体制改革中的重要作用，着眼于调结构、建机制，降低医疗服务成本，优化卫生资源配置。

二、合理确定保障范围和支付政策

门诊统筹所需资金由居民医保基金解决。各地要综合考虑居民医疗需求、费用水平、卫生资源分布等情况，认真测算、合理安排门诊和住院资金。2011年新增财政补助资金，在保证提高住院医疗待遇的基础上，重点用于开展门诊统筹。

门诊统筹立足保障参保人员基本医疗需求，主要支付在基层医疗卫生机构发生的符合规定的门诊医疗费用，重点保障群众负担较重的多发病、慢性病。困难地区可以从纳入统筹基金支付范围的门诊大病起步逐步拓展门诊保障范围。

合理确定门诊统筹支付比例、起付标准（额）和最高支付限额。对在基层医疗卫生机构发生的符合规定的医疗费用，支付比例原则上不低于50%；累计门诊医疗费较高的部分，可以适当提高支付比例。对于在非基层医疗机构发生的门诊医疗费用，未经基层医疗机构转诊的原则上不支付。根据门诊诊疗和药品使用特点，探索分别制定诊疗项目和药品的支付办法。针对门诊发生频率较高的特点，可以采取每次就诊定额自付的办法确定门诊统筹起付额。要根据基金承受能力，综合考虑当地次均门诊费用、居民就诊次数、住院率等因素，合理确定门诊统筹最高支付限额，并随着基金承受能力的增强逐步提高。要结合完善就医机制，统筹考虑门诊、住院支付政策，做好相互之间的衔接，提高基金使用效率。

对恶性肿瘤门诊放化疗、尿毒症透析、器官移植术后抗排异治疗、糖尿病患者胰岛素治疗、重性精神病人药物维持治疗等特殊治疗，以及在门诊开展比住院更经济方便的部分手术，要采取措施鼓励患者在门诊就医。各地可以针对这些特殊治疗和手术的特点，单独确定定点医疗机构（不限于基层医疗机构），并参照住院制定相应的管理和支付办法，减轻他们的医疗费用负担。

三、完善医疗服务管理措施

根据门诊保障需要，建立健全适合门诊特点的医疗服务管理和考核体系，加强对门诊就诊率、转诊率、次均费用、费用结构等的考核，规范基层定点医疗机构医疗服务行为。做好与基层医疗服务体系建设、基本药物制度、全科医生制度等其他改革的衔接，做到相互促进。

居民医保门诊统筹执行基本医疗保险药品目录，在定点基层医疗机构保证《国家基本医疗保险药品目录》甲类药品（包括基本药物）的使用。对定点基层医疗机构医保甲类药品的配备和使用要提出明确要求，并纳入定点基层医疗机构考核体系。对部分患者门诊基本医疗必需的乙类药品，有条件的地区可以研究探索制订基层医疗机构医生处方外购药品的支付和管理办法。严格执行政府办基层医疗机构基本药物零差率销售政策，降低药品使用成本。

将一般诊疗费全额纳入医疗保险支付范围，按规定比例予以支付。建立健全门诊统筹诊疗服务规范和监管措施，加强对定点基层医疗机构服务行为监管，合理控制诊疗服务数量和费用，避免分解就诊、重复收费等不规范诊疗行为的发生。

四、创新就医管理和付费机制

创新门诊统筹就医管理和付费机制，管理重点逐步由费用控制向成本控制转变，降低服务成本，提高保障绩效。要充分利用基层医疗机构，引导群众基层就医，促进分级医疗体系形成。发挥医疗保险对卫生资源的调控作用，合理使用门诊和住院资源，降低住院率，从总体上控制医疗费用。

积极探索基层首诊和双向转诊就医管理机制。确定首诊基层医疗机构要综合考虑医疗机构服务能力、参保居民意愿、是否与上级医院建立协作关系等因素，一般一年一定，参保人只能选择一家。积极探索双向转诊，明确首诊、转诊医疗机构责任，逐步建立风险控制和费用分担机制。规范基层医疗机构上转病人，促进医院下转病人，推动形成分工合理的就医格局。

充分发挥医疗保险团购优势，通过谈判，控制医疗服务成本，减轻患者费用负担。各统筹地区要研究制定门诊统筹团购办法，明确规则、内容、流程等，在人头服务、慢病管理、常用药品、常规诊疗项目等方面探索团购工作。在实施总额预算管理的基础上，探索实行按人头付费等付费方式，建立风险共担的机制，促进医疗机构和医生主动控制费用。要根据不同付费方式的特点，明确监管重点，提高医疗质量，保障参保居民基本医疗权益。

五、加强经办管理

加强居民医保基金预算管理，统筹安排门诊和住院资金，提高基金使用效率。在统一进行预算管理的基础上，对门诊和住院医疗费用支出单独列账、分开统计。完善门诊和住院费用支出监测指标体系，建立动态分析制度。

完善门诊统筹协议管理。随着门诊统筹付费机制的完善，充实细化协议内容，将门诊统筹政策要求、管理措施、服务质量、考核办法、奖惩机制等落实到定点协议中，通过协议强化医疗服务监管。定期公布定点医疗机构医疗服务费用、质量、群众满意度等情况，充分发挥社会监督作用。加大考核力度，将考核结果与费用结算、奖励处罚挂钩。

加强信息系统建设。各统筹地区要加快发行社会保障卡，尽快将网络延伸到全部定点基层医疗机构和街道（乡镇）、社区（村）服务网点，利用信息化手段强化运行监控，方便即时结算。提高医疗保险信息系统建设部署层级，数据至少集中到地市一级。对定点医疗机构信息系统与医保信息系统的衔接提出明确要求，定点医疗机构向医保机构传输就诊结算信息，逐步由定时回传提高到实时回传，内容应包括个人就诊基本信息和各项医疗服务的汇总及明细信息（含自费项目）。

六、积极稳妥开展门诊统筹工作

各省（区、市）人力资源社会保障厅（局）要高度重视门诊统筹工作，研究制定具体落实措施和工作方案，加强对各统筹地区的工作指导和政策协调。尚未开展居民医保门诊统筹的地区，要抓紧出台相关政策，尽快启动实施；已开展居民医保门诊统筹的地区，要根据本通知要求进一步完善政策、加强管理。门诊统筹重点联系城市要做好重点专题探索工作，破解重点难点问题，实现体制机制创新。有条件的地区可以调整职工医保个人账户使用办法，探索职工门诊保障统筹共济办法。

门诊统筹工作政策性强、涉及面广，各级人力资源社会保障部门要主动加强与发展改革、财政、卫生、民政等部门的沟通协调，促进医改各项工作协同推进。各省（区、市）要充分发挥重点联系城市的作用，及时推广好的经验做法，形成上下互动的合力。

各地在推进居民医保门诊统筹过程中，遇有新情况、新问题请及时向我部报告。

人力资源和社会保障部关于进一步推进医疗保险付费方式改革的意见

（2011年5月31日　人社部发〔2011〕63号）

各省、自治区、直辖市、人力资源社会保障厅（局），新疆生产建设兵团劳动保障局：

基本医疗保险制度建立以来，各地积极探索有效的医疗保险付费方式，在保障参保人员权益、规范医疗服务行为、控制医疗费用增长和促进医疗机构发展等方面发挥了重要作用。随着医药卫生体制改革的深化，对完善医疗保险付费体系提出了更新更高的要求。按照党中央、国务院关于深化医药卫生体制改革的总体部署，为进一步推进医疗保险付费方式改革，现提出如下意见：

一、推进付费方式改革的任务目标与基本原则

当前推进付费方式改革的任务目标是：结合基金收支预算管理加强总额控制，探索总额预付。在此基础上，结合门诊统筹的开展探索按人头付费，结合住院门诊大病的保障探索按病种付费。建立和完善医疗保险经办机构与医疗机构的谈判协商机制与风险分担机制，逐步形成与基本医疗保险制度发展相适应，激励与约束并重的支付制度。

推进付费方式改革必须把握以下基本原则：一是保障基本。要根据医疗保险基金规模，以收定支，科学合理确定支付标准，保障参保人员的基本医疗待遇。二是建立机制。要建立医疗保险经办机构和医疗机构之间的谈判协商机制和风险分担机制。三是加强管理。要针对不同付费方式特点，完善监督考核办法，在费用控制的基础上加强对医疗服务的质量控制。四是因地制宜。要从实际出发，积极探索，勇于创新，不断总结经验，完善医疗保险基金支付办法。

二、结合基金预算管理加强付费总额控制

付费方式改革要以建立和完善基金预算管理为基础。各统筹地区要按照《国务院关于试行社会保险基金预算的意见》（国发〔2010〕2号）文件要求，认真编制基本医疗保险基金收支预算。对基金支出预算要进行细化，将支出预算与支付方式相结合，进行支出预算分解。

要根据基金收支预算实行总额控制，探索总额预付办法。各地要按照基金支出总额，确定对每一种付费方式的总额控制指标，根据不同定点医疗机构级别、类别、特点以及承担的服务量等因素，落实到每一个定点医疗机构，以及每一结算周期，并体现在医保经办机构和定点医疗机构的协议中。医保经办机构要根据协议的规定，按时足额向定点医疗机构支付费用。同时，根据基金能力和结算周期，明确预拨定点医疗机构周转金的条件和金额。

要将定点医疗机构总额控制指标与其定点服务考评结果挂钩，在按周期进行医疗费用结算的基础上，按照“结余奖励、超支分担”的原则实行弹性结算，作为季度或年度最终结算的依据。

三、结合医保制度改革探索相应的付费办法

门诊医疗费用的支付，要结合居民医保门诊统筹的普遍开展，适应基层医疗机构或全科医生首诊制的建立，探索实行以按人头付费为主的付费方式。实行按人头付费必须明确门诊统筹基本医疗服务包，首先保障参保人员基本医疗保险甲类药品、一般诊疗费和其他必需的基层医疗服务费用的支付。要通过签订定点服务协议，将门诊统筹基本医疗服务包列入定点服务协议内容，落实签约定点基层医疗机构或全科医生的保障责任。

住院及门诊大病医疗费用的支付，要结合医疗保险统筹基金支付水平的提高，探索实行以按病种付费为主的付费方式。按病种付费可从单一病种起步，优先选择临床路径明确、并发症与合并症少、诊疗技术成熟、质量可控且费用稳定的常见病、多发病。同时，兼顾儿童白血病、先天性心脏病等当前有重大社会影响的疾病。具体病种由各地根据实际组织专家论证后确定。有条件的地区可逐步探索按病种分组（DRGs）付费的办法。生育保险住院分娩（包括顺产、器械产、剖宫产）医疗费用，原则上要按病种付费的方式，由经办机构与医疗机构直接结算。暂不具备实行按人头或按病种付费的地方，作为过渡方式，可以结合基金预算管理，将现行的按项目付费方式改为总额控制下的按平均定额付费方式。

各地在改革中要按照不增加参保人员个人负担的原则，根据不同的医疗保险付费方式，适当调整政策，合理确定个人费用分担比例。

四、结合谈判机制科学合理确定付费标准

付费标准应在调查测算的基础上确定。可以对改革前 3 年定点医疗机构的费用数据进行测算，了解掌握不同医疗机构参保人员就医分布以及费用支出水平。在此基础上，根据医保基金总体支付能力和现行医保支付政策，确定医保基础付费标准。要以基础付费标准为参照，通过经办机构与定点医疗机构的谈判协商，根据定点医疗机构服务内容、服务能力以及所承担医疗保险服务量，确定不同类型、不同级别医疗机构的具体的付费标准。同时，综合考虑经济社会发展、医疗服务提供能力、适宜技术服务利用、消费价格指数和医药价格变动等因素，建立付费标准动态调整机制。

统筹地区要遵循公开透明的原则，制定医保经办机构与定点医疗机构进行谈判的程序和办法，在实践中对谈判的组织、管理、方式、纠纷处理办法等方面进行积极探索。

五、建立完善医疗保险费用质量监控标准体系

要建立健全医疗保险服务监控标准体系。要在基本医疗保险药品目录、诊疗项目范围、医疗服务设施标准基础上，针对不同付费方式特点分类确定监控指标。应明确要求定点医疗机构执行相应的出入院标准，确定住院率、转诊转院率、次均费用、参保人自费项目费用比例以及医疗服务质量、临床路径管理、合理用药情况等方面的技术控制标准，并将此纳入协议，加强对医疗机构费用的控制和质量的监管，切实保障参保人权益。

要针对不同付费方式明确监管重点环节。采取按人头付费的，重点防范减少服务内容、降低服务标准等行为；采取按病种付费的，重点防范诊断升级、分解住院等行为；采取总额预付的，重点防范服务提供不足、推诿重症患者等行为。

要加强对定点医疗机构的监督检查。通过引入参保人满意度调查、同行评议等评价方式，完善考核评价办法。要充分利用信息管理系统，通过完善数据采集和加强数据分析，查找不同付费方式的风险点并设置阈值，强化对医疗行为和医疗费用的监控，并总结风险规律，建立诚信档案。要将监测、考评和监督检查的结果与医保实际付费挂钩。

六、统筹规划，精心组织，以点带面推动实施

推动医疗保险付费方式改革是一个长期的、不断完善的过程，各地要统一思想，提高认识，加强领导，落实责任，抓好组织工作。在推进医疗保险付费方式改革中，要按照有利于提高医疗保险基金使用效率，有利于调动医疗机构及其医务人员的积极性，有利于提高医保管理服务水平，有利于维护参保人员的基本医疗保障权益的指导思想，主动改革，敢于创新，针对改革中遇到的新情况、新问题，不断调整完善付费政策和办法。

各省级人力资源社会保障部门要按照本意见要求，在认真调研的基础上制定本省（区、市）推进付费方式改革总体规划。要通过建立重点联系城市制度，发现、培育、树立典型，通过搭建交流工作平台，充分发挥典型城市的示范带头作用，以点带面加强对所辖统筹地区的指导。

各统筹地区人力资源社会保障部门要按照省（区、市）的统一部署，制定本地区推动付费方式改革的工作方案，明确改革目标、改革思路以及推进步骤。统筹地区工作方案应报送省级人力资源社会保障部门备案。

付费方式改革涉及各方利益的调整，在改革中要注意维护政策的连续性和稳定性，妥善处理改革与稳定的关系。要加强与其他部门的沟通协调，充分听取社会各方意见建议，形成改革的合力。遇有重大事项要及时报告。

人力资源和社会保障部关于领取失业保险金人员参加职工基本医疗保险有关问题的通知

（2011年7月4日　人社部发〔2011〕77号）

为贯彻落实《中华人民共和国社会保险法》，做好领取失业保险金期间的失业人员（以下简称领取失业保险金人员）参加职工基本医疗保险（以下简称职工医保）工作，接续基本医疗保险关系，保障合理的医疗待遇水平，现就有关问题通知如下：

一、领取失业保险金人员应按规定参加其失业前失业保险参保地的职工医保，由参保地失业保险经办机构统一办理职工医保参保缴费手续。

二、领取失业保险金人员参加职工医保应缴纳的基本医疗保险费从失业保险基金中支付，个人不缴费。

三、领取失业保险金人员参加职工医保的缴费率原则上按照统筹地区的缴费率确定。缴费基数可参照统筹地区上年度职工平均工资的一定比例确定，最低比例不低于60%。

失业保险经办机构为领取失业保险金人员缴纳基本医疗保险费的期限与领取失业保险金期限相一致。

四、领取失业保险金人员出现法律规定的情形或领取期满而停止领取失业保险金的，失业保险经办机构为其办理停止缴纳基本医疗保险费的相关手续。

失业保险经办机构应将缴费金额、缴费时间等有关信息及时告知医疗保险经办机构和领取失业保险金人员本人。

停止领取失业保险金人员按规定相应参加职工医保、城镇居民基本医疗保险或新型农村合作医疗。

五、领取失业保险金人员参加职工医保的缴费年限与其失业前参加职工医保的缴费年限累计计算。

六、领取失业保险金人员参加职工医保当月起按规定享受相应的住院和门诊医疗保险待遇，享受待遇期限与领取失业保险金期限相一致，不再享受原由失业保险基金支付的医疗补助金待遇。

七、领取失业保险金人员失业保险关系跨省、自治区、直辖市转入户籍所在地的，其职工医保关系随同转移，执行转入地职工医保政策。应缴纳的基本医疗保险费按转出地标准一次性划入转入地失业保险基金。转入地失业保险经办机构按照当地有关规定为领取失业保险金人员办理职工医保参保缴费手续。

转出地失业保险基金划转的资金缴纳转入地职工医保费的不足部分，由转入地失业保险基金予以补足，超出部分并入转入地失业保险基金。

八、各地要高度重视领取失业保险金人员参加职工医保工作，切实加强组织领导，统筹规划，认真测算，抓紧研究制定适合本地区的实施办法，自 2011 年 7 月 1 日起开始实施。要通过多种形式加强政策宣传，大力开展业务培训。要进一步规范管理，加强信息系统建设。已经实行失业人员参加职工医保的地区，要按照《中华人民共和国社会保险法》的规定及本通知要求进一步完善政策。

人力资源社会保障部门和财政部门要密切协作，及时沟通，确保领取失业保险金人员参加职工医保工作顺利实施；对工作中出现的新情况和新问题，要认真分析研究，不断完善政策、加强管理、改进服务，并及时向上级部门反映。

国务院办公厅关于建立健全基层医疗卫生机构补偿机制的意见

（2010 年 12 月 10 日　国办发〔2010〕62 号）

各省、自治区、直辖市人民政府，国务院各部委、各直属机构：

为确保国家基本药物制度顺利实施，保证基层医疗卫生机构平稳运行和发展，调动基层医疗卫生机构和医务人员积极性，经国务院同意，现就建立健全基层医疗卫生机构补偿机制，提出以下意见：

一、总体要求

在基层医疗卫生机构实施基本药物制度，要按照保障机构有效运行和健康发展、保障医务人员合理待遇的原则同步落实补偿政策，建立稳定的补偿渠道和补偿方式；同时坚持以投入换机制，大力推进基层医疗卫生机构综合改革，引导基层医疗卫生机构主动转变运行机制，提高服务质量和效率，发挥好承担基本公共卫生服务和诊疗常见病、多发病的功能。

二、建立健全稳定长效的多渠道补偿机制

实施基本药物制度后，政府举办的乡镇卫生院、城市社区卫生服务机构的人员支出和业务支出等运行成本通过服务收费和政府补助补偿。基本医疗服务主要通过医疗保障付费和个人付费补偿；基本公共卫生服务通过政府建立的城乡基本公共卫生服务经费保障机制补偿；经常性收支差额由政府按照“核定任务、核定收支、绩效考核补助”的办法补助。各地要按照核定的编制人员数和服务工作量，参照当地事业单位工作人员平均工资水平核定工资总额。政府负责其举办的乡镇卫生院、城市社区卫生服务机构按国家规定核定的基本建设经费、设备购置经费、人员经费和其承担公共卫生服务的业务经费。按扣除政府补助后的服务成本制定医疗服务价格，体现医疗服务合理成本和技术劳务价值，并逐步调整到位。按上述原则补偿后出现的经常性收支差额由政府进行绩效考核后予以补助。

（一）落实政府对基层医疗卫生机构的专项补助经费。政府举办的基层医疗卫生机构基本建设和设备购置等发展建设支出，由政府根据基层医疗卫生机构发展建设规划足额安排。

落实基本公共卫生服务经费。2010 年，各级政府要按照不低于人均 15 元的标准落实基本公共卫生服务经费；2011 年起，进一步提高人均经费标准，建立稳定的基本公共卫生服务经费保障机制。卫生、财政部门要健全绩效考核机制，根据服务数量和质量等绩效将基本公共卫生服务经费及时足额拨付到基层医疗卫生机构。

基层医疗卫生机构承担的突发公共卫生事件处置任务由政府按照服务成本核定补助。

基层医疗卫生机构人员经费（包括离退休人员经费）、人员培训和人员招聘所需支出，由财政部门根据政府卫生投入政策、相关人才培养规划和人员招聘规划合理安排补助。

（二）调整基层医疗卫生机构收费项目、收费标准和医保支付政策。调整基层医疗卫生机构收费项目，将现有的挂号费、诊查费、注射费（含静脉输液费，不含药品费）以及药事服务成本合并为一般诊疗费，不再单设药事服务费，合并项目内容由国家价格主管部门会同卫生、人力资源社会保障等有关部门具体规定。一般诊疗费的收费标准可在原来分项收费标准总和的基础上适当调整，并在不增加群众现有个人负担的前提下，合理确定医保支付比例。具体收费标准（全国平均数为 10 元左右）和医保支付政策由各省（区、市）价格主管、卫生、人力资源社会保障和财政等有关部门综合考虑本地区基层医疗卫生机构实施基本药物制度、服务能力利用率、医务人员劳务成本、医保承受能力等因素制定。调整医疗服务收费及医保支付政策可在已实施基本药物制度及已开展基本医保门诊统筹的基层医疗卫生机构先行执行。基层医疗卫生机构其他服务仍按现有项目和标准收费。对已合并到一般诊疗费里的原收费项目，不得再另行收费或变相收费。卫生、人力资源社会保障、价格等相关部门要制定具体监管措施，防止基层医疗卫生机构重复收费、分解处方多收费。

（三）落实对基层医疗卫生机构经常性收支差额的补助。落实政府专项补助和调整医疗服务收费后，基层医疗卫生机构的经常性收入仍不足以弥补经常性支出的差额部分，由政府在年度预算中足额安排，实行先预拨后结算，并建立起稳定的补助渠道和长效补助机制。各地要根据政府卫生投入政策，结合本地实际制定经常性收支核定和差额补助的具体办法。基层医疗卫生机构的收支结余要按规定留用或上缴。具备条件的地区可以实行收支两条线，基本医疗服务等收入全额上缴，开展基本医疗和公共卫生服务所需的经常性支出由政府核定并全额安排。

三、大力推进基层医疗卫生机构综合改革

（一）明确基层医疗卫生机构的功能定位。基层医疗卫生机构主要提供基本公共卫生服务和基本医疗服务，其诊疗科目、床位数量、科室设置、人员配备、基础设施建设和设备配备要与其功能定位相适应。卫生部要尽快制定指导意见，明确基层医疗卫生机构的功能和服务范围。对服务能力已经超出基本医疗服务和公共卫生服务的基层医疗卫生机构，特别是一些服务人口较多、服务能力已经达到二级医院标准的乡镇卫生院，可将其转为公立医院，或将其超出功能定位的资源整合到县级医院；也可以对其承担的基本医疗服务和公共卫生服务采取购买服务的方式进行补偿。鼓励基层医疗卫生机构提供中医药等适宜技术和服务。

（二）完善基层医疗卫生机构人事分配制度。要加强基层医疗卫生机构人员编制管理，尽快完成人员编制标准的核定工作。各地区可以县（市、区）为单位核定基层医疗卫生机构的总编制，由县级机构编制部门会同卫生行政部门结合实际工作量统筹安排、动态调整各基层医疗卫生机构的人员编制。要在核定编制的基础上，指导基层医疗卫生机构实行以科学设岗、竞聘上岗、以岗定薪、合同管理为主要内容的聘用制度和岗位管理制度。要研究制定相关政策，妥善安置未聘人员，相关费用由地方政府按国家有关规定统筹研究解决。同时，要将实施基本药物制度的基层医疗卫生机构的绩效工资制度同步落实到位。

（三）充分发挥医保对基层医疗卫生机构综合改革的促进作用。依托城乡基层医疗卫生机构，加快推进基本医保门诊统筹，将一般诊疗费纳入支付范围，并逐步提高参保人员在基层医疗卫生机构就诊费用的报销比例，进一步引导群众到基层医疗卫生机构看病就医。推进医保付费方式改革，探索按人头付费、按病种付费、总额预付等付费方式，引导基层医疗卫生机构主动积极地开展服务，努力提高服务质量，合理控制服务成本。

（四）建立基层医疗卫生机构考核和激励机制。各省（区、市）要制定基层医疗卫生机构绩效考核办法，根据管理绩效、基本医疗和公共卫生服务的数量和质量、服务对象满意度、居民健康状况改善等指标对基层医疗卫生机构进行综合量化考核，并将考核结果与资金安排和拨付挂钩。对绩效考核差的可扣减资金安排，对绩效考核好的可给予适当奖励。要督促、指导基层医疗卫生机构加强内部管理，强化收支管理，严格成本核算和控制。

（五）充分调动医务人员积极性。实施基本药物制度后，要保障基层医务人员合理收入水平不降低。要指导基层医疗卫生机构坚持多劳多得、优绩优酬，重点向关键岗位、业务骨干和作出突出贡献的工作人员倾斜，适当拉开收入差距；建立以岗位责任和绩效为基础、以服务数量和质量以及服务对象满意度为核心的考核和激励制度，并将考核结果与实施绩效工资制度、人员竞聘上岗紧密结合。各地制定人员分流、竞聘上岗等相关政策时要充分听取基层医疗卫生机构工作人员的意见。要向基层医务人员提供更多的培养培训机会，对长期在基层工作的卫生技术人员在职称晋升、待遇政策等方面给予适当倾斜，及时帮助解决实际困难。要加强政策宣传，使广大医务人员理解、支持和积极参与基层医疗卫生机构改革。

四、多渠道加大对乡村医生的补助力度

对村卫生室主要通过政府购买服务的方式进行合理补助。卫生部门要在核定村卫生室承担公共卫生服务项目和服务人口数量的能力的基础上，安排一定比例的基本公共卫生服务工作量由村卫生室承担，并落实相应经费。各地在推进医保门诊统筹工作中，可以将符合条件的村卫生室的门诊服务纳入新农合报销范围。开展新型农村社会养老保险试点的地区要积极将符合条件的乡村医生纳入保险范围。鼓励各地在房屋建设、设备购置以及人员培训等方面对村卫生室给予一定扶持，并采取多种形式对乡村医生进行补助。有条件的地方可以将实行乡村一体化的村卫生室纳入基本药物制度实施范围并落实补偿政策。

对非政府举办的基层医疗卫生机构，各地要通过政府购买服务等方式对其承担的公共卫生服务给予合理补助，并将其中符合条件的机构纳入医保定点范围，执行与政府办基层医疗卫生机构相同的医保支付和报销政策。

五、建立健全基层医疗卫生机构补偿机制的工作要求

（一）加强组织领导。各地区、各有关部门要把建立健全基层医疗卫生机构补偿机制作为实施基本药物制度和基层医疗卫生机构综合改革的关键环节抓紧落实，将政府补助资金纳入财政预算和基建支出计划足额安排，及时调整医疗服务收费项目和医保支付政策，尽快建立起稳定、长效、合理的基层医疗卫生机构补偿机制。各省（区、市）要在本意见印发后30个工作日内制定本地区基层医疗卫生机构补偿具体办法，并报国务院深化医药卫生体制改革领导小组办公室、财政部、卫生部、人力资源社会保障部备案。

（二）落实补偿责任。省级人民政府要对建立基层医疗卫生机构补偿机制、保障基层医疗卫生机构正常运行和医务人员合理待遇水平负总责。各省（区、市）要统筹考虑地方各级财政和各项医保基金承受能力，合理确定医疗服务收费项目和标准，明确地方各级财政分担比例和具体办法，加大对贫困地区的补助力度。市、县级人民政府要在预算中足额安排并及时拨付应由本级财政负担的补助资金，认真落实调整后的医疗服务收费和医保政策。中央财政要通过“以奖代补”等方式进行补助，支持各地实施基本药物制度。各级财政可采取先预拨后结算的方式及时下达补助资金，保障基本药物制度按计划进度顺利实施。

（三）强化督促指导。国务院深化医药卫生体制改革领导小组办公室要会同财政、卫生、人力资源社会保障等部门加强对各地工作的检查指导，定期进行考核，及时总结经验，不断完善政策。各省（区、市）要及时将贯彻落实本意见的情况报送国务院深化医药卫生体制改革领导小组办公室。

流动就业人员基本医疗保障关系转移接续暂行办法

（2009 年 12 月 31 日　人社部发〔2009〕191 号）

第一条　为保证城镇职工基本医疗保险、城镇居民基本医疗保险和新型农村合作医疗参保（合）人员流动就业时能够连续参保，基本医疗保障关系能够顺畅接续，保障参保（合）人员的合法权益，根据《中共中央国务院关于深化医药卫生体制改革的意见》（中发〔2009〕6 号）的要求，制定本办法。

第二条　城乡各类流动就业人员按照现行规定相应参加城镇职工基本医疗保险、城镇居民基本医疗保险或新型农村合作医疗，不得同时参加和重复享受待遇。各地不得以户籍等原因设置参加障碍。

第三条　农村户籍人员在城镇单位就业并有稳定劳动关系的，由用人单位按照《社会保险登记管理暂行办法》的规定办理登记手续，参加就业地城镇职工基本医疗保险。其他流动就业的，可自愿选择参加户籍所在地新型农村合作医疗或就业地城镇基本医疗保险，并按照有关规定到户籍所在地新型农村合作医疗经办机构或就业地社会（医疗）保险经办机构办理登记手续。

第四条　新型农村合作医疗参合人员参加城镇基本医疗保险后，由就业地社会（医疗）保险经办机构通知户籍所在地新型农村合作医疗经办机构办理转移手续，按当地规定退出新型农村合作医疗，不再享受新型农村合作医疗待遇。

第五条　由于劳动关系终止或其他原因中止城镇基本医疗保险关系的农村户籍人员，可凭就业地社会（医疗）保险经办机构出具的参保凭证，向户籍所在地新型农村合作医疗经办机构申请，按当地规定参加新型农村合作医疗。

第六条 城镇基本医疗保险参保人员跨统筹地区流动就业，新就业地有接收单位的，由单位按照《社会保险登记管理暂行办法》的规定办理登记手续，参加新就业地城镇职工基本医疗保险；无接收单位的，个人应在中止原基本医疗保险关系后的3个月内到新就业地社会（医疗）保险经办机构办理登记手续，按当地规定参加城镇职工基本医疗保险或城镇居民基本医疗保险。

第七条 城镇基本医疗保险参保人员跨统筹地区流动就业并参加新就业地城镇基本医疗保险的，由新就业地社会（医疗）保险经办机构通知原就业地社会（医疗）保险经办机构办理转移手续，不再享受原就业地城镇基本医疗保险待遇。建立个人账户的，个人账户原则上随其医疗保险关系转移划转，个人账户余额（包括个人缴费部分和单位缴费划入部分）通过社会（医疗）保险经办机构转移。

第八条 参保（合）人员跨制度或跨统筹地区转移基本医疗保障关系的，原户籍所在地或原就业地社会（医疗）保险或新型农村合作医疗经办机构应在其办理中止参保（合）手续时为其出具参保（合）凭证（样式见附件），并保留其参保（合）信息，以备核查。新就业地要做好流入人员的参保（合）信息核查以及登记等工作。

第九条 参保（合）凭证由人力资源社会保障部会同卫生部统一设计，由各地社会（医疗）保险及新型农村合作医疗经办机构统一印制。参保（合）凭证信息原则上通过社会（医疗）保险及新型农村合作医疗经办机构之间传递，因特殊原因无法传递的，由参保（合）人员自行办理有关手续。

第十条 社会（医疗）保险和新型农村合作医疗经办机构要指定窗口或专人，办理流动就业人员的基本医疗保障登记和关系接续等业务。要逐步将身份证号码作为各类人员参加城镇职工基本医疗保险、城镇居民基本医疗保险和新型农村合作医疗的唯一识别码，加强信息系统建设，及时记录更新流动人员参保（合）缴费的信息，保证参保（合）记录的完整性和连续性。

第十一条 社会（医疗）保险和新型农村合作医疗经办机构要加强沟通和协作，共同做好基本医疗保障关系转移接续管理服务工作，简化手续，规范流程，共享数据，方便参保（合）人员接续基本医疗保障关系和享受待遇。

第十二条 各省、自治区、直辖市要按照本办法，并结合当地实际制定流动就业人员基本医疗保障登记管理和转移接续的具体实施办法。

第十三条 本办法自2010年7月1日起实施。

四 工伤保险

中华人民共和国职业病防治法

（2001年10月27日第九届全国人民代表大会常务委员会第二十四次会议通过　根据2011年12月31日第十一届全国人民代表大会常务委员会第二十四次会议《关于修改〈中华人民共和国职业病防治法〉的决定》第一次修正　根据2016年7月2日第十二届全国人民代表大会常务委员会第二十一次会议《关于修改〈中华人民共和国节约能源法〉等六部法律的决定》第二次修正　根据2017年11月4日第十二届全国人民代表大会常务委员会第三十次会议《关于修改〈中华人民共和国会计法〉等十一部法律的决定》第三次修正　根据2018年12月29日第十三届全国人民代表大会常务委员会第七次会议《关于修改〈中华人民共和国劳动法〉等七部法律的决定》第四次修正）

目　　录

第一章 总　　则

第一条 为了预防、控制和消除职业病危害，防治职业病，保护劳动者健康及其相关权益，促进经济社会发展，根据宪法，制定本法。

第二条 本法适用于中华人民共和国领域内的职业病防治活动。

本法所称职业病，是指企业、事业单位和个体经济组织等用人单位的劳动者在职业活动中，因接触粉尘、放射性物质和其他有毒、有害因素而引起的疾病。

职业病的分类和目录由国务院卫生行政部门会同国务院劳动保障行政部门制定、调整并公布。

第三条 职业病防治工作坚持预防为主、防治结合的方针，建立用人单位负责、行政机关监管、行业自律、职工参与和社会监督的机制，实行分类管理、综合治理。

第四条 劳动者依法享有职业卫生保护的权利。

用人单位应当为劳动者创造符合国家职业卫生标准和卫生要求的工作环境和条件，并采取措施保障劳动者获得职业卫生保护。

工会组织依法对职业病防治工作进行监督，维护劳动者的合法权益。用人单位制定或者修改有关职业病防治的规章制度，应当听取工会组织的意见。

第五条 用人单位应当建立、健全职业病防治责任制，加强对职业病防治的管理，提高职业病防治水平，对本单位产生的职业病危害承担责任。

第六条 用人单位的主要负责人对本单位的职业病防治工作全

面负责。

第七条 用人单位必须依法参加工伤保险。

国务院和县级以上地方人民政府劳动保障行政部门应当加强对工伤保险的监督管理，确保劳动者依法享受工伤保险待遇。

第八条 国家鼓励和支持研制、开发、推广、应用有利于职业病防治和保护劳动者健康的新技术、新工艺、新设备、新材料，加强对职业病的机理和发生规律的基础研究，提高职业病防治科学技术水平；积极采用有效的职业病防治技术、工艺、设备、材料；限制使用或者淘汰职业病危害严重的技术、工艺、设备、材料。

国家鼓励和支持职业病医疗康复机构的建设。

第九条 国家实行职业卫生监督制度。

国务院卫生行政部门、劳动保障行政部门依照本法和国务院确定的职责，负责全国职业病防治的监督管理工作。国务院有关部门在各自的职责范围内负责职业病防治的有关监督管理工作。

县级以上地方人民政府卫生行政部门、劳动保障行政部门依据各自职责，负责本行政区域内职业病防治的监督管理工作。县级以上地方人民政府有关部门在各自的职责范围内负责职业病防治的有关监督管理工作。

县级以上人民政府卫生行政部门、劳动保障行政部门（以下统称职业卫生监督管理部门）应当加强沟通，密切配合，按照各自职责分工，依法行使职权，承担责任。

第十条 国务院和县级以上地方人民政府应当制定职业病防治规划，将其纳入国民经济和社会发展计划，并组织实施。

县级以上地方人民政府统一负责、领导、组织、协调本行政区域的职业病防治工作，建立健全职业病防治工作体制、机制，统一领导、指挥职业卫生突发事件应对工作；加强职业病防治能力建设和服务体系建设，完善、落实职业病防治工作责任制。

乡、民族乡、镇的人民政府应当认真执行本法，支持职业卫生监督管理部门依法履行职责。

第十一条 县级以上人民政府职业卫生监督管理部门应当加强对职业病防治的宣传教育，普及职业病防治的知识，增强用人单位的职业病防治观念，提高劳动者的职业健康意识、自我保护意识和行使职业卫生保护权利的能力。

第十二条 有关防治职业病的国家职业卫生标准，由国务院卫生行政部门组织制定并公布。

国务院卫生行政部门应当组织开展重点职业病监测和专项调查，对职业健康风险进行评估，为制定职业卫生标准和职业病防治政策提供科学依据。

县级以上地方人民政府卫生行政部门应当定期对本行政区域的职业病防治情况进行统计和调查分析。

第十三条 任何单位和个人有权对违反本法的行为进行检举和控告。有关部门收到相关的检举和控告后，应当及时处理。

对防治职业病成绩显著的单位和个人，给予奖励。

第二章 前期预防

第十四条 用人单位应当依照法律、法规要求，严格遵守国家职业卫生标准，落实职业病预防措施，从源头上控制和消除职业病危害。

第十五条 产生职业病危害的用人单位的设立除应当符合法律、行政法规规定的设立条件外，其工作场所还应当符合下列职业卫生要求：

（一）职业病危害因素的强度或者浓度符合国家职业卫生标准；

（二）有与职业病危害防护相适应的设施；

（三）生产布局合理，符合有害与无害作业分开的原则；

（四）有配套的更衣间、洗浴间、孕妇休息间等卫生设施；

（五）设备、工具、用具等设施符合保护劳动者生理、心理健康的要求；

（六）法律、行政法规和国务院卫生行政部门关于保护劳动者健康的其他要求。

第十六条 国家建立职业病危害项目申报制度。

用人单位工作场所存在职业病目录所列职业病的危害因素的，应当及时、如实向所在地卫生行政部门申报危害项目，接受监督。

职业病危害因素分类目录由国务院卫生行政部门制定、调整并公布。职业病危害项目申报的具体办法由国务院卫生行政部门制定。

第十七条 新建、扩建、改建建设项目和技术改造、技术引进项目（以下统称建设项目）可能产生职业病危害的，建设单位在可行性论证阶段应当进行职业病危害预评价。

医疗机构建设项目可能产生放射性职业病危害的，建设单位应当向卫生行政部门提交放射性职业病危害预评价报告。卫生行政部门应当自收到预评价报告之日起三十日内，作出审核决定并书面通知建设单位。未提交预评价报告或者预评价报告未经卫生行政部门审核同意的，不得开工建设。

职业病危害预评价报告应当对建设项目可能产生的职业病危害因素及其对工作场所和劳动者健康的影响作出评价，确定危害类别和职业病防护措施。

建设项目职业病危害分类管理办法由国务院卫生行政部门制定。

第十八条 建设项目的职业病防护设施所需费用应当纳入建设项目工程预算，并与主体工程同时设计，同时施工，同时投入生产和使用。

建设项目的职业病防护设施设计应当符合国家职业卫生标准和卫生要求；其中，医疗机构放射性职业病危害严重的建设项目的防护设施设计，应当经卫生行政部门审查同意后，方可施工。

建设项目在竣工验收前，建设单位应当进行职业病危害控制效果评价。

医疗机构可能产生放射性职业病危害的建设项目竣工验收时，其放射性职业病防护设施经卫生行政部门验收合格后，方可投入使用；其他建设项目的职业病防护设施应当由建设单位负责依法组织验收，验收合格后，方可投入生产和使用。卫生行政部门应当加强对建设单位组织的验收活动和验收结果的监督核查。

第十九条 国家对从事放射性、高毒、高危粉尘等作业实行特殊管理。具体管理办法由国务院制定。

第三章 劳动过程中的防护与管理

第二十条 用人单位应当采取下列职业病防治管理措施：

（一）设置或者指定职业卫生管理机构或者组织，配备专职或者兼职的职业卫生管理人员，负责本单位的职业病防治工作；

（二）制定职业病防治计划和实施方案；

（三）建立、健全职业卫生管理制度和操作规程；

（四）建立、健全职业卫生档案和劳动者健康监护档案；

（五）建立、健全工作场所职业病危害因素监测及评价制度；

（六）建立、健全职业病危害事故应急救援预案。

第二十一条 用人单位应当保障职业病防治所需的资金投入，不得挤占、挪用，并对因资金投入不足导致的后果承担责任。

第二十二条 用人单位必须采用有效的职业病防护设施，并为劳动者提供个人使用的职业病防护用品。

用人单位为劳动者个人提供的职业病防护用品必须符合防治职业病的要求；不符合要求的，不得使用。

第二十三条 用人单位应当优先采用有利于防治职业病和保护劳动者健康的新技术、新工艺、新设备、新材料，逐步替代职业病危害严重的技术、工艺、设备、材料。

第二十四条 产生职业病危害的用人单位，应当在醒目位置设置公告栏，公布有关职业病防治的规章制度、操作规程、职业病危害事故应急救援措施和工作场所职业病危害因素检测结果。

对产生严重职业病危害的作业岗位，应当在其醒目位置，设置警示标识和中文警示说明。警示说明应当载明产生职业病危害的种类、后果、预防以及应急救治措施等内容。

第二十五条 对可能发生急性职业损伤的有毒、有害工作场所，用人单位应当设置报警装置，配置现场急救用品、冲洗设备、应急撤离通道和必要的泄险区。

对放射工作场所和放射性同位素的运输、贮存，用人单位必须配置防护设备和报警装置，保证接触放射线的工作人员佩戴个人剂量计。

对职业病防护设备、应急救援设施和个人使用的职业病防护用品，用人单位应当进行经常性的维护、检修，定期检测其性能和效果，确保其处于正常状态，不得擅自拆除或者停止使用。

第二十六条 用人单位应当实施由专人负责的职业病危害因素日常监测，并确保监测系统处于正常运行状态。

用人单位应当按照国务院卫生行政部门的规定，定期对工作场所进行职业病危害因素检测、评价。检测、评价结果存入用人单位职业卫生档案，定期向所在地卫生行政部门报告并向劳动者公布。

职业病危害因素检测、评价由依法设立的取得国务院卫生行政部门或者设区的市级以上地方人民政府卫生行政部门按照职责分工给予资质认可的职业卫生技术服务机构进行。职业卫生技术服务机构所作检测、评价应当客观、真实。

发现工作场所职业病危害因素不符合国家职业卫生标准和卫生要求时，用人单位应当立即采取相应治理措施，仍然达不到国家职业卫生标准和卫生要求的，必须停止存在职业病危害因素的作业；职业病危害因素经治理后，符合国家职业卫生标准和卫生要求的，方可重新作业。

第二十七条 职业卫生技术服务机构依法从事职业病危害因素检测、评价工作，接受卫生行政部门的监督检查。卫生行政部门应当依法履行监督职责。

第二十八条 向用人单位提供可能产生职业病危害的设备的，应当提供中文说明书，并在设备的醒目位置设置警示标识和中文警示说明。警示说明应当载明设备性能、可能产生的职业病危害、安全操作和维护注意事项、职业病防护以及应急救治措施等内容。

第二十九条 向用人单位提供可能产生职业病危害的化学品、放射性同位素和含有放射性物质的材料的，应当提供中文说明书。说明书应当载明产品特性、主要成份、存在的有害因素、可能产生的危害后果、安全使用注意事项、职业病防护以及应急救治措施等内容。产品包装应当有醒目的警示标识和中文警示说明。贮存上述材料的场所应当在规定的部位设置危险物品标识或者放射性警示标识。

国内首次使用或者首次进口与职业病危害有关的化学材料，使用单位或者进口单位按照国家规定经国务院有关部门批准后，应当向国务院卫生行政部门报送该化学材料的毒性鉴定以及经有关部门登记注册或者批准进口的文件等资料。

进口放射性同位素、射线装置和含有放射性物质的物品的，按照国家有关规定办理。

第三十条 任何单位和个人不得生产、经营、进口和使用国家明令禁止使用的可能产生职业病危害的设备或者材料。

第三十一条 任何单位和个人不得将产生职业病危害的作业转移给不具备职业病防护条件的单位和个人。不具备职业病防护条件的单位和个人不得接受产生职业病危害的作业。

第三十二条 用人单位对采用的技术、工艺、设备、材料，应当知悉其产生的职业病危害，对有职业病危害的技术、工艺、设备、材料隐瞒其危害而采用的，对所造成的职业病危害后果承担责任。

第三十三条 用人单位与劳动者订立劳动合同（含聘用合同，下同）时，应当将工作过程中可能产生的职业病危害及其后果、职业病防护措施和待遇等如实告知劳动者，并在劳动合同中写明，不得隐瞒或者欺骗。

劳动者在已订立劳动合同期间因工作岗位或者工作内容变更，从事与所订立劳动合同中未告知的存在职业病危害的作业时，用人单位应当依照前款规定，向劳动者履行如实告知的义务，并协商变更原劳动合同相关条款。

用人单位违反前两款规定的，劳动者有权拒绝从事存在职业病危害的作业，用人单位不得因此解除与劳动者所订立的劳动合同。

第三十四条 用人单位的主要负责人和职业卫生管理人员应当接受职业卫生培训，遵守职业病防治法律、法规，依法组织本单位的职业病防治工作。

用人单位应当对劳动者进行上岗前的职业卫生培训和在岗期间的定期职业卫生培训，普及职业卫生知识，督促劳动者遵守职业病防治法律、法规、规章和操作规程，指导劳动者正确使用职业病防护设备和个人使用的职业病防护用品。

劳动者应当学习和掌握相关的职业卫生知识，增强职业病防范意识，遵守职业病防治法律、法规、规章和操作规程，正确使用、维护职业病防护设备和个人使用的职业病防护用品，发现职业病危害事故隐患应当及时报告。

劳动者不履行前款规定义务的，用人单位应当对其进行教育。

第三十五条 对从事接触职业病危害的作业的劳动者，用人单位应当按照国务院卫生行政部门的规定组织上岗前、在岗期间和离岗时的职业健康检查，并将检查结果书面告知劳动者。职业健康检查费用由用人单位承担。

用人单位不得安排未经上岗前职业健康检查的劳动者从事接触

职业病危害的作业；不得安排有职业禁忌的劳动者从事其所禁忌的作业；对在职业健康检查中发现有与所从事的职业相关的健康损害的劳动者，应当调离原工作岗位，并妥善安置；对未进行离岗前职业健康检查的劳动者不得解除或者终止与其订立的劳动合同。

职业健康检查应当由取得《医疗机构执业许可证》的医疗卫生机构承担。卫生行政部门应当加强对职业健康检查工作的规范管理，具体管理办法由国务院卫生行政部门制定。

第三十六条 用人单位应当为劳动者建立职业健康监护档案，并按照规定的期限妥善保存。

职业健康监护档案应当包括劳动者的职业史、职业病危害接触史、职业健康检查结果和职业病诊疗等有关个人健康资料。

劳动者离开用人单位时，有权索取本人职业健康监护档案复印件，用人单位应当如实、无偿提供，并在所提供的复印件上签章。

第三十七条 发生或者可能发生急性职业病危害事故时，用人单位应当立即采取应急救援和控制措施，并及时报告所在地卫生行政部门和有关部门。卫生行政部门接到报告后，应当及时会同有关部门组织调查处理；必要时，可以采取临时控制措施。卫生行政部门应当组织做好医疗救治工作。

对遭受或者可能遭受急性职业病危害的劳动者，用人单位应当及时组织救治、进行健康检查和医学观察，所需费用由用人单位承担。

第三十八条 用人单位不得安排未成年工从事接触职业病危害的作业；不得安排孕期、哺乳期的女职工从事对本人和胎儿、婴儿有危害的作业。

第三十九条 劳动者享有下列职业卫生保护权利：

（一）获得职业卫生教育、培训；

（二）获得职业健康检查、职业病诊疗、康复等职业病防治服务；

（三）了解工作场所产生或者可能产生的职业病危害因素、危害后果和应当采取的职业病防护措施；

（四）要求用人单位提供符合防治职业病要求的职业病防护设施和个人使用的职业病防护用品，改善工作条件；

（五）对违反职业病防治法律、法规以及危及生命健康的行为提出批评、检举和控告；

（六）拒绝违章指挥和强令进行没有职业病防护措施的作业；

（七）参与用人单位职业卫生工作的民主管理，对职业病防治工作提出意见和建议。

用人单位应当保障劳动者行使前款所列权利。因劳动者依法行使正当权利而降低其工资、福利等待遇或者解除、终止与其订立的劳动合同的，其行为无效。

第四十条 工会组织应当督促并协助用人单位开展职业卫生宣传教育和培训，有权对用人单位的职业病防治工作提出意见和建议，依法代表劳动者与用人单位签订劳动安全卫生专项集体合同，与用人单位就劳动者反映的有关职业病防治的问题进行协调并督促解决。

工会组织对用人单位违反职业病防治法律、法规，侵犯劳动者合法权益的行为，有权要求纠正；产生严重职业病危害时，有权要求采取防护措施，或者向政府有关部门建议采取强制性措施；发生职业病危害事故时，有权参与事故调查处理；发现危及劳动者生命健康的情形时，有权向用人单位建议组织劳动者撤离危险现场，用人单位应当立即作出处理。

第四十一条 用人单位按照职业病防治要求，用于预防和治理职业病危害、工作场所卫生检测、健康监护和职业卫生培训等费用，按照国家有关规定，在生产成本中据实列支。

第四十二条 职业卫生监督管理部门应当按照职责分工，加强对用人单位落实职业病防护管理措施情况的监督检查，依法行使职权，承担责任。

第四章　职业病诊断与职业病病人保障

第四十三条　职业病诊断应当由取得《医疗机构执业许可证》的医疗卫生机构承担。卫生行政部门应当加强对职业病诊断工作的规范管理，具体管理办法由国务院卫生行政部门制定。

承担职业病诊断的医疗卫生机构还应当具备下列条件：

（一）具有与开展职业病诊断相适应的医疗卫生技术人员；

（二）具有与开展职业病诊断相适应的仪器、设备；

（三）具有健全的职业病诊断质量管理制度。

承担职业病诊断的医疗卫生机构不得拒绝劳动者进行职业病诊断的要求。

第四十四条　劳动者可以在用人单位所在地、本人户籍所在地或者经常居住地依法承担职业病诊断的医疗卫生机构进行职业病诊断。

第四十五条　职业病诊断标准和职业病诊断、鉴定办法由国务院卫生行政部门制定。职业病伤残等级的鉴定办法由国务院劳动保障行政部门会同国务院卫生行政部门制定。

第四十六条　职业病诊断，应当综合分析下列因素：

（一）病人的职业史；

（二）职业病危害接触史和工作场所职业病危害因素情况；

（三）临床表现以及辅助检查结果等。

没有证据否定职业病危害因素与病人临床表现之间的必然联系的，应当诊断为职业病。

职业病诊断证明书应当由参与诊断的取得职业病诊断资格的执业医师签署，并经承担职业病诊断的医疗卫生机构审核盖章。

第四十七条　用人单位应当如实提供职业病诊断、鉴定所需的劳动者职业史和职业病危害接触史、工作场所职业病危害因素检测结果等资料；卫生行政部门应当监督检查和督促用人单位提供上述资料；劳动者和有关机构也应当提供与职业病诊断、鉴定有关的资料。

职业病诊断、鉴定机构需要了解工作场所职业病危害因素情况时，可以对工作场所进行现场调查，也可以向卫生行政部门提出，卫生行政部门应当在十日内组织现场调查。用人单位不得拒绝、阻挠。

第四十八条 职业病诊断、鉴定过程中，用人单位不提供工作场所职业病危害因素检测结果等资料的，诊断、鉴定机构应当结合劳动者的临床表现、辅助检查结果和劳动者的职业史、职业病危害接触史，并参考劳动者的自述、卫生行政部门提供的日常监督检查信息等，作出职业病诊断、鉴定结论。

劳动者对用人单位提供的工作场所职业病危害因素检测结果等资料有异议，或者因劳动者的用人单位解散、破产，无用人单位提供上述资料的，诊断、鉴定机构应当提请卫生行政部门进行调查，卫生行政部门应当自接到申请之日起三十日内对存在异议的资料或者工作场所职业病危害因素情况作出判定；有关部门应当配合。

第四十九条 职业病诊断、鉴定过程中，在确认劳动者职业史、职业病危害接触史时，当事人对劳动关系、工种、工作岗位或者在岗时间有争议的，可以向当地的劳动人事争议仲裁委员会申请仲裁；接到申请的劳动人事争议仲裁委员会应当受理，并在三十日内作出裁决。

当事人在仲裁过程中对自己提出的主张，有责任提供证据。劳动者无法提供由用人单位掌握管理的与仲裁主张有关的证据的，仲裁庭应当要求用人单位在指定期限内提供；用人单位在指定期限内不提供的，应当承担不利后果。

劳动者对仲裁裁决不服的，可以依法向人民法院提起诉讼。

用人单位对仲裁裁决不服的，可以在职业病诊断、鉴定程序结束之日起十五日内依法向人民法院提起诉讼；诉讼期间，劳动者的治疗费用按照职业病待遇规定的途径支付。

第五十条 用人单位和医疗卫生机构发现职业病病人或者疑似职业病病人时，应当及时向所在地卫生行政部门报告。确诊为职业病的，用人单位还应当向所在地劳动保障行政部门报告。接到报告的部门应当依法作出处理。

第五十一条 县级以上地方人民政府卫生行政部门负责本行政区域内的职业病统计报告的管理工作，并按照规定上报。

第五十二条 当事人对职业病诊断有异议的，可以向作出诊断的医疗卫生机构所在地地方人民政府卫生行政部门申请鉴定。

职业病诊断争议由设区的市级以上地方人民政府卫生行政部门根据当事人的申请，组织职业病诊断鉴定委员会进行鉴定。

当事人对设区的市级职业病诊断鉴定委员会的鉴定结论不服的，可以向省、自治区、直辖市人民政府卫生行政部门申请再鉴定。

第五十三条 职业病诊断鉴定委员会由相关专业的专家组成。

省、自治区、直辖市人民政府卫生行政部门应当设立相关的专家库，需要对职业病争议作出诊断鉴定时，由当事人或者当事人委托有关卫生行政部门从专家库中以随机抽取的方式确定参加诊断鉴定委员会的专家。

职业病诊断鉴定委员会应当按照国务院卫生行政部门颁布的职业病诊断标准和职业病诊断、鉴定办法进行职业病诊断鉴定，向当事人出具职业病诊断鉴定书。职业病诊断、鉴定费用由用人单位承担。

第五十四条 职业病诊断鉴定委员会组成人员应当遵守职业道德，客观、公正地进行诊断鉴定，并承担相应的责任。职业病诊断鉴定委员会组成人员不得私下接触当事人，不得收受当事人的财物或者其他好处，与当事人有利害关系的，应当回避。

人民法院受理有关案件需要进行职业病鉴定时，应当从省、自治区、直辖市人民政府卫生行政部门依法设立的相关的专家库中选取参加鉴定的专家。

第五十五条 医疗卫生机构发现疑似职业病病人时，应当告知劳动者本人并及时通知用人单位。

用人单位应当及时安排对疑似职业病病人进行诊断；在疑似职业病病人诊断或者医学观察期间，不得解除或者终止与其订立的劳动合同。

疑似职业病病人在诊断、医学观察期间的费用，由用人单位承担。

第五十六条 用人单位应当保障职业病病人依法享受国家规定的职业病待遇。

用人单位应当按照国家有关规定，安排职业病病人进行治疗、康复和定期检查。

用人单位对不适宜继续从事原工作的职业病病人，应当调离原岗位，并妥善安置。

用人单位对从事接触职业病危害的作业的劳动者，应当给予适当岗位津贴。

第五十七条 职业病病人的诊疗、康复费用，伤残以及丧失劳动能力的职业病病人的社会保障，按照国家有关工伤保险的规定执行。

第五十八条 职业病病人除依法享有工伤保险外，依照有关民事法律，尚有获得赔偿的权利的，有权向用人单位提出赔偿要求。

第五十九条 劳动者被诊断患有职业病，但用人单位没有依法参加工伤保险的，其医疗和生活保障由该用人单位承担。

第六十条 职业病病人变动工作单位，其依法享有的待遇不变。

用人单位在发生分立、合并、解散、破产等情形时，应当对从事接触职业病危害的作业的劳动者进行健康检查，并按照国家有关规定妥善安置职业病病人。

第六十一条 用人单位已经不存在或者无法确认劳动关系的职

业病病人，可以向地方人民政府医疗保障、民政部门申请医疗救助和生活等方面的救助。

地方各级人民政府应当根据本地区的实际情况，采取其他措施，使前款规定的职业病病人获得医疗救治。

第五章 监督检查

第六十二条 县级以上人民政府职业卫生监督管理部门依照职业病防治法律、法规、国家职业卫生标准和卫生要求，依据职责划分，对职业病防治工作进行监督检查。

第六十三条 卫生行政部门履行监督检查职责时，有权采取下列措施：

（一）进入被检查单位和职业病危害现场，了解情况，调查取证；

（二）查阅或者复制与违反职业病防治法律、法规的行为有关的资料和采集样品；

（三）责令违反职业病防治法律、法规的单位和个人停止违法行为。

第六十四条 发生职业病危害事故或者有证据证明危害状态可能导致职业病危害事故发生时，卫生行政部门可以采取下列临时控制措施：

（一）责令暂停导致职业病危害事故的作业；

（二）封存造成职业病危害事故或者可能导致职业病危害事故发生的材料和设备；

（三）组织控制职业病危害事故现场。

在职业病危害事故或者危害状态得到有效控制后，卫生行政部门应当及时解除控制措施。

第六十五条 职业卫生监督执法人员依法执行职务时，应当出示监督执法证件。

职业卫生监督执法人员应当忠于职守，秉公执法，严格遵守执法规范；涉及用人单位的秘密的，应当为其保密。

第六十六条 职业卫生监督执法人员依法执行职务时，被检查单位应当接受检查并予以支持配合，不得拒绝和阻碍。

第六十七条 卫生行政部门及其职业卫生监督执法人员履行职责时，不得有下列行为：

（一）对不符合法定条件的，发给建设项目有关证明文件、资质证明文件或者予以批准；

（二）对已经取得有关证明文件的，不履行监督检查职责；

（三）发现用人单位存在职业病危害的，可能造成职业病危害事故，不及时依法采取控制措施；

（四）其他违反本法的行为。

第六十八条 职业卫生监督执法人员应当依法经过资格认定。

职业卫生监督管理部门应当加强队伍建设，提高职业卫生监督执法人员的政治、业务素质，依照本法和其他有关法律、法规的规定，建立、健全内部监督制度，对其工作人员执行法律、法规和遵守纪律的情况，进行监督检查。

第六章 法律责任

第六十九条 建设单位违反本法规定，有下列行为之一的，由卫生行政部门给予警告，责令限期改正；逾期不改正的，处十万元以上五十万元以下的罚款；情节严重的，责令停止产生职业病危害的作业，或者提请有关人民政府按照国务院规定的权限责令停建、关闭：

（一）未按照规定进行职业病危害预评价的；

（二）医疗机构可能产生放射性职业病危害的建设项目未按照规定提交放射性职业病危害预评价报告，或者放射性职业病危害预评价报告未经卫生行政部门审核同意，开工建设的；

（三）建设项目的职业病防护设施未按照规定与主体工程同时

设计、同时施工、同时投入生产和使用的；

（四）建设项目的职业病防护设施设计不符合国家职业卫生标准和卫生要求，或者医疗机构放射性职业病危害严重的建设项目的防护设施设计未经卫生行政部门审查同意擅自施工的；

（五）未按照规定对职业病防护设施进行职业病危害控制效果评价的；

（六）建设项目竣工投入生产和使用前，职业病防护设施未按照规定验收合格的。

第七十条 违反本法规定，有下列行为之一的，由卫生行政部门给予警告，责令限期改正；逾期不改正的，处十万元以下的罚款：

（一）工作场所职业病危害因素检测、评价结果没有存档、上报、公布的；

（二）未采取本法第二十条规定的职业病防治管理措施的；

（三）未按照规定公布有关职业病防治的规章制度、操作规程、职业病危害事故应急救援措施的；

（四）未按照规定组织劳动者进行职业卫生培训，或者未对劳动者个人职业病防护采取指导、督促措施的；

（五）国内首次使用或者首次进口与职业病危害有关的化学材料，未按照规定报送毒性鉴定资料以及经有关部门登记注册或者批准进口的文件的。

第七十一条 用人单位违反本法规定，有下列行为之一的，由卫生行政部门责令限期改正，给予警告，可以并处五万元以上十万元以下的罚款：

（一）未按照规定及时、如实向卫生行政部门申报产生职业病危害的项目的；

（二）未实施由专人负责的职业病危害因素日常监测，或者监测系统不能正常监测的；

（三）订立或者变更劳动合同时，未告知劳动者职业病危害真实情况的；

（四）未按照规定组织职业健康检查、建立职业健康监护档案或者未将检查结果书面告知劳动者的；

（五）未依照本法规定在劳动者离开用人单位时提供职业健康监护档案复印件的。

第七十二条 用人单位违反本法规定，有下列行为之一的，由卫生行政部门给予警告，责令限期改正，逾期不改正的，处五万元以上二十万元以下的罚款；情节严重的，责令停止产生职业病危害的作业，或者提请有关人民政府按照国务院规定的权限责令关闭：

（一）工作场所职业病危害因素的强度或者浓度超过国家职业卫生标准的；

（二）未提供职业病防护设施和个人使用的职业病防护用品，或者提供的职业病防护设施和个人使用的职业病防护用品不符合国家职业卫生标准和卫生要求的；

（三）对职业病防护设备、应急救援设施和个人使用的职业病防护用品未按照规定进行维护、检修、检测，或者不能保持正常运行、使用状态的；

（四）未按照规定对工作场所职业病危害因素进行检测、评价的；

（五）工作场所职业病危害因素经治理仍然达不到国家职业卫生标准和卫生要求时，未停止存在职业病危害因素的作业的；

（六）未按照规定安排职业病病人、疑似职业病病人进行诊治的；

（七）发生或者可能发生急性职业病危害事故时，未立即采取应急救援和控制措施或者未按照规定及时报告的；

（八）未按照规定在产生严重职业病危害的作业岗位醒目位置设置警示标识和中文警示说明的；

（九）拒绝职业卫生监督管理部门监督检查的；

（十）隐瞒、伪造、篡改、毁损职业健康监护档案、工作场所职业病危害因素检测评价结果等相关资料，或者拒不提供职业病诊断、鉴定所需资料的；

（十一）未按照规定承担职业病诊断、鉴定费用和职业病病人的医疗、生活保障费用的。

第七十三条 向用人单位提供可能产生职业病危害的设备、材料，未按照规定提供中文说明书或者设置警示标识和中文警示说明的，由卫生行政部门责令限期改正，给予警告，并处五万元以上二十万元以下的罚款。

第七十四条 用人单位和医疗卫生机构未按照规定报告职业病、疑似职业病的，由有关主管部门依据职责分工责令限期改正，给予警告，可以并处一万元以下的罚款；弄虚作假的，并处二万元以上五万元以下的罚款；对直接负责的主管人员和其他直接责任人员，可以依法给予降级或者撤职的处分。

第七十五条 违反本法规定，有下列情形之一的，由卫生行政部门责令限期治理，并处五万元以上三十万元以下的罚款；情节严重的，责令停止产生职业病危害的作业，或者提请有关人民政府按照国务院规定的权限责令关闭：

（一）隐瞒技术、工艺、设备、材料所产生的职业病危害而采用的；

（二）隐瞒本单位职业卫生真实情况的；

（三）可能发生急性职业损伤的有毒、有害工作场所、放射工作场所或者放射性同位素的运输、贮存不符合本法第二十五条规定的；

（四）使用国家明令禁止使用的可能产生职业病危害的设备或者材料的；

（五）将产生职业病危害的作业转移给没有职业病防护条件的单位和个人，或者没有职业病防护条件的单位和个人接受产生职业病危害的作业的；

（六）擅自拆除、停止使用职业病防护设备或者应急救援设施的；

（七）安排未经职业健康检查的劳动者、有职业禁忌的劳动者、未成年工或者孕期、哺乳期女职工从事接触职业病危害的作业或者禁忌作业的；

（八）违章指挥和强令劳动者进行没有职业病防护措施的作业的。

第七十六条 生产、经营或者进口国家明令禁止使用的可能产生职业病危害的设备或者材料的，依照有关法律、行政法规的规定给予处罚。

第七十七条 用人单位违反本法规定，已经对劳动者生命健康造成严重损害的，由卫生行政部门责令停止产生职业病危害的作业，或者提请有关人民政府按照国务院规定的权限责令关闭，并处十万元以上五十万元以下的罚款。

第七十八条 用人单位违反本法规定，造成重大职业病危害事故或者其他严重后果，构成犯罪的，对直接负责的主管人员和其他直接责任人员，依法追究刑事责任。

第七十九条 未取得职业卫生技术服务资质认可擅自从事职业卫生技术服务的，由卫生行政部门责令立即停止违法行为，没收违法所得；违法所得五千元以上的，并处违法所得二倍以上十倍以下的罚款；没有违法所得或者违法所得不足五千元的，并处五千元以上五万元以下的罚款；情节严重的，对直接负责的主管人员和其他直接责任人员，依法给予降级、撤职或者开除的处分。

第八十条 从事职业卫生技术服务的机构和承担职业病诊断的医疗卫生机构违反本法规定，有下列行为之一的，由卫生行政部门责令立即停止违法行为，给予警告，没收违法所得；违法所得五千元以上的，并处违法所得二倍以上五倍以下的罚款；没有违法所得或者违法所得不足五千元的，并处五千元以上二万元以下的罚款；

情节严重的，由原认可或者登记机关取消其相应的资格；对直接负责的主管人员和其他直接责任人员，依法给予降级、撤职或者开除的处分；构成犯罪的，依法追究刑事责任：

（一）超出资质认可或者诊疗项目登记范围从事职业卫生技术服务或者职业病诊断的；

（二）不按照本法规定履行法定职责的；

（三）出具虚假证明文件的。

第八十一条 职业病诊断鉴定委员会组成人员收受职业病诊断争议当事人的财物或者其他好处的，给予警告，没收收受的财物，可以并处三千元以上五万元以下的罚款，取消其担任职业病诊断鉴定委员会组成人员的资格，并从省、自治区、直辖市人民政府卫生行政部门设立的专家库中予以除名。

第八十二条 卫生行政部门不按照规定报告职业病和职业病危害事故的，由上一级行政部门责令改正，通报批评，给予警告；虚报、瞒报的，对单位负责人、直接负责的主管人员和其他直接责任人员依法给予降级、撤职或者开除的处分。

第八十三条 县级以上地方人民政府在职业病防治工作中未依照本法履行职责，本行政区域出现重大职业病危害事故、造成严重社会影响的，依法对直接负责的主管人员和其他直接责任人员给予记大过直至开除的处分。

县级以上人民政府职业卫生监督管理部门不履行本法规定的职责，滥用职权、玩忽职守、徇私舞弊，依法对直接负责的主管人员和其他直接责任人员给予记大过或者降级的处分；造成职业病危害事故或者其他严重后果的，依法给予撤职或者开除的处分。

第八十四条 违反本法规定，构成犯罪的，依法追究刑事责任。

第七章 附 则

第八十五条 本法下列用语的含义：

职业病危害，是指对从事职业活动的劳动者可能导致职业病的各种危害。职业病危害因素包括：职业活动中存在的各种有害的化学、物理、生物因素以及在作业过程中产生的其他职业有害因素。

职业禁忌，是指劳动者从事特定职业或者接触特定职业病危害因素时，比一般职业人群更易于遭受职业病危害和罹患职业病或者可能导致原有自身疾病病情加重，或者在从事作业过程中诱发可能导致对他人生命健康构成危险的疾病的个人特殊生理或者病理状态。

第八十六条 本法第二条规定的用人单位以外的单位，产生职业病危害的，其职业病防治活动可以参照本法执行。

劳务派遣用工单位应当履行本法规定的用人单位的义务。

中国人民解放军参照执行本法的办法，由国务院、中央军事委员会制定。

第八十七条 对医疗机构放射性职业病危害控制的监督管理，由卫生行政部门依照本法的规定实施。

第八十八条 本法自2002年5月1日起施行。

工伤保险条例

（2003年4月27日中华人民共和国国务院令第375号公布　根据2010年12月20日《国务院关于修改〈工伤保险条例〉的决定》修订）

第一章　总　　则

第一条　【立法目的】为了保障因工作遭受事故伤害或者患职业病的职工获得医疗救治和经济补偿，促进工伤预防和职业康复，分散用人单位的工伤风险，制定本条例。

第二条　【适用范围】中华人民共和国境内的企业、事业单位、社会团体、民办非企业单位、基金会、律师事务所、会计师事务所等组织和有雇工的个体工商户（以下称用人单位）应当依照本条例规定参加工伤保险，为本单位全部职工或者雇工（以下称职工）缴纳工伤保险费。

中华人民共和国境内的企业、事业单位、社会团体、民办非企业单位、基金会、律师事务所、会计师事务所等组织的职工和个体工商户的雇工，均有依照本条例的规定享受工伤保险待遇的权利。

第三条　【保费征缴】工伤保险费的征缴按照《社会保险费征缴暂行条例》关于基本养老保险费、基本医疗保险费、失业保险费的征缴规定执行。

第四条　【用人单位责任】用人单位应当将参加工伤保险的有关情况在本单位内公示。

用人单位和职工应当遵守有关安全生产和职业病防治的法律法规，执行安全卫生规程和标准，预防工伤事故发生，避免和减少职业病危害。

职工发生工伤时，用人单位应当采取措施使工伤职工得到及时救治。

第五条　【主管部门与经办机构】国务院社会保险行政部门负责全国的工伤保险工作。

县级以上地方各级人民政府社会保险行政部门负责本行政区域内的工伤保险工作。

社会保险行政部门按照国务院有关规定设立的社会保险经办机构（以下称经办机构）具体承办工伤保险事务。

第六条　【工伤保险政策、标准的制定】社会保险行政部门等部门制定工伤保险的政策、标准，应当征求工会组织、用人单位代表的意见。

第二章　工伤保险基金

第七条　【工伤保险基金构成】工伤保险基金由用人单位缴纳

的工伤保险费、工伤保险基金的利息和依法纳入工伤保险基金的其他资金构成。

第八条 【工伤保险费】工伤保险费根据以支定收、收支平衡的原则，确定费率。

国家根据不同行业的工伤风险程度确定行业的差别费率，并根据工伤保险费使用、工伤发生率等情况在每个行业内确定若干费率档次。行业差别费率及行业内费率档次由国务院社会保险行政部门制定，报国务院批准后公布施行。

统筹地区经办机构根据用人单位工伤保险费使用、工伤发生率等情况，适用所属行业内相应的费率档次确定单位缴费费率。

第九条 【行业差别费率及档次调整】国务院社会保险行政部门应当定期了解全国各统筹地区工伤保险基金收支情况，及时提出调整行业差别费率及行业内费率档次的方案，报国务院批准后公布施行。

第十条 【缴费主体、缴费基数与费率】用人单位应当按时缴纳工伤保险费。职工个人不缴纳工伤保险费。

用人单位缴纳工伤保险费的数额为本单位职工工资总额乘以单位缴费费率之积。

对难以按照工资总额缴纳工伤保险费的行业，其缴纳工伤保险费的具体方式，由国务院社会保险行政部门规定。

第十一条 【统筹层次、特殊行业异地统筹】工伤保险基金逐步实行省级统筹。

跨地区、生产流动性较大的行业，可以采取相对集中的方式异地参加统筹地区的工伤保险。具体办法由国务院社会保险行政部门会同有关行业的主管部门制定。

第十二条 【工伤保险基金和用途】工伤保险基金存入社会保障基金财政专户，用于本条例规定的工伤保险待遇，劳动能力鉴定，工伤预防的宣传、培训等费用，以及法律、法规规定的用于工伤保险的其他费用的支付。

工伤预防费用的提取比例、使用和管理的具体办法，由国务院社会保险行政部门会同国务院财政、卫生行政、安全生产监督管理等部门规定。

任何单位或者个人不得将工伤保险基金用于投资运营、兴建或者改建办公场所、发放奖金，或者挪作其他用途。

第十三条　【工伤保险储备金】工伤保险基金应当留有一定比例的储备金，用于统筹地区重大事故的工伤保险待遇支付；储备金不足支付的，由统筹地区的人民政府垫付。储备金占基金总额的具体比例和储备金的使用办法，由省、自治区、直辖市人民政府规定。

第三章　工 伤 认 定

第十四条　【应当认定工伤的情形】职工有下列情形之一的，应当认定为工伤：

（一）在工作时间和工作场所内，因工作原因受到事故伤害的；

（二）工作时间前后在工作场所内，从事与工作有关的预备性或者收尾性工作受到事故伤害的；

（三）在工作时间和工作场所内，因履行工作职责受到暴力等意外伤害的；

（四）患职业病的；

（五）因工外出期间，由于工作原因受到伤害或者发生事故下落不明的；

（六）在上下班途中，受到非本人主要责任的交通事故或者城市轨道交通、客运轮渡、火车事故伤害的；

（七）法律、行政法规规定应当认定为工伤的其他情形。

第十五条　【视同工伤的情形及其保险待遇】职工有下列情形之一的，视同工伤：

（一）在工作时间和工作岗位，突发疾病死亡或者在 48 小时之内经抢救无效死亡的；

（二）在抢险救灾等维护国家利益、公共利益活动中受到伤害的；

（三）职工原在军队服役，因战、因公负伤致残，已取得革命伤残军人证，到用人单位后旧伤复发的。

职工有前款第（一）项、第（二）项情形的，按照本条例的有关规定享受工伤保险待遇；职工有前款第（三）项情形的，按照本条例的有关规定享受除一次性伤残补助金以外的工伤保险待遇。

第十六条　【不属于工伤的情形】职工符合本条例第十四条、第十五条的规定，但是有下列情形之一的，不得认定为工伤或者视同工伤：

（一）故意犯罪的；

（二）醉酒或者吸毒的；

（三）自残或者自杀的。

第十七条　【申请工伤认定的主体、时限及受理部门】职工发生事故伤害或者按照职业病防治法规定被诊断、鉴定为职业病，所在单位应当自事故伤害发生之日或者被诊断、鉴定为职业病之日起 30 日内，向统筹地区社会保险行政部门提出工伤认定申请。遇有特殊情况，经报社会保险行政部门同意，申请时限可以适当延长。

用人单位未按前款规定提出工伤认定申请的，工伤职工或者其近亲属、工会组织在事故伤害发生之日或者被诊断、鉴定为职业病之日起 1 年内，可以直接向用人单位所在地统筹地区社会保险行政部门提出工伤认定申请。

按照本条第一款规定应当由省级社会保险行政部门进行工伤认定的事项，根据属地原则由用人单位所在地的设区的市级社会保险行政部门办理。

用人单位未在本条第一款规定的时限内提交工伤认定申请，在此期间发生符合本条例规定的工伤待遇等有关费用由该用人单位负担。

第十八条　【申请材料】提出工伤认定申请应当提交下列材料：

（一）工伤认定申请表；

（二）与用人单位存在劳动关系（包括事实劳动关系）的证明材料；

（三）医疗诊断证明或者职业病诊断证明书（或者职业病诊断鉴定书）。

工伤认定申请表应当包括事故发生的时间、地点、原因以及职工伤害程度等基本情况。

工伤认定申请人提供材料不完整的，社会保险行政部门应当一次性书面告知工伤认定申请人需要补正的全部材料。申请人按照书面告知要求补正材料后，社会保险行政部门应当受理。

第十九条　【事故调查及举证责任】社会保险行政部门受理工伤认定申请后，根据审核需要可以对事故伤害进行调查核实，用人单位、职工、工会组织、医疗机构以及有关部门应当予以协助。职业病诊断和诊断争议的鉴定，依照职业病防治法的有关规定执行。对依法取得职业病诊断证明书或者职业病诊断鉴定书的，社会保险行政部门不再进行调查核实。

职工或者其近亲属认为是工伤，用人单位不认为是工伤的，由用人单位承担举证责任。

第二十条　【工伤认定的时限、回避】社会保险行政部门应当自受理工伤认定申请之日起60日内作出工伤认定的决定，并书面通知申请工伤认定的职工或者其近亲属和该职工所在单位。

社会保险行政部门对受理的事实清楚、权利义务明确的工伤认定申请，应当在15日内作出工伤认定的决定。

作出工伤认定决定需要以司法机关或者有关行政主管部门的结

论为依据的，在司法机关或者有关行政主管部门尚未作出结论期间，作出工伤认定决定的时限中止。

社会保险行政部门工作人员与工伤认定申请人有利害关系的，应当回避。

第四章　劳动能力鉴定

第二十一条　【鉴定的条件】职工发生工伤，经治疗伤情相对稳定后存在残疾、影响劳动能力的，应当进行劳动能力鉴定。

第二十二条　【劳动能力鉴定等级】劳动能力鉴定是指劳动功能障碍程度和生活自理障碍程度的等级鉴定。

劳动功能障碍分为十个伤残等级，最重的为一级，最轻的为十级。

生活自理障碍分为三个等级：生活完全不能自理、生活大部分不能自理和生活部分不能自理。

劳动能力鉴定标准由国务院社会保险行政部门会同国务院卫生行政部门等部门制定。

第二十三条　【申请鉴定的主体、受理机构、申请材料】劳动能力鉴定由用人单位、工伤职工或者其近亲属向设区的市级劳动能力鉴定委员会提出申请，并提供工伤认定决定和职工工伤医疗的有关资料。

第二十四条　【鉴定委员会人员构成、专家库】省、自治区、直辖市劳动能力鉴定委员会和设区的市级劳动能力鉴定委员会分别由省、自治区、直辖市和设区的市级社会保险行政部门、卫生行政部门、工会组织、经办机构代表以及用人单位代表组成。

劳动能力鉴定委员会建立医疗卫生专家库。列入专家库的医疗卫生专业技术人员应当具备下列条件：

（一）具有医疗卫生高级专业技术职务任职资格；

（二）掌握劳动能力鉴定的相关知识；

（三）具有良好的职业品德。

第二十五条　【鉴定步骤、时限】设区的市级劳动能力鉴定委员会收到劳动能力鉴定申请后，应当从其建立的医疗卫生专家库中随机抽取3名或者5名相关专家组成专家组，由专家组提出鉴定意见。设区的市级劳动能力鉴定委员会根据专家组的鉴定意见作出工伤职工劳动能力鉴定结论；必要时，可以委托具备资格的医疗机构协助进行有关的诊断。

设区的市级劳动能力鉴定委员会应当自收到劳动能力鉴定申请之日起60日内作出劳动能力鉴定结论，必要时，作出劳动能力鉴定结论的期限可以延长30日。劳动能力鉴定结论应当及时送达申请鉴定的单位和个人。

第二十六条　【再次鉴定】申请鉴定的单位或者个人对设区的市级劳动能力鉴定委员会作出的鉴定结论不服的，可以在收到该鉴定结论之日起15日内向省、自治区、直辖市劳动能力鉴定委员会提出再次鉴定申请。省、自治区、直辖市劳动能力鉴定委员会作出的劳动能力鉴定结论为最终结论。

第二十七条　【鉴定工作原则、回避制度】劳动能力鉴定工作应当客观、公正。劳动能力鉴定委员会组成人员或者参加鉴定的专家与当事人有利害关系的，应当回避。

第二十八条　【复查鉴定】自劳动能力鉴定结论作出之日起1年后，工伤职工或者其近亲属、所在单位或者经办机构认为伤残情况发生变化的，可以申请劳动能力复查鉴定。

第二十九条　【再次鉴定和复查鉴定的时限】劳动能力鉴定委员会依照本条例第二十六条和第二十八条的规定进行再次鉴定和复查鉴定的期限，依照本条例第二十五条第二款的规定执行。

第五章　工伤保险待遇

第三十条　【工伤职工的治疗】职工因工作遭受事故伤害或者

患职业病进行治疗，享受工伤医疗待遇。

职工治疗工伤应当在签订服务协议的医疗机构就医，情况紧急时可以先到就近的医疗机构急救。

治疗工伤所需费用符合工伤保险诊疗项目目录、工伤保险药品目录、工伤保险住院服务标准的，从工伤保险基金支付。工伤保险诊疗项目目录、工伤保险药品目录、工伤保险住院服务标准，由国务院社会保险行政部门会同国务院卫生行政部门、食品药品监督管理部门等部门规定。

职工住院治疗工伤的伙食补助费，以及经医疗机构出具证明，报经办机构同意，工伤职工到统筹地区以外就医所需的交通、食宿费用从工伤保险基金支付，基金支付的具体标准由统筹地区人民政府规定。

工伤职工治疗非工伤引发的疾病，不享受工伤医疗待遇，按照基本医疗保险办法处理。

工伤职工到签订服务协议的医疗机构进行工伤康复的费用，符合规定的，从工伤保险基金支付。

第三十一条　【复议和诉讼期间不停止支付医疗费用】社会保险行政部门作出认定为工伤的决定后发生行政复议、行政诉讼的，行政复议和行政诉讼期间不停止支付工伤职工治疗工伤的医疗费用。

第三十二条　【配置辅助器具】工伤职工因日常生活或者就业需要，经劳动能力鉴定委员会确认，可以安装假肢、矫形器、假眼、假牙和配置轮椅等辅助器具，所需费用按照国家规定的标准从工伤保险基金支付。

第三十三条　【工伤治疗期间待遇】职工因工作遭受事故伤害或者患职业病需要暂停工作接受工伤医疗的，在停工留薪期内，原工资福利待遇不变，由所在单位按月支付。

停工留薪期一般不超过 12 个月。伤情严重或者情况特殊，经设区的市级劳动能力鉴定委员会确认，可以适当延长，但延长不得超过 12 个月。工伤职工评定伤残等级后，停发原待遇，按照本章的有关规定享受伤残待遇。工伤职工在停工留薪期满后仍需治疗的，继续享受工伤医疗待遇。

生活不能自理的工伤职工在停工留薪期需要护理的，由所在单位负责。

第三十四条　【生活护理费】工伤职工已经评定伤残等级并经劳动能力鉴定委员会确认需要生活护理的，从工伤保险基金按月支付生活护理费。

生活护理费按照生活完全不能自理、生活大部分不能自理或者生活部分不能自理 3 个不同等级支付，其标准分别为统筹地区上年度职工月平均工资的 50%、40%或者 30%。

第三十五条　【一至四级工伤待遇】职工因工致残被鉴定为一级至四级伤残的，保留劳动关系，退出工作岗位，享受以下待遇：

（一）从工伤保险基金按伤残等级支付一次性伤残补助金，标准为：一级伤残为 27 个月的本人工资，二级伤残为 25 个月的本人工资，三级伤残为 23 个月的本人工资，四级伤残为 21 个月的本人工资；

（二）从工伤保险基金按月支付伤残津贴，标准为：一级伤残为本人工资的 90%，二级伤残为本人工资的 85%，三级伤残为本人工资的 80%，四级伤残为本人工资的 75%。伤残津贴实际金额低于当地最低工资标准的，由工伤保险基金补足差额；

（三）工伤职工达到退休年龄并办理退休手续后，停发伤残津贴，按照国家有关规定享受基本养老保险待遇。基本养老保险待遇低于伤残津贴的，由工伤保险基金补足差额。

职工因工致残被鉴定为一级至四级伤残的，由用人单位和职工个人以伤残津贴为基数，缴纳基本医疗保险费。

第三十六条　【五至六级工伤待遇】职工因工致残被鉴定为五

级、六级伤残的，享受以下待遇：

（一）从工伤保险基金按伤残等级支付一次性伤残补助金，标准为：五级伤残为 18 个月的本人工资，六级伤残为 16 个月的本人工资；

（二）保留与用人单位的劳动关系，由用人单位安排适当工作。难以安排工作的，由用人单位按月发给伤残津贴，标准为：五级伤残为本人工资的 70%，六级伤残为本人工资的 60%，并由用人单位按照规定为其缴纳应缴纳的各项社会保险费。伤残津贴实际金额低于当地最低工资标准的，由用人单位补足差额。

经工伤职工本人提出，该职工可以与用人单位解除或者终止劳动关系，由工伤保险基金支付一次性工伤医疗补助金，由用人单位支付一次性伤残就业补助金。一次性工伤医疗补助金和一次性伤残就业补助金的具体标准由省、自治区、直辖市人民政府规定。

第三十七条　【七至十级工伤待遇】职工因工致残被鉴定为七级至十级伤残的，享受以下待遇：

（一）从工伤保险基金按伤残等级支付一次性伤残补助金，标准为：七级伤残为 13 个月的本人工资，八级伤残为 11 个月的本人工资，九级伤残为 9 个月的本人工资，十级伤残为 7 个月的本人工资；

（二）劳动、聘用合同期满终止，或者职工本人提出解除劳动、聘用合同的，由工伤保险基金支付一次性工伤医疗补助金，由用人单位支付一次性伤残就业补助金。一次性工伤医疗补助金和一次性伤残就业补助金的具体标准由省、自治区、直辖市人民政府规定。

第三十八条　【旧伤复发待遇】工伤职工工伤复发，确认需要治疗的，享受本条例第三十条、第三十二条和第三十三条规定的工伤待遇。

第三十九条　【工亡待遇】职工因工死亡，其近亲属按照下列规定从工伤保险基金领取丧葬补助金、供养亲属抚恤金和一次性工亡补助金：

（一）丧葬补助金为6个月的统筹地区上年度职工月平均工资；

（二）供养亲属抚恤金按照职工本人工资的一定比例发给由因工死亡职工生前提供主要生活来源、无劳动能力的亲属。标准为：配偶每月40%，其他亲属每人每月30%，孤寡老人或者孤儿每人每月在上述标准的基础上增加10%。核定的各供养亲属的抚恤金之和不应高于因工死亡职工生前的工资。供养亲属的具体范围由国务院社会保险行政部门规定；

（三）一次性工亡补助金标准为上一年度全国城镇居民人均可支配收入的20倍。

伤残职工在停工留薪期内因工伤导致死亡的，其近亲属享受本条第一款规定的待遇。

一级至四级伤残职工在停工留薪期满后死亡的，其近亲属可以享受本条第一款第（一）项、第（二）项规定的待遇。

第四十条　【工伤待遇调整】伤残津贴、供养亲属抚恤金、生活护理费由统筹地区社会保险行政部门根据职工平均工资和生活费用变化等情况适时调整。调整办法由省、自治区、直辖市人民政府规定。

第四十一条　【职工抢险救灾、因工外出下落不明时的处理】职工因工外出期间发生事故或者在抢险救灾中下落不明的，从事故发生当月起3个月内照发工资，从第4个月起停发工资，由工伤保险基金向其供养亲属按月支付供养亲属抚恤金。生活有困难的，可以预支一次性工亡补助金的50%。职工被人民法院宣告死亡的，按照本条例第三十九条职工因工死亡的规定处理。

第四十二条　【停止支付工伤保险待遇的情形】工伤职工有下列情形之一的，停止享受工伤保险待遇：

（一）丧失享受待遇条件的；

（二）拒不接受劳动能力鉴定的；

（三）拒绝治疗的。

第四十三条 【用人单位分立合并等情况下的责任】用人单位分立、合并、转让的，承继单位应当承担原用人单位的工伤保险责任；原用人单位已经参加工伤保险的，承继单位应当到当地经办机构办理工伤保险变更登记。

用人单位实行承包经营的，工伤保险责任由职工劳动关系所在单位承担。

职工被借调期间受到工伤事故伤害的，由原用人单位承担工伤保险责任，但原用人单位与借调单位可以约定补偿办法。

企业破产的，在破产清算时依法拨付应当由单位支付的工伤保险待遇费用。

第四十四条 【派遣出境期间的工伤保险关系】职工被派遣出境工作，依据前往国家或者地区的法律应当参加当地工伤保险的，参加当地工伤保险，其国内工伤保险关系中止；不能参加当地工伤保险的，其国内工伤保险关系不中止。

第四十五条 【再次发生工伤的待遇】职工再次发生工伤，根据规定应当享受伤残津贴的，按照新认定的伤残等级享受伤残津贴待遇。

第六章 监督管理

第四十六条 【经办机构职责范围】经办机构具体承办工伤保险事务，履行下列职责：

（一）根据省、自治区、直辖市人民政府规定，征收工伤保险费；

（二）核查用人单位的工资总额和职工人数，办理工伤保险登记，并负责保存用人单位缴费和职工享受工伤保险待遇情况的记录；

（三）进行工伤保险的调查、统计；

（四）按照规定管理工伤保险基金的支出；

（五）按照规定核定工伤保险待遇；

（六）为工伤职工或者其近亲属免费提供咨询服务。

第四十七条　【服务协议】经办机构与医疗机构、辅助器具配置机构在平等协商的基础上签订服务协议，并公布签订服务协议的医疗机构、辅助器具配置机构的名单。具体办法由国务院社会保险行政部门分别会同国务院卫生行政部门、民政部门等部门制定。

第四十八条　【工伤保险费用的核查、结算】经办机构按照协议和国家有关目录、标准对工伤职工医疗费用、康复费用、辅助器具费用的使用情况进行核查，并按时足额结算费用。

第四十九条　【公布基金收支情况、费率调整建议】经办机构应当定期公布工伤保险基金的收支情况，及时向社会保险行政部门提出调整费率的建议。

第五十条　【听取社会意见】社会保险行政部门、经办机构应当定期听取工伤职工、医疗机构、辅助器具配置机构以及社会各界对改进工伤保险工作的意见。

第五十一条　【对工伤保险基金的监督】社会保险行政部门依法对工伤保险费的征缴和工伤保险基金的支付情况进行监督检查。

财政部门和审计机关依法对工伤保险基金的收支、管理情况进行监督。

第五十二条　【群众监督】任何组织和个人对有关工伤保险的违法行为，有权举报。社会保险行政部门对举报应当及时调查，按照规定处理，并为举报人保密。

第五十三条　【工会监督】工会组织依法维护工伤职工的合法权益，对用人单位的工伤保险工作实行监督。

第五十四条　【工伤待遇争议处理】职工与用人单位发生工伤待遇方面的争议，按照处理劳动争议的有关规定处理。

第五十五条　【其他工伤保险争议处理】有下列情形之一的，有关单位或者个人可以依法申请行政复议，也可以依法向人民法院提起行政诉讼：

（一）申请工伤认定的职工或者其近亲属、该职工所在单位对工伤认定申请不予受理的决定不服的；

（二）申请工伤认定的职工或者其近亲属、该职工所在单位对工伤认定结论不服的；

（三）用人单位对经办机构确定的单位缴费费率不服的；

（四）签订服务协议的医疗机构、辅助器具配置机构认为经办机构未履行有关协议或者规定的；

（五）工伤职工或者其近亲属对经办机构核定的工伤保险待遇有异议的。

第七章　法 律 责 任

第五十六条　【挪用工伤保险基金的责任】单位或者个人违反本条例第十二条规定挪用工伤保险基金，构成犯罪的，依法追究刑事责任；尚不构成犯罪的，依法给予处分或者纪律处分。被挪用的基金由社会保险行政部门追回，并入工伤保险基金；没收的违法所得依法上缴国库。

第五十七条　【社会保险行政部门工作人员违法违纪责任】社会保险行政部门工作人员有下列情形之一的，依法给予处分；情节严重，构成犯罪的，依法追究刑事责任：

（一）无正当理由不受理工伤认定申请，或者弄虚作假将不符合工伤条件的人员认定为工伤职工的；

（二）未妥善保管申请工伤认定的证据材料，致使有关证据灭失的；

（三）收受当事人财物的。

第五十八条　【经办机构违规的责任】经办机构有下列行为之一的，由社会保险行政部门责令改正，对直接负责的主管人员和其他责任人员依法给予纪律处分；情节严重，构成犯罪的，依法追究刑事责任；造成当事人经济损失的，由经办机构依法承担赔偿责任：

（一）未按规定保存用人单位缴费和职工享受工伤保险待遇情况记录的；

（二）不按规定核定工伤保险待遇的；

（三）收受当事人财物的。

第五十九条　【医疗机构、辅助器具配置机构、经办机构间的关系】医疗机构、辅助器具配置机构不按服务协议提供服务的，经办机构可以解除服务协议。

经办机构不按时足额结算费用的，由社会保险行政部门责令改正；医疗机构、辅助器具配置机构可以解除服务协议。

第六十条　【对骗取工伤保险待遇的处罚】用人单位、工伤职工或者其近亲属骗取工伤保险待遇，医疗机构、辅助器具配置机构骗取工伤保险基金支出的，由社会保险行政部门责令退还，处骗取金额 2 倍以上 5 倍以下的罚款；情节严重，构成犯罪的，依法追究刑事责任。

第六十一条　【鉴定组织与个人违规的责任】从事劳动能力鉴定的组织或者个人有下列情形之一的，由社会保险行政部门责令改正，处 2000 元以上 1 万元以下的罚款；情节严重，构成犯罪的，依法追究刑事责任：

（一）提供虚假鉴定意见的；

（二）提供虚假诊断证明的；

（三）收受当事人财物的。

第六十二条　【未按规定参保的情形】用人单位依照本条例规定应当参加工伤保险而未参加的，由社会保险行政部门责令限期参加，补缴应当缴纳的工伤保险费，并自欠缴之日起，按日加收万分之五的滞纳金；逾期仍不缴纳的，处欠缴数额 1 倍以上 3 倍以下的罚款。

依照本条例规定应当参加工伤保险而未参加工伤保险的用人单

位职工发生工伤的，由该用人单位按照本条例规定的工伤保险待遇项目和标准支付费用。

用人单位参加工伤保险并补缴应当缴纳的工伤保险费、滞纳金后，由工伤保险基金和用人单位依照本条例的规定支付新发生的费用。

第六十三条　【用人单位不协助调查的责任】用人单位违反本条例第十九条的规定，拒不协助社会保险行政部门对事故进行调查核实的，由社会保险行政部门责令改正，处2000元以上2万元以下的罚款。

第八章　附　　则

第六十四条　【相关名词解释】本条例所称工资总额，是指用人单位直接支付给本单位全部职工的劳动报酬总额。

本条例所称本人工资，是指工伤职工因工作遭受事故伤害或者患职业病前12个月平均月缴费工资。本人工资高于统筹地区职工平均工资300%的，按照统筹地区职工平均工资的300%计算；本人工资低于统筹地区职工平均工资60%的，按照统筹地区职工平均工资的60%计算。

第六十五条　【公务员等的工伤保险】公务员和参照公务员法管理的事业单位、社会团体的工作人员因工作遭受事故伤害或者患职业病的，由所在单位支付费用。具体办法由国务院社会保险行政部门会同国务院财政部门规定。

第六十六条　【非法经营单位工伤一次性赔偿及争议处理】无营业执照或者未经依法登记、备案的单位以及被依法吊销营业执照或者撤销登记、备案的单位的职工受到事故伤害或者患职业病的，由该单位向伤残职工或者死亡职工的近亲属给予一次性赔偿，赔偿标准不得低于本条例规定的工伤保险待遇；用人单位不得使用童工，用人单位使用童工造成童工伤残、死亡的，由该单位向童工或者童工的近亲属给予一次性赔偿，赔偿标准不得低于本条例规定的工伤保险待遇。具体办法由国务院社会保险行政部门规定。

前款规定的伤残职工或者死亡职工的近亲属就赔偿数额与单位发生争议的，以及前款规定的童工或者童工的近亲属就赔偿数额与单位发生争议的，按照处理劳动争议的有关规定处理。

第六十七条　【实施日期及过渡事项】本条例自2004年1月1日起施行。本条例施行前已受到事故伤害或者患职业病的职工尚未完成工伤认定的，按照本条例的规定执行。

工伤认定办法

（2003年9月23日劳动和保障部令第17号颁布
2010年12月31日人力资源和社会保障部令第8号公布
自2011年1月1日起施行）

第一条　为规范工伤认定程序，依法进行工伤认定，维护当事人的合法权益，根据《工伤保险条例》的有关规定，制定本办法。

第二条　社会保险行政部门进行工伤认定按照本办法执行。

第三条　工伤认定应当客观公正、简捷方便，认定程序应当向社会公开。

第四条　职工发生事故伤害或者按照职业病防治法规定被诊断、鉴定为职业病，所在单位应当自事故伤害发生之日或者被诊断、鉴定为职业病之日起30日内，向统筹地区社会保险行政部门提出工伤认定申请。遇有特殊情况，经报社会保险行政部门同意，申请时限可以适当延长。

按照前款规定应当向省级社会保险行政部门提出工伤认定申请的，根据属地原则应当向用人单位所在地设区的市级社会保险行政部门提出。

第五条 用人单位未在规定的时限内提出工伤认定申请的，受伤害职工或者其近亲属、工会组织在事故伤害发生之日或者被诊断、鉴定为职业病之日起1年内，可以直接按照本办法第四条规定提出工伤认定申请。

第六条 提出工伤认定申请应当填写《工伤认定申请表》，并提交下列材料：

（一）劳动、聘用合同文本复印件或者与用人单位存在劳动关系（包括事实劳动关系）、人事关系的其他证明材料；

（二）医疗机构出具的受伤后诊断证明书或者职业病诊断证明书（或者职业病诊断鉴定书）。

第七条 工伤认定申请人提交的申请材料符合要求，属于社会保险行政部门管辖范围且在受理时限内的，社会保险行政部门应当受理。

第八条 社会保险行政部门收到工伤认定申请后，应当在15日内对申请人提交的材料进行审核，材料完整的，作出受理或者不予受理的决定；材料不完整的，应当以书面形式一次性告知申请人需要补正的全部材料。社会保险行政部门收到申请人提交的全部补正材料后，应当在15日内作出受理或者不予受理的决定。

社会保险行政部门决定受理的，应当出具《工伤认定申请受理决定书》；决定不予受理的，应当出具《工伤认定申请不予受理决定书》。

第九条 社会保险行政部门受理工伤认定申请后，可以根据需要对申请人提供的证据进行调查核实。

第十条 社会保险行政部门进行调查核实，应当由两名以上工作人员共同进行，并出示执行公务的证件。

第十一条 社会保险行政部门工作人员在工伤认定中，可以进行以下调查核实工作：

（一）根据工作需要，进入有关单位和事故现场；

（二）依法查阅与工伤认定有关的资料，询问有关人员并作出调查笔录；

（三）记录、录音、录像和复制与工伤认定有关的资料。调查核实工作的证据收集参照行政诉讼证据收集的有关规定执行。

第十二条 社会保险行政部门工作人员进行调查核实时，有关单位和个人应当予以协助。用人单位、工会组织、医疗机构以及有关部门应当负责安排相关人员配合工作，据实提供情况和证明材料。

第十三条 社会保险行政部门在进行工伤认定时，对申请人提供的符合国家有关规定的职业病诊断证明书或者职业病诊断鉴定书，不再进行调查核实。职业病诊断证明书或者职业病诊断鉴定书不符合国家规定的要求和格式的，社会保险行政部门可以要求出具证据部门重新提供。

第十四条 社会保险行政部门受理工伤认定申请后，可以根据工作需要，委托其他统筹地区的社会保险行政部门或者相关部门进行调查核实。

第十五条 社会保险行政部门工作人员进行调查核实时，应当履行下列义务：

（一）保守有关单位商业秘密以及个人隐私；

（二）为提供情况的有关人员保密。

第十六条 社会保险行政部门工作人员与工伤认定申请人有利害关系的，应当回避。

第十七条 职工或者其近亲属认为是工伤，用人单位不认为是工伤的，由该用人单位承担举证责任。用人单位拒不举证的，社会保险行政部门可以根据受伤害职工提供的证据或者调查取得的证据，依法作出工伤认定决定。

第十八条 社会保险行政部门应当自受理工伤认定申请之日起

60日内作出工伤认定决定，出具《认定工伤决定书》或者《不予认定工伤决定书》。

第十九条 《认定工伤决定书》应当载明下列事项：

（一）用人单位全称；

（二）职工的姓名、性别、年龄、职业、身份证号码；

（三）受伤害部位、事故时间和诊断时间或职业病名称、受伤害经过和核实情况、医疗救治的基本情况和诊断结论；

（四）认定工伤或者视同工伤的依据；

（五）不服认定决定申请行政复议或者提起行政诉讼的部门和时限；

（六）作出认定工伤或者视同工伤决定的时间。

《不予认定工伤决定书》应当载明下列事项：

（一）用人单位全称；

（二）职工的姓名、性别、年龄、职业、身份证号码；

（三）不予认定工伤或者不视同工伤的依据；

（四）不服认定决定申请行政复议或者提起行政诉讼的部门和时限；

（五）作出不予认定工伤或者不视同工伤决定的时间。

《认定工伤决定书》和《不予认定工伤决定书》应当加盖社会保险行政部门工伤认定专用印章。

第二十条 社会保险行政部门受理工伤认定申请后，作出工伤认定决定需要以司法机关或者有关行政主管部门的结论为依据的，在司法机关或者有关行政主管部门尚未作出结论期间，作出工伤认定决定的时限中止，并书面通知申请人。

第二十一条 社会保险行政部门对于事实清楚、权利义务明确的工伤认定申请，应当自受理工伤认定申请之日起15日内作出工伤认定决定。

第二十二条 社会保险行政部门应当自工伤认定决定作出之日

起20日内，将《认定工伤决定书》或者《不予认定工伤决定书》送达受伤害职工（或者其近亲属）和用人单位，并抄送社会保险经办机构。

《认定工伤决定书》和《不予认定工伤决定书》的送达参照民事法律有关送达的规定执行。

第二十三条 职工或者其近亲属、用人单位对不予受理决定不服或者对工伤认定决定不服的，可以依法申请行政复议或者提起行政诉讼。

第二十四条 工伤认定结束后，社会保险行政部门应当将工伤认定的有关资料保存50年。

第二十五条 用人单位拒不协助社会保险行政部门对事故伤害进行调查核实的，由社会保险行政部门责令改正，处2000元以上2万元以下的罚款。

第二十六条 本办法中的《工伤认定申请表》、《工伤认定申请受理决定书》、《工伤认定申请不予受理决定书》、《认定工伤决定书》、《不予认定工伤决定书》的样式由国务院社会保险行政部门统一制定。

第二十七条 本办法自2011年1月1日起施行。劳动和社会保障部2003年9月23日颁布的《工伤认定办法》同时废止。

部分行业企业工伤保险费缴纳办法

（2010年12月31日 法发〔2010〕23号）

第一条 根据《工伤保险条例》第十条第三款的授权，制定本办法。

第二条 本办法所称的部分行业企业是指建筑、服务、矿山等行业中难以直接按照工资总额计算缴纳工伤保险费的建筑施工企业、小型服务企业、小型矿山企业等。

前款所称小型服务企业、小型矿山企业的划分标准可以参照《中小企业标准暂行规定》（国经贸中小企〔2003〕143号）执行。

第三条 建筑施工企业可以实行以建筑施工项目为单位，按照项目工程总造价的一定比例，计算缴纳工伤保险费。

第四条 商贸、餐饮、住宿、美容美发、洗浴以及文体娱乐等小型服务业企业以及有雇工的个体工商户，可以按照营业面积的大小核定应参保人数，按照所在统筹地区上一年度职工月平均工资的一定比例和相应的费率，计算缴纳工伤保险费；也可以按照营业额的一定比例计算缴纳工伤保险费。

第五条 小型矿山企业可以按照总产量、吨矿工资含量和相应的费率计算缴纳工伤保险费。

第六条 本办法中所列部分行业企业工伤保险费缴纳的具体计算办法，由省级社会保险行政部门根据本地区实际情况确定。

第七条 本办法自2011年1月1日起施行。

人力资源社会保障部、财政部关于调整工伤保险费率政策的通知

（2015年7月22日 人社部发〔2015〕71号）

各省、自治区、直辖市人力资源社会保障厅（局）、财政厅（局），新疆生产建设兵团人力资源社会保障局、财务局：

按照党的十八届三中全会提出的“适时适当降低社会保险费率”的精神，为更好贯彻社会保险法、《工伤保险条例》，使工伤保险费率政策更加科学、合理，适应经济社会发展的需要，经国务

院批准，自2015年10月1日起，调整现行工伤保险费率政策。现将有关事项通知如下：

一、关于行业工伤风险类别划分

按照《国民经济行业分类》（GB/T 4754-2011）对行业的划分，根据不同行业的工伤风险程度，由低到高，依次将行业工伤风险类别划分为一类至八类（见附件）。

二、关于行业差别费率及其档次确定

不同工伤风险类别的行业执行不同的工伤保险行业基准费率。各行业工伤风险类别对应的全国工伤保险行业基准费率为，一类至八类分别控制在该行业用人单位职工工资总额的0.2%、0.4%、0.7%、0.9%、1.1%、1.3%、1.6%、1.9%左右。

通过费率浮动的办法确定每个行业内的费率档次。一类行业分为三个档次，即在基准费率的基础上，可向上浮动至120%、150%，二类至八类行业分为五个档次，即在基准费率的基础上，可分别向上浮动至120%、150%或向下浮动至80%、50%。

各统筹地区人力资源社会保障部门要会同财政部门，按照“以支定收、收支平衡”的原则，合理确定本地区工伤保险行业基准费率具体标准，并征求工会组织、用人单位代表的意见，报统筹地区人民政府批准后实施。基准费率的具体标准可根据统筹地区经济产业结构变动、工伤保险费使用等情况适时调整。

三、关于单位费率的确定与浮动

统筹地区社会保险经办机构根据用人单位工伤保险费使用、工伤发生率、职业病危害程度等因素，确定其工伤保险费率，并可依据上述因素变化情况，每一至三年确定其在所属行业不同费率档次间是否浮动。对符合浮动条件的用人单位，每次可上下浮动一档或两档。统筹地区工伤保险最低费率不低于本地区一类风险行业基准费率。费率浮动的具体办法由统筹地区人力资源社会保障部门商财政部门制定，并征求工会组织、用人单位代表的意见。

四、关于费率报备制度

各统筹地区确定的工伤保险行业基准费率具体标准、费率浮动具体办法，应报省级人力资源社会保障部门和财政部门备案并接受指导。省级人力资源社会保障部门、财政部门应每年将各统筹地区工伤保险行业基准费率标准确定和变化以及浮动费率实施情况汇总报人力资源社会保障部、财政部。

附件：

工伤保险行业风险分类表

行业类别	行业名称
一	软件和信息技术服务业，货币金融服务，资本市场服务，保险业，其他金融业，科技推广和应用服务业，社会工作，广播、电视、电影和影视录音制作业，中国共产党机关，国家机构，人民政协、民主党派，社会保障，群众团体、社会团体和其他成员组织，基层群众自治组织，国际组织
二	批发业，零售业，仓储业，邮政业，住宿业，餐饮业，电信、广播电视和卫星传输服务，互联网和相关服务，房地产业，租赁业，商务服务业，研究和试验发展，专业技术服务业，居民服务业，其他服务业，教育，卫生，新闻和出版业，文化艺术业
三	农副食品加工业，食品制造业，酒、饮料和精制茶制造业，烟草制品业，纺织业，木材加工和木、竹、藤、棕、草制品业，文教、工美、体育和娱乐用品制造业，计算机、通信和其他电子设备制造业，仪器仪表制造业，其他制造业，水的生产和供应业，机动车、电子产品和日用产品修理业，水利管理业，生态保护和环境治理业，公共设施管理业，娱乐业

续表

行业类别	行业名称
四	农业，畜牧业，农、林、牧、渔服务业，纺织服装、服饰业，皮革、毛皮、羽毛及其制品和制鞋业，印刷和记录媒介复制业，医药制造业，化学纤维制造业，橡胶和塑料制品业，金属制品业，通用设备制造业，专用设备制造业，汽车制造业，铁路、船舶、航空航天和其他运输设备制造业，电气机械和器材制造业，废弃资源综合利用业，金属制品、机械和设备修理业，电力、热力生产和供应业，燃气生产和供应业，铁路运输业，航空运输业，管道运输业，体育
五	林业，开采辅助活动，家具制造业，造纸和纸制品业，建筑安装业，建筑装饰和其他建筑业，道路运输业，水上运输业，装卸搬运和运输代理业
六	渔业，化学原料和化学制品制造业，非金属矿物制品业，黑色金属冶炼和压延加工业，有色金属冶炼和压延加工业，房屋建筑业，土木工程建筑业
七	石油和天然气开采业，其他采矿业，石油加工、炼焦和核燃料加工业
八	煤炭开采和洗选业，黑色金属矿采选业，有色金属矿采选业，非金属矿采选业

人力资源社会保障部、财政部关于做好工伤保险费率调整工作进一步加强基金管理的指导意见

（2015 年 7 月 22 日　人社部发〔2015〕72 号）

各省、自治区、直辖市人力资源社会保障厅（局）、财政厅（局），新疆生产建设兵团人力资源社会保障局、财务局：

近日，人力资源社会保障部、财政部经国务院批准印发了调整工伤保险费率政策的通知（人社部发〔2015〕71号，以下简称《通知》），此次调整完善工伤保险费率政策总的原则是：总体降低，细化分类，健全机制。为贯彻落实国务院关于适时适当降低工伤保险费率的要求，进一步加强工伤保险基金管理，提高基金使用效率，现就有关问题提出如下意见：

一、充分认识调整完善工伤保险费率政策的重要性

调整完善工伤保险费率政策，总体上降低工伤保险费率水平，是适应我国经济发展新常态，减轻用人单位负担的重要举措，有利于建立健全与行业工伤风险基本对应、风险档次适度的工伤保险费率标准，有利于落实工伤保险基金“以支定收、收支平衡”筹资原则，优化工伤保险基金管理，确保工伤保险基金可持续运行，更好地保障工伤职工的合法权益。各地应充分认识调整完善工伤保险费率政策的重要性，加强对调整完善工伤保险费率政策的组织领导，采取切实有效措施，强化工伤保险基金管理，在基金收支平衡的基础上，实现总体上降低工伤保险费率水平的目标。

二、准确确定用人单位适用的行业分类

各统筹地区社会保险经办机构要严格按照《通知》规定的行业类别划分，根据用人单位的工商登记注册和主要经营生产业务等情况，分别确定其所对应的行业工伤风险类别。对劳务派遣企业，可根据被派遣劳动者实际用工单位所在行业，或根据多数被派遣劳动者实际用工单位所在行业，确定其工伤风险类别。

三、科学确定工伤保险行业基准费率标准

各统筹地区人力资源社会保障部门要会同财政部门依据调整后的全国工伤保险行业基准费率，根据本地区各行业工伤保险费使用、工伤发生率、职业病危害程度等情况，拟订本地区工伤保险行业基准费率的具体标准，报统筹地区人民政府批准后实施。要加强工伤保险基金的精算平衡，全面分析影响基金收入和支出的当期因素和中长期变化趋势，包括参保扩面潜力、职工工资基数增长速度、本地区参保单位工伤发生率、工伤医疗费用增长速度、保障范围和支付标准的变化等，确保基金中长期可持续运行。各地基准费率的具体标准可根据统筹地区经济产业结构变动、工伤保险费使用等情况适时调整。

四、合理调控工伤保险基金的结存规模

各地要严格按照“以支定收、收支平衡”的筹资原则，将工伤保险基金结存保持在合理适度的规模。实行地市级统筹的地区，基金累计结存（含储备金，下同）的正常规模原则上控制在12个月左右平均支付水平；实行省级统筹的地区，基金累计结存的正常规模原则上控制在9个月左右平均支付水平。基金累计结存超过正常规模的统筹地区，其行业基准费率的具体标准不得高于《通知》中规定的全国工伤保险行业基准费率。实行地市级统筹、省级统筹的地区，基金累计结存规模分别超过18个月、12个月左右平均支付水平的，应通过适时调整行业基准费率具体标准或下调费率等措施压减过多结存，促进基金结存回归正常水平。实行地市级统筹、省级统筹的地区，基金累计结存规模分别低于9个月、6个月左右平均支付水平的，可通过加大扩面和基金征缴力度、适时调整行业基准费率具体标准或上浮费率等措施，确保基金安全可持续运行和各项工伤保险待遇支付。

五、定期进行单位费率浮动

各统筹地区要充分发挥工伤保险浮动费率机制的作用，周密制定单位费率浮动的具体办法。各统筹地区社会保险经办机构应每一至三年对各参保单位的工伤风险状况进行一次全面评估，并依据其工伤保险费使用、工伤发生率、职业病危害程度等因素，确定其费率是否浮动及浮动的档次。对风险程度骤升的单位，可一次上浮两个档次，并通过适当形式通报，以示警戒。

六、全面建立并规范工伤保险基金储备金制度

各地要充分利用信息化手段，构建工伤保险基金运行分析和风险预警系统，加强对政策实施和基金运行情况的监测，定期分析工伤保险费率对工伤保险基金运行的影响。在此基础上，建立和完善工伤保险储备金制度，应对突发性、大规模、集中的工伤保险基金支付风险。储备金的规模按当地基金支出规模的一定比例确定，具体比例由省、自治区、直辖市人民政府确定。未设立储备金的统筹地区应于2016年底前设立储备金，已实行省级统筹的地区要建立省级储备金制度。储备金计算在工伤保险基金结存之内。

七、规范和提高工伤保险基金统筹层次

提高工伤保险统筹层次是提高工伤保险基金抵御风险能力的重要措施，也是适当降低费率政策的有力保障。尚未实行地市级统筹的地区，要在2015年底实现地市级基金统筹；已初步实行地市级统筹的地区，要加快实现基金的统收统支管理；有条件的地区，要积极推进省级统筹。

八、建立费率确定调整和实施情况定期报备制度

各地要加强对费率政策执行情况的监控，建立费率调整和实施情况定期报备制度。各统筹地区应在每年末将本地区基准费率调整变化情况和浮动费率实施情况及实施效果报省级人力资源社会保障部门和财政部门。各省级人力资源社会保障部门、财政部门要在次年2月底之前将本地区的汇总分析情况报送人力资源社会保障部、财政部。

九、加强部门间协同配合

各地要加强人力资源社会保障部门、财政部门之间的协同配合，周密制定有关工伤保险费率政策调整和完善基金管理的措施。在相关政策制定和实施中，还要加强同安全生产监管、卫生计生等部门、相关产业部门及工会组织的协同合作，共同促进工伤保险相关政策的落实。各地在贯彻实施工伤保险费率政策调整和完善基金管理工作中如遇重大问题，应及时报人力资源社会保障部、财政部。

工伤保险辅助器具配置管理办法

（2016年2月16日人力资源和社会保障部、民政部、国家卫生和计划生育委员会令第27号公布　根据2018年12月14日《人力资源社会保障部关于修改部分规章的决定》修订）

第一章　总　　则

第一条　为了规范工伤保险辅助器具配置管理，维护工伤职工的合法权益，根据《工伤保险条例》，制定本办法。

第二条　工伤职工因日常生活或者就业需要，经劳动能力鉴定委员会确认，配置假肢、矫形器、假眼、假牙和轮椅等辅助器具的，适用本办法。

第三条　人力资源社会保障行政部门负责工伤保险辅助器具配置的监督管理工作。民政、卫生计生等行政部门在各自职责范围内负责工伤保险辅助器具配置的有关监督管理工作。

社会保险经办机构（以下称经办机构）负责对申请承担工伤保险辅助器具配置服务的辅助器具装配机构和医疗机构（以下称工伤保险辅助器具配置机构）进行协议管理，并按照规定核付配置费用。

第四条　设区的市级（含直辖市的市辖区、县）劳动能力鉴定委员会（以下称劳动能力鉴定委员会）负责工伤保险辅助器具配置的确认工作。

第五条 省、自治区、直辖市人力资源社会保障行政部门负责制定工伤保险辅助器具配置机构评估确定办法。

经办机构按照评估确定办法，与工伤保险辅助器具配置机构签订服务协议，并向社会公布签订服务协议的工伤保险辅助器具配置机构（以下称协议机构）名单。

第六条 人力资源社会保障部根据社会经济发展水平、工伤职工日常生活和就业需要等，组织制定国家工伤保险辅助器具配置目录，确定配置项目、适用范围、最低使用年限等内容，并适时调整。

省、自治区、直辖市人力资源社会保障行政部门可以结合本地区实际，在国家目录确定的配置项目基础上，制定省级工伤保险辅助器具配置目录，适当增加辅助器具配置项目，并确定本地区辅助器具配置最高支付限额等具体标准。

第二章 确认与配置程序

第七条 工伤职工认为需要配置辅助器具的，可以向劳动能力鉴定委员会提出辅助器具配置确认申请，并提交下列材料：

（一）《工伤认定决定书》原件，或者其他确认工伤的文件；

（二）居民身份证或者社会保障卡等有效身份证明原件；

（三）有效的诊断证明、按照医疗机构病历管理有关规定复印或者复制的检查、检验报告等完整病历材料。

工伤职工本人因身体等原因无法提出申请的，可由其近亲属或者用人单位代为申请。

第八条 劳动能力鉴定委员会收到辅助器具配置确认申请后，应当及时审核；材料不完整的，应当自收到申请之日起 5 个工作日内一次性书面告知申请人需要补正的全部材料；材料完整的，应当在收到申请之日起 60 日内作出确认结论。伤情复杂、涉及医疗卫生专业较多的，作出确认结论的期限可以延长 30 日。

第九条 劳动能力鉴定委员会专家库应当配备辅助器具配置专家，从事辅助器具配置确认工作。

劳动能力鉴定委员会应当根据配置确认申请材料，从专家库中随机抽取3名或者5名专家组成专家组，对工伤职工本人进行现场配置确认。专家组中至少包括1名辅助器具配置专家、2名与工伤职工伤情相关的专家。

第十条 专家组根据工伤职工伤情，依据工伤保险辅助器具配置目录有关规定，提出是否予以配置的确认意见。专家意见不一致时，按照少数服从多数的原则确定专家组的意见。

劳动能力鉴定委员会根据专家组确认意见作出配置辅助器具确认结论。其中，确认予以配置的，应当载明确认配置的理由、依据和辅助器具名称等信息；确认不予配置的，应当说明不予配置的理由。

第十一条 劳动能力鉴定委员会应当自作出确认结论之日起20日内将确认结论送达工伤职工及其用人单位，并抄送经办机构。

第十二条 工伤职工收到予以配置的确认结论后，及时向经办机构进行登记，经办机构向工伤职工出具配置费用核付通知单，并告知下列事项：

（一）工伤职工应当到协议机构进行配置；

（二）确认配置的辅助器具最高支付限额和最低使用年限；

（三）工伤职工配置辅助器具超目录或者超出限额部分的费用，工伤保险基金不予支付。

第十三条 工伤职工可以持配置费用核付通知单，选择协议机构配置辅助器具。

协议机构应当根据与经办机构签订的服务协议，为工伤职工提供配置服务，并如实记录工伤职工信息、配置器具产品信息、最高支付限额、最低使用年限以及实际配置费用等配置服务事项。

前款规定的配置服务记录经工伤职工签字后，分别由工伤职工和协议机构留存。

第十四条 协议机构或者工伤职工与经办机构结算配置费用时，应当出具配置服务记录。经办机构核查后，应当按照工伤保险辅助器具配置目录有关规定及时支付费用。

第十五条 工伤职工配置辅助器具的费用包括安装、维修、训练等费用，按照规定由工伤保险基金支付。

经经办机构同意，工伤职工到统筹地区以外的协议机构配置辅助器具发生的交通、食宿费用，可以按照统筹地区人力资源社会保障行政部门的规定，由工伤保险基金支付。

第十六条 辅助器具达到规定的最低使用年限的，工伤职工可以按照统筹地区人力资源社会保障行政部门的规定申请更换。

工伤职工因伤情发生变化，需要更换主要部件或者配置新的辅助器具的，经向劳动能力鉴定委员会重新提出确认申请并经确认后，由工伤保险基金支付配置费用。

第三章 管理与监督

第十七条 辅助器具配置专家应当具备下列条件之一：

（一）具有医疗卫生中高级专业技术职务任职资格；

（二）具有假肢师或者矫形器师职业资格；

（三）从事辅助器具配置专业技术工作5年以上。

辅助器具配置专家应当具有良好的职业品德。

第十八条 工伤保险辅助器具配置机构的具体条件，由省、自治区、直辖市人力资源社会保障行政部门会同民政、卫生计生行政部门规定。

第十九条 经办机构与工伤保险辅助器具配置机构签订的服务协议，应当包括下列内容：

（一）经办机构与协议机构名称、法定代表人或者主要负责人等基本信息；

（二）服务协议期限；

（三）配置服务内容；

（四）配置费用结算；

（五）配置管理要求；

（六）违约责任及争议处理；

（七）法律、法规规定应当纳入服务协议的其他事项。

第二十条 配置的辅助器具应当符合相关国家标准或者行业标准。统一规格的产品或者材料等辅助器具在装配前应当由国家授权的产品质量检测机构出具质量检测报告，标注生产厂家、产品品牌、型号、材料、功能、出品日期、使用期和保修期等事项。

第二十一条 协议机构应当建立工伤职工配置服务档案，并至少保存至服务期限结束之日起两年。经办机构可以对配置服务档案进行抽查，并作为结算配置费用的依据之一。

第二十二条 经办机构应当建立辅助器具配置工作回访制度，对辅助器具装配的质量和服务进行跟踪检查，并将检查结果作为对协议机构的评价依据。

第二十三条 工伤保险辅助器具配置机构违反国家规定的辅助器具配置管理服务标准，侵害工伤职工合法权益的，由民政、卫生计生行政部门在各自监管职责范围内依法处理。

第二十四条 有下列情形之一的，经办机构不予支付配置费用：

（一）未经劳动能力鉴定委员会确认，自行配置辅助器具的；

（二）在非协议机构配置辅助器具的；

（三）配置辅助器具超目录或者超出限额部分的；

（四）违反规定更换辅助器具的。

第二十五条 工伤职工或者其近亲属认为经办机构未依法支付辅助器具配置费用，或者协议机构认为经办机构未履行有关协议的，可以依法申请行政复议或者提起行政诉讼。

第四章　法 律 责 任

第二十六条　经办机构在协议机构管理和核付配置费用过程中收受当事人财物的，由人力资源社会保障行政部门责令改正，对直接负责的主管人员和其他直接责任人员依法给予处分；情节严重，构成犯罪的，依法追究刑事责任。

第二十七条　从事工伤保险辅助器具配置确认工作的组织或者个人有下列情形之一的，由人力资源社会保障行政部门责令改正，处2000元以上1万元以下的罚款；情节严重，构成犯罪的，依法追究刑事责任：

（一）提供虚假确认意见的；

（二）提供虚假诊断证明或者病历的；

（三）收受当事人财物的。

第二十八条　协议机构不按照服务协议提供服务的，经办机构可以解除服务协议，并按照服务协议追究相应责任。

经办机构不按时足额结算配置费用的，由人力资源社会保障行政部门责令改正；协议机构可以解除服务协议。

第二十九条　用人单位、工伤职工或者其近亲属骗取工伤保险待遇，辅助器具装配机构、医疗机构骗取工伤保险基金支出的，按照《工伤保险条例》第六十条的规定，由人力资源社会保障行政部门责令退还，处骗取金额2倍以上5倍以下的罚款；情节严重，构成犯罪的，依法追究刑事责任。

第五章　附　　则

第三十条　用人单位未依法参加工伤保险，工伤职工需要配置辅助器具的，按照本办法的相关规定执行，并由用人单位支付配置费用。

第三十一条　本办法自2016年4月1日起施行。

职业病诊断与鉴定管理办法

（2021 年 1 月 4 日国家卫生健康委员会令第 6 号公布
自公布之日起施行）

第一章 总 则

第一条 为了规范职业病诊断与鉴定工作，加强职业病诊断与鉴定管理，根据《中华人民共和国职业病防治法》（以下简称《职业病防治法》），制定本办法。

第二条 职业病诊断与鉴定工作应当按照《职业病防治法》、本办法的有关规定及《职业病分类和目录》、国家职业病诊断标准进行，遵循科学、公正、及时、便捷的原则。

第三条 国家卫生健康委负责全国范围内职业病诊断与鉴定的监督管理工作，县级以上地方卫生健康主管部门依据职责负责本行政区域内职业病诊断与鉴定的监督管理工作。

省、自治区、直辖市卫生健康主管部门（以下简称省级卫生健康主管部门）应当结合本行政区域职业病防治工作实际和医疗卫生服务体系规划，充分利用现有医疗卫生资源，实现职业病诊断机构区域覆盖。

第四条 各地要加强职业病诊断机构能力建设，提供必要的保障条件，配备相关的人员、设备和工作经费，以满足职业病诊断工作的需要。

第五条 各地要加强职业病诊断与鉴定信息化建设，建立健全劳动者接触职业病危害、开展职业健康检查、进行职业病诊断与鉴定等全过程的信息化系统，不断提高职业病诊断与鉴定信息报告的准确性、及时性和有效性。

第六条 用人单位应当依法履行职业病诊断、鉴定的相关义务：

（一）及时安排职业病病人、疑似职业病病人进行诊治；

（二）如实提供职业病诊断、鉴定所需的资料；

（三）承担职业病诊断、鉴定的费用和疑似职业病病人在诊断、医学观察期间的费用；

（四）报告职业病和疑似职业病；

（五）《职业病防治法》规定的其他相关义务。

第二章 诊断机构

第七条 医疗卫生机构开展职业病诊断工作，应当在开展之日起十五个工作日内向省级卫生健康主管部门备案。

省级卫生健康主管部门应当自收到完整备案材料之日起十五个工作日内向社会公布备案的医疗卫生机构名单、地址、诊断项目（即《职业病分类和目录》中的职业病类别和病种）等相关信息。

第八条 医疗卫生机构开展职业病诊断工作应当具备下列条件：

（一）持有《医疗机构执业许可证》；

（二）具有相应的诊疗科目及与备案开展的诊断项目相适应的职业病诊断医师及相关医疗卫生技术人员；

（三）具有与备案开展的诊断项目相适应的场所和仪器、设备；

（四）具有健全的职业病诊断质量管理制度。

第九条 医疗卫生机构进行职业病诊断备案时，应当提交以下证明其符合本办法第八条规定条件的有关资料：

（一）《医疗机构执业许可证》原件、副本及复印件；

（二）职业病诊断医师资格等相关资料；

（三）相关的仪器设备清单；

（四）负责职业病信息报告人员名单；

（五）职业病诊断质量管理制度等相关资料。

第十条 职业病诊断机构对备案信息的真实性、准确性、合法性负责。

当备案信息发生变化时，应当自信息发生变化之日起十个工作日内向省级卫生健康主管部门提交变更信息。

第十一条 设区的市没有医疗卫生机构备案开展职业病诊断的，省级卫生健康主管部门应当根据职业病诊断工作的需要，指定符合本办法第八条规定条件的医疗卫生机构承担职业病诊断工作。

第十二条 职业病诊断机构的职责是：

（一）在备案的诊断项目范围内开展职业病诊断；

（二）及时向所在地卫生健康主管部门报告职业病；

（三）按照卫生健康主管部门要求报告职业病诊断工作情况；

（四）承担《职业病防治法》中规定的其他职责。

第十三条 职业病诊断机构依法独立行使诊断权，并对其作出的职业病诊断结论负责。

第十四条 职业病诊断机构应当建立和健全职业病诊断管理制度，加强职业病诊断医师等有关医疗卫生人员技术培训和政策、法律培训，并采取措施改善职业病诊断工作条件，提高职业病诊断服务质量和水平。

第十五条 职业病诊断机构应当公开职业病诊断程序和诊断项目范围，方便劳动者进行职业病诊断。

职业病诊断机构及其相关工作人员应当尊重、关心、爱护劳动者，保护劳动者的隐私。

第十六条 从事职业病诊断的医师应当具备下列条件，并取得省级卫生健康主管部门颁发的职业病诊断资格证书：

（一）具有医师执业证书；

（二）具有中级以上卫生专业技术职务任职资格；

（三）熟悉职业病防治法律法规和职业病诊断标准；

（四）从事职业病诊断、鉴定相关工作三年以上；

（五）按规定参加职业病诊断医师相应专业的培训，并考核合格。

省级卫生健康主管部门应当依据本办法的规定和国家卫生健康委制定的职业病诊断医师培训大纲，制定本行政区域职业病诊断医师培训考核办法并组织实施。

第十七条 职业病诊断医师应当依法在职业病诊断机构备案的诊断项目范围内从事职业病诊断工作，不得从事超出其职业病诊断资格范围的职业病诊断工作；职业病诊断医师应当按照有关规定参加职业卫生、放射卫生、职业医学等领域的继续医学教育。

第十八条 省级卫生健康主管部门应当加强本行政区域内职业病诊断机构的质量控制管理工作，组织开展职业病诊断机构质量控制评估。

职业病诊断质量控制规范和医疗卫生机构职业病报告规范另行制定。

第三章 诊 断

第十九条 劳动者可以在用人单位所在地、本人户籍所在地或者经常居住地的职业病诊断机构进行职业病诊断。

第二十条 职业病诊断应当按照《职业病防治法》、本办法的有关规定及《职业病分类和目录》、国家职业病诊断标准，依据劳动者的职业史、职业病危害接触史和工作场所职业病危害因素情况、临床表现以及辅助检查结果等，进行综合分析。材料齐全的情况下，职业病诊断机构应当在收齐材料之日起三十日内作出诊断结论。

没有证据否定职业病危害因素与病人临床表现之间的必然联系的，应当诊断为职业病。

第二十一条 职业病诊断需要以下资料：

（一）劳动者职业史和职业病危害接触史（包括在岗时间、工种、岗位、接触的职业病危害因素名称等）；

（二）劳动者职业健康检查结果；

（三）工作场所职业病危害因素检测结果；

（四）职业性放射性疾病诊断还需要个人剂量监测档案等资料。

第二十二条 劳动者依法要求进行职业病诊断的，职业病诊断机构不得拒绝劳动者进行职业病诊断的要求，并告知劳动者职业病诊断的程序和所需材料。劳动者应当填写《职业病诊断就诊登记表》，并提供本人掌握的职业病诊断有关资料。

第二十三条 职业病诊断机构进行职业病诊断时，应当书面通知劳动者所在的用人单位提供本办法第二十一条规定的职业病诊断资料，用人单位应当在接到通知后的十日内如实提供。

第二十四条 用人单位未在规定时间内提供职业病诊断所需要资料的，职业病诊断机构可以依法提请卫生健康主管部门督促用人单位提供。

第二十五条 劳动者对用人单位提供的工作场所职业病危害因素检测结果等资料有异议，或者因劳动者的用人单位解散、破产，无用人单位提供上述资料的，职业病诊断机构应当依法提请用人单位所在地卫生健康主管部门进行调查。

卫生健康主管部门应当自接到申请之日起三十日内对存在异议的资料或者工作场所职业病危害因素情况作出判定。

职业病诊断机构在卫生健康主管部门作出调查结论或者判定前应当中止职业病诊断。

第二十六条 职业病诊断机构需要了解工作场所职业病危害因素情况时，可以对工作场所进行现场调查，也可以依法提请卫生健康主管部门组织现场调查。卫生健康主管部门应当在接到申请之日起三十日内完成现场调查。

第二十七条 在确认劳动者职业史、职业病危害接触史时，当事人对劳动关系、工种、工作岗位或者在岗时间有争议的，职业病诊断机构应当告知当事人依法向用人单位所在地的劳动人事争议仲裁委员会申请仲裁。

第二十八条 经卫生健康主管部门督促，用人单位仍不提供工作场所职业病危害因素检测结果、职业健康监护档案等资料或者提供资料不全的，职业病诊断机构应当结合劳动者的临床表现、辅助检查结果和劳动者的职业史、职业病危害接触史，并参考劳动者自述或工友旁证资料、卫生健康等有关部门提供的日常监督检查信息等，作出职业病诊断结论。对于作出无职业病诊断结论的病人，可依据病人的临床表现以及辅助检查结果，作出疾病的诊断，提出相关医学意见或者建议。

第二十九条 职业病诊断机构可以根据诊断需要，聘请其他单位职业病诊断医师参加诊断。必要时，可以邀请相关专业专家提供咨询意见。

第三十条 职业病诊断机构作出职业病诊断结论后，应当出具职业病诊断证明书。职业病诊断证明书应当由参与诊断的取得职业病诊断资格的执业医师签署。

职业病诊断机构应当对职业病诊断医师签署的职业病诊断证明书进行审核，确认诊断的依据与结论符合有关法律法规、标准的要求，并在职业病诊断证明书上盖章。

职业病诊断证明书的书写应当符合相关标准的要求。

职业病诊断证明书一式五份，劳动者一份，用人单位所在地县级卫生健康主管部门一份，用人单位两份，诊断机构存档一份。

职业病诊断证明书应当于出具之日起十五日内由职业病诊断机构送达劳动者、用人单位及用人单位所在地县级卫生健康主管部门。

第三十一条 职业病诊断机构应当建立职业病诊断档案并永久保存，档案应当包括：

（一）职业病诊断证明书；

（二）职业病诊断记录；

（三）用人单位、劳动者和相关部门、机构提交的有关资料；

（四）临床检查与实验室检验等资料。

职业病诊断机构拟不再开展职业病诊断工作的，应当在拟停止开展职业病诊断工作的十五个工作日之前告知省级卫生健康主管部门和所在地县级卫生健康主管部门，妥善处理职业病诊断档案。

第三十二条 职业病诊断机构发现职业病病人或者疑似职业病病人时，应当及时向所在地县级卫生健康主管部门报告。职业病诊断机构应当在作出职业病诊断之日起十五日内通过职业病及健康危害因素监测信息系统进行信息报告，并确保报告信息的完整、真实和准确。

确诊为职业病的，职业病诊断机构可以根据需要，向卫生健康主管部门、用人单位提出专业建议；告知职业病病人依法享有的职业健康权益。

第三十三条 未承担职业病诊断工作的医疗卫生机构，在诊疗活动中发现劳动者的健康损害可能与其所从事的职业有关时，应及时告知劳动者到职业病诊断机构进行职业病诊断。

第四章 鉴　　定

第三十四条 当事人对职业病诊断机构作出的职业病诊断有异议的，可以在接到职业病诊断证明书之日起三十日内，向作出诊断的职业病诊断机构所在地设区的市级卫生健康主管部门申请鉴定。

职业病诊断争议由设区的市级以上地方卫生健康主管部门根据当事人的申请组织职业病诊断鉴定委员会进行鉴定。

第三十五条 职业病鉴定实行两级鉴定制，设区的市级职业病诊断鉴定委员会负责职业病诊断争议的首次鉴定。

当事人对设区的市级职业病鉴定结论不服的，可以在接到诊断鉴定书之日起十五日内，向原鉴定组织所在地省级卫生健康主管部门申请再鉴定，省级鉴定为最终鉴定。

第三十六条 设区的市级以上地方卫生健康主管部门可以指定办事机构，具体承担职业病诊断鉴定的组织和日常性工作。职业病鉴定办事机构的职责是：

（一）接受当事人申请；

（二）组织当事人或者接受当事人委托抽取职业病诊断鉴定专家；

（三）组织职业病诊断鉴定会议，负责会议记录、职业病诊断鉴定相关文书的收发及其他事务性工作；

（四）建立并管理职业病诊断鉴定档案；

（五）报告职业病诊断鉴定相关信息；

（六）承担卫生健康主管部门委托的有关职业病诊断鉴定的工作。

职业病诊断机构不能作为职业病鉴定办事机构。

第三十七条 设区的市级以上地方卫生健康主管部门应当向社会公布本行政区域内依法承担职业病诊断鉴定工作的办事机构的名称、工作时间、地点、联系人、联系电话和鉴定工作程序。

第三十八条 省级卫生健康主管部门应当设立职业病诊断鉴定专家库（以下简称专家库），并根据实际工作需要及时调整其成员。专家库可以按照专业类别进行分组。

第三十九条 专家库应当以取得职业病诊断资格的不同专业类别的医师为主要成员，吸收临床相关学科、职业卫生、放射卫生、法律等相关专业的专家组成。专家应当具备下列条件：

（一）具有良好的业务素质和职业道德；

（二）具有相关专业的高级专业技术职务任职资格；

（三）熟悉职业病防治法律法规和职业病诊断标准；

（四）身体健康，能够胜任职业病诊断鉴定工作。

第四十条 参加职业病诊断鉴定的专家，应当由当事人或者由其委托的职业病鉴定办事机构从专家库中按照专业类别以随机抽取的方式确定。抽取的专家组成职业病诊断鉴定委员会（以下简称鉴定委员会）。

经当事人同意，职业病鉴定办事机构可以根据鉴定需要聘请本省、自治区、直辖市以外的相关专业专家作为鉴定委员会成员，并有表决权。

第四十一条 鉴定委员会人数为五人以上单数，其中相关专业职业病诊断医师应当为本次鉴定专家人数的半数以上。疑难病例应当增加鉴定委员会人数，充分听取意见。鉴定委员会设主任委员一名，由鉴定委员会成员推举产生。

职业病诊断鉴定会议由鉴定委员会主任委员主持。

第四十二条 参加职业病诊断鉴定的专家有下列情形之一的，应当回避：

（一）是职业病诊断鉴定当事人或者当事人近亲属的；

（二）已参加当事人职业病诊断或者首次鉴定的；

（三）与职业病诊断鉴定当事人有利害关系的；

（四）与职业病诊断鉴定当事人有其他关系，可能影响鉴定公正的。

第四十三条 当事人申请职业病诊断鉴定时，应当提供以下资料：

（一）职业病诊断鉴定申请书；

（二）职业病诊断证明书；

（三）申请省级鉴定的还应当提交市级职业病诊断鉴定书。

第四十四条 职业病鉴定办事机构应当自收到申请资料之日起五个工作日内完成资料审核，对资料齐全的发给受理通知书；资料不全的，应当当场或者在五个工作日内一次性告知当事人补充。资料补充齐全的，应当受理申请并组织鉴定。

职业病鉴定办事机构收到当事人鉴定申请之后，根据需要可以向原职业病诊断机构或者组织首次鉴定的办事机构调阅有关的诊断、鉴定资料。原职业病诊断机构或者组织首次鉴定的办事机构应当在接到通知之日起十日内提交。

职业病鉴定办事机构应当在受理鉴定申请之日起四十日内组织鉴定、形成鉴定结论，并出具职业病诊断鉴定书。

第四十五条 根据职业病诊断鉴定工作需要，职业病鉴定办事机构可以向有关单位调取与职业病诊断、鉴定有关的资料，有关单位应当如实、及时提供。

鉴定委员会应当听取当事人的陈述和申辩，必要时可以组织进行医学检查，医学检查应当在三十日内完成。

需要了解被鉴定人的工作场所职业病危害因素情况时，职业病鉴定办事机构根据鉴定委员会的意见可以组织对工作场所进行现场调查，或者依法提请卫生健康主管部门组织现场调查。现场调查应当在三十日内完成。

医学检查和现场调查时间不计算在职业病鉴定规定的期限内。

职业病诊断鉴定应当遵循客观、公正的原则，鉴定委员会进行职业病诊断鉴定时，可以邀请有关单位人员旁听职业病诊断鉴定会议。所有参与职业病诊断鉴定的人员应当依法保护当事人的个人隐私、商业秘密。

第四十六条 鉴定委员会应当认真审阅鉴定资料，依照有关规定和职业病诊断标准，经充分合议后，根据专业知识独立进行鉴定。在事实清楚的基础上，进行综合分析，作出鉴定结论，并制作职业病诊断鉴定书。

鉴定结论应当经鉴定委员会半数以上成员通过。

第四十七条 职业病诊断鉴定书应当包括以下内容：

（一）劳动者、用人单位的基本信息及鉴定事由；

（二）鉴定结论及其依据，鉴定为职业病的，应当注明职业病名称、程度（期别）；

（三）鉴定时间。

诊断鉴定书加盖职业病鉴定委员会印章。

首次鉴定的职业病诊断鉴定书一式五份，劳动者、用人单位、用人单位所在地市级卫生健康主管部门、原诊断机构各一份，职业病鉴定办事机构存档一份；省级鉴定的职业病诊断鉴定书一式六份，劳动者、用人单位、用人单位所在地省级卫生健康主管部门、原诊断机构、首次职业病鉴定办事机构各一份，省级职业病鉴定办事机构存档一份。

职业病诊断鉴定书的格式由国家卫生健康委员会统一规定。

第四十八条 职业病鉴定办事机构出具职业病诊断鉴定书后，应当于出具之日起十日内送达当事人，并在出具职业病诊断鉴定书后的十日内将职业病诊断鉴定书等有关信息告知原职业病诊断机构或者首次职业病鉴定办事机构，并通过职业病及健康危害因素监测信息系统报告职业病鉴定相关信息。

第四十九条 职业病鉴定结论与职业病诊断结论或者首次职业病鉴定结论不一致的，职业病鉴定办事机构应当在出具职业病诊断鉴定书后十日内向相关卫生健康主管部门报告。

第五十条 职业病鉴定办事机构应当如实记录职业病诊断鉴定过程，内容应当包括：

（一）鉴定委员会的专家组成；

（二）鉴定时间；

（三）鉴定所用资料；

（四）鉴定专家的发言及其鉴定意见；

（五）表决情况；

（六）经鉴定专家签字的鉴定结论。

有当事人陈述和申辩的，应当如实记录。

鉴定结束后，鉴定记录应当随同职业病诊断鉴定书一并由职业病鉴定办事机构存档，永久保存。

第五章　监督管理

第五十一条　县级以上地方卫生健康主管部门应当定期对职业病诊断机构进行监督检查，检查内容包括：

（一）法律法规、标准的执行情况；

（二）规章制度建立情况；

（三）备案的职业病诊断信息真实性情况；

（四）按照备案的诊断项目开展职业病诊断工作情况；

（五）开展职业病诊断质量控制、参加质量控制评估及整改情况；

（六）人员、岗位职责落实和培训情况；

（七）职业病报告情况。

第五十二条　设区的市级以上地方卫生健康主管部门应当加强对职业病鉴定办事机构的监督管理，对职业病鉴定工作程序、制度落实情况及职业病报告等相关工作情况进行监督检查。

第五十三条　县级以上地方卫生健康主管部门监督检查时，有权查阅或者复制有关资料，职业病诊断机构应当予以配合。

第六章　法律责任

第五十四条　医疗卫生机构未按照规定备案开展职业病诊断的，由县级以上地方卫生健康主管部门责令改正，给予警告，可以并处三万元以下罚款。

第五十五条　职业病诊断机构有下列行为之一的，其作出的职业病诊断无效，由县级以上地方卫生健康主管部门按照《职业病防治法》的第八十条的规定进行处理：

（一）超出诊疗项目登记范围从事职业病诊断的；

（二）不按照《职业病防治法》规定履行法定职责的；

（三）出具虚假证明文件的。

第五十六条　职业病诊断机构未按照规定报告职业病、疑似职业病的，由县级以上地方卫生健康主管部门按照《职业病防治法》第七十四条的规定进行处理。

第五十七条 职业病诊断机构违反本办法规定，有下列情形之一的，由县级以上地方卫生健康主管部门责令限期改正；逾期不改的，给予警告，并可以根据情节轻重处以三万元以下罚款：

（一）未建立职业病诊断管理制度的；

（二）未按照规定向劳动者公开职业病诊断程序的；

（三）泄露劳动者涉及个人隐私的有关信息、资料的；

（四）未按照规定参加质量控制评估，或者质量控制评估不合格且未按要求整改的；

（五）拒不配合卫生健康主管部门监督检查的。

第五十八条 职业病诊断鉴定委员会组成人员收受职业病诊断争议当事人的财物或者其他好处的，由省级卫生健康主管部门按照《职业病防治法》第八十一条的规定进行处理。

第五十九条 县级以上地方卫生健康主管部门及其工作人员未依法履行职责，按照《职业病防治法》第八十三条第二款规定进行处理。

第六十条 用人单位有下列行为之一的，由县级以上地方卫生健康主管部门按照《职业病防治法》第七十二条规定进行处理：

（一）未按照规定安排职业病病人、疑似职业病病人进行诊治的；

（二）拒不提供职业病诊断、鉴定所需资料的；

（三）未按照规定承担职业病诊断、鉴定费用。

第六十一条 用人单位未按照规定报告职业病、疑似职业病的，由县级以上地方卫生健康主管部门按照《职业病防治法》第七十四条规定进行处理。

第七章 附 则

第六十二条 本办法所称“证据”，包括疾病的证据、接触职业病危害因素的证据，以及用于判定疾病与接触职业病危害因素之间因果关系的证据。

第六十三条 本办法自公布之日起施行。原卫生部 2013 年 2 月 19 日公布的《职业病诊断与鉴定管理办法》同时废止。

工伤职工劳动能力鉴定管理办法

（2014 年 2 月 20 日人力资源和社会保障部、国家卫生和计划生育委员会令第 21 号公布　根据 2018 年 12 月 14 日《人力资源社会保障部关于修改部分规章的决定》修订）

第一章　总　　则

第一条 为了加强劳动能力鉴定管理，规范劳动能力鉴定程序，根据《中华人民共和国社会保险法》、《中华人民共和国职业病防治法》和《工伤保险条例》，制定本办法。

第二条 劳动能力鉴定委员会依据《劳动能力鉴定　职工工伤与职业病致残等级》国家标准，对工伤职工劳动功能障碍程度和生活自理障碍程度组织进行技术性等级鉴定，适用本办法。

第三条 省、自治区、直辖市劳动能力鉴定委员会和设区的市级（含直辖市的市辖区、县，下同）劳动能力鉴定委员会分别由省、自治区、直辖市和设区的市级人力资源社会保障行政部门、卫生计生行政部门、工会组织、用人单位代表以及社会保险经办机构代表组成。

承担劳动能力鉴定委员会日常工作的机构，其设置方式由各地根据实际情况决定。

第四条 劳动能力鉴定委员会履行下列职责：

（一）选聘医疗卫生专家，组建医疗卫生专家库，对专家进行培训和管理；

（二）组织劳动能力鉴定；

（三）根据专家组的鉴定意见作出劳动能力鉴定结论；

（四）建立完整的鉴定数据库，保管鉴定工作档案50年；

（五）法律、法规、规章规定的其他职责。

第五条 设区的市级劳动能力鉴定委员会负责本辖区内的劳动能力初次鉴定、复查鉴定。

省、自治区、直辖市劳动能力鉴定委员会负责对初次鉴定或者复查鉴定结论不服提出的再次鉴定。

第六条 劳动能力鉴定相关政策、工作制度和业务流程应当向社会公开。

第二章　鉴 定 程 序

第七条 职工发生工伤，经治疗伤情相对稳定后存在残疾、影响劳动能力的，或者停工留薪期满（含劳动能力鉴定委员会确认的延长期限），工伤职工或者其用人单位应当及时向设区的市级劳动能力鉴定委员会提出劳动能力鉴定申请。

第八条 申请劳动能力鉴定应当填写劳动能力鉴定申请表，并提交下列材料：

（一）《工伤认定决定书》原件；

（二）有效的诊断证明、按照医疗机构病历管理有关规定复印或者复制的检查、检验报告等完整病历材料；

（三）工伤职工的居民身份证或者社会保障卡等其他有效身份证明原件。

第九条 劳动能力鉴定委员会收到劳动能力鉴定申请后，应当及时对申请人提交的材料进行审核；申请人提供材料不完整的，劳动能力鉴定委员会应当自收到劳动能力鉴定申请之日起5个工作日内一次性书面告知申请人需要补正的全部材料。

申请人提供材料完整的，劳动能力鉴定委员会应当及时组织鉴定，并在收到劳动能力鉴定申请之日起 60 日内作出劳动能力鉴定结论。伤情复杂、涉及医疗卫生专业较多的，作出劳动能力鉴定结论的期限可以延长 30 日。

第十条 劳动能力鉴定委员会应当视伤情程度等从医疗卫生专家库中随机抽取 3 名或者 5 名与工伤职工伤情相关科别的专家组成专家组进行鉴定。

第十一条 劳动能力鉴定委员会应当提前通知工伤职工进行鉴定的时间、地点以及应当携带的材料。工伤职工应当按照通知的时间、地点参加现场鉴定。对行动不便的工伤职工，劳动能力鉴定委员会可以组织专家上门进行劳动能力鉴定。组织劳动能力鉴定的工作人员应当对工伤职工的身份进行核实。

工伤职工因故不能按时参加鉴定的，经劳动能力鉴定委员会同意，可以调整现场鉴定的时间，作出劳动能力鉴定结论的期限相应顺延。

第十二条 因鉴定工作需要，专家组提出应当进行有关检查和诊断的，劳动能力鉴定委员会可以委托具备资格的医疗机构协助进行有关的检查和诊断。

第十三条 专家组根据工伤职工伤情，结合医疗诊断情况，依据《劳动能力鉴定　职工工伤与职业病致残等级》国家标准提出鉴定意见。参加鉴定的专家都应当签署意见并签名。

专家意见不一致时，按照少数服从多数的原则确定专家组的鉴定意见。

第十四条 劳动能力鉴定委员会根据专家组的鉴定意见作出劳动能力鉴定结论。劳动能力鉴定结论书应当载明下列事项：

（一）工伤职工及其用人单位的基本信息；

（二）伤情介绍，包括伤残部位、器官功能障碍程度、诊断情况等；

（三）作出鉴定的依据；

（四）鉴定结论。

第十五条 劳动能力鉴定委员会应当自作出鉴定结论之日起20日内将劳动能力鉴定结论及时送达工伤职工及其用人单位，并抄送社会保险经办机构。

第十六条 工伤职工或者其用人单位对初次鉴定结论不服的，可以在收到该鉴定结论之日起15日内向省、自治区、直辖市劳动能力鉴定委员会申请再次鉴定。

申请再次鉴定，应当提供劳动能力鉴定申请表，以及工伤职工的居民身份证或者社会保障卡等有效身份证明原件。

省、自治区、直辖市劳动能力鉴定委员会作出的劳动能力鉴定结论为最终结论。

第十七条 自劳动能力鉴定结论作出之日起1年后，工伤职工、用人单位或者社会保险经办机构认为伤残情况发生变化的，可以向设区的市级劳动能力鉴定委员会申请劳动能力复查鉴定。

对复查鉴定结论不服的，可以按照本办法第十六条规定申请再次鉴定。

第十八条 工伤职工本人因身体等原因无法提出劳动能力初次鉴定、复查鉴定、再次鉴定申请的，可由其近亲属代为提出。

第十九条 再次鉴定和复查鉴定的程序、期限等按照本办法第九条至第十五条的规定执行。

第三章 监督管理

第二十条 劳动能力鉴定委员会应当每3年对专家库进行一次调整和补充，实行动态管理。确有需要的，可以根据实际情况适时调整。

第二十一条 劳动能力鉴定委员会选聘医疗卫生专家，聘期一般为3年，可以连续聘任。

聘任的专家应当具备下列条件：

（一）具有医疗卫生高级专业技术职务任职资格；

（二）掌握劳动能力鉴定的相关知识；

（三）具有良好的职业品德。

第二十二条 参加劳动能力鉴定的专家应当按照规定的时间、地点进行现场鉴定，严格执行劳动能力鉴定政策和标准，客观、公正地提出鉴定意见。

第二十三条 用人单位、工伤职工或者其近亲属应当如实提供鉴定需要的材料，遵守劳动能力鉴定相关规定，按照要求配合劳动能力鉴定工作。

工伤职工有下列情形之一的，当次鉴定终止：

（一）无正当理由不参加现场鉴定的；

（二）拒不参加劳动能力鉴定委员会安排的检查和诊断的。

第二十四条 医疗机构及其医务人员应当如实出具与劳动能力鉴定有关的各项诊断证明和病历材料。

第二十五条 劳动能力鉴定委员会组成人员、劳动能力鉴定工作人员以及参加鉴定的专家与当事人有利害关系的，应当回避。

第二十六条 任何组织或者个人有权对劳动能力鉴定中的违法行为进行举报、投诉。

第四章 法律责任

第二十七条 劳动能力鉴定委员会和承担劳动能力鉴定委员会日常工作的机构及其工作人员在从事或者组织劳动能力鉴定时，有下列行为之一的，由人力资源社会保障行政部门或者有关部门责令改正，对直接负责的主管人员和其他直接责任人员依法给予相应处分；构成犯罪的，依法追究刑事责任：

（一）未及时审核并书面告知申请人需要补正的全部材料的；

（二）未在规定期限内作出劳动能力鉴定结论的；

（三）未按照规定及时送达劳动能力鉴定结论的；

（四）未按照规定随机抽取相关科别专家进行鉴定的；

（五）擅自篡改劳动能力鉴定委员会作出的鉴定结论的；

（六）利用职务之便非法收受当事人财物的；

（七）有违反法律法规和本办法的其他行为的。

第二十八条 从事劳动能力鉴定的专家有下列行为之一的，劳动能力鉴定委员会应当予以解聘；情节严重的，由卫生计生行政部门依法处理：

（一）提供虚假鉴定意见的；

（二）利用职务之便非法收受当事人财物的；

（三）无正当理由不履行职责的；

（四）有违反法律法规和本办法的其他行为的。

第二十九条 参与工伤救治、检查、诊断等活动的医疗机构及其医务人员有下列情形之一的，由卫生计生行政部门依法处理：

（一）提供与病情不符的虚假诊断证明的；

（二）篡改、伪造、隐匿、销毁病历材料的；

（三）无正当理由不履行职责的。

第三十条 以欺诈、伪造证明材料或者其他手段骗取鉴定结论、领取工伤保险待遇的，按照《中华人民共和国社会保险法》第八十八条的规定，由人力资源社会保障行政部门责令退回骗取的社会保险金，处骗取金额2倍以上5倍以下的罚款。

第五章 附 则

第三十一条 未参加工伤保险的公务员和参照公务员法管理的事业单位、社会团体工作人员因工（公）致残的劳动能力鉴定，参照本办法执行。

第三十二条 本办法中的劳动能力鉴定申请表、初次（复查）鉴定结论书、再次鉴定结论书、劳动能力鉴定材料收讫补正告知书等文书基本样式由人力资源社会保障部制定。

第三十三条 本办法自2014年4月1日起施行。

附件： 1. 劳动能力鉴定申请表（略）
2. 初次（复查）鉴定结论书（略）
3. 再次鉴定结论书（略）
4. 劳动能力鉴定材料收讫补正告知书（略）

非法用工单位伤亡人员一次性赔偿办法

（2003年9月23日劳动和社会保障部令第19号颁布
2010年12月31日人力资源和社会保障部令第9号公布
自2011年1月1日起施行）

第一条 根据《工伤保险条例》第六十六条第一款的授权，制定本办法。

第二条 本办法所称非法用工单位伤亡人员，是指无营业执照或者未经依法登记、备案的单位以及被依法吊销营业执照或者撤销登记、备案的单位受到事故伤害或者患职业病的职工，或者用人单位使用童工造成的伤残、死亡童工。

前款所列单位必须按照本办法的规定向伤残职工或者死亡职工的近亲属、伤残童工或者死亡童工的近亲属给予一次性赔偿。

第三条 一次性赔偿包括受到事故伤害或者患职业病的职工或童工在治疗期间的费用和一次性赔偿金。一次性赔偿金数额应当在受到事故伤害或者患职业病的职工或童工死亡或者经劳动能力鉴定后确定。

劳动能力鉴定按照属地原则由单位所在地设区的市级劳动能力鉴定委员会办理。劳动能力鉴定费用由伤亡职工或童工所在单位支付。

第四条 职工或童工受到事故伤害或者患职业病，在劳动能力鉴定之前进行治疗期间的生活费按照统筹地区上年度职工月平均工资标准确定，医疗费、护理费、住院期间的伙食补助费以及所需的交通费等费用按照《工伤保险条例》规定的标准和范围确定，并全部由伤残职工或童工所在单位支付。

第五条 一次性赔偿金按照以下标准支付：

一级伤残的为赔偿基数的 16 倍，二级伤残的为赔偿基数的 14 倍，三级伤残的为赔偿基数的 12 倍，四级伤残的为赔偿基数的 10 倍，五级伤残的为赔偿基数的 8 倍，六级伤残的为赔偿基数的 6 倍，七级伤残的为赔偿基数的 4 倍，八级伤残的为赔偿基数的 3 倍，九级伤残的为赔偿基数的 2 倍，十级伤残的为赔偿基数的 1 倍。

前款所称赔偿基数，是指单位所在工伤保险统筹地区上年度职工年平均工资。

第六条 受到事故伤害或者患职业病造成死亡的，按照上一年度全国城镇居民人均可支配收入的 20 倍支付一次性赔偿金，并按照上一年度全国城镇居民人均可支配收入的 10 倍一次性支付丧葬补助等其他赔偿金。

第七条 单位拒不支付一次性赔偿的，伤残职工或者死亡职工的近亲属、伤残童工或者死亡童工的近亲属可以向人力资源和社会保障行政部门举报。经查证属实的，人力资源和社会保障行政部门应当责令该单位限期改正。

第八条 伤残职工或者死亡职工的近亲属、伤残童工或者死亡童工的近亲属就赔偿数额与单位发生争议的，按照劳动争议处理的有关规定处理。

第九条 本办法自 2011 年 1 月 1 日起施行。劳动和社会保障部 2003 年 9 月 23 日颁布的《非法用工单位伤亡人员一次性赔偿办法》同时废止。

五 失业保险

失业保险金申领发放办法

（2000 年 10 月 26 日劳动和社会保障部令第 8 号发布　根据 2018 年 12 月 14 日《人力资源社会保障部关于修改部分规章的决定》第一次修订　根据 2019 年 12 月 9 日《人力资源社会保障部关于修改部分规章的决定》第二次修订）

第一章　总　　则

第一条　为保证失业人员及时获得失业保险金及其他失业保险待遇，根据《失业保险条例》（以下简称《条例》），制定本办法。

第二条　参加失业保险的城镇企业事业单位职工以及按照省级人民政府规定参加失业保险的其他单位人员失业后（以下统称失业人员），申请领取失业保险金、享受其他失业保险待遇适用本办法；按照规定应参加而尚未参加失业保险的不适用本办法。

第三条　劳动保障行政部门设立的经办失业保险业务的社会保险经办机构（以下简称经办机构）按照本办法规定受理失业人员领取失业保险金的申请，审核确认领取资格，核定领取失业保险金、享受其他失业保险待遇的期限及标准，负责发放失业保险金并提供其他失业保险待遇。

第二章　失业保险金申领

第四条　失业人员符合《条例》第十四条规定条件的，可以申请领取失业保险费，享受其他失业保险待遇。其中，非因本人愿意中断就业的是指下列人员：

（一）终止劳动合同的；

（二）被用人单位解除劳动合同的；

（三）被用人单位开除、除名和辞退的；

（四）根据《中华人民共和国劳动法》第三十二条第二、三项与用人单位解除劳动合同的；

（五）法律、行政法规另有规定的。

第五条　失业人员失业前所在单位，应将失业人员的名单自终止或者解除劳动合同之日起7日内报受理其失业保险业务的经办机构备案，并按要求提供终止或解除劳动合同证明等有关材料。

第六条　失业人员应在终止或者解除劳动合同之日起60日内到受理其单位失业保险业务的经办机构申领失业保险金。

第七条　失业人员申领失业保险金应填写《失业保险金申领表》，并出示下列证明材料：

（一）本人身份证明；

（二）所在单位出具的终止或者解除劳动合同的证明；

（三）失业登记；

（四）省级劳动保障行政部门规定的其他材料。

第八条　失业人员领取失业保险金，应由本人按月到经办机构领取，同时应向经办机构如实说明求职和接受职业指导、职业培训情况。

第九条　失业人员在领取失业保险金期间患病就医的，可以按照规定向经办机构申请领取医疗补助金。

第十条　失业人员在领取失业保险金期间死亡的，其家属可持失业人员死亡证明、领取人身份证明、与失业人员的关系证明，按规定向经办机构领取一次性丧葬补助金和其供养配偶、直系亲属的抚恤金。失业人员当月尚未领取的失业保险金可由其家属一并领取。

第十一条 失业人员在领取失业保险金期间，应积极求职，接受职业指导和职业培训。失业人员在领取失业保险金期间求职时，可以按规定享受就业服务减免费用等优惠政策。

第十二条 失业人员在领取失业保险金期间或期满后，符合享受当地城市居民最低生活保障条件的，可以按照规定申请享受城市居民最低生活保障待遇。

第十三条 失业人员在领取失业保险金期间，发生《条例》第十五条规定情形之一的，不得继续领取失业保险金和享受其他失业保险待遇。

第三章 失业保险金发放

第十四条 经办机构自受理失业人员领取失业保险金申请之日起 10 日内，对申领者的资格进行审核认定，并将结果及有关事项告知本人。经审核合格者，从其办理失业登记之日起计发失业保险金。

第十五条 经办机构根据失业人员累计缴费时间核定其领取失业保险金的期限。失业人员累计缴费时间按照下列原则确定：

（一）实行个人缴纳失业保险费前，按国家规定计算的工龄视同缴费时间，与《条例》发布后缴纳失业保险费的时间合并计算。

（二）失业人员在领取失业保险金期间重新就业后再次失业的，缴费时间重新计算，其领取失业保险金的期限可以与前次失业应领取而尚未领取的失业保险金的期限合并计算，但是最长不得超过 24 个月。失业人员在领取失业保险金期间重新就业后不满一年再次失业的，可以继续申领其前次失业应领取而尚未领取的失业保险金。

第十六条 失业保险金以及医疗补助金、丧葬补助金、抚恤金、职业培训和职业介绍补贴等失业保险待遇的标准按照各省、自治区、直辖市人民政府的有关规定执行。

第十七条 失业保险金应按月发放，由经办机构开具单证，失业人员凭单证到指定银行领取。

第十八条 对领取失业保险金期限即将届满的失业人员，经办机构应提前一个月告知本人。

失业人员在领取失业保险金期间，发生《条例》第十五条规定情形之一的，经办机构有权即行停止其失业保险金发放，并同时停止其享受其他失业保险待遇。

第十九条 经办机构应当通过准备书面资料、开设服务窗口、设立咨询电话等方式，为失业人员、用人单位和社会公众提供咨询服务。

第二十条 经办机构应按规定负责失业保险金申领、发放的统计工作。

第四章 失业保险关系转迁

第二十一条 对失业人员失业前所在单位与本人户籍不在同一统筹地区的，其失业保险金的发放和其他失业保险待遇的提供由两地劳动保障行政部门进行协商，明确具体办法。协商未能取得一致的，由上一级劳动保障行政部门确定。

第二十二条 失业人员失业保险关系跨省、自治区、直辖市转迁的，失业保险费用应随失业保险关系相应划转。需划转的失业保险费用包括失业保险金、医疗补助金和职业培训、职业介绍补贴。其中，医疗补助金和职业培训、职业介绍补贴按失业人员应享受的失业保险金总额的一半计算。

第二十三条 失业人员失业保险关系在省、自治区范围内跨统筹地区转迁，失业保险费用的处理由省级劳动保障行政部门规定。

第二十四条 失业人员跨统筹地区转移的，凭失业保险关系迁出地经办机构出具的证明材料到迁入地经办机构领取失业保险金。

第五章 附 则

第二十五条 经办机构发现不符合条件，或以涂改、伪造有关材料等非法手段骗取失业保险金和其他失业保险待遇的，应责令其退还；对情节严重的，经办机构可以提请劳动保障行政部门对其进行处罚。

第二十六条 经办机构工作人员违反本办法规定的，由经办机构或主管该经办机构的劳动保障行政部门责令其改正；情节严重的，依法给予行政处分；给失业人员造成损失的，依法赔偿。

第二十七条 失业人员因享受失业保险待遇与经办机构发生争议的，可以向主管该经办机构的劳动保障行政部门申请行政复议。

第二十八条 符合《条例》规定的劳动合同期满未续订或者提前解除劳动合同的农民合同制工人申领一次性生活补助，按各省、自治区、直辖市办法执行。

第二十九条 《失业保险金申领表》的样式，由劳动和社会保障部统一制定。

第三十条 本办法自2001年1月1日起施行。

人力资源社会保障部、财政部关于调整失业保险费率有关问题的通知

（2015年2月27日 人社部发〔2015〕24号）

各省、自治区、直辖市及新疆生产建设兵团人力资源社会保障厅（局）、财政厅（局）：

为了完善失业保险制度，建立健全失业保险费率动态调整机制，进一步减轻企业负担，促进就业稳定，经国务院同意，现就适当降低失业保险费率有关问题通知如下：

一、从2015年3月1日起，失业保险费率暂由现行条例规定的3%降至2%，单位和个人缴费的具体比例由各省、自治区、直辖市人民政府确定。在省、自治区、直辖市行政区域内，单位及职工的费率应当统一。

二、各地降低失业保险费率要坚持“以支定收、收支基本平衡”的原则。要充分考虑提高失业保险待遇标准、促进失业人员再就业、落实失业保险稳岗补贴政策等因素对基金支付能力的影响，结合实际，认真测算，研究制定降低失业保险费率的具体方案，经省级人民政府批准后执行，并报人力资源社会保障部和财政部备案。

三、各地要按照本通知的要求，抓紧研究制定本行政区降低失业保险费率的方案，尽早组织实施。执行中遇到的问题，要及时向人力资源社会保障部和财政部报告。

人力资源和社会保障部关于进一步做好失业保险和最低工资有关工作的通知

（2008年8月7日　人社部发〔2008〕69号）

各省、自治区、直辖市人事、劳动保障厅（局）：

根据国务院关于成品油、电力价格调整有关工作的部署和要求，为保障失业人员和低收入职工的基本生活，现就进一步做好失业保险和最低工资有关工作通知如下：

一、关于失业保险工作

各地区要按照《失业保险条例》的规定，继续健全和完善失业保险金标准调整机制，考虑物价上涨等因素对失业人员基本生活的影响，要结合本地实际，合理确定并及时调整失业保险金水平，具体调整幅度由省级人民政府确定。同时，要继续做好失业保险扩面和基金征缴工作，对符合条件的失业人员按时足额发放失业保险金，并按规定提供有针对性的促进就业服务，切实保障失业人员的基本生活。各地调整失业保险金水平的有关情况要于 8 月底前报部。

二、关于最低工资工作

各地区要继续调整并严格执行最低工资标准。今年尚未调整最低工资标准的地区，下半年应及时调整。在调整最低工资标准时，要综合考虑本地区经济发展水平、职工平均工资、城镇居民消费价格指数和就业状况等相关因素，尤其是要充分考虑物价上涨给低收入职工生活带来的影响，合理确定并适度调整最低工资标准，使最低工资标准的调整幅度不低于当地城镇居民消费价格指数上涨幅度。上半年已调整最低工资标准的地区，也要认真分析物价上涨对本地区低收入职工生活的影响，在明年对最低工资标准及时进行调整。

劳动和社会保障部、财政部关于适当扩大失业保险基金支出范围试点有关问题的通知

（2006 年 1 月 11 日　劳社部发〔2006〕5 号）

为充分发挥失业保险制度促进再就业的功能，根据《国务院关于进一步加强就业再就业工作的通知》（国发〔2005〕36 号）的要求，自 2006 年 1 月起在北京、上海、江苏、浙江、福建、山东、广东 7 省、直辖市开展适当扩大失业保险基金支出范围试点（以下

简称试点）工作，经国务院同意，现将有关问题通知如下：

一、试点地区要按照保障失业人员基本生活与促进再就业统筹兼顾、失业保险基金收支平衡、权利与义务相统一、合理安排失业保险基金与促进就业财政资金的原则，在保障失业人员基本生活的前提下，根据本地区促进再就业工作的需要，积极稳妥地开展试点工作。

二、试点工作要以失业保险基金统筹地区为单位。试点地区应具备以下条件：失业保险基金收入持续增长；实行省级调剂金制度的，要按规定缴纳调剂金；滚存结余大于上年度失业保险金、医疗补助金等基本生活保障支出金额；失业保险基金不需要同级财政补助；失业保险基金使用管理规范。

三、试点地区的失业保险基金可用于国发〔2005〕36 号文件规定的职业培训补贴、职业介绍补贴、社会保险补贴、岗位补贴和小额担保贷款贴息支出。享受上述补贴和贴息的对象为领取失业保险金期间的失业人员。在上述项目之外增设支出项目，北京市、上海市须经市人民政府批准，并报国务院备案。其他 5 省增设支出项目，须由省人民政府报请国务院批准后实施。

四、试点地区劳动保障部门要根据本地区促进就业再就业的任务目标、支出项目和标准，以及失业保险基金的收支、结余等情况，提出本地区就业再就业年度资金需求，包括从失业保险基金中列支部分和申请财政预算安排部分，报同级财政部门审核后编制本地区年度资金计划。

五、试点地区劳动保障、财政部门要加强对失业保险基金的管理和监督，做到专款专用，提高资金使用效益。对违规动用资金的，要按有关规定严肃处理。

六、试点地区应进一步加强失业保险扩面征缴工作，完善失业保险金申领办法和条件，合理确定失业保险金标准，及时掌握失业人员求职、参加职业培训和再就业状况，实现失业保险与促进就业的良性互动。要切实加强基础管理工作，规范工作流程，提高服务质量。

七、试点时间暂定3年。试点省、直辖市的实施方案由省级劳动保障、财政部门报经省级人民政府批准后施行，同时报劳动保障部和财政部备案。

八、试点省、直辖市在按规定切实保障失业人员基本生活和发挥失业保险制度促进再就业功能的前提下，可以按照《失业保险条例》的规定报经国务院批准后调整失业保险费率。

九、开展适当扩大失业保险基金支出范围试点工作，政策性强，各试点省市要高度重视，注重实效，加强指导，精心组织实施。要及时了解掌握试点进展情况，并对试点效果每年进行评估。对试点中遇到的重大问题及时向劳动保障部和财政部报告。

外国人在中国就业管理规定

（1996年1月22日劳部发〔1996〕29号公布　根据2010年11月12日《人力资源和社会保障部关于废止和修改部分人力资源和社会保障规章的决定》第一次修订　根据2017年3月13日《人力资源社会保障部关于修改〈外国人在中国就业管理规定〉的决定》第二次修订）

第一章　总　　则

第一条　为加强外国人在中国就业的管理，根据有关法律、法规的规定，制定本规定。

第二条　本规定所称外国人，指依照《中华人民共和国国籍法》规定不具有中国国籍的人员。

本规定所称外国人在中国就业，指没有取得定居权的外国人在中国境内依法从事社会劳动并获取劳动报酬的行为。

第三条 本规定适用于在中国境内就业的外国人和聘用外国人的用人单位。

本规定不适用于外国驻华使、领馆和联合国驻华代表机构、其他国际组织中享有外交特权与豁免的人员。

第四条 各省、自治区、直辖市人民政府劳动行政部门及其授权的地市级劳动行政部门负责外国人在中国就业的管理。

第二章 就 业 许 可

第五条 用人单位聘用外国人须为该外国人申请就业许可，经获准并取得《中华人民共和国外国人就业许可证书》（以下简称许可证书）后方可聘用。

第六条 用人单位聘用外国人从事的岗位应是有特殊需要，国内暂缺适当人选，且不违反国家有关规定的岗位。

用人单位不得聘用外国人从事营业性文艺演出，但符合本规定第九条第三项规定的人员除外。

第七条 外国人在中国就业须具备下列条件：

（一）年满 18 周岁，身体健康；

（二）具有从事其工作所必须的专业技能和相应的工作经历；

（三）无犯罪记录；

（四）有确定的聘用单位；

（五）持有有效护照或能代替护照的其他国际旅行证件（以下简称代替护照的证件）。

第八条 在中国就业的外国人应持 Z 字签证入境（有互免签证协议的，按协议办理），入境后取得《外国人就业证》（以下简称就业证）和外国人居留证件，方可在中国境内就业。

未取得居留证件的外国人（即持 F、L、C、G 字签证者）、在中国留学、实习的外国人及持 Z 字签证外国人的随行家属不得在中国就业。特殊情况，应由用人单位按本规定规定的审批程序申领许可证书，被聘用的外国人凭许可证书到公安机关改变身份，办理就业证、居留证后方可就业。

外国驻中国使、领馆和联合国系统、其他国际组织驻中国代表机构人员的配偶在中国就业，应按《中华人民共和国外交部关于外国驻中国使领馆和联合国系统组织驻中国代表机构人员的配偶在中国任职的规定》执行，并按本条第二款规定的审批程序办理有关手续。

许可证书和就业证由劳动部统一制作。

第九条 凡符合下列条件之一的外国人可免办就业许可和就业证：

（一）由我政府直接出资聘请的外籍专业技术和管理人员，或由国家机关和事业单位出资聘请，具有本国或国际权威技术管理部门或行业协会确认的高级技术职称或特殊技能资格证书的外籍专业技术和管理人员，并持有外国专家局签发的《外国专家证》的外国人；

（二）持有《外国人在中华人民共和国从事海上石油作业工作准证》从事海上石油作业、不需登陆、有特殊技能的外籍劳务人员；

（三）经文化部批准持《临时营业演出许可证》进行营业性文艺演出的外国人。

第十条 凡符合下列条件之一的外国人可免办许可证书，入境后凭Z字签证及有关证明直接办理就业证：

（一）按照我国与外国政府间、国际组织间协议、协定，执行中外合作交流项目受聘来中国工作的外国人；

（二）外国企业常驻中国代表机构中的首席代表、代表。

第三章 申请与审批

第十一条 用人单位聘用外国人，须填写《聘用外国人就业申请表》（以下简称申请表），向其与劳动行政主管部门同级的行业主管部门（以下简称行业主管部门）提出申请，并提供下列有效文件：

（一）拟聘用的外国人履历证明；

（二）聘用意向书；

（三）拟聘用外国人原因的报告；

（四）拟聘用的外国人从事该项工作的资格证明；

（五）拟聘用的外国人健康状况证明；

（六）法律、法规规定的其他文件。

行业主管部门应按照本规定第六条、第七条及有关法律、法规的规定进行审批。

第十二条 经行业主管部门批准后，用人单位应持申请表到本单位所在地区的省、自治区、直辖市劳动行政部门或其授权的地市级劳动行政部门办理核准手续。省、自治区、直辖市劳动行政部门或授权的地市级劳动行政部门应指定专门机构（以下简称发证机关）具体负责签发许可证书工作。发证机关应根据行业主管部门的意见和劳动力市场的需求状况进行核准，并在核准后向用人单位签发许可证书。

第十三条 中央级用人单位、无行业主管部门的用人单位聘用外国人，可直接到劳动行政部门发证机关提出申请和办理就业许可手续。

外商投资企业聘雇外国人，无须行业主管部门审批，可凭合同、章程、批准证书、营业执照和本规定第十一条所规定的文件直接到劳动行政部门发证机关申领许可证书。

第十四条 获准来中国工作的外国人，应凭许可证书及本国有效护照或能代替护照的证件，到中国驻外使、领馆、处申请 Z 字签证。

凡符合第九条第二项规定的人员，应凭中国海洋石油总公司签发的通知函电申请Z字签证；凡符合第九条第三项规定的人员，应凭文化部的批件申请Z字签证。

凡符合本规定第十条第一款规定的人员，应凭合作交流项目书申请Z字签证；凡符合第十条第二项规定的人员，应凭工商行政管理部门的登记证明申请Z字签证。

第十五条 用人单位应在被聘用的外国人入境后15日内，持许可证书、与被聘用的外国人签订的劳动合同及其有效护照或能代替护照的证件到原发证机关为外国人办理就业证，并填写《外国人就业登记表》。

就业证只在发证机关规定的区域内有效。

第十六条 已办理就业证的外国人，应在入境后30日内，持就业证到公安机关申请办理居留证。居留证件的有效期限可根据就业证的有效期确定。

第四章 劳动管理

第十七条 用人单位与被聘用的外国人应依法订立劳动合同。劳动合同的期限最长不得超过5年。劳动合同期限届满即行终止，但按本规定第十九条的规定履行审批手续后可以续订。

第十八条 被聘用的外国人与用人单位签订的劳动合同期满时，其就业证即行失效。如需续订，该用人单位应在原合同期满前30日内，向劳动行政部门提出延长聘用时间的申请，经批准并办理就业证延期手续。

第十九条 外国人被批准延长在中国就业期限或变更就业区域、单位后，应在10日内到当地公安机关办理居留证件延期或变更手续。

第二十条 被聘用的外国人与用人单位的劳动合同被解除后，该用人单位应及时报告劳动、公安部门，交还该外国人的就业证和居留证件，并到公安机关办理出境手续。

第二十一条 用人单位支付所聘用外国人的工资不得低于当地最低工资标准。

第二十二条 在中国就业的外国人的工作时间、休息休假、劳动安全卫生以及社会保险按国家有关规定执行。

第二十三条 外国人在中国就业的用人单位必须与其就业证所注明的单位相一致。

外国人在发证机关规定的区域内变更用人单位但仍从事原职业的，须经原发证机关批准，并办理就业证变更手续。

外国人离开发证机关规定的区域就业或在原规定的区域内变更用人单位且从事不同职业的，须重新办理就业许可手续。

第二十四条 因违反中国法律被中国公安机关取消居留资格的外国人，用人单位应解除劳动合同，劳动部门应吊销就业证。

第二十五条 用人单位与被聘用的外国人发生劳动争议，应按照《中华人民共和国劳动法》和《中华人民共和国劳动争议调解仲裁法》处理。

第二十六条 劳动行政部门对就业证实行年检。用人单位聘用外国人就业每满 1 年，应在期满前 30 日内到劳动行政部门发证机关为被聘用的外国人办理就业证年检手续。逾期未办的，就业证自行失效。

外国人在中国就业期间遗失或损坏其就业证的，应立即到原发证机关办理挂失、补办或换证手续。

第五章　罚　　则

第二十七条 对违反本规定未申领就业证擅自就业的外国人和未办理许可证书擅自聘用外国人的用人单位，由公安机关按《中华人民共和国外国人入境出境管理法实施细则》第四十四条处理。

第二十八条 对拒绝劳动行政部门检查就业证、擅自变更用人单位、擅自更换职业、擅自延长就业期限的外国人，由劳动行政部门收回其就业证，并提请公安机关取消其居留资格。对需该机关遣送出境的，遣送费用由聘用单位或该外国人承担。

第二十九条 对伪造、涂改、冒用、转让、买卖就业证和许可证书的外国人和用人单位，由劳动行政部门收缴就业证和许可证书，没收其非法所得，并处以1万元以上10万元以下的罚款；情节严重构成犯罪的，移送司法机关依法追究刑事责任。

第三十条 发证机关或者有关部门的工作人员滥用职权、非法收费、徇私舞弊，构成犯罪的，依法追究刑事责任；不构成犯罪的，给予行政处分。

第六章　附　　则

第三十一条 中国的台湾和香港、澳门地区居民在内地就业按《台湾和香港、澳门居民在内地就业管理规定》[①] 执行。

第三十二条 外国人在中国的台湾和香港、澳门地区就业不适用本规定。

第三十三条 禁止个体经济组织和公民个人聘用外国人。

第三十四条 省、自治区、直辖市劳动行政部门可会同公安等部门依据本规定制定本地区的实施细则，并报劳动部、公安部、外交部、对外贸易经济合作部备案。

第三十五条 本规定由劳动部解释。

第三十六条 本规定自1996年5月1日起施行。原劳动人事部和公安部1987年10月5日颁发的《关于未取得居留证件的外国人和来中国留学的外国人在中国就业的若干规定》同时废止。

---

① 本规定已被废止。

六 社会保险费征缴

降低社会保险费率综合方案

（2019 年 4 月 1 日　国办发〔2019〕13 号）

为贯彻落实党中央、国务院决策部署，降低社会保险（以下简称社保）费率，完善社保制度，稳步推进社保费征收体制改革，制定本方案。

一、降低养老保险单位缴费比例

自 2019 年 5 月 1 日起，降低城镇职工基本养老保险（包括企业和机关事业单位基本养老保险，以下简称养老保险）单位缴费比例。各省、自治区、直辖市及新疆生产建设兵团（以下统称省）养老保险单位缴费比例高于 16%的，可降至 16%；目前低于 16%的，要研究提出过渡办法。各省具体调整或过渡方案于 2019 年 4 月 15 日前报人力资源社会保障部、财政部备案。

二、继续阶段性降低失业保险、工伤保险费率

自 2019 年 5 月 1 日起，实施失业保险总费率 1%的省，延长阶段性降低失业保险费率的期限至 2020 年 4 月 30 日。自 2019 年 5 月 1 日起，延长阶段性降低工伤保险费率的期限至 2020 年 4 月 30 日，工伤保险基金累计结余可支付月数在 18 至 23 个月的统筹地区可以现行费率为基础下调 20%，累计结余可支付月数在 24 个月以上的统筹地区可以现行费率为基础下调 50%。

三、调整社保缴费基数政策

调整就业人员平均工资计算口径。各省应以本省城镇非私营单位就业人员平均工资和城镇私营单位就业人员平均工资加权计算的全口径城镇单位就业人员平均工资，核定社保个人缴费基数上下限，合理降低部分参保人员和企业的社保缴费基数。调整就业人员平均工资计算口径后，各省要制定基本养老金计发办法的过渡措施，确保退休人员待遇水平平稳衔接。

完善个体工商户和灵活就业人员缴费基数政策。个体工商户和灵活就业人员参加企业职工基本养老保险，可以在本省全口径城镇单位就业人员平均工资的 60%至 300%之间选择适当的缴费基数。

四、加快推进养老保险省级统筹

各省要结合降低养老保险单位缴费比例、调整社保缴费基数政策等措施，加快推进企业职工基本养老保险省级统筹，逐步统一养老保险参保缴费、单位及个人缴费基数核定办法等政策，2020 年底前实现企业职工基本养老保险基金省级统收统支。

五、提高养老保险基金中央调剂比例

加大企业职工基本养老保险基金中央调剂力度，2019 年基金中央调剂比例提高至 3.5%，进一步均衡各省之间养老保险基金负担，确保企业离退休人员基本养老金按时足额发放。

六、稳步推进社保费征收体制改革

企业职工基本养老保险和企业职工其他险种缴费，原则上暂按现行征收体制继续征收，稳定缴费方式，“成熟一省、移交一省”；机关事业单位社保费和城乡居民社保费征管职责如期划转。人力资源社会保障、税务、财政、医保部门要抓紧推进信息共享平台建设等各项工作，切实加强信息共享，确保征收工作有序衔接。妥善处理好企业历史欠费问题，在征收体制改革过程中不得自行对企业历史欠费进行集中清缴，不得采取任何增加小微企业实际缴费负担的做法，避免造成企业生产经营困难。同时，合理调整2019年社保基金收入预算。

七、建立工作协调机制

国务院建立工作协调机制，统筹协调降低社保费率和社保费征收体制改革相关工作。县级以上地方政府要建立由政府负责人牵头，人力资源社会保障、财政、税务、医保等部门参加的工作协调机制，统筹协调降低社保费率以及征收体制改革过渡期间的工作衔接，提出具体安排，确保各项工作顺利进行。

八、认真做好组织落实工作

各地区各有关部门要加强领导，精心组织实施。人力资源社会保障部、财政部、税务总局、国家医保局要加强指导和监督检查，及时研究解决工作中遇到的问题，确保各项政策措施落到实处。

社会保险费征缴暂行条例

（1999年1月22日中华人民共和国国务院令第259号发布　根据2019年3月24日《国务院关于修改部分行政法规的决定》修订）

第一章　总　　则

第一条　【立法目的】 为了加强和规范社会保险费征缴工作，保障社会保险金的发放，制定本条例。

第二条　【适用范围】 基本养老保险费、基本医疗保险费、失业保险费（以下统称社会保险费）的征收、缴纳，适用本条例。

本条例所称缴费单位、缴费个人，是指依照有关法律、行政法规和国务院的规定，应当缴纳社会保险费的单位和个人。

第三条　【征缴范围】 基本养老保险费的征缴范围：国有企业、城镇集体企业、外商投资企业、城镇私营企业和其他城镇企业及其职工，实行企业化管理的事业单位及其职工。

基本医疗保险费的征缴范围：国有企业、城镇集体企业、外商投资企业、城镇私营企业和其他城镇企业及其职工，国家机关及其工作人员，事业单位及其职工，民办非企业单位及其职工，社会团体及其专职人员。

失业保险费的征缴范围：国有企业、城镇集体企业、外商投资企业、城镇私营企业和其他城镇企业及其职工，事业单位及其职工。

省、自治区、直辖市人民政府根据当地实际情况，可以规定将城镇个体工商户纳入基本养老保险、基本医疗保险的范围，并可以规定将社会团体及其专职人员、民办非企业单位及其职工以及有雇工的城镇个体工商户及其雇工纳入失业保险的范围。

社会保险费的费基、费率依照有关法律、行政法规和国务院的规定执行。

第四条　【足额缴纳与专款专用】缴费单位、缴费个人应当按时足额缴纳社会保险费。

征缴的社会保险费纳入社会保险基金，专款专用，任何单位和个人不得挪用。

第五条　【征缴主管部门】国务院劳动保障行政部门负责全国的社会保险费征缴管理和监督检查工作。县级以上地方各级人民政府劳动保障行政部门负责本行政区域内的社会保险费征缴管理和监督检查工作。

第六条　【征收机构】社会保险费实行三项社会保险费集中、统一征收。社会保险费的征收机构由省、自治区、直辖市人民政府规定，可以由税务机关征收，也可以由劳动保障行政部门按照国务院规定设立的社会保险经办机构（以下简称社会保险经办机构）征收。

第二章　征缴管理

第七条　【社会保险登记】缴费单位必须向当地社会保险经办

机构办理社会保险登记，参加社会保险。

登记事项包括：单位名称、住所、经营地点、单位类型、法定代表人或者负责人、开户银行账号以及国务院劳动保障行政部门规定的其他事项。

第八条 【社会保险登记】企业在办理登记注册时，同步办理社会保险登记。

前款规定以外的缴费单位应当自成立之日起30日内，向当地社会保险经办机构申请办理社会保险登记。

第九条 【社保变更与注销】缴费单位的社会保险登记事项发生变更或者缴费单位依法终止的，应当自变更或者终止之日起30日内，到社会保险经办机构办理变更或者注销社会保险登记手续。

第十条 【社会保险费应缴数额】缴费单位必须按月向社会保险经办机构申报应缴纳的社会保险费数额，经社会保险经办机构核定后，在规定的期限内缴纳社会保险费。

缴费单位不按规定申报应缴纳的社会保险费数额的，由社会保险经办机构暂按该单位上月缴费数额的110%确定应缴数额；没有上月缴费数额的，由社会保险经办机构暂按该单位的经营状况、职工人数等有关情况确定应缴数额。缴费单位补办申报手续并按核定数额缴纳社会保险费后，由社会保险经办机构按照规定结算。

第十一条 【协助义务】省、自治区、直辖市人民政府规定由税务机关征收社会保险费的，社会保险经办机构应当及时向税务机关提供缴费单位社会保险登记、变更登记、注销登记以及缴费申报的情况。

第十二条 【缴费形式】缴费单位和缴费个人应当以货币形式全额缴纳社会保险费。

缴费个人应当缴纳的社会保险费，由所在单位从其本人工资中代扣代缴。

社会保险费不得减免。

第十三条　【欠缴处理】缴费单位未按规定缴纳和代扣代缴社会保险费的，由劳动保障行政部门或者税务机关责令限期缴纳；逾期仍不缴纳的，除补缴欠缴数额外，从欠缴之日起，按日加收2‰的滞纳金。滞纳金并入社会保险基金。

第十四条　【社会保障基金财政专户】征收的社会保险费存入财政部门在国有商业银行开设的社会保障基金财政专户。

社会保险基金按照不同险种的统筹范围，分别建立基本养老保险基金、基本医疗保险基金、失业保险基金。各项社会保险基金分别单独核算。

社会保险基金不计征税、费。

第十五条　【缴费情况汇总】省、自治区、直辖市人民政府规定由税务机关征收社会保险费的，税务机关应当及时向社会保险经办机构提供缴费单位和缴费个人的缴费情况；社会保险经办机构应当将有关情况汇总，报劳动保障行政部门。

第十六条　【缴费记录】社会保险经办机构应当建立缴费记录，其中基本养老保险、基本医疗保险并应当按照规定记录个人账户。社会保险经办机构负责保存缴费记录，并保证其完整、安全。社会保险经办机构应当至少每年向缴费个人发送一次基本养老保险、基本医疗保险个人账户通知单。

缴费单位、缴费个人有权按照规定查询缴费记录。

第三章　监督检查

第十七条　【缴费监督】缴费单位应当每年向本单位职工公布本单位全年社会保险费缴纳情况，接受职工监督。

社会保险经办机构应当定期向社会公告社会保险费征收情况，接受社会监督。

第十八条　【缴费检查】按照省、自治区、直辖市人民政府关于社会保险费征缴机构的规定，劳动保障行政部门或者税务机关依法对单位缴费情况进行检查时，被检查的单位应当提供与缴纳社会保险费有关的用人情况、工资表、财务报表等资料，如实反映情况，不得拒绝检查，不得谎报、瞒报。劳动保障行政部门或者税务机关可以记录、录音、录像、照相和复制有关资料；但是，应当为缴费单位保密。

劳动保障行政部门、税务机关的工作人员在行使前款所列职权时，应当出示执行公务证件。

第十九条　【有关单位协助义务】劳动保障行政部门或者税务机关调查社会保险费征缴违法案件时，有关部门、单位应当给予支持、协助。

第二十条　【社保经办机构受托检查、调查】社会保险经办机构受劳动保障行政部门的委托，可以进行与社会保险费征缴有关的检查、调查工作。

第二十一条　【举报】任何组织和个人对有关社会保险费征缴的违法行为，有权举报。劳动保障行政部门或者税务机关对举报应当及时调查，按照规定处理，并为举报人保密。

第二十二条　【收支管理】社会保险基金实行收支两条线管理，由财政部门依法进行监督。

审计部门依法对社会保险基金的收支情况进行监督。

第四章　罚　　则

第二十三条　【社会保险登记等违规处理】缴费单位未按照规定办理社会保险登记、变更登记或者注销登记，或者未按照规定申报应缴纳的社会保险费数额的，由劳动保障行政部门责令限期改正；情节严重的，对直接负责的主管人员和其他直接责任人员可以处 1 000 元以上 5 000 元以下的罚款；情节特别严重的，对直接负责的主管人员和其他直接责任人员可以处 5 000 元以上 1 万元以下的罚款。

第二十四条　【违反财会制度欠缴处理】缴费单位违反有关财务、会计、统计的法律、行政法规和国家有关规定，伪造、变造、故意毁灭有关账册、材料，或者不设账册，致使社会保险费缴费基数无法确定的，除依照有关法律、行政法规的规定给予行政处罚、纪律处分、刑事处罚外，依照本条例第十条的规定征缴；迟延缴纳的，由劳动保障行政部门或者税务机关依照本条例第十三条的规定决定加收滞纳金，并对直接负责的主管人员和其他直接责任人员处5 000元以上2万元以下的罚款。

第二十五条　【行政争议与诉讼】缴费单位和缴费个人对劳动保障行政部门或者税务机关的处罚决定不服的，可以依法申请复议；对复议决定不服的，可以依法提起诉讼。

第二十六条　【强制征缴】缴费单位逾期拒不缴纳社会保险费、滞纳金的，由劳动保障行政部门或者税务机关申请人民法院依法强制征缴。

第二十七条　【失职责任】劳动保障行政部门、社会保险经办机构或者税务机关的工作人员滥用职权、徇私舞弊、玩忽职守，致使社会保险费流失的，由劳动保障行政部门或者税务机关追回流失的社会保险费；构成犯罪的，依法追究刑事责任；尚不构成犯罪的，依法给予行政处分。

第二十八条　【挪用责任】任何单位、个人挪用社会保险基金的，追回被挪用的社会保险基金；有违法所得的，没收违法所得，并入社会保险基金；构成犯罪的，依法追究刑事责任；尚不构成犯罪的，对直接负责的主管人员和其他直接责任人员依法给予行政处分。

第五章　附　　则

第二十九条　【工伤、生育保险费的征缴】省、自治区、直辖市人民政府根据本地实际情况，可以决定本条例适用于本行政区域内工伤保险费和生育保险费的征收、缴纳。

第三十条　【征缴经费】税务机关、社会保险经办机构征收社会保险费，不得从社会保险基金中提取任何费用，所需经费列入预算，由财政拨付。

第三十一条　【施行日期】本条例自发布之日起施行。

人力资源和社会保障部关于切实做好社会保险费申报缴纳管理规定贯彻实施工作的通知

（2013 年 10 月 31 日　人社部发〔2013〕82 号）

各省、自治区、直辖市及新疆生产建设兵团人力资源社会保障厅局：

《社会保险费申报缴纳管理规定》（人力资源和社会保障部令第 20 号，以下简称《申报缴纳管理规定》）已于 9 月 26 日颁布，于 11 月 1 日起施行。贯彻落实好《申报缴纳管理规定》，是实施社会保险法的重要举措，有利于依法征收社会保险费，扩大社会保险的覆盖面；有利于规范社会保险费的申报和缴纳工作程序，提高经办管理效率和服务水平；有利于维护各类参保单位和广大参保群众的合法权益，促进社会保险制度可持续发展。为切实做好《申报缴纳管理规定》的贯彻实施工作，现将有关问题通知如下：

一、理顺管理体制，积极推进统一经办管理

（一）由社保经办机构征收社会保险费的地区，应积极整合经办管理资源，逐步实现各险种统一登记、统一核定、统一征收、统一稽核、统一处罚，以方便用人单位和个人参保缴费，提高工作效率。

（二）由其他机构征收社会保险费的地区，人力资源社会保障部门也要积极协调相关机构，落实《申报缴纳管理规定》的相关规定；社保经办机构要严格核定应缴纳社会保险费数额，加强与征收机构的协作，科学制定征收计划，做好参保人员社会保险权益记录；这些地区的社会保险欠费清理工作由社保经办机构负责的，应按照《申报缴纳管理规定》第四章规定执行。

二、认真履行职责，做好社会保险费核定工作

（三）各地区要切实执行社会保险法第五十八条关于“由社会保险经办机构核定”用人单位应当缴纳的社会保险费的规定，落实社保经办机构核定社会保险费的职能；地方现行相关规定与社会保险法不符的，人力资源社会保障部门要积极协调修改；社保经办机构不得将社会保险费核定职能委托其他部门行使。

（四）社保经办机构在核定用人单位申报的社会保险费时，要规范缴费基数的核定程序，明确按月办理缴费申报的期限，指导用人单位完整、如实填报社会保险费申报表和其他申报材料。在一个缴费年度内的初始月份，社保经办机构应对用人单位及其职工的适用险种、费率、职工名册、缴费基数、缴费数额、缴费起止时间、用人单位信息等申报事项进行全面审核。在缴费年度内的其余月份，以上规定事项未发生变动的，社保经办机构可根据实际情况不再要求用人单位办理申报手续，并按初始月份申报事项内容核定其应缴社会保险费；以上规定事项发生变动的用人单位可只申报变动情况，由社保经办机构予以审核。

（五）社保经办机构在核定应缴纳的社会保险费时，应要求用人单位提供本单位纳税申报表和经职工本人签字确认的为职工代扣代缴明细情况。要严格按照以国家统计局有关文件规定口径计算的工资收入核定缴费基数，包括计时工资、计件工资、奖金、加班加点工资、津贴、补贴以及特殊情况下支付的工资等项目。

三、规范征收程序，确保社会保险费应收尽收

（六）各地要不断完善征缴方式，大力发展委托银行或其他金融机构划缴社会保险费等方式，简化征收流程，方便用人单位缴费。社保经办机构要认真落实“至少每年一次向社会公布社会保险费征收情况”，明确公布的具体时间和方式，接受社会监督。

（七）对未按时足额缴纳社会保险费的用人单位，社保经办机构应责令限期缴纳或补足，并自欠缴之日起、至足额补缴欠费之日止加收0.5‰的滞纳金，滞纳金并入社会保险基金；逾期仍不缴纳的，由人力资源社会保障行政部门处欠缴数额1倍以上3倍以下的罚款。各级人力资源社会保障行政部门和社保经办机构要做好对用人单位责令期满前后的衔接工作，确保法规实施的严肃性、准确性。

（八）对未按时足额缴纳社会保险费并逾期未改的用人单位，社保经办机构应及时查询其在银行和其他金融机构的存款账户情况。存款账户余额不小于欠费数额的，社保经办机构应提取、整理准确、完整的材料和信息，向人力资源社会保障行政部门提出划拨申请，并对划拨工作予以协助和配合；人力资源社会保障行政部门接到划拨申请后应及时审核并发出缴纳社会保险费催告书，催告缴纳期限一般不超过3天，逾期仍未缴纳的，应及时作出划拨决定，实施划拨，避免欠费用人单位转移资金。划拨决定和执行情况要及时向社保经办机构反馈。各地区人力资源社会保障部门要充分发挥社保经办机构和劳动保障监察机构在划拨工作中的作用，明确职责分工，形成工作合力，规范工作流程。

（九）社保经办机构经查询，用人单位在银行和其他金融机构的账户余额少于应当缴纳的社会保险费数额的，或者划拨后用人单位仍未足额清偿社会保险费的，可以与其签订延期缴纳社会保险费协议，但用人单位必须提供抵押、质押担保；社保经办机构不得与用人单位签订无担保或其他担保形式的延期缴费协议，也不得在未经查询账户和未完成划拨欠费之前与用人单位签订延期缴费协议。按照协议延期缴费期间，职工个人应缴纳的社会保险费部分若已按时足额缴纳，不应算作缴费中断，可按规定享受相应的社会保险待遇。

（十）对用人单位经责令仍未补缴且符合《申报缴纳管理规定》第二十五条规定情形的，社保经办机构可以依法申请人民法院强制执行；但在未责令用人单位限期缴纳或补足、或责令限期未逾之前，社保经办机构不应申请强制划拨欠费。

四、加强组织领导，确保《申报缴纳管理规定》落到实处

（十一）各级人力资源社会保障部门要充分认识实施《申报缴纳管理规定》的重要意义，切实加强领导，组织相关单位和机构认真学习《申报缴纳管理规定》，结合贯彻社会保险法、《劳动保障监察条例》等法律法规，进行针对性培训，加强专业队伍建设。

（十二）社会保险费申报缴纳管理工作政策性强、涉及面广、程序复杂，各级人力资源社会保障部门要明确责任分工，及时调整完善相关执法监察和经办管理规则和程序。行政部门要加强对社会保险费申报缴纳的监督管理，对于不依法申报、不依法缴纳社会保险费等违反社会保险法律法规的行为，要认真调查取证，及时予以处罚和纠正。社保经办机构要认真总结社会保险费核定和征收工作的经验，创新工作方式，加强与人民法院、银行和其他金融机构的沟通协调，保证账户查询和强制执行等工作程序依法、实施高效。

（十三）无论是人力资源社会保障行政部门还是社保经办机构，凡违反《申报缴纳管理规定》，导致职工社会保险权益受到损害的，都要依法追究直接责任人员和直接负责主管人员的责任。

（十四）要加强《申报缴纳管理规定》的宣传，社保经办机构应在服务场所张贴有关政策要点和流程，使各类用人单位和参保职工普遍知晓，并支持、配合做好社会保险费申报缴纳工作。

五、统一文书制式，精细做好信息档案管理

（十五）各地区应按照全国统一格式制作相关法律和工作文书（见附件），并纳入统一的信息管理系统，保管好相关文书档案，提高社会保险费申报缴纳工作的规范性。

附件： 1. 社会保险费申报表（样式）（略）
2. 社会保险费限期补缴通知（略）
3. 商请查询用人单位存款账户的函（略）
4. 划拨欠缴社会保险费申请书（略）
5. 缴纳社会保险费催告书（略）
6. 划拨欠缴社会保险费决定书（略）
7. 协助划拨欠缴社会保险费通知书（略）
8. 延期缴纳社会保险费协议（略）

人力资源社会保障部、财政部
关于阶段性降低社会保险费率的通知

（2016 年 4 月 14 日　人社部发〔2016〕36 号）

各省、自治区、直辖市及新疆生产建设兵团人力资源社会保障厅（局）、财政（财务）厅（局）：

为降低企业成本，增强企业活力，根据《中华人民共和国社会保险法》等有关规定，经国务院同意，现就阶段性降低社会保险费率有关事项通知如下：

一、从 2016 年 5 月 1 日起，企业职工基本养老保险单位缴费比例超过 20%的省（区、市），将单位缴费比例降至 20%；单位缴费比例为 20%且 2015 年底企业职工基本养老保险基金累计结余可支付月数高于 9 个月的省（区、市），可以阶段性将单位缴费比例降低至 19%，降低费率的期限暂按两年执行。具体方案由各省（区、市）确定。

二、从 2016 年 5 月 1 日起，失业保险总费率在 2015 年已降低 1 个百分点基础上可以阶段性降至 1%—1.5%，其中个人费率不超

过0.5%，降低费率的期限暂按两年执行。具体方案由各省（区、市）确定。

三、各地要继续贯彻落实国务院2015年关于降低工伤保险平均费率0.25个百分点和生育保险费率0.5个百分点的决定和有关政策规定，确保政策实施到位。生育保险和基本医疗保险合并实施工作，待国务院制定出台相关规定后统一组织实施。

社会保险费率调整工作政策性强，社会关注度高。各地要把思想和行动统一到党中央、国务院决策部署上来，加强组织领导，精心组织实施。要健全基本养老保险激励约束机制，确保基金应收尽收，实现可持续发展和长期精算平衡，并确保参保人员各项社会保险待遇标准不降低和待遇按时足额支付。要加强政策宣传，正确引导社会舆论。各地具体调整费率方案，经省级人民政府批准后执行，并报人力资源社会保障部、财政部备案。

各地贯彻落实本通知的情况以及工作中遇到的问题，请及时向人力资源社会保障部、财政部报告。

国家税务总局关于切实加强税务机关社会保险费征收管理工作的通知

（2005年4月14日　国税发〔2005〕66号）

河北、内蒙古、辽宁、黑龙江、江苏、浙江、安徽、福建、湖北、湖南、广东、海南、重庆、云南、陕西、甘肃、青海省（自治区、直辖市）及宁波、厦门市地方税务局：

为贯彻全国税收征管工作会议和全国税务机关社会保险费征收管理工作座谈会要求，不断提高税务机关社保费征收管理工作的质量和效率，现将有关事项通知如下：

一、提高认识，加强领导，大力组织收入

做好社保费征管工作，对于贯彻落实“三个代表”重要思想，促进经济和社会全面发展，构建社会主义和谐社会，全面实现小康社会的奋斗目标，具有重要意义。国务院颁布的《社会保险费征缴暂行条例》明确规定税务机关是社会保险费的征收主体之一，各级税务机关要切实提高认识，加强领导，以组织社保费收入为中心，围绕“夯实基础，规范管理，强化主体，提高效率”的工作思路，努力完成国务院和省级人民政府交给税务机关的重要任务。

组织收入是税务机关社保费征收管理工作的中心，是衡量工作成效的关键。各级税务机关要树立正确的社保费收入观，依法征费，应收尽收，既不人为调控社保费收入，也坚决不收“过头费”。要着力抓好年度征收计划的分解和落实，明确责任，建立健全考核奖惩机制。切实加强收入督导的力度，搞好收入统计分析工作，定期通报社保费征管工作情况，跟踪掌握各地区征缴进度，及时解决组织收入工作中出现的问题，督促进度较慢的地区采取措施狠抓费款入库。

二、加强管理，夯实社会保险费征管基础

（一）加强费源管理，提高监控水平。费源管理是社保费征收管理的重要基础，各级税务机关要高度重视和做好费源管理工作。一要有计划地定期开展费源调查工作，全面掌握社保费费源分布情况，特别是有效费源和重点费源，摸清费源总量及其结构、费源变动及其特征、征收率、缴费能力状况等底数。二要强化缴费人户籍管理，逐步建立户籍档案，健全缴费人登记底册、征收台账等基础征管资料。要结合税务登记的开户、变更、停复业、注销等情况，对缴费人实行动态管理。三要建立重点费源监控制度。省级税务机关可根据当地实际情况制定本级及以下各级重点费源户标准，随时掌握其费源变化情况，对重点费源实行重点管理。对年缴费额3000万元以上（含3000万元）的重点费源户要报送国家税务总局（所得税管理司）备案。四要利用税务机关的征管优势，结合税收征管、稽查以及所得税汇算清缴工作，不定期对缴费人数、缴费基数等申报资料进行检查核实。

（二）大力做好欠费管理和清理欠费工作。欠费是社保费征收管理中的一个难点，各地要采取行之有效措施，大力压欠。一是要开展欠费清查工作，对历年欠费逐户核实，建立欠费人档案和清理欠费台账，加大监控力度。二是要对欠费和欠费人合理进行分类，实施动态的分类管理。对其中欠费数额较大的重点欠费人（各地可根据实际情况确定具体标准），要作为各级重点监控对象，实施跟踪管理，定期追欠。三是要将清欠工作列入目标管理考核，建立清欠目标责任制，在摸清欠费情况的基础上，制定清欠计划并抓好落实。

（三）加大参保扩面工作力度。各级税务机关要积极配合劳动保障部门，采取有效措施，做好参保扩面工作。当前尤其要做好以非公经济、自然人为重点的扩面征收工作，逐步消除参保的盲点，不断增加费源和社保费收入。

（四）大力开展宣传工作。社会保险费征收关系到广大人民群众的切身利益和社会稳定的大局，大力加强宣传是做好这一工作的重要前提和基础。各级税务机关要牢固树立“创建优质、高效的社保费征管服务体系是税务机关社保费征管工作最好的宣传”的理念，逐步建立社保费宣传的长效机制，以宣传促征管，以征管带宣传。要面向社会、党政领导和有关部门，充分利用内部、外部各种宣传手段，广泛宣传税务机关社保费征管工作的情况、成效以及有关政策和制度规定，持之以恒地开展社保费宣传工作，营造良好征管氛围。

三、狠抓规范，实施科学化精细化管理

（一）狠抓管理制度规范。各地要结合本地实际情况，积极探索和掌握社保费征管规律，以税收管理的标准来加强社保费的征收和管理。重点做好以下几个方面工作：一是加强税务机关征收社保费的法制化建设，积极争取和推动地方性法规的立法工作，将行之有效的办法通过地方法规形式确定下来。二是强化组织保障措施，各级税务机关职能部门应积极配合做好社保费征管工作，把社保费规范管理纳入税收规范化工程建设体系中，融入整个税收征管系统之中，实现税费征管一体化。三是完善岗责制度。要明确各级税务机关及其内部职能机构在社保费征收中的职责，将社保费征管环节中的岗位及其责任逐一落实，明确岗责目标，避免出现管理的“真空”。四是完善考核制度。要从组织收入、征收管理、各项基础性工作、稽查等各方面实行税费并举，统一考核。要将征收任务层层分解到具体征收单位，将责任落实到人，将社保费征管工作成效纳入目标责任制考核范围，完善社保费征管工作考核制度。

（二）狠抓征管程序规范。各地要按照精确、细致、深入的要求，明确职责分工，优化业务流程，规范征管程序，加强协调配合，实现粗放式管理向精细化管理转变。一是规范建档管理程序。在为缴费单位办理有关缴费手续的同时，就要分户建立征管档案，明确档案管理的具体内容。二是规范申报程序。要明确缴费人的缴费申报义务和报送的资料，注重坚持日常申报审核制度。三是规范征收程序。要明确社保费征收入库的程序规定，逐步规范社保费的入库方式、征收方式及缴费基数，确保社保基金安全。四是规范检查程序，充分发挥税收征管综合优势，实行税费统查。五是规范催缴、处罚程序。各地要制定统一催缴的期限和文书，明确规定处罚的部门、处罚的条件、标准和决定程序。六是规范接受举报及处理程序。要向社会公开举报电话，制定举报办法，对被举报人要在有关政策规定的时限内进行核实、查处。

（三）狠抓缴费服务规范。各级税务机关要牢固树立服务观念，切实维护缴费人的合法权益，以提高缴费遵从度和优化缴费环境为目标，不断拓宽服务渠道，明确服务方式和服务内容，改进缴费服务，做到服务与征管有机结合，在强化征管中提高服务水平，在优化服务中加强社保费征管。各地要结合本地社保费征管工作的实际，认真落实“一站式”服务、首问负责制、文明办税“八公开”

等经验和做法，有条件的地方，也可采取税务、劳动、银行等联合办公的做法，不断拓宽服务内容和项目，提高缴费服务质量。

四、树立正确观念，强化税务机关征收主体地位

（一）税务机关征收社保费的主体地位，是国务院《社会保险费征缴暂行条例》赋予和省级人民政府确定的。各级税务机关要克服“代征”社保费的错误认识，树立税务机关就是社保费征缴主体的正确观念，不断强化税务机关的社保费征收主体地位，发挥征收力度大、征税网点多、征管信息资源和征管经验丰富、征管信息化水平高，熟悉企业生产经营、财务管理、工资水平等方面的优势，加强社保费征收管理，完成社保费征管工作各项任务。

（二）积极推动税务机关社保费全责征收工作。要认真借鉴和大力宣传部分地区实行全责征收的做法及经验，努力争取地方党政领导的理解和支持，推动税务机关全责征收社保费的地方性法规的立法工作。有条件的地区，可以采取先试点再逐步铺开的做法，大力推进这项工作。

（三）加快推进社会保险费集中、统一征收。这既是贯彻落实国务院《社会保险费征缴暂行条例》的要求，也是巩固、强化税务机关征收主体地位的重要内容。尚未实行基本养老保险费、基本医疗保险费和失业保险费集中、统一征收的地区，要按照《国务院社会保险费征缴暂行条例》关于社保费实行集中统一征收的规定，加大工作力度，积极创造条件，尽快实现税务机关集中、统一征收。有条件的地区，应积极接手工伤保险费和生育保险费的征收工作，实现“五费统征”。要勇于探索，大胆实践，积极献言献策，逐步理顺和完善税务机关的社保费征管职责，努力建立新的征管模式。

五、推进信息化和机构人员建设，提高社保费征管质量和效率

（一）积极推进社保费征管信息化建设，是不断提高税务机关征管质量和效率的基本依托。各地税务机关要立足当前，放眼长远，充分利用现有的税收征管信息化的功能和成果，补充社保费征管的内容。单独开发社保费征管信息系统的地区，要适时与税收征管信息化建设进行资源整合，实行一体化管理和一户式管理。要积极探索充分利用税收管理，特别是企业所得税和个人所得税管理的信息与社保费征管相结合的方法，使税费管理相互促进、相得益彰。要加快实现社保费信息资源共享，各地可以借鉴部分地区先行试点逐步推广的经验，继续大力开展与财政、银行、劳动、社保等部门和单位的数据联网工作，通过银行扣缴等多种方式，提高征收效率，并将有关数据、信息资料及时提供给有关部门，实现全社会信息资源共享。要充分利用信息化手段，对缴费人实行建档管理，并积极推广邮寄、互联网等多种申报方式，方便缴费人。

（二）建立健全机构、充实人员，不断提-部队伍素质，是提高税务机关社保费征管工作质量和效率的根本保障。各级税务机关要适应社保费征管工作面临的新形势、新情况，建立健全社保费征收管理机构，切实加强干部队伍建设。有条件的地区应在省、市税务机关单独设立社保费征收管理机构，并选调具有较好税收业务基础、熟悉财务会计知识的人员充实到社保费征收管理机构中。各级税务机关要加强社保费业务和专业管理人才的培养工作，努力提高社保费征管人员的素质，逐步形成一支素质优良、业务能力强、知识结构合理的社保费专业管理人才队伍，不断提高社保费征管的质量和效率。

七 社会保险基金

国务院关于试行社会保险基金预算的意见

（2010年1月2日　国发〔2010〕2号）

为加强社会保险基金管理，规范社会保险基金收支行为，明确政府责任，促进经济社会协调发展，国务院决定试行社会保险基金预算。现就有关问题提出以下意见：

一、社会保险基金预算的指导思想和原则

社会保险基金预算是根据国家社会保险和预算管理法律法规建立、反映各项社会保险基金收支的年度计划。社会保险基金预算坚持以科学发展观为指导，通过对社会保险基金筹集和使用实行预算管理，增强政府宏观调控能力，强化社会保险基金的管理和监督，保证社会保险基金安全完整，提高社会保险基金运行效益，促进社会保险制度可持续发展。社会保险基金预算应遵循以下基本原则：

依法建立，规范统一。依据国家法律法规建立，严格执行国家社会保险政策，按照规定范围、程序、方法和内容编制。

统筹编制，明确责任。社会保险基金预算按统筹地区编制执行，统筹地区根据预算管理方式，明确本地区各级人民政府及相关部门责任。

专项基金，专款专用。社会保险各项基金预算严格按照有关法律法规规范收支内容、标准和范围，专款专用，不得挤占或挪作他用。

相对独立，有机衔接。在预算体系中，社会保险基金预算单独编报，与公共财政预算和国有资本经营预算相对独立、有机衔接。社会保险基金不能用于平衡公共财政预算，公共财政预算可补助社会保险基金。

收支平衡，留有结余。社会保险基金预算坚持收支平衡，适当留有结余。

二、社会保险基金预算编制范围

社会保险基金预算按险种分别编制，包括企业职工基本养老保险基金、失业保险基金、城镇职工基本医疗保险基金、工伤保险基金、生育保险基金等内容。根据国家法律法规建立的其他社会保险基金，条件成熟时，也应尽快纳入社会保险基金预算管理。

企业职工基本养老保险基金预算包括基金收入预算和基金支出预算。基金收入主要包括基本养老保险费收入、利息收入、财政补贴收入、转移收入、上级补助收入、下级上解收入、其他收入等；基金支出主要包括基本养老金支出、医疗补助金支出、丧葬抚恤补助支出、转移支出、补助下级支出、上解上级支出、其他支出等。

失业保险基金预算包括基金收入预算和基金支出预算。基金收入主要包括失业保险费收入、利息收入、财政补贴收入、转移收入、上级补助收入、下级上解收入、其他收入等；基金支出主要包括失业保险金支出、医疗补助金支出、丧葬抚恤补助支出、职业培训和职业介绍补贴支出、转移支出、补助下级支出、上解上级支出、其他支出等。

城镇职工基本医疗保险基金预算包括基金收入预算和基金支出预算。基金收入主要包括基本医疗保险费收入、利息收入、财政补贴收入、转移收入、上级补助收入、下级上解收入、其他收入等；基金支出主要包括基本医疗保险待遇支出、转移支出、补助下级支出、上解上级支出、其他支出等。

工伤保险基金预算包括基金收入预算和基金支出预算。基金收入主要包括工伤保险费收入、利息收入、财政补贴收入、转移收入、上级补助收入、下级上解收入、其他收入等；基金支出主要包括工伤保险待遇支出、劳动能力鉴定费支出、转移支出、补助下级支出、上解上级支出、其他支出等。

生育保险基金预算包括基金收入预算和基金支出预算。基金收入主要包括生育保险费收入、利息收入、财政补贴收入、转移收入、上级补助收入、下级上解收入、其他收入等；基金支出主要包括生育保险待遇支出、医疗费支出、转移支出、补助下级支出、上解上级支出、其他支出等。

三、社会保险基金预算编制方法

社会保险基金预算编制采用科学、规范的方法，提高预算编制的预见性、准确性、完整性和科学性。

社会保险基金收入预算的编制应综合考虑统筹地区上年度基金预算执行情况、本年度经济社会发展水平预测以及社会保险工作计划等因素，包括社会保险参保人数、缴费人数、缴费工资基数等。统筹地区人民政府应根据社会保险基金收支、财政收支等情况，合理安排本级财政对社会保险基金的补助支出。

社会保险基金支出预算的编制应综合考虑统筹地区本年度享受社会保险待遇人数变动、经济社会发展状况、社会保险政策调整及社会保险待遇标准变动等因素。社会保险待遇支出预算应根据上年度享受社会保险待遇对象存量、上年度人均享受社会保险待遇水平等因素确定，同时考虑本年度变动情况；社会保险非待遇性支出预算要严格执行社会保险政策和管理制度规定。

四、社会保险基金预算编制和审批

统筹地区社会保险基金预算草案由社会保险经办机构编制，经本级人力资源社会保障部门审核汇总，财政部门审核后，由财政和人力资源社会保障部门联合报本级人民政府审批。社会保险费由税务机关征收的，社会保险基金收入预算草案由社会保险经办机构会同税务机关编制。

统筹地区财政和人力资源社会保障部门将社会保险基金预算草案报本级人民政府审批后，报上一级财政和人力资源社会保障部门。省级财政和人力资源社会保障部门将本省（区、市）社会保险基金预算草案报本级人民政府后，报财政部和人力资源社会保障部。

全国社会保险基金预算草案由人力资源社会保障部汇总编制，财政部审核后，由财政部和人力资源社会保障部联合向国务院报告。待条件成熟时，由国务院适时向全国人大报告。

五、社会保险基金预算执行和调整

社会保险基金预算草案经统筹地区人民政府批准后，由财政和人力资源社会保障部门批复，社会保险经办机构具体执行。社会保险经办机构应严格按照批准的预算和规定的程序执行，并定期向本级人力资源社会保障和财政部门报告。社会保险费由税务机关征收的，社会保险基金收入预算批复税务机关和社会保险经办机构，税务机关应严格按照批准的预算和规定的程序执行，并定期向本级财政和人力资源社会保障部门报告。

社会保险基金预算不得随意调整。在执行中因特殊情况需要增加支出或减少收入，应当编制社会保险基金预算调整方案。社会保险基金预算调整由统筹地区社会保险经办机构提出调整方案，经人力资源社会保障部门审核汇总，财政部门审核后，由财政和人力资源社会保障部门联合报本级人民政府批准。社会保险费由税务机关征收的，社会保险费收入预算调整方案由社会保险经办机构会同税务机关提出。

六、社会保险基金决算

年度终了，统筹地区社会保险经办机构应按有关规定编制年度社会保险基金决算草案，经人力资源社会保障部门审核汇总，财政部门审核后，由财政和人力资源社会保障部门联合报本级人民政府审批。

统筹地区财政和人力资源社会保障部门将社会保险基金决算草案报本级人民政府审批后，报上一级财政和人力资源社会保障部门。省级财政和人力资源社会保障部门将本省（区、市）社会保险基金决算草案报本级人民政府后，报财政部和人力资源社会保障部。

全国社会保险基金决算草案由人力资源社会保障部汇总编制，财政部审核后，由财政部和人力资源社会保障部联合向国务院报告。

七、社会保险基金预算的组织实施

各地区要根据本意见并结合本地实际，编制 2010 年度社会保险基金预算，同时，进一步做好社会保险基金预算执行、调整和决算等工作。统筹地区人民政府要建立社会保险基金预算绩效考核和激励约束机制，推进预算工作组织实施。统筹地区社会保险经办机构编制及调整社会保险基金预决算的情况，应及时报上级社会保险经办机构。财政和人力资源社会保障部门要抓紧制定有关配套制度和办法，加强指导，积极稳妥地推进此项工作。

建立社会保险基金预算，是完善社会保险基金管理的一项重大制度建设，涉及面广，政策性强。各级人民政府要充分认识建立社会保险基金预算制度的重大意义，高度重视，加强领导，精心组织。财政、人力资源社会保障等部门要认真执行社会保险基金预算的各项制度和办法，积极配合，确保试行社会保险基金预算工作的顺利开展；同时，在基金预算编制过程中加强与有关部门的信息交流和沟通，逐步建立健全社会保险基金预决算信息公开制度。

国务院关于印发基本养老保险基金投资管理办法的通知

（2015 年 8 月 17 日　国发〔2015〕48 号）

各省、自治区、直辖市人民政府，国务院各部委、各直属机构：

现将《基本养老保险基金投资管理办法》印发给你们，请认真贯彻执行。

基本养老保险基金投资管理办法

第一章　总　　则

第一条　为了规范基本养老保险基金投资管理行为，保护基金委托人及相关当事人的合法权益，根据社会保险法、劳动法、证券投资基金法、信托法、合同法等法律法规和国务院有关规定，制定本办法。

第二条　本办法所称基本养老保险基金（以下简称养老基金），包括企业职工、机关事业单位工作人员和城乡居民养老基金。

第三条　各省、自治区、直辖市养老基金结余额，可按照本办法规定，预留一定支付费用后，确定具体投资额度，委托给国务院授权的机构进行投资运营。委托投资的资金额度、划出和划回等事项，要向人力资源社会保障部、财政部报告。

第四条　养老基金投资应当坚持市场化、多元化、专业化的原则，确保资产安全，实现保值增值。

第五条　养老基金投资委托人（以下简称委托人）与养老基金投资受托机构（以下简称受托机构）签订委托投资合同，受托机构与养老基金托管机构（以下简称托管机构）签订托管合同、与养老基金投资管理机构（以下简称投资管理机构）签订投资管理合同。

委托人、受托机构、托管机构、投资管理机构的权利义务，依照本办法在养老基金委托投资合同、托管合同和投资管理合同中约定。

第六条 养老基金资产独立于委托人、受托机构、托管机构、投资管理机构的固有财产及其管理的其他财产。委托人、受托机构、托管机构、投资管理机构不得将养老基金资产归入其固有财产。

第七条 委托人、受托机构、托管机构、投资管理机构因养老基金资产的管理、运营或者其他情形取得的财产和收益归入养老基金资产，权益归养老基金所有。

第八条 受托机构、托管机构、投资管理机构和其他为养老基金投资管理提供服务的法人或者其他组织因依法解散、被依法撤销或者被依法宣告破产等原因进行清算的，基金资产不属于其清算财产。

第九条 养老基金资产的债权，不得与委托人、受托机构、托管机构、投资管理机构和其他为养老基金投资管理提供服务的自然人、法人或者其他组织固有财产的债务相互抵销；养老基金不同投资组合基金资产的债权债务，不得相互抵销。

第十条 养老基金资产的债务由基金资产本身承担。非因养老基金资产本身承担的债务，不得对基金资产强制执行。

第十一条 养老基金投资按照国家规定享受税收优惠。具体办法由财政部会同有关部门另行制定。

第十二条 国家对养老基金投资实行严格监管。养老基金投资应当严格遵守相关法律法规，严禁从事内幕交易、利用未公开信息交易、操纵市场等违法行为，严禁通过关联交易等损害养老基金及他人利益、获取不正当利益。任何组织和个人不得贪污、侵占、挪用投资运营的养老基金。

第二章　委 托 人

第十三条　省、自治区、直辖市人民政府作为养老基金委托投资的委托人，可指定省级社会保险行政部门、财政部门承办具体事务。

第十四条　委托人应当履行下列职责：

（一）制定养老基金归集办法，将投资运营的养老基金归集到省级社会保障基金财政专户。

（二）与受托机构签订养老基金委托投资合同。

（三）向受托机构划拨委托投资资金；向受托机构下达划回委托投资资金的指令，接收划回的投资资金。

（四）根据受托机构提交的养老基金收益率，进行养老基金的记账、结算和收益分配。

（五）定期汇总养老基金投资管理情况，并以适当方式向社会公布。

（六）国家规定和合同约定的其他职责。

第三章　受 托 机 构

第十五条　本办法所称受托机构，是指国家设立、国务院授权的养老基金管理机构。

第十六条　受托机构应当履行下列职责：

（一）建立健全养老基金受托投资内部管理制度、风险管理制度和绩效评估办法。

（二）选择、监督、更换托管机构、投资管理机构。

（三）制定养老基金投资运营策略并组织实施。

（四）根据委托投资合同接收委托人划拨的委托投资资金；根据委托人通知划出委托投资资金。

（五）接受委托人查询，定期向委托人提交养老基金管理和财务会计报告；发生重大事件时，及时向委托人和有关监管部门报告；定期向国务院有关主管部门提交开展养老基金受托管理业务情况的报告；定期向社会公布养老基金投资情况。

（六）根据托管合同、投资管理合同对养老基金托管、投资情况进行监督。

（七）按照国家规定保存养老基金受托业务活动记录、账册、报表和其他相关资料。

（八）国家规定和合同约定的其他职责。

第十七条 受托机构应当将养老基金单独管理、集中运营、独立核算，可对部分养老基金资产进行直接投资，其他养老基金资产委托其他专业机构投资。

同一个养老基金投资组合，托管机构与投资管理机构不得为同一机构。

第十八条 申请养老基金托管业务、投资管理业务的机构，需向受托机构提交申请。受托机构成立专家评审委员会，参照公开招标的原则对具备条件的养老基金托管业务、投资管理业务申请人进行评审。评审办法及评审结果报国务院有关主管部门备案。

建立健全受托机构、托管机构和投资管理机构竞争机制，不断优化治理结构，提升养老基金投资运营水平。

第十九条 受托机构及其董事（理事）、监事、管理人员和其他从业人员不得有下列行为：

（一）违反与委托人合同约定。

（二）利用养老基金资产或者职务之便谋取不正当利益。

（三）侵占、挪用受托管理的养老基金资产。

（四）泄露因职务便利获取的未公开信息，或者利用该信息从事或明示、暗示他人进行相关的交易活动。

（五）法律、行政法规和国务院有关主管部门规定禁止的其他行为。

第四章　托 管 机 构

第二十条　本办法所称托管机构，是指接受养老基金受托机构委托，具有全国社会保障基金、企业年金基金托管经验，或者具有良好的基金托管业绩和社会信誉，负责安全保管养老基金资产的商业银行。

第二十一条　托管机构应当履行下列职责：

（一）安全保管养老基金资产。

（二）以养老基金名义开设基金资产的资金账户、证券账户和期货账户等。

（三）及时办理清算、交割事宜。

（四）负责养老基金会计核算和估值，复核、审查和确认投资管理机构计算的基金资产净值。

（五）按照规定监督投资管理机构的投资活动，并定期向受托机构报告监督情况。

（六）定期向受托机构提交养老基金托管和财务会计报告；定期向国务院有关主管部门提交开展养老基金托管业务情况的报告。

（七）按照国家规定保存养老基金托管业务活动记录、账册、报表和其他相关资料。

（八）国家规定和合同约定的其他职责。

第二十二条　托管机构发现投资管理机构依据交易程序尚未成立的投资指令违反法律、行政法规、其他有关规定或者合同约定的，应当拒绝执行，立即通知投资管理机构，并及时向受托机构和国务院有关主管部门报告。

托管机构发现投资管理机构依据交易程序已经成立的投资指令违反法律、行政法规、其他有关规定或者合同约定的，应当立即通知投资管理机构，并及时向受托机构和国务院有关主管部门报告。

第二十三条　有下列情形之一的，托管机构职责终止：

（一）违反与受托机构合同约定，情节严重的。

（二）利用养老基金资产为其谋取不正当利益，或者为他人谋取不正当利益的。

（三）依法解散、被依法撤销、被依法宣告破产或者被依法接管的。

（四）受托机构有充分理由认为托管机构应当被终止职责的。

（五）国务院有关主管部门有充分理由和依据认为托管机构应当被终止职责的。

（六）国务院有关主管部门规定和合同约定的其他情形。

第二十四条 托管机构职责终止的，应当妥善保管养老基金托管业务资料，在45日内办理基金托管业务移交手续，新的托管机构应当接收并行使相应职责。

第二十五条 托管机构及其董事、监事、管理人员和其他从业人员不得有下列行为：

（一）将托管的养老基金资产与其固有财产混合管理。

（二）将托管的养老基金资产与托管的其他财产混合管理。

（三）将托管的不同养老基金资产混合管理。

（四）侵占、挪用托管的养老基金资产。

（五）利用养老基金资产或者职务之便为他人谋取不正当利益。

（六）泄露因职务便利获取的未公开信息，或者利用该信息从事或明示、暗示他人进行相关的交易活动。

（七）法律、行政法规和国务院有关主管部门规定禁止的其他行为。

第五章 投资管理机构

第二十六条 本办法所称投资管理机构，是指接受受托机构委托，具有全国社会保障基金、企业年金基金投资管理经验，或者具有良好的资产管理业绩、财务状况和社会信誉，负责养老基金资产投资运营的专业机构。

第二十七条 投资管理机构应当建立良好的内部治理结构，明确股东会、董事会、监事会和高级管理人员的职责权限，确保独立投资运营；应当健全资产配置、风险管理和绩效评估等制度。

投资管理机构及其股东、董事、监事、管理人员和其他从业人员不得从事损害养老基金资产和受托机构利益的证券交易及其他活动；在行使权利或者履行职责时，应当遵循回避原则。

第二十八条 投资管理机构应当履行下列职责：

（一）按照投资管理合同，管理养老基金投资组合和项目。

（二）对所管理的不同养老基金资产分别管理、分别记账。

（三）及时与托管机构核对养老基金会计核算和估值结果。

（四）进行养老基金会计核算，编制养老基金财务会计报告。

（五）按照国家规定保存养老基金投资业务活动记录、账册、报表和其他相关资料。

（六）国家规定和合同约定的其他职责。

第二十九条 投资管理机构从当期收取的管理费中，提取 20% 作为风险准备金，专项用于弥补委托投资资产出现的投资损失。

第三十条 有下列情形之一的，投资管理机构应当及时向受托机构和国务院有关主管部门报告：

（一）养老基金资产市场价值大幅度波动。

（二）有可能使养老基金资产的价值受到重大影响的其他事项。

（三）国务院有关主管部门规定或者合同约定的其他报告事项。

第三十一条 有下列情形之一的，投资管理机构职责终止：

（一）违反与受托机构合同约定，情节严重的。

（二）利用养老基金资产为其谋取不正当利益，或者为他人谋取不正当利益的。

（三）依法解散、被依法撤销、被依法宣告破产或者被依法接管的。

（四）受托机构有充分理由认为投资管理机构应当被终止职责的。

（五）国务院有关主管部门有充分理由和依据认为投资管理机构应当被终止职责的。

（六）国务院有关主管部门规定和合同约定的其他情形。

第三十二条 投资管理机构职责终止的，应当妥善保管养老基金投资运营业务资料，在45日内办理基金投资运营业务移交手续，新的投资管理机构应当接收并行使相应职责。

第三十三条 投资管理机构及其董事、监事、管理人员和其他从业人员不得有下列行为：

（一）将其固有财产或者他人财产混同于养老基金资产从事证券投资。

（二）不公平对待养老基金资产与其管理的其他财产。

（三）不公平对待其管理的不同养老基金资产。

（四）利用养老基金资产或者职务之便为他人谋取不正当利益。

（五）向受托机构违规承诺收益或者承担损失。

（六）侵占、挪用养老基金资产。

（七）泄露因职务便利获取的未公开信息，或者利用该信息从事或明示、暗示他人进行相关的交易活动。

（八）从事可能使养老基金资产承担无限责任的投资。

（九）法律、行政法规和国务院有关主管部门规定禁止的其他行为。

第六章 养老基金投资

第三十四条 养老基金限于境内投资。投资范围包括：银行存款，中央银行票据，同业存单；国债，政策性、开发性银行债券，信用等级在投资级以上的金融债、企业（公司）债、地方政府债券、可转换债（含分离交易可转换债）、短期融资券、中期票据、资产支持证券，债券回购；养老金产品，上市流通的证券投资基金，股票，股权，股指期货，国债期货。

第三十五条 国家重大工程和重大项目建设，养老基金可以通过适当方式参与投资。

第三十六条 国有重点企业改制、上市，养老基金可以进行股权投资。范围限定为中央企业及其一级子公司，以及地方具有核心竞争力的行业龙头企业，包括省级财政部门、国有资产管理部门出资的国有或国有控股企业。

第三十七条 养老基金投资比例，按照公允价值计算应当符合下列规定：

（一）投资银行活期存款，一年期以内（含一年）的定期存款，中央银行票据，剩余期限在一年期以内（含一年）的国债，债券回购，货币型养老金产品，货币市场基金的比例，合计不得低于养老基金资产净值的5%。清算备付金、证券清算款以及一级市场证券申购资金视为流动性资产。

（二）投资一年期以上的银行定期存款、协议存款、同业存单，剩余期限在一年期以上的国债，政策性、开发性银行债券，金融债，企业（公司）债，地方政府债券，可转换债（含分离交易可转换债），短期融资券，中期票据，资产支持证券，固定收益型养老金产品，混合型养老金产品，债券基金的比例，合计不得高于养老基金资产净值的135%。其中，债券正回购的资金余额在每个交易日均不得高于养老基金资产净值的40%。

（三）投资股票、股票基金、混合基金、股票型养老金产品的比例，合计不得高于养老基金资产净值的30%。

养老基金不得用于向他人贷款和提供担保，不得直接投资于权证，但因投资股票、分离交易可转换债等投资品种而衍生获得的权证，应当在权证上市交易之日起10个交易日内卖出。

（四）投资国家重大项目和重点企业股权的比例，合计不得高于养老基金资产净值的20%。

由于市场涨跌、资金划拨等原因出现被动投资比例超标的，养老基金投资比例调整应当在合同规定的交易日内完成。

第三十八条 养老基金资产参与股指期货、国债期货交易，只能以套期保值为目的，并按照中国金融期货交易所套期保值管理的有关规定执行；在任何交易日日终，所持有的卖出股指期货、国债期货合约价值，不得超过其对冲标的的账面价值。

第三十九条 根据金融市场变化和投资运营情况，国务院有关主管部门适时报请国务院对养老基金投资范围和比例进行调整。

第七章 估值和费用

第四十条 受托机构根据《企业会计准则第22号——金融工具确认和计量》、《证券投资基金会计核算业务指引》等规定，对养老基金进行会计核算和估值。

当月发生的委托投资资金划入、划出和投资收益分配，以上月末的估值结果作为核算依据。

第四十一条 托管机构提取的托管费年费率不高于托管养老基金资产净值的0.05%。

第四十二条 投资管理机构提取的投资管理费年费率不高于投资管理养老基金资产净值的0.5%。

受托机构应当在投资管理合同中规定投资管理机构的业绩基准，制定绩效考核办法。

第四十三条 根据养老基金管理情况，国务院有关主管部门适时对托管费、投资管理费率进行调整。

第四十四条 受托机构按照养老基金年度净收益的1%提取风险准备金，专项用于弥补养老基金投资发生的亏损。余额达到养老基金资产净值5%时可不再提取。

风险准备金与本金一起投资运营，单独记账，归委托人所有。

第八章　报告制度

第四十五条　受托机构、托管机构、投资管理机构应当按照本办法的规定报告养老基金投资运营的情况，保证报告内容没有虚假记载、误导性陈述或者重大遗漏，并对报告内容的真实性、完整性负责。

第四十六条　受托机构要按下列要求进行信息披露和报告有关事项：

（一）每年一次向社会公布养老基金资产、收益等财务状况。

（二）向委托人和国务院有关主管部门每季度提交养老基金财务会计报告、投资资产、收益等情况报告。

（三）向委托人和国务院有关主管部门、经济综合部门报送养老基金资产年度审计报告。

（四）养老基金发生重大事件的，应立即报告委托人和国务院有关主管部门，并编制临时报告书，经核准后予以公告。

第四十七条　托管机构应当按照托管合同和受托机构的要求，向受托机构提交养老基金托管月度报告、季度报告和年度报告；如发生特殊情况，还应当提供临时报告或者进行重大信息披露。托管机构应当对投资管理机构编制报告的有关内容进行复核，并根据需要出具复核意见。

第四十八条　投资管理机构应当按照投资管理合同及受托机构的要求，向受托机构提交养老基金投资运营月度报告、季度报告和年度报告；如发生特殊情况，还应当提供临时报告或者进行重大信息披露。

第四十九条　托管机构、投资管理机构应当向国务院有关主管部门提交养老基金季度报告和年度报告。

第五十条　有下列情形之一的，托管机构、投资管理机构应当及时向受托机构和国务院有关主管部门报告：

（一）减资、合并、分立、依法解散、被依法撤销、决定申请破产或者被申请破产的。

（二）涉及重大诉讼或者仲裁的。

（三）董事长、总经理及其他高级管理人员发生变动的。

（四）托管合同、投资管理合同规定的其他报告事项。

第五十一条 受托机构应当将委托管理合同、托管合同、投资管理合同报国务院有关主管部门备案。

第九章 监督检查

第五十二条 人力资源社会保障部、财政部依法对受托机构、托管机构、投资管理机构及相关主体开展养老基金投资管理业务情况实施监管，加强投资风险防范。

人民银行、银监会、证监会、保监会按照各自职责，对托管机构、投资管理机构的经营活动进行监督。

相关部门在监督过程中应加强沟通与信息共享。

第五十三条 人力资源社会保障部、财政部开展调查或者检查应当由两人以上进行，并出示有效证件，承担下列义务：

（一）依法履行职责，秉公执法，不得利用职务之便谋取私利。

（二）保守在调查或者检查时知悉的商业秘密。

（三）为举报人保密。

第五十四条 受托机构、托管机构、投资管理机构和其他为养老基金投资管理提供服务的自然人、法人或者其他组织应当积极配合监督检查，如实提供有关文件和资料，不得拒绝、阻挠或者逃避检查，不得谎报、隐匿或者销毁相关证据材料。

第五十五条 受托机构、托管机构、投资管理机构管理运营养老基金资产，其他自然人、法人或者组织为养老基金投资运营提供服务，应当严格遵守相关职业准则和行业规范，履行诚实信用、谨慎勤勉的义务。

第五十六条 养老基金投资管理从业人员应当遵守法律、行政法规和相关规章制度，恪守职业道德和行为规范。

第五十七条 养老基金投资运营情况应当通过报刊、网站等媒体定期向社会公布，保障公众知情权，接受社会监督。

任何组织和个人有权对违法违规行为进行举报、投诉，有关主管部门应当认真调查处理。

第十章 法律责任

第五十八条 受托机构及其董事（理事）、监事、管理人员和其他从业人员有本办法第十九条所列行为之一的，责令改正，给予警告，有违法所得的，没收违法所得。对直接负责的主管人员和其他直接责任人员给予相应处分，由所在机构暂停或者撤销其养老基金投资管理职务。

第五十九条 托管机构、投资管理机构及其董事、监事、管理人员和其他从业人员有本办法第二十五条和第三十三条所列行为之一的，责令改正，给予警告，并可暂停其接收新的养老基金托管或者投资管理业务。有违法所得的，没收违法所得，处以托管机构、投资管理机构违法所得 1 倍以上 5 倍以下管理费扣减；没有违法所得的，处以托管机构、投资管理机构 50 万元以下管理费扣减，情节严重的，可处以 50 万元以上、100 万元以下管理费扣减。对直接负责的主管人员和其他直接责任人员给予警告，由所在机构暂停或者撤销其养老基金投资管理职务。

第六十条 投资管理机构违反本办法第三十七条和第三十八条规定，超出投资范围或者违反投资比例规定进行投资的，责令改正，给予警告，并可暂停其接收新的养老基金投资管理业务，同时处以 50 万元以下管理费扣减。对直接负责的主管人员和其他直接责任人员给予警告，由所在机构暂停或者撤销其养老基金投资管理职务。

第六十一条 托管机构、投资管理机构未能按照规定提供报告或者提供报告有虚假记载、误导性陈述、重大遗漏的，责令限期改正；逾期不改正的，给予警告，并处以 10 万元以下管理费扣减。

第六十二条 托管机构、投资管理机构违反本办法其他有关规定的，责令限期改正。逾期不改正的，给予警告，并可暂停其接收新的养老基金托管或者投资管理业务。

第六十三条 托管机构、投资管理机构受到 3 次以上警告的，由受托机构终止其养老基金托管或者投资管理职责，3 年内不得再次申请。

第六十四条 受托机构、托管机构、投资管理机构及其董事（理事）、监事、管理和从业人员侵占、挪用养老基金资产取得的财产和收益，归入基金资产。

第六十五条 托管机构、投资管理机构违反本办法规定，给养老基金资产或者委托人造成损失的，应当分别对各自的行为依法承担赔偿责任；因共同行为给养老基金资产或者委托人造成损失的，应当承担连带赔偿责任；除依法给予处罚外，由受托机构终止其养老基金托管或者投资管理职责，5 年内不得再次申请。

第六十六条 会计师事务所等服务机构出具的文件有虚假记载、误导性陈述或者重大遗漏的，责令限期改正，没收业务收入，并依法处以业务收入 1 倍以上 5 倍以下的罚款；对直接负责的主管人员和其他直接责任人员给予警告。

第六十七条 国家工作人员在养老基金投资管理、监督工作中滥用职权、玩忽职守、徇私舞弊的，依法追究责任。

第六十八条 本办法规定的处罚，由人力资源社会保障部、财政部或者人民银行、银监会、证监会、保监会按照各自职责作出决定。对违反本办法规定的同一行为，不得给予两次以上的处罚。

第六十九条 对违反本办法规定进行养老基金投资运营的相关单位和责任人，记入信用记录并纳入全国统一信用信息共享交换平台。

第七十条 违反本办法规定，情节严重，构成犯罪的，依法追究刑事责任。

第十一章 附 则

第七十一条 本办法由人力资源社会保障部、财政部会同有关部门负责组织实施。

第七十二条 本办法自印发之日起施行。

社会保险基金先行支付暂行办法

（2011 年 6 月 29 日人力资源和社会保障部令第 15 号公布 根据 2018 年 12 月 14 日《人力资源社会保障部关于修改部分规章的决定》修订）

第一条 为了维护公民的社会保险合法权益，规范社会保险基金先行支付管理，根据《中华人民共和国社会保险法》（以下简称社会保险法）和《工伤保险条例》，制定本办法。

第二条 参加基本医疗保险的职工或者居民（以下简称个人）由于第三人的侵权行为造成伤病的，其医疗费用应当由第三人按照确定的责任大小依法承担。超过第三人责任部分的医疗费用，由基本医疗保险基金按照国家规定支付。

前款规定中应当由第三人支付的医疗费用，第三人不支付或者无法确定第三人的，在医疗费用结算时，个人可以向参保地社会保险经办机构书面申请基本医疗保险基金先行支付，并告知造成其伤病的原因和第三人不支付医疗费用或者无法确定第三人的情况。

第三条 社会保险经办机构接到个人根据第二条规定提出的申请后，经审核确定其参加基本医疗保险的，应当按照统筹地区基本医疗保险基金支付的规定先行支付相应部分的医疗费用。

第四条 个人由于第三人的侵权行为造成伤病被认定为工伤，第三人不支付工伤医疗费用或者无法确定第三人的，个人或者其近亲属可以向社会保险经办机构书面申请工伤保险基金先行支付，并告知第三人不支付或者无法确定第三人的情况。

第五条 社会保险经办机构接到个人根据第四条规定提出的申请后，应当审查个人获得基本医疗保险基金先行支付和其所在单位缴纳工伤保险费等情况，并按照下列情形分别处理：

（一）对于个人所在用人单位已经依法缴纳工伤保险费，且在认定工伤之前基本医疗保险基金有先行支付的，社会保险经办机构应当按照工伤保险有关规定，用工伤保险基金先行支付超出基本医疗保险基金先行支付部分的医疗费用，并向基本医疗保险基金退还先行支付的费用；

（二）对于个人所在用人单位已经依法缴纳工伤保险费，在认定工伤之前基本医疗保险基金无先行支付的，社会保险经办机构应当用工伤保险基金先行支付工伤医疗费用；

（三）对于个人所在用人单位未依法缴纳工伤保险费，且在认定工伤之前基本医疗保险基金有先行支付的，社会保险经办机构应当在3个工作日内向用人单位发出书面催告通知，要求用人单位在5个工作日内依法支付超出基本医疗保险基金先行支付部分的医疗费用，并向基本医疗保险基金偿还先行支付的医疗费用。用人单位在规定时间内不支付其余部分医疗费用的，社会保险经办机构应当用工伤保险基金先行支付；

（四）对于个人所在用人单位未依法缴纳工伤保险费，在认定工伤之前基本医疗保险基金无先行支付的，社会保险经办机构应当在3个工作日向用人单位发出书面催告通知，要求用人单位在5个工作日内依法支付全部工伤医疗费用；用人单位在规定时间内不支付的，社会保险经办机构应当用工伤保险基金先行支付。

第六条 职工所在用人单位未依法缴纳工伤保险费，发生工伤事故的，用人单位应当采取措施及时救治，并按照规定的工伤保险待遇项目和标准支付费用。

职工被认定为工伤后，有下列情形之一的，职工或者其近亲属可以持工伤认定决定书和有关材料向社会保险经办机构书面申请先行支付工伤保险待遇：

（一）用人单位被依法吊销营业执照或者撤销登记、备案的；

（二）用人单位拒绝支付全部或者部分费用的；

（三）依法经仲裁、诉讼后仍不能获得工伤保险待遇，法院出具中止执行文书的；

（四）职工认为用人单位不支付的其他情形。

第七条 社会保险经办机构收到职工或者其近亲属根据第六条规定提出的申请后，应当在3个工作日内向用人单位发出书面催告通知，要求其在5个工作日内予以核实并依法支付工伤保险待遇，告知其如在规定期限内不按时足额支付的，工伤保险基金在按照规定先行支付后，取得要求其偿还的权利。

第八条 用人单位未按照第七条规定按时足额支付的，社会保险经办机构应当按照社会保险法和《工伤保险条例》的规定，先行支付工伤保险待遇项目中应当由工伤保险基金支付的项目。

第九条 个人或者其近亲属提出先行支付医疗费用、工伤医疗费用或者工伤保险待遇申请，社会保险经办机构经审核不符合先行支付条件的，应当在收到申请后5个工作日内作出不予先行支付的决定，并书面通知申请人。

第十条 个人申请先行支付医疗费用、工伤医疗费用或者工伤保险待遇的，应当提交所有医疗诊断、鉴定等费用的原始票据等证据。社会保险经办机构应当保留所有原始票据等证据，要求申请人在先行支付凭据上签字确认，凭原始票据等证据先行支付医疗费用、工伤医疗费用或者工伤保险待遇。

个人因向第三人或者用人单位请求赔偿需要医疗费用、工伤医疗费用或者工伤保险待遇的原始票据等证据的，可以向社会保险经办机构索取复印件，并将第三人或者用人单位赔偿情况及时告知社会保险经办机构。

第十一条 个人已经从第三人或者用人单位处获得医疗费用、工伤医疗费用或者工伤保险待遇的，应当主动将先行支付金额中应当由第三人承担的部分或者工伤保险基金先行支付的工伤保险待遇退还给基本医疗保险基金或者工伤保险基金，社会保险经办机构不再向第三人或者用人单位追偿。

个人拒不退还的，社会保险经办机构可以从以后支付的相关待遇中扣减其应当退还的数额，或者向人民法院提起诉讼。

第十二条 社会保险经办机构按照本办法第三条规定先行支付医疗费用或者按照第五条第一项、第二项规定先行支付工伤医疗费用后，有关部门确定了第三人责任的，应当要求第三人按照确定的责任大小依法偿还先行支付数额中的相应部分。第三人逾期不偿还的，社会保险经办机构应当依法向人民法院提起诉讼。

第十三条 社会保险经办机构按照本办法第五条第三项、第四项和第六条、第七条、第八条的规定先行支付工伤保险待遇后，应当责令用人单位在10日内偿还。

用人单位逾期不偿还的，社会保险经办机构可以按照社会保险法第六十三条的规定，向银行和其他金融机构查询其存款账户，申请县级以上社会保险行政部门作出划拨应偿还款项的决定，并书面通知用人单位开户银行或者其他金融机构划拨其应当偿还的数额。

用人单位账户余额少于应当偿还数额的，社会保险经办机构可以要求其提供担保，签订延期还款协议。

用人单位未按时足额偿还且未提供担保的，社会保险经办机构可以申请人民法院扣押、查封、拍卖其价值相当于应当偿还数额的财产，以拍卖所得偿还所欠数额。

第十四条 社会保险经办机构向用人单位追偿工伤保险待遇发生的合理费用以及用人单位逾期偿还部分的利息损失等，应当由用人单位承担。

第十五条 用人单位不支付依法应当由其支付的工伤保险待遇项目的，职工可以依法申请仲裁、提起诉讼。

第十六条 个人隐瞒已经从第三人或者用人单位处获得医疗费用、工伤医疗费用或者工伤保险待遇，向社会保险经办机构申请并获得社会保险基金先行支付的，按照社会保险法第八十八条的规定处理。

第十七条 用人单位对社会保险经办机构作出先行支付的追偿决定不服或者对社会保险行政部门作出的划拨决定不服的，可以依法申请行政复议或者提起行政诉讼。

个人或者其近亲属对社会保险经办机构作出不予先行支付的决定不服或者对先行支付的数额不服的，可以依法申请行政复议或者提起行政诉讼。

第十八条 本办法自2011年7月1日起施行。

社会保险基金财务制度

（1999年6月15日财政部发布　根据2017年8月22日《财政部、人力资源社会保障部、国家卫生计生委关于印发〈社会保险基金财务制度〉的通知》修订）

第一章　总　　则

第一条 为规范社会保险基金（以下简称“基金”）财务管理行为，加强基金收支的监督管理，维护公民依法参加社会保险和享受社会保险待遇的合法权益，根据《中华人民共和国社会保险法》（以下简称《社会保险法》）、《中华人民共和国预算法》（以下简称《预算法》）、《中华人民共和国劳动法》等相关法律法规，制定本制度。

第二条 本制度适用于中华人民共和国境内依据《社会保险法》建立的企业职工基本养老保险基金、城乡居民基本养老保险基金、机关事业单位基本养老保险基金、职工基本医疗保险基金、城乡居民基本医疗保险基金（包括城镇居民基本医疗保险基金、新型农村合作医疗基金、合并实施的城乡居民基本医疗保险基金）、工伤保险基金、失业保险基金、生育保险基金等基金的财务活动。

生育保险与职工基本医疗保险合并实施的统筹地区，不再单列生育保险基金。

第三条 本制度所称基金是指为了保障参保对象的权益和社会保险待遇，根据国家法律法规规定，由单位和个人缴纳、政府补助以及通过其他合法方式筹集的专项资金。

第四条 基金财务管理包括以下任务：

（一）贯彻执行国家法律法规和方针政策，依法筹集和使用基金，确保各项基金应收尽收和社会保险待遇按时足额发放；

（二）合理编制基金预算，强化收支预算执行，严格编制基金决算，真实准确反映基金预算执行情况；

（三）健全财务管理制度，加强基金核算分析，积极稳妥开展基本养老保险基金投资运营，实现基金保值增值；

（四）加强基金财务监督和内部控制，确保基金运行安全、完整、可持续。

第五条 社会保险基金财务管理和会计核算一般采用收付实现制，基本养老保险基金委托投资等部分经济业务或事项采用权责发生制。

第六条 基金纳入社会保障基金财政专户（以下简称财政专户），实行“收支两条线”管理。基金按照险种及不同制度分别建账、分账核算、分别计息、专款专用。基金之间不得相互挤占和调剂，不得违规投资运营，不得用于平衡--般公共预算。

第七条 财政部门、社会保险行政部门（卫生计生部门负责管理新型农村合作医疗及合并实施的城乡居民基本医疗保险的，为卫生计生部门，下同）及所属社会保险经办机构（简称“经办机构”）按照各自职责分工，加强对社会保险基金管理和监督，逐步实现部门间财务信息共享，促进基金管理科学化、规范化。

第二章 基金预算

第八条 基金预算是指根据国家预算管理和社会保险相关法律法规编制，经法定程序审批、具有法律效力的年度基金财务收支计划。基金预算由基金收入预算和基金支出预算组成。社会保险基金预算应当做到收支平衡。

社会保险基金预算编制应按照《预算法》《社会保险法》《预算法实施条例》以及国务院有关规定执行。

第九条 社会保险基金预算保持独立完整，与一般公共预算相衔接。基金预算按险种、不同制度和统筹地区分别编制。年度终了前，统筹地区经办机构应按照规定表式、时间和编制要求，综合考虑本年度预算执行情况、下年度经济社会发展水平以及社会保险工作计划等因素，编制下年度基金预算草案，报本级社会保险行政部门审核汇总。由税务机关负责征收的险种，社会保险费收入预算草案由经办机构会同税务机关编制。

第十条 财政部门负责审核并汇总编制社会保险年度基金预算草案，会同社会保险行政部门上报同级人民政府，经同级人大批准后，批复经办机构具体执行，并报上级财政部门和社会保险行政部门备案。由税务机关负责征收的险种，社会保险费收入预算批复税务机关和经办机构。

第十一条 经办机构严格按照批复预算执行，定期向同级财政部门和社会保险行政部门报告预算执行情况。财政部门和社会保险行政部门应逐级汇总上报预算执行情况，并加强基金运行监控，发现问题及时处置。由税务机关负责征收的险种，税务机关应严格按照批准的预算和规定的程序执行，定期向同级财政部门和社会保险行政部门报告。

第十二条 基金预算不得随意调整。执行中因特殊原因需要调整时，统筹地区经办机构应当编制预算调整方案，报同级社会保险行政部门审核汇总。统筹地区财政部门审核并汇总编制预算调整方案，会同社会保险行政部门上报同级人民政府，按要求经同级人大常务委员会批准后，批复经办机构执行，并报上级财政部门和社会保险行政部门备案。由税务机关负责征收的险种，社会保险费收入预算调整方案由经办机构会同税务机关提出，并批复税务机关和经办机构。税务机关应严格按照批准的预算和规定程序执行，定期向同级财政部门和社会保险行政部门报告。

第三章 基金筹集

第十三条 基金收入包括：社会保险费收入、财政补贴收入、集体补助收入、利息收入、委托投资收益、转移收入、上级补助收入、下级上解收入、其他收入等。上述基金收入项目按规定分别形成各项基金。

社会保险费收入指用人单位和个人按规定缴纳的社会保险费，或其他资金（含财政资金）代参保对象缴纳的社会保险费收入。

财政补贴收入指财政给予基金的补助、对参保人员的缴费补贴、对参保对象的待遇支出补助。

集体补助收入指村（社区）等集体经济组织对参保人的补助。

利息收入是指社会保险基金在收入户、财政专户及支出户中银行存款产生的利息收入或社会保险基金购买国债取得的利息收入。

委托投资收益指社会保险基金按照国家有关规定委托国家授权

的管理机构进行投资运营所取得的净收益或发生的净损失。

转移收入指参保对象跨统筹地区、或跨制度流动而划入的基金收入。

上级补助收入指下级接收上级拨付的补助收入。

下级上解收入指上级接收下级上解的基金收入。

其他收入指滞纳金、违约金，跨年度退回或追回的社会保险待遇，及公益慈善等社会经济组织和个人捐助，以及其他经统筹地区财政部门核准的收入。

第十四条 企业职工基本养老保险基金收入包括基本养老保险费收入、财政补贴收入、利息收入、委托投资收益、转移收入、上级补助收入、下级上解收入、其他收入。其中：基本养老保险费收入指单位和个人按规定的缴费基数和缴费比例分别缴纳的基本养老保险费。

第十五条 城乡居民基本养老保险基金收入包括个人缴费收入、集体补助收入、财政补贴收入、利息收入、委托投资收益、转移收入、上级补助收入、下级上解收入、其他收入。其中：个人缴费收入指参保城乡居民按照规定标准缴纳的城乡居民基本养老保险费收入，包括财政资金代参保对象缴纳的基本养老保险费收入。

追回重复领取的城乡居民基本养老保险待遇并从企业职工基本养老保险待遇中抵扣的列其他收入。

第十六条 机关事业单位基本养老保险基金收入包括基本养老保险费收入、财政补贴收入、利息收入、委托投资收益、转移收入、上级补助收入、下级上解收入、其他收入。其中：基本养老保险费收入指单位和个人按缴费基数的一定比例分别缴纳的基本养老保险费。

第十七条 职工基本医疗保险基金收入按规定分别计入职工基本医疗保险统筹基金收入和职工基本医疗保险个人账户收入。

职工基本医疗保险统筹基金收入包括按规定计入统筹基金账户

的医疗保险费收入、财政补贴收入、利息收入、上级补助收入、下级上解收入、其他收入。其中：医疗保险费收入指用人单位和个人按照规定缴费基数和费率缴纳的医疗保险费以及其他资金资助参保对象缴纳的保费收入。

职工基本医疗保险个人账户收入包括按规定计入个人账户的医疗保险费收入、利息收入、转移收入、上级补助收入、下级上解收入、其他收入。

第十八条 城乡居民基本医疗保险基金收入包括城乡居民基本医疗保险费收入、财政补贴收入、利息收入、上级补助收入、下级上解收入、其他收入。其中：

城乡居民基本医疗保险费收入指城乡居民按照规定缴费标准缴纳的保费收入，有条件的用人单位对职工家属参保缴费给予的资助，乡村集体经济组织对农民参保缴费给予的资助，以及城乡医疗救助基金等资助参保对象缴纳的保费收入。

新型农村合作医疗统筹地区可从基金收入中提取风险基金，主要用于弥补基金非正常超支造成的基金临时周转困难等。风险基金可由统筹地区或省级统一管理。

第十九条 工伤保险基金收入包括工伤保险费收入、财政补贴收入、利息收入、上级补助收入、下级上解收入、其他收入。其中：

工伤保险费收入是指用人单位按照规定缴费基数和费率缴纳及难以直接按照工资总额计算缴纳工伤保险费的部分行业企业按规定方式缴纳的工伤保险费。

工伤保险省级统筹实行省级调剂金管理的省份，由省级建立调剂金，用于调剂解决各市（地）工伤保险基金支出缺口。各市（地）将基金收入按照一定规则和比例上解到省级财政专户集中管理。

第二十条 失业保险基金收入包括失业保险费收入、财政补贴收入、利息收入、转移收入、上级补助收入、下级上解收入、其他收入。其中：失业保险费收入指用人单位和个人按照规定缴费基数和费率缴纳的失业保险费。

第二十一条 生育保险基金收入包括生育保险费收入、财政补贴收入、利息收入、上级补助收入、下级上解收入、其他收入。其中：生育保险费收入是指用人单位按照规定缴费基数和费率缴纳的生育保险费。

第二十二条 基金应按照《社会保险法》和其他有关行政法规规定按时、足额筹集，任何地区、部门、单位和个人不得截留和减免。

社会保险费征收机构应当依照法律、行政法规的规定，及时、足额征收应征社会保险费，不得违反法律、行政法规规定多征或减征，不得截留、占用或挪用。

各级财政部门应根据《预算法》和《社会保险法》等法律、法规及相关制度规定安排基金财政补助，纳入同级财政年度预算并按规定程序及时办理拨付手续。

用人单位和个人应当以货币形式全额缴纳社会保险费，严禁以物抵费，对于未按规定按时足额缴纳社会保险费的用人单位，征收机构按照有关法律法规进行处理。

第二十三条 社会保险费征收机构应当按时足额将征收的基金收入缴入财政专户，具体时间和方式由各省、自治区、直辖市自定。缴入资金时，须填制银行制发的进账单、划款凭证（一式多联）或其他有效凭证，有关部门或机构凭该凭证记账。

税务机关征收社会保险费的，经办机构应及时向税务机关提供征收所需的用人单位和个人参保登记等相关信息，税务机关应及时向经办机构提供征收信息、征收明细数据等相关情况。

第四章 基金支付

第二十四条 基金支出包括社会保险待遇支出、转移支出、补助下级支出、上解上级支出、其他支出等。

社会保险待遇支出指按规定支付给社会保险对象的待遇支出，包括为特定人群缴纳社会保险费形成的支出。

转移支出指参保对象跨统筹地区或跨制度流动转出的基金支出。

补助下级支出指上级拨付下级的支出。

上解上级支出指下级上解上级的支出。

其他支出指经国务院批准或国务院授权省级人民政府批准开支的其他非社会保险待遇性质的支出。

第二十五条 企业职工基本养老保险基金支出包括养老保险待遇支出、转移支出、补助下级支出、上解上级支出、其他支出。

养老保险待遇支出包括基本养老金、医疗补助金、丧葬补助金和抚恤金、病残津贴。

基本养老金包括基础养老金、个人账户养老金、过渡性养老金和支付给《国务院关于建立统一的企业职工养老保险制度的决定》（国发〔1997〕26号）实施前已经离休、退休和退职人员的离休金、退休金、退职金、补贴。个人账户养老金包括按月支付的个人账户养老金支出以及个人账户一次性支出。个人账户一次性支出指参加企业职工基本养老保险的个人由于死亡、出国（境）定居等情况下退还其本人个人账户资金额的支出。

医疗补助金指按规定支付已纳入企业职工基本养老保险基金开支范围的离休、退休、退职人员的医疗费用。

丧葬补助金和抚恤金指用于已纳入企业职工基本养老保险基金开支范围的参保人员因病或非因工死亡后的丧葬补助费用及其遗属的抚恤费用。

病残津贴指按国家规定标准对未达到法定退休年龄时因病或非因工致残完全丧失劳动能力的参保人员发放的基本生活费。

从企业职工基本养老保险基金中抵扣重复领取的城乡居民基本

养老保险待遇支出从其他支出中列支。

第二十六条 城乡居民基本养老保险基金支出包括养老保险待遇支出、转移支出、补助下级支出、上解上级支出、其他支出。

养老保险待遇支出包括按规定支付给参保城乡居民的基础养老金和个人账户养老金，以及丧葬补助金。

基础养老金指按规定计发标准，由各级财政为符合待遇领取条件的参保城乡居民全额予以补助的养老金待遇。

个人账户养老金指参保城乡居民达到养老保险待遇领取条件时，按照个人账户全部储存额除以计发月数，支付给参保城乡居民的养老金待遇，以及个人账户一次性支出。个人账户一次性支出指参加城乡居民基本养老保险的个人由于死亡、出国（境）定居以及在企业职工基本养老保险和城乡居民基本养老保险重复缴费等情况下退还其本人个人账户存储额的支出。

丧葬补助金指在建立丧葬补助金制度的地区，参保人死亡后，政府给予遗属用于丧葬的补助费用。

转移支出指跨统筹地区或跨制度流动转出的个人账户资金额等。

第二十七条 机关事业单位基本养老保险基金支出包括养老保险待遇支出、转移支出、补助下级支出、上解上级支出、其他支出。

养老保险待遇支出包括基本养老金、丧葬补助金和抚恤金、病残津贴。

基本养老金包括基础养老金、个人账户养老金、过渡性养老金，机关事业单位工作人员养老保险制度改革实施前已经退休、退职人员的退休（职）费和病退人员生活费，以及按照人力资源社会保障部、财政部《关于贯彻落实〈国务院关于机关事业单位工作人员养老保险制度改革的决定〉的通知》（人社部发〔2015〕28 号）规定在 10 年过渡期内退休人员按新老办法对比后的补差资金。个人账户养老金包括按月支付的个人账户养老金支出以及个人账户一次性支出。个人账户一次性支出指参加机关事业单位基本养老保险的个人由于死亡、出国（境）定居等情况下退还其本人个人账户余额的支出。

丧葬补助金和抚恤金指用于已纳入机关事业单位基本养老保险基金开支范围的参保人员因病或非因工死亡后的丧葬补助费用及其遗属的抚恤费用。

病残津贴指按国家规定标准对未达到法定退休年龄时因病或非因工致残完全丧失劳动能力的参保人员发放的基本生活费。

第二十八条 职工基本医疗保险基金支出包括职工基本医疗保险待遇支出、转移支出、补助下级支出、上解上级支出、其他支出。

职工基本医疗保险待遇支出按规定分别计入职工基本医疗保险统筹基金待遇支出和职工基本医疗保险个人账户待遇支出。

职工基本医疗保险统筹基金待遇支出指按规定在统筹基金支付范围以内，在起付标准以上、最高支付限额以下由统筹基金支付的医疗费补偿支出，包括住院费用支出、门诊大病和门诊统筹费用支出。生育保险与职工基本医疗保险合并实施的统筹地区，职工基本医疗保险统筹基金待遇支出中包含生育待遇支出。生育待遇支出包括生育医疗费用支出和生育津贴支出。

职工基本医疗保险个人账户待遇支出指按规定由个人账户开支的支出，主要包括个人自付的门诊费用支出、住院费用支出、在定点零售药店发生的医药费支出。个人账户资金原则上不得用于非医疗支出。

职工基本医疗保险基金的补助下级支出、上解上级支出根据具体情况分别在统筹基金和个人账户基金中列支。

职工基本医疗保险基金的转移支出在个人账户基金中列支。

第二十九条 城乡居民基本医疗保险基金支出包括城乡居民基本医疗保险待遇支出、划转用于城乡居民大病保险支出、补助下级支出、上解上级支出、其他支出。

城乡居民基本医疗保险待遇支出指基金对参保城乡居民医疗费用的补偿支出，主要包括住院费用支出，门诊费用纳入基金支付范围的地区也包括门诊费用支出。

划转用于城乡居民大病保险支出指按照规定从城乡居民基本医疗保险基金中划出一定比例或额度作为城乡居民大病保险的支出。

第三十条 工伤保险基金支出包括工伤保险待遇支出、劳动能力鉴定支出、工伤预防费用支出、补助下级支出、上解上级支出、其他支出。

工伤保险待遇支出指经工伤认定后职工应享受由工伤保险基金负担的支出。具体包括工伤医疗待遇支出、伤残待遇支出和工亡待遇支出。其中，工伤医疗待遇支出是指治疗工伤的医疗费用、康复费用、安装配置伤残辅助器具所需费用、住院伙食补助费、到统筹地区以外就医的交通食宿费；伤残待遇支出是指经劳动能力鉴定委员会确认需要生活护理的工伤人员生活护理费、一次性伤残补助金、一至四级工伤职工按月领取的伤残津贴、五至十级伤残职工按规定领取的一次性工伤医疗补助金、由工伤保险基金支付的工伤职工达到退休年龄并办理退休手续后领取的养老保险待遇低于伤残津贴以及一至四级工伤职工伤残津贴实际额低于当地最低工资标准由工伤保险基金补充的差额部分；工亡待遇支出是指职工因工死亡后，由工伤保险基金支付给的丧葬补助金、供养亲属抚恤金和一次性工亡补助金。

劳动能力鉴定支出指劳动能力鉴定委员会在进行劳动能力初次鉴定、再次鉴定、复查鉴定活动中及工伤职工辅助器具使用等确认工作中产生的，应由工伤保险基金负担的支出。

工伤预防费用支出指按规定用于工伤预防的宣传、培训等方面的支出。

第三十一条 失业保险基金支出包括失业保险待遇支出、稳定岗位补贴支出、技能提升补贴支出、转移支出、补助下级支出、上解上级支出、其他支出。其中：

失业保险待遇支出包括失业保险金支出、基本医疗保险费支出、丧葬补助金和抚恤金支出、职业培训和职业介绍补贴支出、其他费用支出。失业保险金支出指按规定支付给失业人员的失业保险金。基本医疗保险费支出指按规定为领取失业保险金人员参加职工基本医疗保险缴纳的基本医疗保险费支出，包括按规定支付给失业人员在领取失业保险金期间的医疗补助金支出。丧葬补助金和抚恤金支出指按规定支付给在领取失业保险金期间死亡的失业人员的丧葬补助费用及由其供养的配偶、直系亲属的抚恤金支出。职业培训和职业介绍补贴支出指按规定支付给失业人员在领取失业保险金期间接受职业培训、职业介绍的补贴支出。其他费用支出包括农民合同制工人一次性生活补助金和价格临时补贴支出及国家规定的其他费用。农民合同制工人一次性生活补助金支出指按规定一次性支付给合同期满不再续订或者提前解除劳动合同的农民合同制工人的生活补助费支出。价格临时补贴支出指按规定给予领取失业保险金人员的价格临时补贴支出。

稳定岗位补贴支出指按规定对稳定岗位的用人单位给予的补贴。

技能提升补贴支出指按规定对符合条件的企业职工提升技能给予的补贴。

第三十二条 生育保险基金支出包括生育保险待遇支出、补助下级支出、上解上级支出、其他支出。

第三十三条 根据社会保险的统筹范围和社会保险年度基金预算，按照国家规定的项目和标准安排基金支出，任何地区、部门、单位、个人不得增加支出项目、扩大享受人员范围、提高开支标准、虚报冒领及骗取、套取基金。

第三十四条 基金不得用于运行费用、财务费用（含银行手续费）、管理费用、兴建改建办公场所和支付人员经费，或者违反法律法规规定挪作他用。

第三十五条 基金支付需严格履行申报审核程序。经办机构根据财政部门批复的社会保险基金预算，在规定时间内向同级财政部门提交用款计划。对不符合规定的用款计划，财政部门有权不予拨款并责成经办机构予以纠正。除国家另有规定外，财政部门对用款计划审核无误后，应在规定时间内从财政专户拨付基金。社会保险经办机构应在规定时间内支付待遇。具体时间由各省、自治区、直辖市确定。

第五章 基金结余

第三十六条 基金结余指基金收支相抵后的期末余额。包括企业职工基本养老保险基金结余、城乡居民基本养老保险基金结余、机关事业单位基本养老保险基金结余、职工基本医疗保险基金结余、城乡居民基本医疗保险基金结余、工伤保险基金结余、失业保险基金结余、生育保险基金结余等。

职工基本医疗保险基金和城乡居民基本医疗保险基金遵循以收定支、收支平衡、略有结余的原则。新型农村合作医疗基金累计结余应不超过当年筹集基金总额的25%（含风险基金）。

职工基本医疗保险基金结余包括统筹基金结余和个人账户基金结余。职工基本医疗保险基金实行分账核算、统一管理。

工伤保险基金应按规定留存一定比例储备金。

第三十七条 基金结余除预留一定的支付费用外，应在保证安全的前提下，按照国务院相关规定开展投资运营实现保值增值。社会保险行政部门和财政部门对基金投资运营实施严格监管。

企业职工基本养老保险基金结余应当预留相当于两个月的支付费用。

第三十八条 基金当年入不敷出时，按以下顺序保障基金支付：

（一）动用历年滚存结余中的存款。

（二）建立基金调剂金的地区由上级调剂安排，提取风险基金的新型农村合作医疗统筹地区按程序申请动用风险基金，提取储备金的工伤保险统筹地区按程序申请动用储备金。

（三）转让或提前变现基金投资产品。

（四）同级财政部门给予补贴。

（五）在财政给予支持的同时，按照国务院有关规定报批后调整社会保险缴费比例或待遇支付政策。职工基本医疗保险基金在申请调整缴费比例之前可经同级财政部门审核并报同级人民政府批准后，在国家规定的范围内，调整单位缴纳的基本医疗保险费划入职工基本医疗保险统筹基金与职工基本医疗保险个人账户基金之间的比例。

第六章　账 户 管 理

第三十九条　基金账户分为财政专户、收入户和支出户。

第四十条　实行经办机构征收社会保险费的地区，经办机构可以设立社会保险基金收入户。

收入户的主要用途是：暂存由经办机构征收的社会保险费收入；暂存上级经办机构下拨或下级经办机构上解的基金收入；暂存该账户利息收入；暂存社会保险基金转移收入以及其他收入等。收入户除向财政专户划转基金、向上级经办机构缴拨基金、原渠道退回保险费收入、退回转移收入等情形外不得发生其他支付业务。

实行税务机关征收社会保险费的地区税务机关不设收入户，基金及时划入财政专户。

收入户原则上月末无余额。

第四十一条　经办机构设立社会保险基金支出户。

支出户的主要用途是：接受财政专户拨入基金；暂存社会保险支付费用及该账户利息收入；支付基金支出款项；向财政专户缴入该账户利息收入；上解上级经办机构基金或下拨下级经办机构基金。

支出户除接受财政专户拨入的基金、上级经办机构拨付基金、暂存该账户利息收入、原渠道退回支付资金外，不得发生其他收入业务。

第四十二条 财政部门按照国家有关财政专户管理的规定设立财政专户。财政专户的主要用途是：接收税务机关或经办机构缴入的社会保险费收入；接收税务机关或收入户缴入的利息收入及其他收入；根据委托投资合同或有关计划接收和拨付投资运营基金；接收基金投资收益及支出户缴入的利息收入等；接收财政补贴收入；接收转移收入；接收上级财政专户划拨或下级财政专户上解基金；向上级或下级财政专户上缴或划拨基金；根据经办机构用款计划和预算向支出户拨付基金或按国家规定直接与有关机构办理基金结算；办理跨省异地就医结算业务；国家规定的其他用途。各级财政部门国库管理机构应当按月提供对账凭证，与社会保险经办机构核对账目。

第四十三条 财政专户发生的利息收入直接计入财政专户，收入户和支出户的利息收入定期缴入财政专户，且不得跨年。银行提供一式多联的利息通知单，同时送财政部门和经办机构分别记账。

财政部门应按月与经办机构沟通财政专户资金存储额变动情况，实现信息共享。

第四十四条 财政补贴收入由国库直接划入财政专户。专户银行出具一式多联原始凭证交财政部门和经办机构记账。

第四十五条 经办机构设立收入户的地区，在发生基金下拨业务时，根据经办机构的缴拨计划（简称缴拨计划，下同），财政部门应将基金从财政专户拨入同级经办机构的支出户，经下级经办机构收入户进入下级财政专户；在发生基金上缴业务时，财政部门应根据经办机构的缴拨计划，将基金从财政专户划入同级经办机构的支出户，经上级经办机构收入户进入上级财政专户。发生基金转移业务时，财政部门应根据经办机构的缴拨计划，将基金从财政专户划入同级经办机构支出户，经基金接收地经办机构收入户进入财政专户。

不设收入户的地区，发生基金上下级缴拨业务，财政部门应根据缴拨计划，将基金从上级财政专户拨入下级财政专户或从下级财政专户上解入上级财政专户。财政部门和经办机构凭财政专户缴拨凭证记账。在发生基金转移业务时，财政部门应根据缴拨计划，将基金从财政专户直接拨入基金接收地财政专户。

统筹层次较高、下级不设财政专户的地区，发生基金下拨业务时，上级财政部门应根据缴拨计划，将基金从财政专户拨入同级经办机构的支出户，再划入下级经办机构支出户。发生基金上缴业务时，从下级收入户直接上缴至上级收入户，再划入上级财政专户。

在发生跨省职工基本医疗保险和城乡居民基本医疗保险基金拨付业务时，财政部门应根据拨付计划，将基金从本省（区、市）省级财政专户直接划转拨入地省（区、市）省级财政专户。省本级不设财政专户的，可委托省会城市经办跨省社会保险基金拨付业务。

第四十六条 财政专户发生的收支，财政部门凭银行出具的原始凭证记账；银行出具一式多联原始凭证交财政部门和经办机构记账。

第四十七条 加强社会保险基金账户管理，清理归并社会保险基金收入户和支出户，根据业务工作实际情况，合理确定开户数量。新设经办机构原则上只开设一个收入户和一个支出户。

第四十八条 规范选择基金开户银行。根据资信状况、利率、网点分布、服务质量等相关因素，综合评定银行业金融机构管理服务水平，通过竞争性方式或集体决策方式，确定基金账户开户银行。

第四十九条 社会保险基金银行存款实行统一计息办法。对存入收入户和支出户的活期存款实行优惠利率，按三个月整存整取定期存款基准利率计息。对存入财政专户的存款，利率比照同期居民储蓄存款利率管理。

财政部门应按月或按季度商社会保险行政部门、经办机构制定财政专户资金购买国债和转存定期存款计划。

第七章　资产与负债

第五十条　资产包括基金运行过程中形成的现金、银行存款（含收入户存款、财政专户存款、国库存款、支出户存款）、投资、暂付款项、应收款项等。其中：暂付款包括总额预付资金、先行支付资金等。

经办机构和税务机关不得接受现金和现金支票、远期票据、有价证券等形式的缴费，支付基金采取安全高效的方式，减少现金支付。及时办理收付及存储手续，定期清理暂付款项。

财政部门、经办机构、税务机关定期对账，保证账账相符、账款相符。

确实无法收回的暂付款项，经统筹地区人民政府批准后核销。

第五十一条　负债包括基金运行过程中形成的借入款项、暂收款项、应付款项等。借入款项和暂收款项应定期清理、及时偿付。因债权人原因确实无法偿付的，经统筹地区财政部门批准后并入基金的其他收入。

第八章　基 金 决 算

第五十二条　年度终了，统筹地区经办机构应按照规定编制年度社会保险基金决算草案，报同级社会保险行政部门审核汇总。经统筹地区财政部门审核并汇总编制，会同社会保险行政部门报本级人民政府审定后，提交同级人大常务委员会审查和批准。

第五十三条　统筹地区社会保险基金决算草案经本级人大常委会审批后，由同级财政部门、社会保险行政部门分别报送上级财政部门和社会保险行政部门。省级社会保险基金决算草案经省级人大常委会审批后，由省级财政部门、社会保险行政部门分别上报财政部、人力资源社会保障部和国家卫生计生委。

第五十四条 中央社会保险基金决算草案由人力资源社会保障部社会保险事业管理中心编制，报人力资源社会保障部审核汇总。经财政部审核并汇总编制，会同人力资源社会保障部报国务院审定后，提交全国人大常委会审查和批准。

第九章 监督检查

第五十五条 经办机构应当建立健全业务、财务、安全和风险管理制度，定期向社会公告基金收支、结余和收益情况，接受社会监督。

财政部门应当建立健全财政专户风险管理制度，定期向社会公告管理、存储结构、收益等情况，接受社会监督。

第五十六条 社会保险行政部门对社会保险基金的收支、管理和投资运营情况进行监督检查，发现存在问题的，应当提出整改建议，依法作出处理决定或者向有关行政部门提出处理建议。

财政部门、审计机关按照各自职责，对社会保险基金的收支、管理和运营情况实施监督。

第五十七条 社会保险行政部门、财政部门、审计部门应依法依规及时纠正社会保险基金管理中的违法违规行为，并采取以下措施：

（一）追回被截留、挤占、挪用、贪污的基金。

（二）退还多提、补足减免的基金。

（三）足额补发或追回违规支付的社会保险待遇支出。

（四）及时足额将收入户应缴未缴基金缴入财政专户。

（五）及时足额将财政专户基金拨付到支出户。

（六）及时足额将财政补助资金划入财政专户。

（七）停止违规投资运营行为，形成运营亏损的应向责任方追偿损失。

（八）国家法律法规和国务院社会保险行政部门、财政部门规定的其他处理办法。

第五十八条 对社会保险基金管理中的违法行为，按照《社会保险法》、《预算法》、《财政违法行为处罚处分条例》等法律法规追究法律责任。涉嫌犯罪的，依法移送司法机关处理。

第十章 附 则

第五十九条 基金专用票据由省级财政部门统一印制，有条件的地区可实行基金票据电子化管理。社会保险费由税务机关征收的，可使用税收缴款书、税收收入退还书、税收完税证明作为征收票据。

第六十条 经办机构经办的各类其他社会保险，基金财务管理参照本制度执行。

第六十一条 本制度由财政部、人力资源社会保障部、国家卫生计生委解释和修订。

第六十二条 本制度自2018年1月1日起施行。《财政部 劳动和社会保障部关于印发〈社会保险基金财务制度〉的通知》（财社字〔1999〕60号）、《财政部劳动和社会保障部关于加强社会保险基金财务管理有关问题的通知》（财社〔2003〕47号）、《财政部卫生部关于印发新型农村合作医疗基金财务制度的通知》（财社〔2008〕8号）、《财政部 人力资源社会保障部关于印发〈新型农村社会养老保险基金财务管理暂行办法〉的通知》（财社〔2011〕16号）、《财政部人力资源社会保障部关于机关事业单位基本养老保险基金财务管理有关问题的通知》（财社〔2016〕101号）同时废止。

人力资源和社会保障部、财政部关于进一步加强基本医疗保险基金管理的指导意见

（2009 年 7 月 24 日　人社部发〔2009〕67 号）

各省、自治区、直辖市人力资源社会保障（劳动保障）厅（局）、财政厅（局），新疆生产建设兵团劳动保障局、财务局：

根据《中共中央国务院关于深化医药卫生体制改革的意见》（中发〔2009〕6 号）和《国务院关于印发医药卫生体制改革近期重点实施方案（2009-2011 年）的通知》（国发〔2009〕12 号）的要求，为进一步加强基本医疗保险基金管理，提高基金使用效率，现就有关问题提出如下意见：

一、充分认识加强基本医疗保险基金管理的重要性和紧迫性

（一）加快推进基本医疗保障制度建设，将全体城乡居民纳入基本医疗保障制度，逐步提高基本医疗保障水平，是深化医药卫生体制改革的重要内容。按照以收定支、收支平衡、略有结余的原则，管好、用好基本医疗保险基金，对保障参保人员的基本医疗权益，减轻人民群众医药费用负担有着十分重要的现实意义。各级各有关部门要提高认识，不断完善政策，创新管理机制，强化基金管理，增强基金的共济和保障能力，提高基金使用效率。

二、增强基本医疗保险基金共济和保障能力

（二）加大基本医疗保险扩面和基金征缴力度。各地要按照 3 年内基本医疗保险参保率达到 90%以上的目标，进一步加大城镇职工基本医疗保险和城镇居民基本医疗保险的扩面力度。要切实按照人力资源社会保障部、财政部等部门《关于妥善解决关闭破产国有企业退休人员等医疗保障有关问题的通知》（人社部发〔2009〕52

号）的要求，通过破产企业财产变现、未列入破产财产的土地出让所得、财政补助、医疗保险统筹基金结余调剂等多渠道筹资，妥善解决关闭破产国有企业退休人员参加城镇职工基本医疗保险问题。同时，各地要统筹解决包括关闭破产集体企业退休人员和困难企业职工等在内的其他各类城镇人员的医疗保障问题。进一步加大基本医疗保险基金的征缴和稽核力度，确保基本医疗保险基金应收尽收。

（三）逐步提高基本医疗保险保障水平，减轻参保人员的个人负担。各地要在精心测算的基础上，适当提高政策内住院医疗费用的报销水平，逐步提高统筹基金最高支付限额，规范门诊大病管理。鼓励各地积极开展城镇居民基本医疗保险门诊医疗费用统筹，扩大城镇居民基本医疗保险受益范围。有条件的统筹地区可以探索调整城镇职工基本医疗保险个人账户使用办法，试行城镇职工基本医疗保险门诊医疗费用统筹，逐步扩大和提高门诊费用的报销范围和比例，提高个人账户基金的使用效率。

（四）提高基本医疗保险统筹层次。各地要根据本地实际情况，加快推进提高基本医疗保险统筹层次工作，到2011年基本实现市（地）级统筹。实现市（地）级基金统收统支确有困难的地区，可以先建立市（地）级基金风险调剂制度，再逐步过渡。具备条件的地区，可以探索实行省级统筹。

三、强化基本医疗保险基金管理

（五）进一步加强基本医疗保险基金收支预算管理。统筹地区要认真执行社会保险基金财务制度，按年度编制基本医疗保险基金收支预算。编制基金收入预算应综合考虑当地经济发展水平、职工工资收入水平、医疗保险覆盖面、医疗保险筹资比例等因素；编制基金支出预算应综合考虑当地参保人员年龄结构、疾病谱、医疗费用增长、医疗保险受益面、保障水平和基金结余情况等因素。

（六）做好基本医疗保险基金会计核算和统计分析工作。各地要认真落实社会保险基金会计制度，加强基本医疗保险基金会计核算工作。医疗保险经办机构要单独建立一次性预缴基本医疗保险费统计台账，加强对一次性预缴基本医疗保险费的统计分析和管理。

（七）建立基本医疗保险基金运行情况分析和风险预警制度。各地要利用医疗保险信息系统，构建基本医疗保险基金运行分析和风险预警系统，将统筹基金累计结余作为基本医疗保险基金风险预警监测的关键性指标，加强对基本医疗保险基金运行情况的分析。除一次性预缴基本医疗保险费外，统筹地区城镇职工基本医疗保险统筹基金累计结余原则上应控制在6–9个月平均支付水平。城镇职工基本医疗保险统筹基金累计结余超过15个月平均支付水平的，为结余过多状态，累计结余低于3个月平均支付水平的，为结余不足状态。城镇居民基本医疗保险的基金风险预警指标，各地可根据当地实际具体确定。

（八）妥善解决统筹基金结余过多和当期收不抵支问题。统筹地区因职工工资水平增长等因素，统筹基金收入增幅明显高于支出增幅，连续2年处于结余过多状态的，可阶段性降低基本医疗保险筹资比例或适当提高参保人员医疗保险待遇水平。统筹基金出现当期收不抵支的统筹地区，要认真查找超支原因，通过改进结算方式、加强支出管理等途径，控制费用支出增长。统筹基金累计结余不足、难以保证当期支付的统筹地区，可通过临时借款保证当期支付，并及时研究调整筹资或待遇政策。各统筹地区应根据上述原则制订相应的基金告警预案，并报省级人力资源社会保障（劳动保障）、财政部门备案。统筹地区启动预案响应和费率调整等政策变化，应报省级人民政府批准。重大政策调整省级人民政府应报人力资源社会保障部、财政部备案。

（九）强化基本医疗保险基金监管。完善基本医疗保险基金管理内控制度，形成部门之间、岗位之间和业务之间相互制衡、相互监督的内控机制。加强行政监管，建立基本医疗保险基金欺诈防范机制，杜绝骗保等欺诈行为的发生。建立和完善基本医疗保险基金内部审计制度，及时整改审计发现的问题。定期向社会公布基本医疗保险基金收支情况和参保人员医疗保险待遇的享受情况，接受社会各界的监督。

四、加强基本医疗保险支付管理

（十）加大医疗保险对医疗服务行为的监控力度。各地要把相关部门制定的出入院标准、临床诊疗规范、临床用药指南和处方管理办法等纳入协议管理的范围，建立和完善对定点医疗机构服务质量的考核评价体系。要不断完善医疗保险信息系统，逐步实现对医疗服务行为的全程实时监控，加强对重点医疗服务项目和重点药品使用情况的监测，减少不合理医疗费用的发生，防范医疗欺诈行为。

（十一）改进费用结算方式。积极探索医疗保险经办机构与医疗机构、药品供应商通过协商谈判，合理确定医药服务的付费方式及标准，发挥医疗保障对医疗服务和药品费用的制约作用。鼓励探索实行按病种付费、总额预付、按人头付费等结算方式，充分调动医疗机构和医生控制医疗服务成本的主动性和积极性。

（十二）优化医疗费用结算流程。医疗保险经办机构要进一步优化医疗费用结算程序，逐步实现与定点医疗机构直接结算，缩短医疗费用结算时间，符合规定的医疗费用，要按照协议及时足额支付。医疗费用结算前，医疗保险经办机构可按照协议向医疗机构预拨一定比例的周转金。简化个人医疗费用报销结算程序，提供人性化服务，方便广大参保人员。

人力资源和社会保障部关于印发社会保险基金监督检查证管理规程的通知

（2010年11月24日　人社部发〔2010〕85号）

各省、自治区、直辖市人力资源社会保障厅（局），新疆生产建设兵团人事局、劳动保障局，各副省级人力资源社会保障（人事、劳动保障）局：

为贯彻落实《中华人民共和国劳动法》、《中华人民共和国社会保险法》，进一步加强社会保险基金监管工作，规范社会保险基金监督检查证发放管理，严格实行持证上岗制度，我们制定了《社会保险基金监督检查证管理规程》，现予印发。请各地严格按照管理规程的要求，认真做好社会保险基金监督检查证的发放管理工作。

社会保险基金监督检查证管理规程

为进一步加强社会保险基金监管，规范社会保险基金监督检查证的发放管理，根据《中华人民共和国劳动法》、《中华人民共和国社会保险法》等有关法律法规，制定本规程。

第一条　社会保险基金监督检查证（以下简称检查证）的申领、培训、考试、发放和管理适用本规程。

第二条　检查证由人力资源社会保障部统一印制、发放和管理。

第三条　检查证的发放对象应符合以下条件：

（一）在各级社会保险基金监督机构从事社会保险基金监督工作的行政人员；

（二）具备与社会保险基金监督工作相适应的专业知识和业务能力；

（三）参加社会保险基金监督业务考试，成绩合格。

第四条 各级社会保险基金监督人员应持证上岗，在对社会保险基金进行现场监督检查时，须出示检查证。

第五条 持有检查证的监督人员要履行以下义务：

（一）忠于职守，尽职尽责，秉公执法；

（二）遵守法律法规和相关保密规定，依法保守被检查单位的工作和商业秘密；

（三）参加社会保险基金监督业务培训和检查证年检；

（四）严禁使用检查证从事与社会保险基金监督业务无关的活动，严禁持证谋私、违法乱纪；

（五）严禁借用、涂改、冒用、伪造、转让、买卖，以欺骗等手段骗取检查证；

（六）其他需要履行的义务。

第六条 社会保险监督持证人员，在履行监督检查职责时，可以采取下列措施：

（一）查阅、记录、复制与社会保险基金收支、管理和投资运营相关的资料，对可能被转移、隐匿或者灭失的资料予以封存；

（二）询问与调查事项有关的单位和个人，要求其对与调查事项有关的问题作出说明、提供有关证明材料；

（三）对隐匿、转移、骗取、侵占社会保险基金的行为予以制止并责令改正。

第七条 申领检查证的人员，必须参加社会保险基金监督业务培训，且集中培训时间不少于16小时。培训采取集中授课方式，培训内容包括社会保障政策法规，社保基金监管操作实务以及金融、财会、审计等专业知识。培训结束后统一组织考试。考试采取闭卷形式。

第八条 省级基金监督人员的培训和考试由人力资源社会保障部组织。省级以下基金监督机构人员的培训和考试由人力资源社会保障部组织或授权省级人力资源社会保障部门按照本规程组织。考试结束后，由人力资源社会保障部组织阅卷或授权省级人力资源社会保障部门阅卷，并对考试合格的人员进行资格审核，颁发检查证。

根据工作需要，拟自行组织检查证培训考试的省市，需提前将培训考试方案（见附件 1）报人力资源社会保障部基金监督司。部基金监督司在接到请示后 10 个工作日内作出是否同意的答复。人力资源社会保障部对省级人力资源社会保障机构组织的培训和考试情况进行不定期抽查监督。

经人力资源社会保障部基金监督司批复同意组织检查证培训考试的省市，须在考试前 15 个工作日内将发送考卷的请示（见附件 2）报人力资源社会保障部基金监督司。

第九条 申领检查证的监督人员采取就地申报、逐级审核的报名方式。申领人员填写参加培训报名表（见附件 3），加盖单位印章并附上本人工作证复印件，逐级上报至省级人力资源社会保障部门基金监督机构，省级基金监督机构汇总后（见附件 4）报人力资源社会保障部基金监督司审核同意。

第十条 人力资源社会保障部负责建立检查证考试题库，为培训考试提供辅导材料和试卷，并根据相关法律法规制定情况，对考试题库进行更新完善。

第十一条 检查证实行年检制度。省级以下检查证持证人员由省级基金监督部门组织年检，并将年检情况上报人力资源社会保障部基金监督司。

第十二条 检查证有效期为5年。到期换发需重新申领、培训和考试。考试合格的换证人员填写换证审核表（见附件5），逐级申报并审核。人力资源社会保障部根据换证申请人员工作、培训、考试和年检等情况核发新证。

第十三条 人力资源社会保障部基金监督司以及省级基金监督机构按照管理权限，分别建立检查证持证人员档案库，并按照要求严格管理。

第十四条 检查证实行统一编号管理。统一编号确定为6位代码，前2位为省级代码，后4位为个人代码。

第十五条 持证人员应妥善保管检查证，如有遗失应及时向省级基金监督机构书面报告，省级基金监督机构应于10个工作日内书面报告人力资源社会保障部，人力资源社会保障部定期予以审核补发。

第十六条 持证人员调离基金监督岗位，或不再直接从事社会保险基金监督工作的，所在单位应及时收回检查证并上交省级人力资源社会保障部门，并由省级人力资源社会保障部门上交人力资源社会保障部予以注销。

第十七条 各级人力资源社会保障部门应加强对持证人员的监督和管理，接受公民、法人及其他社会组织对违法使用检查证的检举，及时调查核实和处理。

对越权使用检查证的、非公务场合使用检查证的，或利用检查证以权谋私、违法乱纪的人员，各级人力资源社会保障部门视情节轻重给予处分或撤销其检查证；构成犯罪的，移交司法机关，依法追究有关刑事责任。

第十八条 本办法由人力资源社会保障部负责解释。

第十九条 本办法自发布之日起施行，原有的《社会保险审计检查证管理规程》同时废止。

附件：1. 关于组织社会保险基金监督检查证培训考试的请示（样式）（略）

2. 关于请发送社会保险基金监督检查业务培训考试试卷的请示（样式）（略）

3. 省社会保险基金监督检查业务培训报名表（样式）（略）

4. 省申领社会保险基金监督检查证人员汇总表（样式）（略）

5. 社会保险基金监督检查证换证审核表（样式）（略）

八 社会保险监督

社会保险工作人员纪律规定

（2012 年 12 月 31 日　人社部发〔2012〕99 号）

社会保险工作人员要严格遵守国家法律法规和有关政策，严格执行各项制度，不准利用职务便利为自己或他人谋取私利。

一、严格社会保险审批事项。坚持政务公开，按规定的原则、标准和程序办事。

（一）不准违规审批参加基本养老保险职工提前退休；

（二）不准违规决定定点医疗机构、定点零售药店、协议工伤康复机构和协议工伤辅助器具配置机构等资格审查事宜；

（三）不准违规核定社会保险费缴费基数、费率，擅自减免应缴纳的社会保险费或者核销欠缴的社会保险费。

二、严格社会保险标准制定。坚持科学决策、民主决策和集体决策。

（四）不准违反保密规定泄露社会保险事项评审评定专家名单，干预专家评审意见；

（五）不准违规决定基本医疗保险、工伤保险和生育保险药品目录，基本医疗保险、工伤保险诊疗项目范围，工伤保险辅助器具目录等制定调整事宜；

（六）不准违规决定定点医疗机构、定点零售药店、协议工伤康复机构和协议工伤辅助器具配置机构的医疗（康复、辅助器具）费用结算标准。

三、严格社会保险基金管理。坚持专户管理，专款专用。

（七）不准私自或与他人串通，隐匿、转移、侵占、挪用、拆借、套取社会保险基金；

（八）不准违规扩大失业保险基金、工伤保险基金等使用范围；

（九）不准违规干预或插手社会保险补贴资金等专项资金的分配使用。

四、严格社会保险经办管理。坚持落实内控制度，推进逐级授权、逐级审查和分段分岗专人负责制。

（十）不准弄虚作假，违规为超龄、虚假身份等不符合条件人员参加相应的社会保险，办理社会保险登记；

（十一）不准隐匿、滞压社会保险费或将社会保险费存入社会保险基金专户之外的资金账户；

（十二）不准擅自扩大社会保险待遇发放范围，增减社会保险基金支付项目，变更社会保险待遇支付标准，违反审批程序，在手续和资料不全的情况下支付社会保险基金；

（十三）不准虚列、虚报、虚增支付项目，或通过伪造证明材料等欺诈手段骗取或协助他人骗取社会保险基金支出。

五、严格社会保险信息管理。坚持分权制衡原则，科学设置信息系统用户权限，严格执行政府采购流程。

（十四）不准伪造、篡改、擅自销毁参保人社会保险缴费记录、享受社会保险待遇记录、个人权益记录等社会保险数据资料；

（十五）不准违规外泄各类业务信息和重要数据；

（十六）不准在社会保险信息管理政府采购过程中围标串标、明招暗定、以次充好、回避招标或利用其他手段谋取私利。

六、严格社会保险监督管理。坚持依规监督，依法处理。

（十七）不准接收行政相对人的礼品、礼金、有价证券，参加可能影响公正执行公务的宴请及其他活动安排；

（十八）不准违规干预或插手监督检查项目和程序；

（十九）不准隐瞒社会保险违法违规重要情况或案件线索，影响检查实施和问题处理；

（二十）不准擅自改变社会保险基金监督检查结论，违规作出行政处理决定。

社会保险个人权益记录管理办法

（2011 年 6 月 29 日人力资源和社会保障部令第 14 号公布　自 2011 年 7 月 1 日起施行）

第一章　总　　则

第一条　为了维护参保人员的合法权益，规范社会保险个人权益记录管理，根据《中华人民共和国社会保险法》等相关法律法规的规定，制定本办法。

第二条　本办法所称社会保险个人权益记录，是指以纸质材料和电子数据等载体记录的反映参保人员及其用人单位履行社会保险义务、享受社会保险权益状况的信息，包括下列内容：

（一）参保人员及其用人单位社会保险登记信息；

（二）参保人员及其用人单位缴纳社会保险费、获得相关补贴的信息；

（三）参保人员享受社会保险待遇资格及领取待遇的信息；

（四）参保人员缴费年限和个人账户信息；

（五）其他反映社会保险个人权益的信息。

第三条　社会保险经办机构负责社会保险个人权益记录管理，

提供与社会保险个人权益记录相关的服务。

人力资源社会保障信息化综合管理机构（以下简称信息机构）对社会保险个人权益记录提供技术支持和安全保障服务。

人力资源社会保障行政部门对社会保险个人权益记录管理实施监督。

第四条 社会保险个人权益记录遵循及时、完整、准确、安全、保密原则，任何单位和个人不得用于商业交易或者营利活动，也不得违法向他人泄露。

第二章 采集和审核

第五条 社会保险经办机构通过业务经办、统计、调查等方式获取参保人员相关社会保险个人权益信息，同时，应当与社会保险费征收机构、工商、民政、公安、机构编制等部门通报的情况进行核对。

与社会保险经办机构签订服务协议的医疗机构、药品经营单位、工伤康复机构、辅助器具安装配置机构、相关金融机构等（以下简称社会保险服务机构）和参保人员及其用人单位应当及时、准确提供社会保险个人权益信息，社会保险经办机构应当按照规定程序进行核查。

第六条 社会保险经办机构应当依据业务经办原始资料及时采集社会保险个人权益信息。

通过互联网经办社会保险业务采集社会保险个人权益信息的，应当采取相应的安全措施。

社会保险经办机构应当在经办前台完成社会保险个人权益信息采集工作，不得在后台数据库直接录入、修改数据。

社会保险个人权益记录中缴费数额、待遇标准、个人账户储存额、缴费年限等待遇计发的数据，应当根据事先设定的业务规则，通过社会保险信息系统对原始采集数据进行计算处理后生成。

第七条 社会保险经办机构应当建立社会保险个人权益信息采

集的初审、审核、复核、审批制度，明确岗位职责，并在社会保险信息系统中进行岗位权限设置。

第三章　保管和维护

第八条　社会保险经办机构和信息机构应当配备社会保险个人权益记录保管的场所和设施设备，建立并完善人力资源社会保障业务专网。

第九条　社会保险个人权益数据保管应当符合以下要求：

（一）建立完善的社会保险个人权益数据存储管理办法；

（二）定期对社会保险个人权益数据的保管、可读取、备份记录状况等进行测试，发现问题及时处理；

（三）社会保险个人权益数据应当定期备份，备份介质异地存放；

（四）保管的软硬件环境、存储载体等发生变化时，应当及时对社会保险个人权益数据进行迁移、转换，并保留原有数据备查。

第十条　参保人员流动就业办理社会保险关系转移时，新参保地社会保险经办机构应当及时做好社会保险个人权益记录的接收和管理工作；原参保地社会保险经办机构在将社会保险个人权益记录转出后，应当按照规定保留原有记录备查。

第十一条　社会保险经办机构应当安排专门工作人员对社会保险个人权益数据进行管理和日常维护，检查记录的完整性、合规性，并按照规定程序修正和补充。

社会保险经办机构不得委托其他单位或者个人单独负责社会保险个人权益数据维护工作。其他单位或者个人协助维护的，社会保险经办机构应当与其签订保密协议。

第十二条　社会保险经办机构应当建立社会保险个人权益记录维护日志，对社会保险个人权益数据维护的时间、内容、维护原因、处理方法和责任人等进行登记。

第十三条　社会保险个人权益信息的采集、保管和维护等环节涉及的书面材料应当存档备查。

第四章 查询和使用

第十四条 社会保险经办机构应当向参保人员及其用人单位开放社会保险个人权益记录查询程序，界定可供查询的内容，通过社会保险经办机构网点、自助终端或者电话、网站等方式提供查询服务。

第十五条 社会保险经办机构网点应当设立专门窗口向参保人员及其用人单位提供免费查询服务。

参保人员向社会保险经办机构查询本人社会保险个人权益记录的，需持本人有效身份证件；参保人员委托他人向社会保险经办机构查询本人社会保险个人权益记录的，被委托人需持书面委托材料和本人有效身份证件。需要书面查询结果或者出具本人参保缴费、待遇享受等书面证明的，社会保险经办机构应当按照规定提供。

参保用人单位凭有效证明文件可以向社会保险经办机构免费查询本单位缴费情况，以及职工在本单位工作期间涉及本办法第二条第一项、第二项相关内容。

第十六条 参保人员或者用人单位对社会保险个人权益记录存在异议时，可以向社会保险经办机构提出书面核查申请，并提供相关证明材料。社会保险经办机构应当进行复核，确实存在错误的，应当改正。

第十七条 人力资源社会保障行政部门、信息机构基于宏观管理、决策以及信息系统开发等目的，需要使用社会保险个人权益记录的，社会保险经办机构应当依据业务需求规定范围提供。非因依法履行工作职责需要的，所提供的内容不得包含可以直接识别个人身份的信息。

第十八条 有关行政部门、司法机关等因履行工作职责，依法需要查询社会保险个人权益记录的，社会保险经办机构依法按照规定的查询对象和记录项目提供查询。

第十九条 其他申请查询社会保险个人权益记录的单位，应当向社会保险经办机构提出书面申请。申请应当包括下列内容：

（一）申请单位的有效证明文件、单位名称、联系方式；

（二）查询目的和法律依据；

（三）查询的内容。

第二十条 社会保险经办机构收到依前条规定提出的查询申请后，应当进行审核，并按照下列情形分别作出处理：

（一）对依法应当予以提供的，按照规定程序提供；

（二）对无法律依据的，应当向申请人作出说明。

第二十一条 社会保险经办机构应当对除参保人员本人及其用人单位以外的其他单位查询社会保险个人权益记录的情况进行登记。

第二十二条 社会保险经办机构不得向任何单位和个人提供数据库全库交换或者提供超出规定查询范围的信息。

第五章 保密和安全管理

第二十三条 建立社会保险个人权益记录保密制度。人力资源社会保障行政部门、社会保险经办机构、信息机构、社会保险服务机构、信息技术服务商及其工作人员对在工作中获知的社会保险个人权益记录承担保密责任，不得违法向他人泄露。

第二十四条 依据本办法第十八条规定查询社会保险个人权益记录的有关行政部门和司法机关，不得将获取的社会保险个人权益记录用作约定之外的其他用途，也不得违法向他人泄露。

第二十五条 信息机构和社会保险经办机构应当建立健全社会保险信息系统安全防护体系和安全管理制度，加强应急预案管理和灾难恢复演练，确保社会保险个人权益数据安全。

第二十六条 信息机构应当按照社会保险经办机构的要求，建立社会保险个人权益数据库用户管理制度，明确系统管理员、数据库管理员、业务经办用户和信息查询用户的职责，实行用户身份认证和权限控制。

系统管理员、数据库管理员不得兼职业务经办用户或者信息查询用户。

第六章　法 律 责 任

第二十七条　人力资源社会保障行政部门及其他有关行政部门、司法机关违反保密义务的，应当依法承担法律责任。

第二十八条　社会保险经办机构、信息机构及其工作人员有下列行为之一的，由人力资源社会保障行政部门责令改正；对直接负责的主管人员和其他直接责任人员依法给予处分；给社会保险基金、用人单位或者个人造成损失的，依法承担赔偿责任；构成违反治安管理行为的，由公安机关依法予以处罚；构成犯罪的，依法追究刑事责任：

（一）未及时、完整、准确记载社会保险个人权益信息的；

（二）系统管理员、数据库管理员兼职业务经办用户或者信息查询用户的；

（三）与用人单位或者个人恶意串通，伪造、篡改社会保险个人权益记录或者提供虚假社会保险个人权益信息的；

（四）丢失、破坏、违反规定销毁社会保险个人权益记录的；

（五）擅自提供、复制、公布、出售或者变相交易社会保险个人权益记录的；

（六）违反安全管理规定，将社会保险个人权益数据委托其他单位或个人单独管理和维护的。

第二十九条　社会保险服务机构、信息技术服务商以及按照本办法第十九条规定获取个人权益记录的单位及其工作人员，将社会保险个人权益记录用于与社会保险经办机构约定以外用途，或者造成社会保险个人权益信息泄露的，依法对直接负责的主管人员和其他直接责任人员给予处分；给社会保险基金、用人单位或者个人造成损失的，依法承担赔偿责任；构成违反治安管理行为的，由公安机关依法予以处罚；构成犯罪的，依法追究刑事责任。

第三十条 任何组织和个人非法提供、复制、公布、出售或者变相交易社会保险个人权益记录，有违法所得的，由人力资源社会保障行政部门没收违法所得；属于社会保险服务机构、信息技术服务商的，可由社会保险经办机构与其解除服务协议；依法对直接负责的主管人员和其他直接责任人员给予处分；给社会保险基金、用人单位或者个人造成损失的，依法承担赔偿责任；构成违反治安管理行为的，由公安机关依法予以处罚；构成犯罪的，依法追究刑事责任。

第七章 附 则

第三十一条 社会保险个人权益记录管理涉及会计等材料，国家对其有特别规定的，从其规定。

法律、行政法规规定有关业务接受其他监管部门监督管理的，依照其规定执行。

第三十二条 本办法自2011年7月1日起施行。

人力资源和社会保障部关于开展社会保险基金社会监督试点的意见

（2012年12月28日 人社部发〔2012〕98号）

各省、自治区、直辖市及新疆生产建设兵团人力资源社会保障厅（局）：

社会保险基金是重要的社会公共基金，基金安全是社会保障制度健康运行的重要保证，关系人民群众的切身利益和社会和谐稳定。为贯彻社会保险法，按照党的十八大提出的“确保基金安全”和“坚持用制度管权管事管人，保障人民知情权、参与权、表达权、监督权”的要求，在依法强化社会保险基金行政监督的同时，要进一步加强社会的直接监督。为引导社会各方面积极规范有序地参与社会保险基金监督工作，进一步推进政务公开，决定开展社会保险基金社会监督试点。现提出如下意见：

一、开展社会监督的主要任务和基本原则

开展社会保险基金社会监督试点的主要任务是，鼓励和支持社会各方面积极参与社会保险基金监督工作，使这项重要的公共基金“在阳光下运行”，探索和完善社会保险基金社会监督办法，推进建立行政监督与社会监督相结合的有效机制。通过开展社会监督，总结社会保险基金管理经验，发现存在问题，促进完善政策，加强基础管理，更好地维护基金安全，保证社会保险制度平稳健康可持续发展。

开展社会保险基金社会监督工作应坚持以下原则：

（一）依法公开。落实社会保险法，贯彻政务公开的要求，凡是能够公开的社会保险政策和经办事项，都要依法向社会公开，保障公众的知情权和监督权。

（二）规范有序。人力资源社会保障部门要搭建稳定的平台，疏通交流渠道，引导各方面有序参与社会监督，并不断提高监督的水平和能力。

（三）多种形式并举。以社会组织的参与为重点，探索多种社会监督形式，对社会保险基金进行全方位的监督。

（四）循序渐进。开展社会监督工作要积极稳妥，遵循社会保险基金管理运行的规律和特点，先行试点，总结经验，逐步推开和深入。

二、社会监督的对象及内容

社会保险基金社会监督，主要对涉及社会保险基金征缴、支付、管理、服务和投资运营等单位和个人的下列行为进行监督：

（一）社会保险相关部门。是否按规定存储、管理社会保险基金，有无违规开设银行账户、违反收支两条线规定、将不同险种基金混合建账及核算；是否按规定及时足额划转社会保险基金；有无隐匿、转移、侵占、挪用或贪污社会保险基金等行为；有无将社会保险基金用于平衡其他政府预算，兴建、改建办公场所，支付人员经费、运行费用、管理费用，或者违反法律、行政法规规定挪作其他用途。

（二）社会保险经办机构。是否依规办理社会保险登记、核定社会保险缴费基数、费率和人数及按规定编制提供社会保险缴费清册，有无违规核销社会保险欠费行为；基金核算、管理是否符合财务会计制度和相关政策规定；是否及时依规审核社会保险待遇支出，有无通过修改数据材料骗取或协助他人骗取社会保险基金等行为；是否按时足额支付社会保险待遇、结算社会保险基金支出；有无隐匿、转移、侵占、挪用或贪污社会保险基金行为。

（三）社会保险费征收机构。是否按时足额征收社会保险费并及时存入规定的基金专户，有无多征、少征或滞压现象；有无篡改缴费记录等社会保险数据行为或隐匿、丢失相关数据资料情况；有无隐匿、转移、侵占、挪用或贪污社会保险基金行为。

（四）社会保险相关服务机构。定点医疗机构、定点零售药店、协议工伤康复机构、协议工伤伤残辅助器具配置机构、社会保险基金存储发放机构、职业介绍、培训机构等，有无违反服务协议和相关合同、骗取或协助他人骗取社会保险基金的行为；投资运营机构是否按规定投资运营。

（五）用人单位。是否按规定办理社会保险登记、申报缴费基数及参保人数；是否按时足额缴纳社会保险费；是否按时足额向参保人员或受益人发放社会保险待遇；有无骗取或协助他人骗取社会保险基金的问题。其他组织有无侵害社会保险基金的行为。

（六）参保人员。是否按规定办理社会保险手续，有无谎报身份、伪造档案、出具虚假证明材料、隐瞒个人信息骗取参保资格或社会保险基金行为。

三、社会监督的主体

社会各方面均可根据各自了解和掌握信息的渠道，本着自愿、平等、诚信、守法的原则，积极参与社会保险基金社会监督，依法享有社会监督权利，履行社会监督义务，承担社会监督责任。

（一）参保人员。参加社会保险的职工、离退休人员、城乡居民等，都可以通过合法渠道获取相关信息，对社会保险政策执行和基金管理情况提出批评建议，对涉嫌社会保险基金违法违规问题向主管机关反映和提供线索。

其他个人均可参与社会保险基金的社会监督，及时反映发现的违法违规问题。

（二）参保单位。参加社会保险的各类单位，都可以监督社会保险政策执行和基金管理情况，对涉嫌社会保险基金违法违规问题，向主管机关反映情况和提供线索。

（三）社会组织。各社会组织可利用自身优势参与对社会保险基金的监督，向主管机关反映涉嫌社会保险基金违法违规问题。与社会保险基金密切相关的社会组织，可探索建立社会保险参保缴费行为自律机制、从业人员自律机制，或采取签订行业自律公约等形式，加强自我约束和同业监管。

（四）新闻媒体。新闻媒体可利用自身优势，积极宣传社会保险政策法规，对发现的涉嫌社会保险基金违法违规问题，深入调查了解，力求准确掌握情况，并积极向主管机关提供线索，发挥舆论监督作用。

（五）专业人员。大专院校、研究机构、学术团体及专家、学者，可通过分析社会保险制度运行情况，发现基金管理漏洞，提出完善的建议。社会保险基金管理、经办、投资运营和服务机构的工作人员，可根据自身的工作条件，了解本单位管理经办运用和投资运营社会保险基金的情况，注意发现违法违规问题，积极揭露和反映。

四、社会监督的途径和方式

（一）扩大公众参与权。各地要健全决策规则和程序，建立规范的制度，把公众参与、专家论证作为社会保险重大决策的必经程序。凡是涉及群众切身利益的社会保险改革方案和重大政策，都要广泛听取专家学者和社会各方面意见。有条件的地区可探索建立听证会制度。社会保险决策情况应依法向社会公布，接受社会监督。

（二）加强信息披露。现行有效的社会保险法规、制度、政策、标准、经办流程，应按政务公开要求在政府门户网站等载体予以公布，方便公众查询和监督。社会保险基金收入、支出、结余和收益情况，要按规定向社会披露，为公众监督提供信息渠道。对于查处的社会保险基金重大违法违规案件，要按照规定进行公布，扩大公众的知情权，并发挥警示教育作用。

（三）加强舆论监督。要注重发挥各种舆论工具的监督作用，畅通沟通渠道，加强舆论引导，实现有效监督。

（四）完善监督举报制度。各地要从方便群众的角度出发，搭建社会监督平台，设立举报信箱、电话、传真、电子邮箱等，畅通社会监督渠道。有条件的地区可在政府网站上设立社会保险基金监督举报专栏，受理涉及社会保险基金违法违规问题的举报投诉。要积极建立举报奖励制度，研究制定举报奖励办法，落实举报奖励资金，提高群众参与社会监督的积极性。

（五）聘请社会监督员。各地可结合本地实际情况，聘请社会保险基金社会监督员。社会监督员应具有较强政策水平，热心公益事业，能够秉公办事。要加强对社会监督员的日常管理和培训，大力支持社会监督员的工作。对蓄意打击报复社会监督员的行为，应依法依规作出处理。

（六）落实和完善社会保险监督委员会制度。各地要按照社会保险法规定，因地制宜地组建社会保险监督委员会，充分发挥其对社会保险进行监督的作用。

五、社会监督意见的反映和处理

（一）健全社会监督意见反映和处理机制。社会监督发现的涉及社会保险基金违法违规问题，均可依法向本级人力资源社会保障部门基金监督机构举报或反映。基金监督机构应积极受理，根据问题性质、部门职责等，责成有关方面进行查证处理；对重大违法违规问题，基金监督机构应组织力量，直接进行查处。要严格监督执法，严肃执法纪律，按规定及时报告和通报相关调查处理情况。各级人力资源社会保障部门的内设业务部门或经办机构在接到举报后，应及时通报本级基金监督机构。建立处理社会监督反映问题的协调机制，做到职责分工明确，工作有机衔接，防止推诿扯皮。

（二）保护社会监督举报人的合法权益。对社会监督发现的问题，举报或反映人要求告知情况的，相关部门核实处理后，要及时反馈处理情况。对于举报或反映问题查证属实的，要按规定及时对举报人给予奖励。要依法加强对举报人的保护，任何单位和个人不得以任何借口阻拦、压制或打击报复举报人，不得违规泄露举报人信息。

六、社会监督的组织和要求

（一）试点工作的安排。为积极稳妥地推进社会保险基金社会监督试点，部里将根据工作基础和自愿的原则，在6个省份各选择2-3个市县作为部级试点地区。各省（区、市）可根据实际情况，选择有条件的市县开展试点工作，并报部里备案。要加强对试点地区的工作指导，跟踪了解情况，总结交流经验，不断完善制度。

（二）试点工作的组织。各地要充分认识社会保险基金社会监督工作的重要意义，将其摆在与行政监督同等重要的位置，高度重视，认真组织，宣传社会保险政策法规，充分调动社会各方面的积极性，形成有利的社会氛围。

（三）试点工作的要求。试点地区要结合实际制定具体实施方案，健全工作机制，给予必要的人力和资金支持，确保试点工作有序进行。要不断摸索积累经验，为全面推开奠定实践基础。要研究试点中出现的新情况、新问题，妥善处理社会监督与行政监督的关系。遇有重要情况，要及时向上级人力资源社会保障部门报告。

部基金监督司具体负责社会保险基金社会监督试点组织指导工作。各地要及时报送情况，加强沟通联系。

九 社会保险争议处理

中华人民共和国劳动争议调解仲裁法

（2007年12月29日第十届全国人民代表大会常务委员会第三十一次会议通过　2007年12月29日中华人民共和国主席令第80号公布　自2008年5月1日起施行）

目　　录

第一章　总　　则

第一条　【立法目的】为了公正及时解决劳动争议，保护当事人合法权益，促进劳动关系和谐稳定，制定本法。

第二条　【适用范围】中华人民共和国境内的用人单位与劳动者发生的下列劳动争议，适用本法：

（一）因确认劳动关系发生的争议；

（二）因订立、履行、变更、解除和终止劳动合同发生的争议；

（三）因除名、辞退和辞职、离职发生的争议；

（四）因工作时间、休息休假、社会保险、福利、培训以及劳动保护发生的争议；

（五）因劳动报酬、工伤医疗费、经济补偿或者赔偿金等发生的争议；

（六）法律、法规规定的其他劳动争议。

第三条　【基本原则】解决劳动争议，应当根据事实，遵循合法、公正、及时、着重调解的原则，依法保护当事人的合法权益。

第四条　【协商】发生劳动争议，劳动者可以与用人单位协商，也可以请工会或者第三方共同与用人单位协商，达成和解协议。

第五条　【调解、仲裁、诉讼】发生劳动争议，当事人不愿协商、协商不成或者达成和解协议后不履行的，可以向调解组织申请调解；不愿调解、调解不成或者达成调解协议后不履行的，可以向劳动争议仲裁委员会申请仲裁；对仲裁裁决不服的，除本法另有规定的外，可以向人民法院提起诉讼。

第六条　【举证责任】发生劳动争议，当事人对自己提出的主张，有责任提供证据。与争议事项有关的证据属于用人单位掌握管理的，用人单位应当提供；用人单位不提供的，应当承担不利后果。

第七条　【推举代表参加调解、仲裁或诉讼】发生劳动争议的劳动者一方在十人以上，并有共同请求的，可以推举代表参加调解、仲裁或者诉讼活动。

第八条　【三方机制】县级以上人民政府劳动行政部门会同工会和企业方面代表建立协调劳动关系三方机制，共同研究解决劳动争议的重大问题。

第九条　【拖欠劳动报酬等争议的行政救济】用人单位违反国家规定，拖欠或者未足额支付劳动报酬，或者拖欠工伤医疗费、经济补偿或者赔偿金的，劳动者可以向劳动行政部门投诉，劳动行政部门应当依法处理。

第二章 调　　解

第十条　【调解组织】发生劳动争议，当事人可以到下列调解组织申请调解：

（一）企业劳动争议调解委员会；

（二）依法设立的基层人民调解组织；

（三）在乡镇、街道设立的具有劳动争议调解职能的组织。

企业劳动争议调解委员会由职工代表和企业代表组成。职工代表由工会成员担任或者由全体职工推举产生，企业代表由企业负责人指定。企业劳动争议调解委员会主任由工会成员或者双方推举的人员担任。

第十一条　【调解员】劳动争议调解组织的调解员应当由公道正派、联系群众、热心调解工作，并具有一定法律知识、政策水平和文化水平的成年公民担任。

第十二条　【申请调解的形式】当事人申请劳动争议调解可以书面申请，也可以口头申请。口头申请的，调解组织应当当场记录申请人基本情况、申请调解的争议事项、理由和时间。

第十三条　【调解的基本原则】调解劳动争议，应当充分听取双方当事人对事实和理由的陈述，耐心疏导，帮助其达成协议。

第十四条　【调解协议书】经调解达成协议的，应当制作调解协议书。

调解协议书由双方当事人签名或者盖章，经调解员签名并加盖调解组织印章后生效，对双方当事人具有约束力，当事人应当履行。

自劳动争议调解组织收到调解申请之日起十五日内未达成调解协议的，当事人可以依法申请仲裁。

第十五条　【不履行调解协议可申请仲裁】达成调解协议后，一方当事人在协议约定期限内不履行调解协议的，另一方当事人可以依法申请仲裁。

第十六条　【劳动者可以调解协议书申请支付令的情形】因支付拖欠劳动报酬、工伤医疗费、经济补偿或者赔偿金事项达成调解协议，用人单位在协议约定期限内不履行的，劳动者可以持调解协议书依法向人民法院申请支付令。人民法院应当依法发出支付令。

第三章　仲　　裁

第一节　一般规定

第十七条　【劳动争议仲裁委员会的设立】劳动争议仲裁委员会按照统筹规划、合理布局和适应实际需要的原则设立。省、自治区人民政府可以决定在市、县设立；直辖市人民政府可以决定在区、县设立。直辖市、设区的市也可以设立一个或者若干个劳动争议仲裁委员会。劳动争议仲裁委员会不按行政区划层层设立。

第十八条　【政府的职责】国务院劳动行政部门依照本法有关规定制定仲裁规则。省、自治区、直辖市人民政府劳动行政部门对本行政区域的劳动争议仲裁工作进行指导。

第十九条　【劳动争议仲裁委员会的组成与职责】劳动争议仲裁委员会由劳动行政部门代表、工会代表和企业方面代表组成。劳动争议仲裁委员会组成人员应当是单数。

劳动争议仲裁委员会依法履行下列职责：

（一）聘任、解聘专职或者兼职仲裁员；

（二）受理劳动争议案件；

（三）讨论重大或者疑难的劳动争议案件；

（四）对仲裁活动进行监督。

劳动争议仲裁委员会下设办事机构，负责办理劳动争议仲裁委员会的日常工作。

第二十条　【仲裁员】劳动争议仲裁委员会应当设仲裁员名册。

仲裁员应当公道正派并符合下列条件之一：

（一）曾任审判员的；

（二）从事法律研究、教学工作并具有中级以上职称的；

（三）具有法律知识、从事人力资源管理或者工会等专业工作满五年的；

（四）律师执业满三年的。

第二十一条　【劳动争议仲裁案件的管辖】劳动争议仲裁委员会负责管辖本区域内发生的劳动争议。

劳动争议由劳动合同履行地或者用人单位所在地的劳动争议仲裁委员会管辖。双方当事人分别向劳动合同履行地和用人单位所在地的劳动争议仲裁委员会申请仲裁的，由劳动合同履行地的劳动争议仲裁委员会管辖。

第二十二条　【劳动争议仲裁案件的当事人】发生劳动争议的劳动者和用人单位为劳动争议仲裁案件的双方当事人。

劳务派遣单位或者用工单位与劳动者发生劳动争议的，劳务派遣单位和用工单位为共同当事人。

第二十三条　【有利害关系的第三人】与劳动争议案件的处理结果有利害关系的第三人，可以申请参加仲裁活动或者由劳动争议仲裁委员会通知其参加仲裁活动。

第二十四条　【委托代理人参加仲裁活动】当事人可以委托代理人参加仲裁活动。委托他人参加仲裁活动，应当向劳动争议仲裁委员会提交有委托人签名或者盖章的委托书，委托书应当载明委托事项和权限。

第二十五条　【法定代理人、指定代理人或近亲属参加仲裁的情形】丧失或者部分丧失民事行为能力的劳动者，由其法定代理人代为参加仲裁活动；无法定代理人的，由劳动争议仲裁委员会为其指定代理人。劳动者死亡的，由其近亲属或者代理人参加仲裁活动。

第二十六条　【仲裁公开原则及例外】劳动争议仲裁公开进行，但当事人协议不公开进行或者涉及国家秘密、商业秘密和个人隐私的除外。

第二节　申请和受理

第二十七条　【仲裁时效】劳动争议申请仲裁的时效期间为一年。仲裁时效期间从当事人知道或者应当知道其权利被侵害之日起计算。

前款规定的仲裁时效，因当事人一方向对方当事人主张权利，或者向有关部门请求权利救济，或者对方当事人同意履行义务而中断。从中断时起，仲裁时效期间重新计算。

因不可抗力或者有其他正当理由，当事人不能在本条第一款规定的仲裁时效期间申请仲裁的，仲裁时效中止。从中止时效的原因消除之日起，仲裁时效期间继续计算。

劳动关系存续期间因拖欠劳动报酬发生争议的，劳动者申请仲裁不受本条第一款规定的仲裁时效期间的限制；但是，劳动关系终止的，应当自劳动关系终止之日起一年内提出。

第二十八条　【申请仲裁的形式】申请人申请仲裁应当提交书面仲裁申请，并按照被申请人人数提交副本。

仲裁申请书应当载明下列事项：

（一）劳动者的姓名、性别、年龄、职业、工作单位和住所，用人单位的名称、住所和法定代表人或者主要负责人的姓名、职务；

（二）仲裁请求和所根据的事实、理由；

（三）证据和证据来源、证人姓名和住所。

书写仲裁申请确有困难的，可以口头申请，由劳动争议仲裁委员会记入笔录，并告知对方当事人。

第二十九条　【仲裁的受理】劳动争议仲裁委员会收到仲裁申请之日起五日内，认为符合受理条件的，应当受理，并通知申请人；认为不符合受理条件的，应当书面通知申请人不予受理，并说明理由。对劳动争议仲裁委员会不予受理或者逾期未作出决定的，申请人可以就该劳动争议事项向人民法院提起诉讼。

第三十条　【被申请人答辩书】劳动争议仲裁委员会受理仲裁申请后，应当在五日内将仲裁申请书副本送达被申请人。

被申请人收到仲裁申请书副本后，应当在十日内向劳动争议仲裁委员会提交答辩书。劳动争议仲裁委员会收到答辩书后，应当在五日内将答辩书副本送达申请人。被申请人未提交答辩书的，不影响仲裁程序的进行。

第三节　开庭和裁决

第三十一条　【仲裁庭】劳动争议仲裁委员会裁决劳动争议案件实行仲裁庭制。仲裁庭由三名仲裁员组成，设首席仲裁员。简单劳动争议案件可以由一名仲裁员独任仲裁。

第三十二条　【通知仲裁庭的组成情况】劳动争议仲裁委员会应当在受理仲裁申请之日起五日内将仲裁庭的组成情况书面通知当事人。

第三十三条　【回避】仲裁员有下列情形之一，应当回避，当事人也有权以口头或者书面方式提出回避申请：

（一）是本案当事人或者当事人、代理人的近亲属的；

（二）与本案有利害关系的；

（三）与本案当事人、代理人有其他关系，可能影响公正裁决的；

（四）私自会见当事人、代理人，或者接受当事人、代理人的请客送礼的。

劳动争议仲裁委员会对回避申请应当及时作出决定，并以口头或者书面方式通知当事人。

第三十四条　【仲裁员承担责任的情形】仲裁员有本法第三十三条第四项规定情形，或者有索贿受贿、徇私舞弊、枉法裁决行为的，应当依法承担法律责任。劳动争议仲裁委员会应当将其解聘。

第三十五条　【开庭通知及延期】仲裁庭应当在开庭五日前，将开庭日期、地点书面通知双方当事人。当事人有正当理由的，可以在开庭三日前请求延期开庭。是否延期，由劳动争议仲裁委员会决定。

第三十六条　【申请人、被申请人无故不到庭或中途退庭】申请人收到书面通知，无正当理由拒不到庭或者未经仲裁庭同意中途退庭的，可以视为撤回仲裁申请。

被申请人收到书面通知，无正当理由拒不到庭或者未经仲裁庭同意中途退庭的，可以缺席裁决。

第三十七条　【鉴定】仲裁庭对专门性问题认为需要鉴定的，可以交由当事人约定的鉴定机构鉴定；当事人没有约定或者无法达成约定的，由仲裁庭指定的鉴定机构鉴定。

根据当事人的请求或者仲裁庭的要求，鉴定机构应当派鉴定人参加开庭。当事人经仲裁庭许可，可以向鉴定人提问。

第三十八条　【质证和辩论】当事人在仲裁过程中有权进行质证和辩论。质证和辩论终结时，首席仲裁员或者独任仲裁员应当征询当事人的最后意见。

第三十九条　【举证】当事人提供的证据经查证属实的，仲裁庭应当将其作为认定事实的根据。

劳动者无法提供由用人单位掌握管理的与仲裁请求有关的证据，仲裁庭可以要求用人单位在指定期限内提供。用人单位在指定期限内不提供的，应当承担不利后果。

第四十条　【开庭笔录】仲裁庭应当将开庭情况记入笔录。当事人和其他仲裁参加人认为对自己陈述的记录有遗漏或者差错的，有权申请补正。如果不予补正，应当记录该申请。

笔录由仲裁员、记录人员、当事人和其他仲裁参加人签名或者盖章。

第四十一条　【申请仲裁后自行和解】当事人申请劳动争议仲裁后，可以自行和解。达成和解协议的，可以撤回仲裁申请。

第四十二条　【先行调解】仲裁庭在作出裁决前，应当先行调解。

调解达成协议的，仲裁庭应当制作调解书。

调解书应当写明仲裁请求和当事人协议的结果。调解书由仲裁员签名，加盖劳动争议仲裁委员会印章，送达双方当事人。调解书经双方当事人签收后，发生法律效力。

调解不成或者调解书送达前，一方当事人反悔的，仲裁庭应当及时作出裁决。

第四十三条　【仲裁案件审理期限】仲裁庭裁决劳动争议案件，应当自劳动争议仲裁委员会受理仲裁申请之日起四十五日内结束。案情复杂需要延期的，经劳动争议仲裁委员会主任批准，可以延期并书面通知当事人，但是延长期限不得超过十五日。逾期未作出仲裁裁决的，当事人可以就该劳动争议事项向人民法院提起诉讼。

仲裁庭裁决劳动争议案件时，其中一部分事实已经清楚，可以就该部分先行裁决。

第四十四条　【可以裁决先予执行的案件】仲裁庭对追索劳动报酬、工伤医疗费、经济补偿或者赔偿金的案件，根据当事人的申请，可以裁决先予执行，移送人民法院执行。

仲裁庭裁决先予执行的，应当符合下列条件：

（一）当事人之间权利义务关系明确；

（二）不先予执行将严重影响申请人的生活。

劳动者申请先予执行的，可以不提供担保。

第四十五条　【作出裁决意见】裁决应当按照多数仲裁员的意见作出，少数仲裁员的不同意见应当记入笔录。仲裁庭不能形成多数意见时，裁决应当按照首席仲裁员的意见作出。

第四十六条　【裁决书】裁决书应当载明仲裁请求、争议事实、裁决理由、裁决结果和裁决日期。裁决书由仲裁员签名，加盖劳动争议仲裁委员会印章。对裁决持不同意见的仲裁员，可以签名，也可以不签名。

第四十七条　【一裁终局的案件】下列劳动争议，除本法另有规定的外，仲裁裁决为终局裁决，裁决书自作出之日起发生法律效力：

（一）追索劳动报酬、工伤医疗费、经济补偿或者赔偿金，不超过当地月最低工资标准十二个月金额的争议；

（二）因执行国家的劳动标准在工作时间、休息休假、社会保险等方面发生的争议。

第四十八条　【劳动者不服一裁终局案件的裁决提起诉讼的期限】劳动者对本法第四十七条规定的仲裁裁决不服的，可以自收到仲裁裁决书之日起十五日内向人民法院提起诉讼。

第四十九条　【用人单位不服一裁终局案件的裁决可诉请撤销的案件】用人单位有证据证明本法第四十七条规定的仲裁裁决有下列情形之一，可以自收到仲裁裁决书之日起三十日内向劳动争议仲裁委员会所在地的中级人民法院申请撤销裁决：

（一）适用法律、法规确有错误的；

（二）劳动争议仲裁委员会无管辖权的；

（三）违反法定程序的；

（四）裁决所根据的证据是伪造的；

（五）对方当事人隐瞒了足以影响公正裁决的证据的；

（六）仲裁员在仲裁该案时有索贿受贿、徇私舞弊、枉法裁决行为的。

人民法院经组成合议庭审查核实裁决有前款规定情形之一的，应当裁定撤销。

仲裁裁决被人民法院裁定撤销的，当事人可以自收到裁定书之日起十五日内就该劳动争议事项向人民法院提起诉讼。

第五十条　【其他不服仲裁裁决提起诉讼的期限】当事人对本法第四十七条规定以外的其他劳动争议案件的仲裁裁决不服的，可以自收到仲裁裁决书之日起十五日内向人民法院提起诉讼；期满不起诉的，裁决书发生法律效力。

第五十一条　【生效调解书、裁决书的执行】当事人对发生法律效力的调解书、裁决书，应当依照规定的期限履行。一方当事人逾期不履行的，另一方当事人可以依照民事诉讼法的有关规定向人民法院申请执行。受理申请的人民法院应当依法执行。

第四章　附　　则

第五十二条　【人事争议处理的法律适用】事业单位实行聘用制的工作人员与本单位发生劳动争议的，依照本法执行；法律、行政法规或者国务院另有规定的，依照其规定。

第五十三条　【劳动争议仲裁不收费】劳动争议仲裁不收费。劳动争议仲裁委员会的经费由财政予以保障。

第五十四条　【实施日期】本法自2008年5月1日起施行。

企业劳动争议协商调解规定

（2011年11月30日人力资源和社会保障部令第17号公布　自2012年1月1日起施行）

第一章　总　　则

第一条　为规范企业劳动争议协商、调解行为，促进劳动关系和谐稳定，根据《中华人民共和国劳动争议调解仲裁法》，制定本规定。

第二条 企业劳动争议协商、调解，适用本规定。

第三条 企业应当依法执行职工大会、职工代表大会、厂务公开等民主管理制度，建立集体协商、集体合同制度，维护劳动关系和谐稳定。

第四条 企业应当建立劳资双方沟通对话机制，畅通劳动者利益诉求表达渠道。

劳动者认为企业在履行劳动合同、集体合同，执行劳动保障法律、法规和企业劳动规章制度等方面存在问题的，可以向企业劳动争议调解委员会（以下简称调解委员会）提出。调解委员会应当及时核实情况，协调企业进行整改或者向劳动者做出说明。

劳动者也可以通过调解委员会向企业提出其他合理诉求。调解委员会应当及时向企业转达，并向劳动者反馈情况。

第五条 企业应当加强对劳动者的人文关怀，关心劳动者的诉求，关注劳动者的心理健康，引导劳动者理性维权，预防劳动争议发生。

第六条 协商、调解劳动争议，应当根据事实和有关法律法规的规定，遵循平等、自愿、合法、公正、及时的原则。

第七条 人力资源和社会保障行政部门应当指导企业开展劳动争议预防调解工作，具体履行下列职责：

（一）指导企业遵守劳动保障法律、法规和政策；

（二）督促企业建立劳动争议预防预警机制；

（三）协调工会、企业代表组织建立企业重大集体性劳动争议应急调解协调机制，共同推动企业劳动争议预防调解工作；

（四）检查辖区内调解委员会的组织建设、制度建设和队伍建设情况。

第二章 协　　商

第八条 发生劳动争议，一方当事人可以通过与另一方当事人约见、面谈等方式协商解决。

第九条 劳动者可以要求所在企业工会参与或者协助其与企业进行协商。工会也可以主动参与劳动争议的协商处理，维护劳动者合法权益。

劳动者可以委托其他组织或者个人作为其代表进行协商。

第十条 一方当事人提出协商要求后，另一方当事人应当积极做出口头或者书面回应。5日内不做出回应的，视为不愿协商。

协商的期限由当事人书面约定，在约定的期限内没有达成一致的，视为协商不成。当事人可以书面约定延长期限。

第十一条 协商达成一致，应当签订书面和解协议。和解协议对双方当事人具有约束力，当事人应当履行。

经仲裁庭审查，和解协议程序和内容合法有效的，仲裁庭可以将其作为证据使用。但是，当事人为达成和解的目的作出妥协所涉及的对争议事实的认可，不得在其后的仲裁中作为对其不利的证据。

第十二条 发生劳动争议，当事人不愿协商、协商不成或者达成和解协议后，一方当事人在约定的期限内不履行和解协议的，可以依法向调解委员会或者乡镇、街道劳动就业社会保障服务所（中心）等其他依法设立的调解组织申请调解，也可以依法向劳动人事争议仲裁委员会（以下简称仲裁委员会）申请仲裁。

第三章 调 解

第十三条 大中型企业应当依法设立调解委员会，并配备专职或者兼职工作人员。

有分公司、分店、分厂的企业，可以根据需要在分支机构设立调解委员会。总部调解委员会指导分支机构调解委员会开展劳动争议预防调解工作。

调解委员会可以根据需要在车间、工段、班组设立调解小组。

第十四条 小微型企业可以设立调解委员会，也可以由劳动者和企业共同推举人员，开展调解工作。

第十五条 调解委员会由劳动者代表和企业代表组成，人数由双方协商确定，双方人数应当对等。劳动者代表由工会委员会成员担任或者由全体劳动者推举产生，企业代表由企业负责人指定。调解委员会主任由工会委员会成员或者双方推举的人员担任。

第十六条 调解委员会履行下列职责：

（一）宣传劳动保障法律、法规和政策；

（二）对本企业发生的劳动争议进行调解；

（三）监督和解协议、调解协议的履行；

（四）聘任、解聘和管理调解员；

（五）参与协调履行劳动合同、集体合同、执行企业劳动规章制度等方面出现的问题；

（六）参与研究涉及劳动者切身利益的重大方案；

（七）协助企业建立劳动争议预防预警机制。

第十七条 调解员履行下列职责：

（一）关注本企业劳动关系状况，及时向调解委员会报告；

（二）接受调解委员会指派，调解劳动争议案件；

（三）监督和解协议、调解协议的履行；

（四）完成调解委员会交办的其他工作。

第十八条 调解员应当公道正派、联系群众、热心调解工作，具有一定劳动保障法律政策知识和沟通协调能力。调解员由调解委员会聘任的本企业工作人员担任，调解委员会成员均为调解员。

第十九条 调解员的聘期至少为 1 年，可以续聘。调解员不能履行调解职责时，调解委员会应当及时调整。

第二十条 调解员依法履行调解职责，需要占用生产或者工作时间的，企业应当予以支持，并按照正常出勤对待。

第二十一条 发生劳动争议，当事人可以口头或者书面形式向调解委员会提出调解申请。

申请内容应当包括申请人基本情况、调解请求、事实与理由。

口头申请的，调解委员会应当当场记录。

第二十二条 调解委员会接到调解申请后，对属于劳动争议受理范围且双方当事人同意调解的，应当在 3 个工作日内受理。对不属于劳动争议受理范围或者一方当事人不同意调解的，应当做好记录，并书面通知申请人。

第二十三条 发生劳动争议，当事人没有提出调解申请，调解委员会可以在征得双方当事人同意后主动调解。

第二十四条 调解委员会调解劳动争议一般不公开进行。但是，双方当事人要求公开调解的除外。

第二十五条 调解委员会根据案件情况指定调解员或者调解小组进行调解，在征得当事人同意后，也可以邀请有关单位和个人协助调解。

调解员应当全面听取双方当事人的陈述，采取灵活多样的方式方法，开展耐心、细致的说服疏导工作，帮助当事人自愿达成调解协议。

第二十六条 经调解达成调解协议的，由调解委员会制作调解协议书。调解协议书应当写明双方当事人基本情况、调解请求事项、调解的结果和协议履行期限、履行方式等。

调解协议书由双方当事人签名或者盖章，经调解员签名并加盖调解委员会印章后生效。

调解协议书一式三份，双方当事人和调解委员会各执一份。

第二十七条 生效的调解协议对双方当事人具有约束力，当事人应当履行。

双方当事人可以自调解协议生效之日起 15 日内共同向仲裁委员会提出仲裁审查申请。仲裁委员会受理后，应当对调解协议进行审查，并根据《劳动人事争议仲裁办案规则》第五十四条规定，对程序和内容合法有效的调解协议，出具调解书。

第二十八条 双方当事人未按前条规定提出仲裁审查申请，一方当事人在约定的期限内不履行调解协议的，另一方当事人可以依法申请仲裁。

仲裁委员会受理仲裁申请后，应当对调解协议进行审查，调解协议合法有效且不损害公共利益或者第三人合法利益的，在没有新证据出现的情况下，仲裁委员会可以依据调解协议作出仲裁裁决。

第二十九条 调解委员会调解劳动争议，应当自受理调解申请之日起 15 日内结束。但是，双方当事人同意延期的可以延长。

在前款规定期限内未达成调解协议的，视为调解不成。

第三十条 当事人不愿调解、调解不成或者达成调解协议后，一方当事人在约定的期限内不履行调解协议的，调解委员会应当做好记录，由双方当事人签名或者盖章，并书面告知当事人可以向仲裁委员会申请仲裁。

第三十一条 有下列情形之一的，按照《劳动人事争议仲裁办案规则》第十条的规定属于仲裁时效中断，从中断时起，仲裁时效期间重新计算：

（一）一方当事人提出协商要求后，另一方当事人不同意协商或者在 5 日内不做出回应的；

（二）在约定的协商期限内，一方或者双方当事人不同意继续协商的；

（三）在约定的协商期限内未达成一致的；

（四）达成和解协议后，一方或者双方当事人在约定的期限内不履行和解协议的；

（五）一方当事人提出调解申请后，另一方当事人不同意调解的；

（六）调解委员会受理调解申请后，在第二十九条规定的期限内一方或者双方当事人不同意调解的；

（七）在第二十九条规定的期限内未达成调解协议的；

（八）达成调解协议后，一方当事人在约定期限内不履行调解协议的。

第三十二条 调解委员会应当建立健全调解登记、调解记录、督促履行、档案管理、业务培训、统计报告、工作考评等制度。

第三十三条 企业应当支持调解委员会开展调解工作，提供办公场所，保障工作经费。

第三十四条 企业未按照本规定成立调解委员会，劳动争议或者群体性事件频发，影响劳动关系和谐，造成重大社会影响的，由县级以上人力资源和社会保障行政部门予以通报；违反法律法规规定的，依法予以处理。

第三十五条 调解员在调解过程中存在严重失职或者违法违纪行为，侵害当事人合法权益的，调解委员会应当予以解聘。

第四章 附 则

第三十六条 民办非企业单位、社会团体开展劳动争议协商、调解工作参照本规定执行。

第三十七条 本规定自2012年1月1日起施行。

社会保险业务档案管理规定（试行）

（2009年7月23日中华人民共和国人力资源和社会保障部、国家档案局令第3号公布 自2009年9月1日起施行）

第一条 为规范社会保险业务档案管理，维护社会保险业务档案真实、完整和安全，发挥档案的服务作用，根据《中华人民共和国档案法》和社会保险相关法规，制定本规定。

第二条 依法经办养老、医疗、失业、工伤、生育等社会保险业务的机构（以下简称社会保险经办机构），管理社会保险业务档案，适用本规定。

第三条 本规定所称社会保险业务档案，是指社会保险经办机构在办理社会保险业务过程中，直接形成的具有保存和利用价值的专业性文字材料、电子文档、图表、声像等不同载体的历史记录。

第四条 人力资源社会保障行政部门负责社会保险业务档案管理工作的组织领导。

社会保险经办机构负责社会保险业务档案的管理工作，并接受档案行政管理部门的业务指导。

社会保险业务档案由县级以上社会保险经办机构集中保存。

第五条 社会保险经办机构配备专门的管理人员和必要的设施、场所，确保档案的安全，并根据需要配备适应档案现代化管理要求的技术设备。

第六条 社会保险经办机构应当认真落实档案保管、保密、利用、移交、鉴定、销毁等管理要求，保证社会保险业务档案妥善保管、有序存放，严防毁损、遗失和泄密。

第七条 社会保险经办机构办理社会保险业务过程中形成的记录、证据、依据，按照《社会保险业务材料归档范围与保管期限》（见附件）进行收集、整理、立卷、归档，确保归档材料的完整、安全，不得伪造、篡改。

第八条 社会保险业务档案分类应当按照社会保险业务经办的规律和特点，以方便归档整理和检索利用为原则，采用“年度—业务环节”或“年度—险种—业务环节”的方法对社会保险业务材料进行分类、整理，并及时编制归档文件目录、卷内目录、案卷目录、备考表等。负责档案管理的机构应当对接收的档案材料及时进行检查、分类、整理、编号、入库保管，并及时编制索引目录。

第九条 社会保险业务档案的保管期限分为永久和定期两类。定期保管期限分为10年、30年、50年、100年，各种社会保险业务档案的具体保管期限按照《社会保险业务材料归档范围与保管期限》执行。

社会保险业务档案定期保管期限为最低保管期限。社会保险业务档案的保管期限，自形成之日的次年1月1日开始计算。

第十条 社会保险经办机构依法为参保单位和参保个人提供档案信息查询服务。

第十一条 社会保险经办机构应当对已到期的社会保险业务档案进行鉴定。

鉴定工作应当由社会保险经办机构相关负责人、业务人员和档案管理人员，以及人力资源社会保障行政部门有关人员组成鉴定小组负责鉴定并提出处理意见。

鉴定中如发现业务档案保管期限划分过短，有必要继续保存的，应当重新确定保管期限。

第十二条 社会保险经办机构对经过鉴定可以销毁的档案，编制销毁清册，报同级人力资源社会保障行政部门备案，经社会保险经办机构主要负责人批准后销毁。

未经鉴定和批准，不得销毁任何档案。

社会保险经办机构应当派两人以上监督销毁档案。监督人员要在销毁清册上签名，并注明销毁的方式和时间。销毁清册永久保存。

第十三条 社会保险经办机构按照有关规定，将永久保存的社会保险业务档案向同级国家综合档案馆移交。

第十四条 社会保险经办机构有下列行为之一的，限期改正，并对直接负责的工作人员、主管人员和其他直接责任人员依法给予处分；给参保单位或者个人造成损失的，依法承担赔偿责任：

（一）不按规定归档或者不按规定移交档案的；

（二）伪造、篡改、隐匿档案或者擅自销毁档案的；

（三）玩忽职守，造成档案遗失、毁损的；

（四）违规提供、抄录档案，泄漏用人单位或者个人信息的；

（五）违反社会保险业务档案和国家档案法律、法规的其他行为。

第十五条 各类社会保险业务档案中涉及会计、电子文档等档案材料，国家有特别规定的，从其规定。

第十六条 本规定自2009年9月1日起施行。

附件

社会保险业务材料归档范围与保管期限

一、社会保险管理类

（一）参保单位登记材料。包括参保单位办理参保登记、变更登记、注销登记时填报的登记表单及相关审核材料 ………〔永久〕

（二）参保人员登记材料。包括缴费单位职工和退休人员，以家庭为单位或个人身份参加社会保险的城镇无业居民、农村居民、个体工商户、城镇灵活就业人员办理参保、社会保险关系变动、基本信息变更等登记手续时，填报的登记表单及相关审核材料 ……………………………………………………〔100年〕

（三）社会保险个人账户管理材料。包括养老、医疗保险个人账户对账、个人账户修改等相关材料 …………………〔100年〕

（四）社会保险登记证管理材料。包括社会保险经办机构向参保单位核发社会保险登记证、对已核发的社会保险登记证验证换证、对遗失社会保险登记证的单位补证时的登记表单及相关审验材料 ……………………………………………………〔10年〕

（五）社会保险卡（证、手册）管理材料。为参保人员办理社会保险卡（证、手册）首发、补发、收回等管理的登记表单及相关材料 ……………………………………………………………〔50 年〕

（六）社会保险待遇领取资格验证材料。包括对享受社会保险待遇人员进行领取资格检查验证的相关审核材料 …………〔50 年〕

（七）退休人员社会化管理服务材料。包括对实行社会化管理服务的退休人员进行信息采集、移交、日常管理服务的登记表单及相关材料 ……………………………………………………〔50 年〕

（八）异地安置登记材料。包括异地安置应享受社会保险待遇人员和长期派驻异地工作的参保人员，办理安置地或派驻地享受各项社会保险待遇所填报的核定表、备案表及相关材料 ……〔50 年〕

（九）服务协议管理材料。包括与基金收付款协议银行、定点医疗机构、定点零售药店、工伤协议医疗康复机构、工伤协议辅助器具配置机构、网络通信运营商、附加保险承保单位等签订的协议书、考核材料、终止协议材料 …………………………………〔10 年〕

二、社会保险费征缴类

（一）社会保险费征缴核定材料。包括缴费基数核定以及工伤费率确定、中断缴费、恢复缴费、补缴费、预（补）缴费、退费、加收滞纳金、加收利息等申报核定业务表单及相关审核材料 ……………………………………………………………………〔100 年〕

（二）收款凭证、会计账簿、会计报表等，按《会计档案管理办法》确定保管期限。

（三）社会保险基金征缴明细表和汇总表 ……………〔50 年〕

（四）社会保险基金征缴年度汇总表 …………………〔永久〕

（五）催缴材料。包括社会保险费补缴通知书、补缴协议……………………………………………………………………〔10 年〕

（六）缴费证明材料。包括为缴费单位、缴费个人出具的缴费证明及相关材料 ……………………………………………〔10 年〕

三、养老保险待遇类

（一）养老保险待遇核定材料。参保人员基本养老金、养老金领取人员死亡后供养直系亲属及其抚恤金待遇、养老金领取人员丧葬费、养老保险其他一次性待遇核定、养老保险待遇调整、养老保险待遇更正、养老保险待遇补支付、养老保险待遇减支付等申报核定业务表单及相关审核材料 …………………………………〔50年〕

（二）养老保险个人账户一次性支付申报核定业务表单及相关审核材料 …………………………………………………………〔50年〕

（三）劳动能力鉴定材料。包括参保人员劳动能力鉴定结论通知书及相关文书和审核材料 …………………………………〔50年〕

（四）养老保险付款凭证、会计账簿、会计报表等，按《会计档案管理办法》确定保管期限。

（五）养老保险支付明细表和汇总表 ………………〔30年〕

（六）养老保险基金支付年度汇总表 ………………〔永久〕

四、医疗保险待遇类

（一）门诊特殊病登记材料。包括门诊特殊病参保人员登记表单及相关审核材料 ………………………………………〔10年〕

（二）就医登记材料。包括参保人员办理住院、家庭病床、转诊转院登记表单及相关审核材料 …………………………〔10年〕

（三）医疗保险住院待遇核定材料。包括住院医疗费用申报核定业务表单及相关审核材料 ………………………………〔10年〕

（四）医疗保险门诊待遇核定材料。包括门诊医疗费用申报核定业务表单及相关审核材料 ………………………………〔10年〕

（五）医疗保险付款凭证、会计账簿、会计报表等，按《会计档案管理办法》确定保管期限。

（六）医疗保险支付明细表和汇总表 ………………〔30年〕

（七）医疗保险基金支付年度汇总表 ………………〔永久〕

五、失业保险待遇类

（一）失业备案材料。包括失业保险待遇享受资格审查登记业务表单、失业人员名单及相关失业证明材料 ………………〔10年〕

（二）失业人员失业保险关系转移材料。包括领取期限、待遇标准等相关材料 ……………………………………………………〔10年〕

（三）失业保险待遇核定材料。包括失业保险待遇申报核定业务表单及相关审核材料 ……………………………………〔10年〕

（四）促进就业补贴核定材料。包括失业人员职业培训、职业介绍补贴申报核定业务表单及相关材料 …………………〔10年〕

（五）失业保险付款凭证、会计账簿、会计报表等，按《会计档案管理办法》确定保管期限。

（六）失业保险支付明细表和汇总表 ……………………〔30年〕

（七）失业保险基金支付年度汇总表 ……………………〔永久〕

六、工伤保险待遇类

（一）工伤备案材料。包括工伤事故备案登记表单及相关材料 ……………………………………………………………………〔10年〕

（二）工伤认定材料。包括工伤认定决定书及相关文书和审核材料 ……………………………………………………………………〔50年〕

（三）工伤人员登记变动材料。包括工伤职工登记、工伤保险信息变动登记表单及相关材料 ……………………………………〔50年〕

（四）工伤保险伤残工亡待遇核定材料。包括一次性伤残补助金、伤残津贴、生活护理费、一次性工亡补助金、工亡人员丧葬补助金、工亡人员供养直系亲属及其抚恤金等工伤保险待遇申报核定表单及相关材料 ……………………………………………………〔50年〕

（五）工伤保险医疗待遇核定材料。包括工伤人员因工伤发生的医疗、康复、配置辅助器具、劳动能力鉴定等费用申报核定业务表单及相关材料 ……………………………………………………〔10年〕

（六）工伤预防费用核定材料。包括参保单位工伤预防费用申

报核定业务表单及相关材料 ……………………………………〔10年〕

（七）工伤保险付款凭证、会计账簿、会计报表等，按《会计档案管理办法》确定保管期限。

（八）工伤保险支付明细表和汇总表 …………………〔30年〕

（九）工伤保险基金支付年度汇总表 …………………〔永久〕

七、生育保险待遇类

（一）妊娠登记材料。包括女职工办理妊娠登记申报核定业务表单及相关材料 ……………………………………………〔10年〕

（二）并发症登记材料。包括计划生育手术并发症等申报核定业务表单及相关材料 ………………………………………〔10年〕

（三）生育保险待遇核定材料。包括参保人员因生育、计划生育、治疗并发症发生的医疗费用及生育津贴等申报核定业务表单等相关审核材料 ………………………………………………〔10年〕

（四）生育保险付款凭证、会计账簿、会计报表等，按《会计档案管理办法》确定保管期限。

（五）生育保险支付明细表和汇总表 …………………〔30年〕

（六）生育保险基金支付年度汇总表 …………………〔永久〕

八、社会保险业务统计报表类

（一）各项社会保险年度统计报表 ……………………〔永久〕

（二）社会保险数据和分析报告等资料 ………………〔30年〕

（三）社会保险业务月/季统计报表……………………〔10年〕

（四）各项社会保险基金年度预决算表按《会计档案管理办法》确定保管期限。

九、社会保险稽核监管类

（一）社会保险稽核材料。包括稽核方案、稽核通知书、工作记录、相关证据、稽核告知书或整改意见书、处罚建议书、稽核报告等专业文书及相关材料 ……………………………………〔30年〕

（二）社会保险监察材料。社会保险行政部门依照有关规定向社会保险经办机构通报的社会保险违法案件的查处情况及相关行政执法文书和其他材料 ……………………………………………〔30 年〕

（三）社会保险经办机构内部控制材料。包括内部控制监督工作方案、内部控制检查通知、工作记录、相关证据、告知书或整改意见书、内部控制报告等专业文书及相关材料 ……………〔30 年〕

（四）社会保险大案、要案、特殊案件的稽核材料 …〔永久〕

附　　录

典型案例

安某民等 80 人与某环境公司确认劳动关系纠纷支持起诉案[①]

（2021 年 11 月 1 日最高人民检察院第十三届检察委员会第七十六次会议决定　2021 年 11 月 29 日发布）

【关键词】

劳动者权益保障　支持起诉　确认劳动关系　社会保险

【要旨】

劳动者要求用人单位补办社保登记、补缴社会保险费未果的，检察机关可以协助收集证据、提出支持起诉意见，支持劳动者起诉确认劳动关系，为其办理社保登记、补缴社会保险费提供帮助。

【基本案情】

安某民等 80 人自 2003 年起先后在南京市某环卫所（系事业单位，以下简称某环卫所）从事环卫工作。双方未订立劳动合同，也未办理社保登记、缴纳社会保险费。2012 年 11 月，某环卫所改制

---

① 参见《第三十一批指导性案例——安某民等 80 人与某环境公司确认劳动关系纠纷支持起诉案（检例第 125 号）》，载最高人民检察院网站，https：//www. spp. gov. cn/spp/jczdal/202112/t20211223_539547. shtml，最后访问时间：2022 年 10 月 12 日。

转企为某环境公司。安某民等80人继续在某环境公司工作，但仍未订立劳动合同。2018年，安某民等80人多次向某环境公司提出补办社保登记手续、补缴入职以来社会保险费等诉求未果。2020年3月16日，安某民等80人向劳动争议仲裁机构申请确认与某环境公司之间存在劳动关系。劳动争议仲裁机构以劳动者未提交与某环境公司存在劳动关系的初步证据为由未予受理。2020年3月31日，安某民等80人诉至江苏省南京市玄武区人民法院（以下简称玄武区法院），请求确认与某环境公司存在劳动关系。

【检察机关履职过程】

受理情况。2020年4月20日，安某民等80人因无法收集某环境公司改制的证据等原因，向江苏省南京市玄武区人民检察院（以下简称玄武区检察院）申请支持起诉，请求检察机关为其维权提供法律帮助，该院审查后予以受理。

审查过程。玄武区检察院从南京市玄武区城管局调取了某环卫所改制的相关文件，证明用人单位的沿革及80人事实劳动关系的承继，该证据与确认劳动关系及劳动者的工作年限密切相关。从相关街道办事处和某环境公司调取了某环卫所改制前后的工资发放签名表，证明安某民等80人与某环境公司存在劳动关系。经询问当事人、走访了解，玄武区检察院查明：安某民等80人在某环卫所从事环卫工作均已超过10年。某环卫所改制转企后，安某民等80人向某环境公司提出补办社保登记、补缴社会保险费未果而形成群体性诉求。经梳理相关证据材料、逐人逐项核对，某环境公司需补缴安某民等80人社会保险费共计400余万元。

支持起诉意见。2020年4月27日，玄武区检察院分别向玄武区法院发出支持起诉意见书。检察机关认为，劳动者的合法权益受法律保护。安某民等80名劳动者与某环卫所存在事实劳动关系。某环卫所改制后，某环境公司承继其权利义务并延续与安某民等80

人的劳动关系。安某民等 80 人提出的诉讼请求具有事实和法律依据。

裁判结果。玄武区法院一审审理中，玄武区检察院派员到庭宣读支持起诉意见书。2020 年 9 月，玄武区法院作出一审民事判决。法院认定，用人单位自用工之日起即与劳动者建立劳动关系。安某民等人在某环卫所从事环卫工作，即与该所建立劳动关系。后某环卫所改制转企，相应的权利义务应由某环境公司承继。遂确认安某民等人与某环境公司存在劳动关系。一审判决生效后，社保部门为安某民等人补办了社保登记手续。玄武区检察院积极协调有关行政部门和用人单位确定社会保险费筹集方案并促成资金落实到位。后社保部门分别为 75 名环卫工人办理了补缴社会保险费手续。

【指导意义】

（一）劳动者提出补办社保登记、补缴社会保险费未果的，检察机关可以支持其起诉确认劳动关系，为其补办社保登记、补缴社会保险费提供帮助。国家建立基本养老保险、基本医疗保险等社会保险制度，保障劳动者在年老、患病、工伤、失业等情况下依法从国家和社会获得物质帮助的权利。用人单位应当依法为劳动者办理社会保险。实践中，部分用人单位未办理社保登记、未足额缴纳社会保险费，侵害了劳动者合法权益，使得劳动者难以实现老有所养、老有所医。检察机关履职中发现用人单位未依规为职工办理社会保险登记、未足额缴纳社会保险费的，应当先行协调政府责任部门履职尽责。经相关责任部门处理后仍未实现最低维权目标的，依照现行法律规定，劳动者诉请用人单位补办社保登记、补缴社会保险费存在客观障碍的，检察机关可依劳动者申请支持起诉确认劳动关系。人民法院确认劳动关系的生效裁判，可以作为办理社保登记、补缴社会保险费的依据。

（二）协助劳动者收集证据，为其起诉维权提供帮助。依照民事诉讼法相关规定，人民法院立案后发现不符合起诉条件的，裁定驳回原告的起诉。据此，因无法独立、充分地围绕法定起诉条件收集证据，劳动者在诉讼中可能丧失司法救济的机会。检察机关在诉讼中可依申请围绕法定起诉条件协助劳动者补充相关证据。一是协助收集被告身份的完整信息，比如用人单位变更材料、改制文件等。二是协助收集与具体诉讼请求和事实相关的起诉必备证据。比如，完整的工资支付凭证或者记录、工作证、招工招聘登记表、考勤表等。检察机关支持起诉的目的是保障劳动者实现诉权平等，而非代替劳动者行使诉权，检察机关不能独立启动诉讼程序。对于具有重大社会意义或者法律意义的案件，经商人民法院，检察机关可以出庭宣读支持起诉意见书。

【相关规定】

《中华人民共和国民事诉讼法》第十五条

《中华人民共和国劳动合同法》第七条、第三十四条

《中华人民共和国劳动法》第七十条、第七十三条

《中华人民共和国劳动争议调解仲裁法》第二条、第五条

陈某明、林某娟、李某权滥用职权案①

（2012年10月31日最高人民检察院第十一届检察委员会第八十一次会议审议决定　2012年11月15日发布）

【关键词】

渎职罪主体　村基层组织人员　滥用职权罪

---

① 参见《第二批指导性案例——陈某明、林某娟、李某权滥用职权案（检例第5号）》，载最高人民检察院网站，https：//www. spp. gov. cn/spp/jczdal/201608/t20160811_162303. shtml，最后访问时间：2022年10月12日。

【要旨】

随着我国城镇建设和社会主义新农村建设逐步深入推进，村民委员会、居民委员会等基层组织协助人民政府管理社会发挥越来越重要的作用。实践中，对村民委员会、居民委员会等基层组织人员协助人民政府从事行政管理工作时，滥用职权、玩忽职守构成犯罪的，应当依照刑法关于渎职罪的规定追究刑事责任。

【相关立法】

《中华人民共和国刑法》第三百九十七条，全国人民代表大会常务委员会《关于〈中华人民共和国刑法〉第九章渎职罪主体适用问题的解释》。

【基本案情】

被告人陈某明，男，1946 年出生，原系上海市奉贤区四团镇推进小城镇社会保险（以下简称“镇保”）工作领导小组办公室负责人。

被告人林某娟，女，1960 年出生，原系上海市奉贤区四团镇杨家宅村党支部书记、村民委员会主任、村镇保工作负责人。

被告人李某权（曾用名李德元），男，1958 年出生，原系上海市奉贤区四团镇杨家宅村党支部委员、村民委员会副主任、村镇保工作经办人。

2004 年 1 月至 2006 年 6 月期间，被告人陈某明利用担任上海市奉贤区四团镇推进镇保工作领导小组办公室负责人的职务便利，被告人林某娟、李某权利用受上海市奉贤区四团镇人民政府委托分别担任杨家宅村镇保工作负责人、经办人的职务便利，在从事被征用农民集体所有土地负责农业人员就业和社会保障工作过程中，违反相关规定，采用虚增被征用土地面积等方法徇私舞弊，共同或者单独将杨家宅村、良民村、横桥村 114 名不符合镇保条件的人员纳入镇保范围，致使奉贤区四团镇人民政府为上述人员缴纳镇保费用共计人民币600余万元、上海市社会保险事业基金结算管理中心（以下简称“市社保中心”）为上述人员实际发放镇保资金共计人民币178万余元，并造成了恶劣的社会影响。其中，被告人陈某明共同及单独将71名不符合镇保条件人员纳入镇保范围，致使镇政府缴纳镇保费用共计人民币400余万元、市社保中心实际发放镇保资金共计人民币114万余元；被告人林某娟共同及单独将79名不符合镇保条件人员纳入镇保范围，致使镇政府缴纳镇保费用共计人民币400余万元、市社保中心实际发放镇保资金共计人民币124万余元；被告人李某权共同及单独将60名不符合镇保条件人员纳入镇保范围，致使镇政府缴纳镇保费用共计人民币300余万元，市社保中心实际发放镇保资金共计人民币95万余元。

【诉讼过程】

2008年4月15日，陈某明、林某娟、李某权因涉嫌滥用职权罪由上海市奉贤区人民检察院立案侦查，陈某明于4月15日被刑事拘留，4月29日被逮捕，林某娟、李某权于4月15日被取保候审，6月27日侦查终结移送审查起诉。2008年7月28日，上海市奉贤区人民检察院以被告人陈某明、林某娟、李某权犯滥用职权罪向奉贤区人民法院提起公诉。2008年12月15日，上海市奉贤区人民法院作出一审判决，认为被告人陈某明身为国家机关工作人员，被告人林某娟、李某权作为在受国家机关委托代表国家机关行使职权的组织中从事公务的人员，在负责或经办被征地人员就业和保障工作过程中，故意违反有关规定，共同或单独擅自将不符合镇保条件的人员纳入镇保范围，致使公共财产遭受重大损失，并造成恶劣社会影响，其行为均已触犯刑法，构成滥用职权罪，且有徇个人私情、私利的徇私舞弊情节。其中被告人陈某明、林某娟情节特别严重。犯罪后，三被告人在尚未被司法机关采取强制措施时，如实供述自己的罪行，属自首，依法可从轻或减轻处罚。依照《中华人民共和国刑法》第三百九十七条、第二十五条第一款、第六十七条第一款、第七十二条第一款、第七十三条第二、三款之规定，判决被告人陈某明犯滥用职权罪，判处有期徒刑二年；被告人林某娟犯滥用职权罪，判处有期徒刑一年六个月，宣告缓刑一年六个月；被告人李某权犯滥用职权罪，判处有期徒刑一年，宣告缓刑一年。一审判决后，被告人林某娟提出上诉。上海市第一中级人民法院二审终审裁定，驳回上诉，维持原判。

图书在版编目（CIP）数据

社会保险法律政策全书：含法律、法规、司法解释及典型案例 / 中国法制出版社编．—北京：中国法制出版社，2023.1

（法律政策全书系列）

ISBN 978-7-5216-3071-8

Ⅰ．①社… Ⅱ．①中… Ⅲ．①社会保险法-汇编-中国 Ⅳ．①D922.559

中国版本图书馆 CIP 数据核字（2022）第 206927 号

策划编辑：王熹　吕静云　　　责任编辑：王熹　　　封面设计：周黎明

社会保险法律政策全书：含法律、法规、司法解释及典型案例

SHEHUI BAOXIAN FALÜ ZHENGCE QUANSHU：HAN FALÜ、FAGUI、SIFA JIESHI JI DIANXING ANLI

编者/中国法制出版社

经销/新华书店

印刷/三河市国英印务有限公司

开本/880 毫米×1230 毫米　32 开　　　印张/ 16.5　字数/ 349 千

版次/2023 年 1 月第 1 版　　　2023 年 1 月第 1 次印刷

中国法制出版社出版

书号 ISBN 978-7-5216-3071-8　　　定价：56.00 元

北京市西城区西便门西里甲 16 号西便门办公区

邮政编码：100053　　　传真：010-63141600

网址：http：//www.zgfzs.com　　　**编辑部电话：010-63141792**

市场营销部电话：010-63141612　　　**印务部电话：010-63141606**

（如有印装质量问题，请与本社印务部联系。）